평양 중심부. 건물들은 수리가 필요하지만, 평양은 여전히 매력적으로 설계된 도시다.

김일성 그림에 꽃을 바치는 학생들.

신혼부부. 오전에 김일성 동상 발치에 꽃을 헌화한다. 사진을 찍은 장소는 결혼식 피로연을 여는 호텔 앞이다.

나진-선봉 경제특구의 직물 공장.

고아원의 어린 소녀.

ADRA 카페 입구. 지금은 추방당한 스위스 NGO가 개업한 카페다. 북한의 전형적인 건물에 들어선 이 카페는 간판이 없다. 사진 속 간판은 카페와 이웃한 채소 가게의 간판이다.

2월 16일 김정일 생일을 위한 사진사의 소품. 산타클로스 인형이 눈에 띈다.

평양 봄철 무역박람회의 진열대들. 중국의 우세가 확연히 드러난다. 이 박람회의 전체 진열대 중 80퍼센트 이상이 중국 진열대였다. 내가 평양을 떠난 이후 북한의 대외무역에서 중국의 비중이 더 커졌다.

영국 외교관,
평양에서 보낸 900일

영국 외교관, 평양에서 보낸 900일

Only Beautiful, Please :
A British Diplomat in North Korea

존 에버라드 지음 | 이재만 옮김

cum libro
책과함께

일러두기

1. 이 책은 John Everard, *Only Beautiful, Please: A British Diplomat in North Korea*(The Walter H. Shorenstein Asia-Pacific Research Center, 2012)를 한국어로 옮긴 것이다.
2. 각주 중에서 옮긴이가 덧붙인 것은 '—옮긴이'로 표시하였다.

더 나은 삶을 누릴 자격이 있는 북한 사람들에게

차례

감사의 말

나는 거인들의 어깨에 위태롭게 올라선다. 이 책의 많은 부분은 내가 직접 관찰한 것을 토대로 썼지만, 나머지 부분은 여러 학자들의 저술에 크게 빚지고 있다. 나는 이 빚을 각주와 (이보다는 덜 포괄적이지만) 참고문헌에서 밝히려고 노력했다. 혹시 빠뜨린 빚이 있더라도 고의는 아니다.

나는 특히 스탠퍼드 대학의 쇼렌스타인 아시아태평양연구소의 동료들에게 빚을 졌으며, 그중에서도 이 책을 쓰고 출간하는 동안 건설적인 도움과 조언을 해주고 함께 지내는 동안 우정을 나누고 지지해준 데이비드 스트라우브, 댄 스나이더, 신기욱, 조지 크롬패키에게 빚을 졌다.

평양에서 지내는 시간을 함께한 북한 사람들과 외국인 동료들과 친구들에게도 고마움을 전한다. 나는 그들의 통찰을 많이 가져다 썼고, 그들의 동지애와 지지에 크게 의존했다.

마지막으로 이 책을 쓰는 오랜 기간 동안 몸도 떨어져 있고 정신도 다른 데 팔려 있던 나를 끈기 있게 견뎌준 아내 히더에게 고마움을 전한다.

이 책을 읽을 독자들에게

국가, 개인, 사물의 이름 내가 파견된 나라의 공식 국명은 조선민주주의인민공화국(Democratic People's Republic of Korea)이다. 북한 사람들은 보통 이 칭호만이 자기네 국가를 가리키는 정확한 이름이라고 주장한다(한국어판에서는 조선민주주의인민공화국을 '북한'으로 옮겼다. 북한 사람들은 보통 자기네를 북조선, 남한을 남조선이라고 부른다. 이 책에서는 한국 독자를 감안해 북한과 남한으로 구분해 부르기로 한다. 다만 분단 이전 또는 한민족으로서의 한반도를 지칭할 때는 한국이라는 표현을 썼다—옮긴이).

가격 나는 가격을 미국 달러화, 유로화, 북한의 원화로 다양하게 나타냈다. 내가 평양에서 지내는 동안 환율이 오르내리긴 했지만 보통 1.5달러 대 1유로 정도였다. 원화와 유로화 사이의 환율은 변동폭이 훨씬 컸다. 내가 평양을 떠난 2008년 7월 무렵에는 환전상들이 1유로를 약 4500원에 팔곤 했으므로 1달러에 3000원꼴이었다. 그리고 1파운드스털링은 약 1.45유로였으므로(평양에서는 파운드화로 원화를 직접 살 수 없었다) 약 6500원이었다. 누구든 내가 때때로 언급하는 원화 가격을 방금 말한 다른 통화들로 환산해본다면 북한에서 가격이 경화로 치면 아주 저렴하다는 것을 알아챌 것이다.

정보원 나는 이 책이 크게 의존하는 대화를 상술하거나 그 출처를 밝히지 않았다. 그렇게 한다면 나의 북한인 정보원들이 위험해질 테고, 정보원이 외국인일 경우 그들의 발언을 여기에 수록한다는 동의를 구하지 않았기 때문이다(대화 당시에는 책을 쓸 생각이 없었다). 그래서 나는 채텀하우스 룰(Chatham House Rule: 영국 왕립 국제문제연구소인 채텀하우스의 규칙에서 유래한 표현으로, 회의나 토론에서 자유롭게 말하되 누가 어떤 발언을 했다는 사실을 외부에 알리지 않는다는 규칙—옮긴이)을 택해 발언자의 신원을 명시하는 일을 삼갔다. 나는 북한에 관해 폭넓게 읽긴 했으나 어떤 발언을 알려주는 경우를 빼고는 자료를 사용하지 않았다. 이미 알려진 정보를 재활용하는 데 그치지 않고 북한 관련 지식 일반에 새로운 지식을 보태고 싶었기 때문이다. 문헌자료를 사용할 때는 참고문헌에 넣었고, 적절한 대목에서는 각주를 달았다.

책임 제한 이 책의 견해는 순전히 저자의 견해이며 영국 정부의 견해를 반드시 반영하는 것은 아니다. 또한 여기에 표명된 견해는 저자의 견해이며 유엔의 견해를 반드시 반영하는 것은 아니다.

서문

나는 2006년 2월부터 2008년 7월까지 조선민주주의인민공화국 주재 영국 대사로 근무했다. 그런 이유로 거의 2년 반 동안 이 유별난 나라에서 살면서 북한을 직접 관찰하는 특권을 누렸다. 평양을 떠난 뒤 나는 외국인이 좀처럼 방문하지 않는 이 나라에 대한 사람들의 이해를 돕기 위해 내가 본 것을 더 많은 이들과 나누고 싶다는 소망을 키우고 있었다. 스탠퍼드 대학 소속 쇼렌스타인 아시아태평양연구소(Shorenstein Asia-Pacific Research Center)의 한국 연구 프로그램이 예상치 못한 순간에 너그럽게도 나에게 팬테크 객원 연구원 자격을 수여한 것에 힘입어, 마침내 그 소망이 실현되었다. 초청을 받고 본격적으로 이 책을 쓰기 위해 몇 달 동안 나의 생활에서 벗어날 수 없었다면, 그리고 집필하는 동안 캘리포니아에 쏟아진 찬란한 햇살이 없었다면, 과연 이 책이 세상 빛을 보았을지 의문스럽다.

이 책은 4부로 나뉜다.

제1부에서는 내가 목격한 북한에 관해 기술하고 논평을 조금 덧붙였다. 북한의 사회적, 정치적 체제를 뒤흔들었던 1990년대의 기근 이후부터 2009년의 문제 많았던 통화 조치와 2010년의 국제적 긴장 고조(2008년에도 이미 긴장

이 높긴 했지만)를 거쳐 2011년의 김정일 사망 직전까지, 내부에서 바라본 북한에 관한 서술이다. 나는 주로 주변에서 본 것과 내가 아는 북한 사람들의 삶에 관해 썼다.

제1부는 이 책의 독창적이면서도 가장 긴 부이며, 나머지 부들은 여기에서 파생되었다. 제1부를 쓴 주된 이유는 너무나 많은 사람들이 나에게 북한은 어떠냐고 물었기 때문이다. 그렇지만 북한이 (느리게) 변하고 있다는 점, 내가 보고 들은 것이 사라지기 전에 기록하고 싶다는 점도 저술의 이유였다. 북한은 일어날 법하지 않은 일련의 사태를 겪으면서 주변 아시아 사회들보다 훨씬 덜 변해온 보수적인 사회다. 북한은 (대개 부정적인) 여러 이유로 관심을 끌지만, 무엇보다도 동결된 사회에 대한 연구 대상으로서 관심을 끈다.

원래 나는 북한의 삶과 사회에 관해서만 쓰려고 했으나 몇 사람이 나의 평양 생활이 어땠는지도 궁금해서 외국인의 북한 생활에 관해서도 기술하기로 결정했다. 이것이 제2부의 주제다. 사람들은 평양 생활이 이루 말할 수 없이 끔찍하리라고 상상한다. 분명 문제로 가득한 생활이지만, 우리 외국인들은 모두 그럭저럭 지낸 듯하다(동료 서구인들이 이따금 평양에 있는 외교기관 직원들의 복지를 걱정하는 것과 꼭 마찬가지로, 북한 사람들은 악의 온상인 미국을 방문하는 것을 걱정한다. 한번은 내가 워싱턴으로 출장을 떠나기 전에 북한 직원 두 명이 부디 무사히 다녀오라고 근심 섞인 목소리로 말했다).

제3부에서는 북한이 어째서 오늘날과 같은 거의 유일무이한 나라가 되었는지를 설명하고자 했다. 북한은 우연이나 다름없이 건국되었고, 19세기 아시아에서 가장 보수적인 나라 중 하나였던 조선의 정치적, 사회적 전통을 거의 그대로 계승하고, 흐루시초프가 권력을 잡은 이래 거의 자취를 감춘 스탈린주의식 개인 숭배를 극단적으로 추구한 결과, 아주 기이하게 비뚤어진

나라가 되었다. 나는 북한 정권의 행위(국내와 국제 무대 양면에서)와 세계에 대한 이해―북한은 세계가 대체로 틀을 결정하고 거기에 자국을 끼워맞춘다고 여긴다―를 분석한 뒤, 북한과 외부 세계의 상호작용(또는 상호작용의 결핍)과 다른 나라들에 대한 북한 정권의 이해를 제약하는 요소들을 논할 것이다.

제4부에서는 국제 공동체가 북한을 어떻게 대해야 하는지를 다룬다. 북한을 상대하는 최선의 방법이 무엇인지에 관한 글은 차고 넘친다. 많은 사람들과 정부들이 북한의 인권침해와 핵 프로그램, 남한에 대한 무력도발을 우려하고, 다른 정권에 팔아넘길지 모르는 대량 살상무기 역시 걱정한다. 김정일이 죽은 후 학자들과 정책 입안자들은 북한을 고립시킴으로써 이 쟁점들을 정면으로 다루는 방법과, 북한에 개입함으로써 이 나라의 행위를 바꾸고자 하는 방법 가운데 무엇이 최선인지를 두고 수년간 논쟁을 벌여왔다. 나는두 가지 접근법 모두 효과가 없음을 보일 것이다.

제1부와 제2부에서는 어떤 논점을 주장하거나 내가 보고 들은 것에 대한 해석을 내놓지 않으려 했지만(나는 독자들이 나의 글을 읽고 직접 결론을 이끌어내기를 바란다), 한 가지만은 분명하게 전달하고자 한다. 서구 매체에서 보여주는 북한은 핵실험을 하고 군사행진을 벌이는 나라로만 비치는 경우가너무나 많다. 일부 논평가들이 북한 지도자를 둘러싼 개인 숭배를 우스개로다룬다면, 다른 논평가들은 노동수용소를 거론하며 북한을 하나의 거대한감옥으로 묘사한다.

나는 이 쟁점들 가운데 무엇에도 눈을 감지 않았다. 어쨌거나 나는 이쟁점들과 씨름하며 몇 년을 보냈다. 그러나 이 모든 측면 이상으로 북한은사람들이 살아가는 실제 국가이며, 그들의 삶은 이 나라의 핵 정책이나 다른어떤 중대한 국제적 쟁점이 아니라 그들의 가족과 동료, 그리고 세계 어디에서나 삶을 구성하는 일상의 온갖 관심사를 중심으로 돌아간다. 나는 정책 입안자들이 북한의 운명에 대해 숙고할 때 염두에 두기를 바라는 마음으로 이 나라에 인간적인 측면이 있음을 보이고자 했다. 내가 북한으로 떠나기에 앞서 읽은 수많은 글에서 받은 인상은 죄다 비슷하게 생각하고 죄다 똑같은 선전을 지껄이는, 엄격히 통제당하는 자동인형들의 세계로 내가 조만간 들어간다는 것이었다. 북한 사람들은 전혀 그렇지 않다. 그들은 서로 뚜렷하게 구별되는 개인들이며, 내가 본 바로는 대부분 호의적이고 친절하고 유머감각이 뛰어나다.

이 책은 북한 사람들과 나누었던 대화를 폭넓게 활용한다. 일부는 공식적인 이야기 상대였지만 대다수는 그렇지 않았다. 나는 이런 비공식 대화의 범위를 과장하고 싶지 않다. 서구인 외교관이 덜 경직된 사회에서처럼 평양 사람들에게 다가가는 것은 불가능했지만(그리고 지금도 불가능할 테지만), 적어도 그들 일부와 이야기할 수는 있었다. 그리고 나는 소수와 친밀한 우정—적어도 그들의 삶을 나와 의논할 수 있다고 느끼는 관계—을 나눌 수 있었다.

집필하는 동안 내가 유념한 점 하나는 나와 이야기하는 위험을 감수한 사람들을 위험에 빠뜨리지 않는 것이었다. 그러므로 나는 그들의 신원을 숨기는 데 주의했고, 또 개개인과의 대화를 기술하기보다 몇몇 사람들이 나에게 말해준 내용을 대개 일반적인 표현으로 기술했다. 마지막으로 문맥에서 성별이 중요하지 않은 경우라면 대화 상대가 실제로 여성이든 남성이든 상관없이 누구에게나 여성 대명사 '그녀'를 사용했다. 나는 그들이 누구이고, 나와 어떻게 만났으며, 어떻게 가까스로 그들과 대화를 이끌어갔는지를 논할 의도가 전혀 없다.

공식적으로든 비공식적으로든 나와 이야기한 사람들은 대부분 평양의 엘리트 가운데 비핵심층에 속했다. 달리 말해 그들은 대단한 특권을 누리며 사는 정권의 엘리트 핵심층—다양한 계층의 탈북자들과 김정일의 예전 초밥 요리사가 이들의 호사스러운 생활을 묘사했다—도 아니었고, 빈곤한 노동자(일자리가 있든 없든)나 북한 인구의 절대다수를 차지하는 농민도 아니었다. 그들은 평양에서 최고 수준은 아니지만 안정적인 직업을 가지고 있었고, 정권에서 명망 있는 가문 출신이었다. 그들은 특별히 풍족하게 먹지는 못했으나 배를 곯는 일은 좀처럼 없었다. 이 집단은 북한 운영에 관한 발언권은 약하지만 상관의 명령을 수행한다. 그러므로 정권은 행정을 위해 이 집단의 충성이 반드시 필요하다. 나는 이 집단에 얼마나 많은 사람들이 속하는지 확신하지 못한다. 그러나 이들 대다수가 평양에 집중되어 있으며 그 수가 평양 인구의 절반에 조금 못 미치는 듯하고, 보도에 따르면 평양 인구가 200만 명을 넘는다고 하니, 나는 엘리트 비핵심층의 수를 대략 100만 명으로 추정한다.

나는 다른 사회 계층에 속하는 사람들과는 제한적으로만 만났다. 때때로 (도시과 시골에서) 노동자를 만났고 가끔 대단한 특권을 누리는 엘리트 핵심층도 만났지만, 두 집단의 구성원과 대화를 나눌 기회는 별로 없었다. 그 결과 이 책에서 기술한 북한 사람의 삶은 특권을 누리지만 최고의 특권을 누리지는 못하는 평양 소수 집단의 눈에 비친 삶이 되었다. 이런 이유로 나는 이 책이 탈북자들, 즉 상당수가 빈곤한 북동부 출신이고 대개 하층 계급인 사람들과의 인터뷰를 토대로 서술한 다른 책들을 보완하기를 바란다.[1] 내가

---

1   그런 서술 가운데 Hassig and Oh, *The Hidden People of North Korea*; Demick, *Nothing to Envy*; 한층 구조적인 인터뷰를 활용한 Haggard and Noland, *Witness to Transformation*을 권하겠다. 더 자세한 설명은 참고문헌을 참조하라.

만난 북한 사람들은 대부분 탈북자들보다 사회적 지위가 높았다.

북한에서 직업의 성격을 고려할 때, 나와 이야기한 사람들 가운데 누군가가 실은 공안기관을 위해 일하고 있었을 가능성도 있다. 그들 모두가 그랬을 수도 있고, 정권이 '제국주의자' 대사에게 자기네가 원하는 메시지를 전달하기 위해 그들을 이용했을 수도 있다. 그러나 나는 실제로 그랬을 거라고 생각하지는 않는다. 그들 중 일부가 때로는, 그리고 어쩌면 그들 모두가 언제나 나에게 진실했다고 생각한다. 언젠가 나는 누군가에게 우리가 나눈 대화를 보고하는지 물었다. 그녀는 웃으면서 자신이 누구에게 보고할 수 있겠느냐고 되물었다. 인민반(이웃들로 이루어진 조직)에 보고해봐야 그저 당혹스러워할 터였다. 이웃들은 자기네 지역에서 그런 중범죄가 일어나고 있다는 사실을 결코 알고 싶어하지 않을 것이기 때문이다. 그녀는 공안기관과 접촉점이 없었다. 그러니 어째서 공안기관을 찾아가 위험을 자초하겠는가?

그녀의 말과 행동이 달랐을 가능성도 있다. 그러나 어쨌든 그녀는 그렇게 말했다.

결국 나는 사람들을 믿는 수밖에 없었다. 마찬가지로 그들도 나를 믿어야 했다. 그들을 고발할지도 모르는 누군가에게 내가 그들에 관해 보고하거나 그저 우리가 나눈 대화를 언급한다 해도, 그들은 그 사실을 알 길이 없다. 어쨌거나 나는 위험한 처지가 아니었지만 그들은 사정이 다르다.

그들 중 일부는 이 사실을 똑똑히 알고 있었다. 나는 내 눈을 똑바로 쳐다보면서 부드러운 목소리로 부탁한 사람과 나눈 대화를 잊지 못할 것 같다. "그들이 알면 나를 죽일 겁니다"라고 그녀는 말했다. 그러나 다른 사람들은 위험을 크게 의식하지 않았다. 평양의 엘리트 비핵심층은 각별히 보호받는 안락한 환경에서 자란 까닭에, 거의 어린아이처럼 위험에 무심한 그들의 모습에 화들짝 놀라곤 했다. 이따금 나는 도청 장치가 있을 가능성이 높은 장소에서는 가급적 이야기를 삼가는 것이 좋겠다고 주의를 주어야 했다. 그러면 그들 대다수는 그런 장치가 있을 확률이 없다고 단언할 뿐이었다(비교적 세상물정에 밝은 듯한 사람은 웃으면서 자신은 도청 장치가 있다는 것을 믿지 않지만, 혹여 그런 장치를 숨겨두었더라도 오래전에 작동을 멈추었을 거라고 말했다).

가끔 모르는 사람과 대화할 기회도 있었지만 실제로 대화를 나누기는 어려웠다. 그들이 처벌을 두려워했기 때문이 아니라(얼마 전만 해도 북한 사람들은 외국인이 다가올 경우, 괜히 외국인 근처에 있다가 나쁜 일에 휘말리기라도 할까 봐 두려워 길을 건너 피하곤 했다), 그들이 과묵하고 또 대다수가 외국인을 만난다는 것 자체를 놀라운 일로 받아들였기 때문이다. 보통 북한 사람들은 낯선 사람과는 진지한 이야기를 나누지 않으며, 적어도 소소한 이야기를 충분히 나누어 어느 정도 신뢰할 수 있기 전까지는 그렇다. 설령 누군가 이야기할 준비가 되어 있더라도, 일련의 의례적인 질문—내가 어느 나라에서 왔는지, 나에게 자녀가 있는지, 내가 젓가락질을 할 수 있는지—을 묻고 나면 대개 실질적인 무언가에 관해 의견을 주고받을 시간이 없었다. 또한 북한 사람 대다수에게는 외국인을 만나는 것이 서구인 앞에 외계인이 나타나는 것 못지않게 충격적인 일이다. 여자들은 대개 당황하며 키득거렸고, 남자들은 입을 다문 채 어리둥절한 표정으로 빤히 쳐다볼 뿐이었다.

평양에 파견되기 전까지 내가 북한을 경험한 것이라곤 세 차례 짧은 순간이 전부였다. 첫 번째 순간은 1978년 베이징 대학에서 1년 동안 공부할 때였다. 어느 시점엔가 나는 교실에 북한 학생이 대여섯 명 있음을 알아챘다. 그들은 모두 남자였고, 하얀 셔츠와 검은 재킷 차림에 옷깃에 김일성 배지를 달고 있었다. 내가 놀란 것만큼이나 그들도 나를 만나 놀랐고, 내가 말을 걸자 어물거렸다. 다른 학생은 그들과 간신히 얘기를 나누는 데 성공했지만 당황하며 거리를 두었다. "그들은 내면이 새하얘"라고 그녀는 말했다(내가 이해한 바로는 그들이 아무 생각도 없다는 뜻이었다). 두 번째는 1998년 베이징 주재 영국 대사관의 정치참사관으로 유럽연합 회의에 참석했을 때다. 이 회의에서 평양의 유엔 직원이 북한을 휩쓴 기근에 관해 간추려 보고했다. 이 재앙의 규모를 까맣게 몰랐던 나는 그 직원이 소름 끼치는 사망률과 앙상한 생존자들, 국제 공동체의 대응 노력에 관해 말하는 동안 두려워하며 귀를 기울였다. 세 번째는 2000년에 영국이 북한과 국교를 수립하기로 결정했음을 북한쪽에 공식적으로 알리는 임무를 맡았을 때다. 나는 베이징 주재 북한 대사관에 있는 목소리가 울리는 커다란 응접실에서 김일성(1994년 사망 시까지 북한을 지배한 '위대한 영도자')과 김정일(김일성의 아들이자 후계자로서 2011년 12월 사망 시까지 북한을 지배한 '친애하는 지도자')의 초상화 아래 앉아 있었던 것으로 기억한다. 내가 지시받은 메시지를 전달하자 나와 이야기하던 북한인 상관은 미소를 머금고 우리가 친구가 될 수 있어 좋다고 말했다. 잉글랜드와 프랑스도 100년 동안 전쟁을 벌였지만 어쨌든 지금은 서로 우방국 아니냐고 그는 말했다.

그때만 해도 6년 뒤 2월의 어느 추운 날에 평양 공항에서 낡아빠진 북한 비행기에서 내릴 줄은 꿈에도 몰랐다. 커다란 털모자를 뒤집어쓴 부대사가 나를 맞이했고, 우리는 터미널까지 눈 덮인 비탈길을 걸어 올라갔다. 터미널 안에서는 새로운 외교관 동료들이 반원 모양으로 서서 덜덜 떨며 나를 기다리고 있다가, 나와 악수를 하고 자기소개를 한 뒤에야 따뜻한 자동차에 올라탔다.

평양에 가기 전에 나는 서울에서 한국어를 공부했다. 그 기간에 교사들은 내가 최대한 많이 배울 수 있도록 헌신적으로 가르쳤지만, 한국어는 쉬운 언어가 아니라서 7개월 동안 공부하고 나서도 나의 한국어 실력은 미덥지 못한 수준이었다. 평양에 도착하자 사람들은 내 말을 알아듣지 못했다. 먼저 내 발음이 형편없었기 때문이고, 두 번째는 북한 사람들이 남한과는 다른 낱말을 많이 사용하고 같은 낱말을 사용할 때도 발음이 다른 경우가 많았기 때문이다.[2] 언어기능을 가급적 자주 연습하고 평양에서 수업을 들은 덕에, 시간이 지남에 따라 나의 한국어는 결코 유창하진 않을지라도 나와 이야기할 준비가 된 북한 사람과 여러 주제에 관해 대화할 만한 수준이 되었다(슬프게도 나의 한국어 실력은 그 시절 이후 빛이 바랬다).

이 책에서 나는 평양과 내가 여행한 주변의 시골에서 귀로 들은 것뿐 아니라 눈으로 본 것도 썼다. 나는 평양 일대를 어느 정도 자유롭게 돌아다닐 수 있었다. 법적으로 외국인 거주자들은 평양 중심부('평양 중심부'를 어떻게 규정하든)에서 35킬로미터 거리 안에서 여행을 허가받지만, 실제 한계선은 이 수도 주변에서 처음 만나는 군사 검문소였다. 나는 이 경계선 안쪽을 가급적 자주 돌아다녔다. 이따금 자동차도 이용했지만 주로 내가 아끼는 자전거를 타고 돌아다녔다. 자전거 여행 중에 나는 외국인이라는 사실을 숨기려 하지 않았다. 나는 샛노란색 사이클 복장을 입고서 기어가 여럿 달린 여행용 자전거를 탔는데, 북한에서는 거의 생전처음 보는 광경이었을 것이다. 검문소에 근무하는 젊은 병사들은 이따금 나에게 통과해도 좋다는 신호를 보냈다. 그러나 나중에 보안 경계선에 재진입할 때 처음에 검문소를 어떻게 통과했는지를 해명해야 하는 문제가 생긴다(되돌아올 때도 같은 병사가 근무할 거라는 가

2   2001년 러시아를 방문한 김정일은 동행한 러시아 관료에게 2000년 남한 김대중 대통령과의 정상회담 자리에서 어휘 차이 때문에 남한 대통령의 말을 80퍼센트만 이해했다고 말했다.

정은 위험한 생각이었다).

　한번은 검문소에 다가가자 젊은 병사가 정지 신호를 보낸 다음 검문소를 통과할 수 없다고 다소 주저하며 말했다. 그러고는 외국인 손님을 멈춰 세운 것이 미안했는지 자신이 적대적이지 않음을 보이려고 나를 검문소에 초대해 낡은 금속 머그잔에 차를 타주었다. 또 한번은 다리 근처 검문소에서 정지 신호를 받고 내가 이미 허가 지역 밖에 있다는 말을 들었다. 나는 자전거를 타다가 나도 모르는 사이에 보안 경계선을 넘어갔고, 당시에는 다시 안쪽으로 넘어오는 중이었다. 나를 상대한 하급 장교는 간소한 근무실에서 몹시 난처해하며 나에게 앉으시라 말하고는 상관에게 전화를 걸었다. 그 상관은 다시 그의 상관에게 전화를 걸어야 했고, (한 시간가량 지나고 나서) 마침내 내가 지나가도 좋다는 명령이 하달되었다. 그동안 하급 장교는 공손한 자세로 소소한 이야기를 하고 귀중한 담배를 권했다(나는 병사들이 드나들면서 그의 근무실 끝에 있는 무기 보관함에 자기 무기를 넣고 자물쇠를 채우는 모습을 지켜보았다. 아무도 양말을 신고 있지 않았다).

　나는 이따금 수도 밖으로 여행을 떠날 수도 있었다. 물론 여행을 신청해도 허가를 받기까지 시간이 걸렸고 늘 허가를 받은 것도 아니었다. 평양 외부에도 애매한 영역이 있었다. 규율에 따르면 북한 서부의 남포항 근처 해변이나 평양 북쪽에 있는 경치 좋은 묘향산을 방문하려면 허락을 받아야 했지만, 실제로 외국인들은 양쪽 방향에 있는 검문소들을 제지받지 않고 통과할 수 있었다. 여기서도 나는 별난 행동 탓에 대가를 치러야 했다. 나는 (외국인들이 으레 그렇듯이 자동차를 운전하는 대신) 자전거를 타고 남포까지 갔다온 적이 세 차례 있었다. 세 번째 여행 중에 나는 남포 들머리 근처에 있는 시장 거리 바로 옆에 앉아 있다가, 그곳 노점상에게서 안에 채소를 넣은 전통 찐빵인 남새빵을 사먹는 실수를 저질렀다. 나는 한 젊은 남자가 나와 자전거를 한동안 응시하며 서 있다가 사라졌음을 알아챘다. 되돌아오는 길에 다리를 건너는데 남자들이 나타나 내가 평상시 선호하는 (교통량이 더 적고 풍광이 훨씬 더 좋은) 낡은 도로 대신 간선도로를 이용해 평양으로 돌아가라고 말했다. 나는 나중에야 나의 여행이 평양에 보고되어 외무성과 보안 당국이 한바탕 난리를 치렀다는 것을 알았다.

아마도 나의 서술은 답을 주기보다 질문을 불러일으키는 경우가 더 많을 것이다. 물음과 답 사이의 간극 때문에 많은 독자들이 갑질날 거라고 생각한다. 나 역시 갑질이 난다. 내가 아는 것을 많이 썼지만(일부 정보는 사람들을 보호하기 위해 수록하지 않았다), 가장 기본적인 일상사를 비롯해 내가 알아낼 수 없는 것도 많았다. 나의 지인들은 간혹 특정한 주제가 나오면 토론하기를 꺼렸는데, 때로는 정치적인 소심함 못지않게 개인적인 소심함 때문이었고, 대개는 그들의 조국이 나쁘게 비칠 사안에 대해 외국인에게 말하는 것을 그들의 열렬한 자긍심이 가로막았기 때문이다. 가끔은 이제 막 흥미로워지려는 찰나에 대화를 끝내야 했다. 때로는 나의 한국어 실력이 질문을 표현하거나 대답을 이해하기에 부족했다.

나의 경험에 관해 쓰는 지금에야 깨달은 바지만, 내가 물었어야 하지만 당시에는 그저 머릿속에 떠오르지 않았던 질문들도 있다. 그리고 내가 북한에서 2년 6개월 가까이 지내긴 했으나 북한 사람들과 대화하는 데 시간을 전부 쏟을 수 있었던 것은 아니다. 나는 북한 정부와 공식적으로 대화하는 데 많은 시간을 썼다. 어쨌거나 나는 그 일을 하러 평양에 간 사람이었다. 나는 더 많은 시간을 외국인 공동체의 사람들을 만나는 모임에서, 특히 평양에 주재하는 대사로서 외교단 내부의 의례적인 모임에서 보냈다. 또한 하루 중 오랜 시간 동안 책상 앞에 앉아 영국 대사관을 관리하거나, 보고서를 쓰거나, 북한 일상의 두드러진 특징인 수많은 위기에 대처했다(이런 위기는 까다로운 영사 사건부터 수도꼭지에서 물이 안 나오는 이유를 알아내는 일까지 가지각색이었다).

나는 대다수 외국인들보다 북한에서 훨씬 많은 시간을 보냈으므로 이 나라를 제법 안다고 말해도 무방할 것이다. 평양에 도착하기 전에 나는 구할 수 있는 북한 관련 자료를 모조리 읽었고, 웬만한 지식은 쌓았다고 생각했다. 처음 일주일 동안 어느 북한 외교관은 자국에 관해 최대한 많이 배울 것을 나에게 권했고, 나는 그러겠노라고 약속했다. 몇 달이 지나자 나는 북한 전문가인 양 행세하기 시작했다. 1년이 지나자 내가 아직 모르는 것이 꽤나 많음을 깨달았다. 2년이 지나자 마침내 내가 평양에서 보낸 시간이 무한히 흥미로운 이 나라를 속속들이 알기에 턱없이 짧다는 것을 이해했고, 나머지 기간에는 북한 사람들의 삶의 전모를 전혀 모르거니와 그들이 실제로 생계를 어떻게 꾸리는지도 모른다는 것을 알아챘다. 더 오래 머물수록 나의 무지가 더 깊어지는 듯했고, 평양을 떠날 무렵에는 2년 반 동안 나를 둘러싼 사회의 표면을 긁는 데 그쳤음을 깨달았다. 또한 나의 북한 관련 지식이 부정확하다는 것도 배웠으며, 평양에 더 오래 머물 수 있었다면 나의 인상을 계속 바로잡았을 거라고 확신한다. 그래서 나는 북한 전문가라고 주장하지 않는다. 오히려 그와는 거리가 멀다. 실제로 이 책과 관련해 확실한 점 한 가지는 이 책에 틀린 부분이 있으며, 내가 지낸 기간에 북한에서 무슨 일이 일어났는지를 우리가 마침내 알게 될 때, 나의 서술이 이 나라에 대한 우리의 무지를 보여주는 기념비가 되리라는 것이다.

더욱이 아시아의 다른 나라들에 비하면 북한은 변화의 속도가 무척 느리긴 하지만, 그럼에도 이 나라는 변하고 있고 내가 떠난 이후 이미 변했다. 북한에 관한 나의 기술은 나보다 수년 앞서 북한에서 살았던 사람들의 기술과 제법 다르다.[3] 북한의 전형적인 특징이었던 엄중한 사회적, 정치적 통제는 이미 허물어지고 있었고, 당시 인민들은 자유까지는 아니더라도 적어도 제약을 조금이나마 덜 받는 생활을 처음 피부로 느끼고 있었다. 다른 한편으로 당시 북한은 2009년 말의 재앙적인 통화개혁으로 고통받기 전이었고, 김정일이 2011년 12월 17일에 사망하고 그의 아들 김정은이 새로운 최고지도자로 부상한 것도 내가 북한을 떠나고 한참 지난 뒤의 일이다.

나는 집필하는 동안 북한 정세 전문가들로 이루어진 업계가 있음을 깨달았다. 그들 중 상당수는 북한 땅을 밟아본 적도 없으면서 이 회의 저 회의를 돌아다니며 똑같은 사람들과 똑같은 생각을 교환하는 일로 먹고산다. 이따금 내게는 그들 중 일부가 자신의 입장을 옹호할 때의 열정이 그들의 북한 지식에 반비례하는 것처럼 보인다. 이 책에서 나는 북한 인민들을 향한 나의 애정—이는 북한 인민들 전부를 세뇌당한 자동인형으로 묘사하는 북한 정세 전문가들을 화나게 할 것이다—이나 북한 정권의 참상과 이 정권이 국제 공동체에 가하는 위협을 인정하는 나의 입장—정권에 개입하려는 친북한 압력단체를 화나게 할 것이다—을 조금도 숨기지 않았다. 이것은 권위자로 행세하는 거의 모든 사람들이 크게든 작게든 나의 글에 동의하지 않으리라는 것을 뜻한다. 어쩌겠는가, 그게 인생인 것을.

나는, 북한에서 거주하며 일했던 다른 사람들이 이 책을 읽고 그들이 보고 들은 것에 관해 쓸 용기를 얻기를 바란다. 우리 같은 사람들이 아주 많지

---

3   예를 들어 Harrold. *Comrades and Strangers*; Uwe Gerig, *Roter Gott im "Paradies": Reisenotizen u. Bilder aus Nordkorea* (Böblingen: Tykve, 1987).

는 않지만, 시간이 흐르면서 분명 수천 명에 이르렀을 것이다. 최근에 북한을 경험한 많은 사람들이 재입국을 거부당할까 봐 두려워 자기가 아는 바에 관해 말하기를 주저하고 있다. 그러나 내 경험에 따르면 일반적으로 생각하는 수준보다 북한에 관해 훨씬 더 많이, 훨씬 더 자유롭게 쓰더라도 정권은 그 필자의 면전에서 문을 쾅 닫지 않는다. 북한에서 실제로 일했던 더 많은 사람들이 이 나라에 관해 더 많이 쓴다면, 그리하여 아주 제한된 지식을 가지고 북한에 관해 장황하고 거슬리게 써온 일부의 주장을 바로잡을 수만 있다면, 우리는 더 정확한 정보를 바탕으로 이 나라에 관해 토론할 수 있을 거라고 굳게 믿는다.

1부

내가 본 북한, 사람, 삶

이 글을 쓴 주된 이유는 너무나 많은 사람들이 나에게 북한은 어떠냐고 물었기 때문이다. 그렇지만 북한이 (느리게) 변하고 있다는 점, 내가 보고 들은 것이 사라지기 전에 기록하고 싶다는 점도 저술의 이유였다. 북한은 일어날 법하지 않은 일련의 사태를 겪으면서 주변 아시아 사회들보다 훨씬 덜 변해온 보수적인 사회다. 북한은 (대개 부정적인) 여러 이유로 관심을 끌지만, 무엇보다도 동결된 사회에 대한 연구 대상으로서 관심을 끈다.

1

북한 사회

북한의 일상 • 가족관계, 구애, 결혼 • 직장 • 여가 • 식사 • 경축일과 공휴일
외모 가꾸기 • 교육 • 음악 • 예술 • 질병과 건강 • 농장 생활 • 여행 • 종교 • 환경 • 장애

• 북한의 일상 •

내가 아는 북한 사람들의 삶은 가족과 노동이 거의 전부였다. 아침 일찍 집
에서 나와 낡아빠진 대중교통을 이용해 일터로 가서는 점심 시간을 빼고는
줄곧 일하다가 귀가하는 것이 그들의 평범한 일상이었다. 그들은 또한 다양
한 종류의 정치적 모임(제2장에서 더 자세히 다룬다)에 나가 시간을 보내야 했
다. 이런 규칙적인 일상에서 벗어나는 일은 드물었고, 그런 경험은 오랫동안
대화 주제가 되었다. 예를 들어 그들은 이따금 정치적 성소(聖所)로 교육을
받으러 갔는데, 때로는 버스를 타고 평양을 벗어나는 신나는 여행을 수반하
는 여정이었다. 가끔 친척을 만나러 가기도 하고 휴가를 얻기도 했다―무척
소중하고 부러움을 사는 일이었다. 아마도 대다수 서구인의 눈에는 평양 주
민들의 삶이 못 견디게 지루하게 보일 것이다.

그들은 평양의 획일적인 아파트 단지에 살았다. 서구인의 눈에는 이 아

파트들이 그게 그거인 것처럼 보이지만, 평양의 주소지에는, 주민들이 이를 악물고 지키는 사회적 차등이 있다. 그 서열의 최상위층은 평양 정중앙의 폐쇄된 지역에 있는 원로 엘리트층의 특별 거주 구역과 평양 외곽에 있는 빌라에 산다. 그다음은 폐쇄된 지역 바깥이지만 여전히 평양 중심부에 속하는 고급 아파트 단지들이다. 예를 들어 버드나무가 줄지어 늘어선 보통강을 따라 건설된 아파트(예를 들면 외무성 제1부상인 김계관[1]이 사는)는 특히 귀하게 여겨지며, 다른 대다수 아파트보다 면적이 넓고 설비가 좋은 듯하다. 그러나 이 아파트들의 진짜 이점은 다른 주소를 화제 삼아 입방아를 찧을 수 있는 권리일지도 모른다. 그다음은 중심부 안쪽이나 근처에 있는 한층 평범하고 대개 허름한 아파트 단지들이다. 특이하게도 이 단지들은 벽에 장식된 정치적 표어에 따라 불린다. 예컨대 '일심단결'로 장식된 아파트 두 채(주체탑에 올라가는 방문객의 눈에 선명하게 들어오는)가 있다. 한글은 음절 단위로 쓰는데, 이 표어의 네 음절은 두 음절씩 나뉘어 있다. 그래서 주민들은 이를테면 "나는 일심단결 중에 단결에 살아"라는 식으로 자기 주소를 말한다.

나는 북한 사람의 집을 방문할 때면 언제나 공식 수행원을 대동했다. 안 그랬다간 집주인이 끔찍한 위험에 처할 수 있다. 그러나 내가 아는 사람들이 거주하는 아파트 단지들과 엇비슷한 단지들은 매일 봤다. 그 아파트들은 싸구려 자재로 부실하게 건축되었다(인부들이 회반죽을 발라 완공하고 나면 안쪽의 뒤죽박죽 늘어선 콘크리트 블록들이 보이지 않았지만, 건축 현장에서는 건설 수준이 훨씬 낮다는 것이 뚜렷하게 보였다). 타일이 떨어져도 새 타일을 붙이지 않은 아파트가 많았다. 내가 평양에 처음 도착했을 때는 유리가 부족해 많은 집들

---

1   김계관은 수십 년간 북한의 핵 프로그램 관련 수석 교섭자로 활동했다. 2010년 9월 김계관은 외무성 제1부상으로 승진했다.

이 창문에 유리 대신 얇은 폴리에틸렌 판을 붙여놓고 있었는데, 겨울의 매서운 추위를 막기엔 역부족이었고, 바람이 불면 특이한 소음이 났다. 그 후 내가 평양에 머무는 동안 대부분의 아파트는 창문에 유리를 끼워넣었다. 남포에서 가까운 대안 유리공장의 생산량이 수요를 따라잡았기 때문일 것이다.

나의 지인들은 집이 비좁긴 하지만 생활하는 데 편리하다고 말했다. 그들 중 일부는 전자레인지를 비롯해 용품을 잘 갖춘 주방이 있으며 세탁기도 있다고 자랑스럽게 말했다(하지만 안타깝게도 세탁하는 도중에 전기가 끊기는 일이 많았다). 그들은 전류가 자주 급변하거나 갑작스레 끊기더라도 소중한 전자제품이 망가지지 않도록 전류안정기—중간계급 가정의 값비싼 필수품—를 거의 가지고 있는 듯했다.

그러나 북한의 끔찍한 에너지 문제는 거의 모든 가정에 영향을 미쳤다. 평양 중심부의 꽤나 고급인 아파트조차 사실상 난방이 안 되었다. 주민들은 외풍을 막으려고 갖은 방법을 동원하고, 옷을 몇 겹씩 껴입은 채 잠자리에 들었다. 영국인이 으레 날씨에 대해 투덜대는 것과 똑같이 그들도 추위에 대해 투덜대긴 했지만, 난방이 없는 생활에 이미 적응한 듯했다. 어쨌거나 그들은 오랫동안 추위에 단련된 터였다(그렇다고 해서 그들이 온기와 냉기의 차이를 느끼지 못하는 건 아니었다. 언젠가 나는 북한 관리를 집에 초대해 식사를 대접했다. 그는 식사하는 내내 북한의 눈부신 경제적 성취에 대해 늘어놓았다. 헤어질 무렵 그는 나를 돌아보고는 "그러니까 당신은 넉넉하게 난방하는군요, 그렇죠?"라고 물었고, 나는 고개를 끄덕였다. 그는 난방 없는 자기 아파트로 돌아가기 위해 차가운 밤공기 속으로 침울하게 발걸음을 옮겼다).

나는 급수에 관한 다양한 이야기도 들었다. 어떤 사람들은 자기네가 사는 아파트에는 물이 잘 나온다고 말했지만, 언제 단수가 될지 모르기 때문에 물이 나올 때 물통에 받아둔다고 말하는 사람들도 있었다. 전력 공급은 대체로 불규칙했고, 가끔은 대단히 불규칙했다(평양의 주요 발전소인 연기를 내뿜는 석탄 화력발전소는 엔지니어들이 최선을 다해 정비하는데도 변덕스럽기로 악명이 높았다). 나는 아파트 단지를 지나면서 대다수 아파트에 에너지 절약 전구가 달려 있고, 상당수 집이 배터리로 작동하는 할로겐 전등을 달고 있음을 알아볼 수 있었다(움직이는 빛줄기가 창문을 통해 보였다).

평양 일대로 어수선하게 뻗어나간 전통적인 단층 주택들은 주로 연탄 난로를 썼다. 연탄은 더러 아파트 난방에도 쓰였다(이것이 불법은 아닌지 미심쩍긴 하지만). 연탄은 탄진을 둥근 케이크 모양으로 압축해 굳힌 덩어리로, 원활한 연소를 위해 구멍이 숭숭 뚫려 있다. 북한에서는 사람들이 작은 연탄 형틀에 탄진을 삽으로 퍼서 넣고 물을 조금 섞은 다음 나무막대가 달린 납작한 원판으로 탄진을 꾹꾹 누르는 광경을 흔히 볼 수 있다. 연탄은 운반이 가능하다. 이따금 나는 시장에서 뜨거운 음식을 파는 여자들이 연탄 불에서 조리하는 모습과 연탄을 파는 가게를 보았다. 연탄에 불이 붙으면 연기가 제법 많이 나는 까닭에 굴뚝에서 나오는 연기를 보고 어느 집에서 난방을 하는지 대번에 알 수 있었다. 그러나 엄동설한에 지붕들을 빙 둘러보아도 연기가 나오는 굴뚝이 하나도 없을 때가 많았다. 분명 집 안에서는 온 가족이 덜덜 떨고 있었을 것이다.

쓰레기 수거는 복잡하지 않으면서 효율적이었다. 어느 주택 단지에나 커다란 쓰레기 수거함이 한쪽 벽에 매달려 있었고, 때마다 화물차가 와서 수거함 아래 멈추면 수거원이 수거함 바닥을 열어서 쓰레기를 화물차 안으로 떨어뜨린 다음 떠나갔다. 수거함은 콘크리트 계단 두 개 사이에 매달려 있었고, 거주민은 계단을 올라가 쓰레기를 수거함에 넣었다. 평양에 막 도착했을

빈민들의 주택.

무렵 내가 보기에 이 방식은 문제가 있는 것 같았다. 예를 들어 수거함 바닥에 불량 볼트가 하나만 있어도 쓰레기가 쏟아져 나와 거리를 뒤덮을 터였다. 그러나 실제로 이 시설은 언제나 깨끗하고 깔끔하게 유지되는 듯했다.

2008년 인구조사[2]에 따르면 북한 인구 55퍼센트만이 수세식 화장실을 이용한다고 하는데(몇몇은 이것마저 부풀려진 수치라고 말한다), 평양에서 내가 알았던 사람들은 모두 여기에 속했다. 이 사실은 수도의 특권을 알려주는 또 하나의 지표다. 평양 주택 단지들의 화장실 시설은 없는 것보다야 훨씬 낫지만 허술하며, 공중화장실은 대개 고약한 악취를 풍긴다. 외국인 보건요원들은 평양의 화장실이 형편없이 설계되어 질병을 퍼뜨리기 십상이라고 내게 말했다. 내가 여행하면서 발견했듯이, 평양 외부의 위생시설은 수도보다 훨

2　전체 결과는 http://unstats.un.org/unsd/demographic/sources/census/2010_PHC/North_Korea/Final%20national%20census%20report.pdf에서 볼 수 있다. 이 인구조사는 유엔 인구기금의 도움을 받아 수행되었음에도, 결과 중 일부가 다소 미심쩍다.

씬 더 열악했다. 언젠가 나는 외국 NGO가 북한의 외딴 지역에서 효율적이고 깨끗한 가정용 화장실 및 공용화장실을 설치하는 프로젝트를 참관했다. 북한 관련자들은 이런 화장실을 보고 무척 좋아했고, 자기네 인근에 공중화장실을 설치하기 위해 지역 화장실위원회를 조직했다. 내가 만난 위원장은 이런 책무를 분명 진지하게 받아들이는 사려 깊고 나이 지긋한 여성이었다.

내게 이야기를 해준 사람들의 집은 한결같이 북적거리는 듯했다. 친구 몇몇은 아침에 집을 나서기까지 번잡한 과정을 말해주었다. 다들 직장이나 학교에 지각하지 않도록 아침을 먹고 옷을 입는 순서에 신경을 곤두세워야 했다. 어떤 친구는 친척이 같이 살고 있어서 그들을 먹이고(북한 사람이라면 거절 못할 부탁) 방을 내주어야 한다고 투덜거렸다. 친구 한두 명은 집 안에 샤워실이 있었지만 대다수는 공용샤워실을 이용했다. 친구들은 자기 집에서든 공용샤워실에서든 마지막으로 온수 샤워를 한 게 언제인지 기억나지 않는다고 했다. 영하의 추위가 몇 달 동안 이어지는 북한의 겨울철에 냉수 샤워는 결코 유쾌한 일이 아니다. 서방 대사관에서 일하는 한 북한 사람은 직장에서 온수로 샤워할 수 있다는 것이 외국인을 지원하는 직업의 주요한 특권이라고 말해주었다.

집과 직장을 오가는 출퇴근은 고역이었다. 대부분 대중교통을 이용했고, 도중에 단전이 되어 무궤도전차와 궤도전차가 갑자기 멈추는 경우를 감안해 시간을 넉넉히 잡아야 했다[3](나는 단전이 되었을 때 궤도전차가 오도 가도 못하는 광경을 낮에는 보았지만 아침 출근 시간에는 한 번도 보지 못했고, 그래서 당국이 아침에는 전기가 끊기지 않도록 각별히 노력한다고 생각했다. 그러나 친구들은 출근 시간에도 단전이 된다고 확언했다). 변덕스러운 전력 공급 문제는 그렇다 치더라도, 평양의 대중교통은 닳고 닳은 상태였다. 버스와 궤도전차는 아주 오래되었다. 라이프니츠와 드레스덴, 마그데부르크가 자기네 대중교통 수단을 새것으로 바꿀 때 이들 도시에서 중고를 기증받은 뒤, 프라하와 취리히로부터 궤도전차를 중고로 값싸게 구입해 보충한 것이었다. 버스와 전차의 차대(車臺)에는 빨간색 별들이 줄지어 그려져 있었는데, 별 하나마다 1만 회 운행을 뜻했다. 이것들은 흔히 30개가 넘는 별을 과시했다. 게다가 이 탈것들은 동독에서 이미 수명을 다한 터였다(그렇지만 이 낡아빠진 기반시설마저 대개 대중교통이 전무한 평양 외부 도시들의 기반시설에 비하면 훨씬 나은 수준이었다). 친구 몇몇은 대중교통의 불확실성과 혼잡함을 감수하느니, 한 시간 넘게 걸리더라도 도시를 가로질러 걸어서 출근하는 편을 택했다. 대개 그들은 단전이 풀릴

---

3   내가 영국적 의미로 사용하는 '단전(power cut)'은 미국인이라면 정전(power outage)이라고 부를 사태를 가리킨다. 북한 당국이 악의로 전력 공급을 중단한다고 생각할 이유가 내게는 전혀 없다. 그저 평양의 전기 수요를 감당할 만큼 전력을 생산하지 못했을 뿐이다. 나는 중앙통제실 직원들이 평양의 모든 지역에 얼마 동안 전력을 약간 공급하기 위해 지역마다 각기 다른 시간에 전류를 보내도록 지시한다는 말을 들었지만(확인할 길은 없었다). 핵심 엘리트층의 거주 구역 외부에 있으나 영향력 있는 사람들이 거주하는 지역은 다른 지역보다 전기가 원활하게 공급되었다.

때까지 지하에 갇혀 있는 것이 두려워 지하철을 이용하지 않았다(그래도 지하철을 이용하는 사람이 많은 것을 보면, 누구나 이런 두려움을 느끼는 것은 아닌 듯했다). 자전거를 타고 출근하는 사람도 몇 명 있었지만, 중국과는 비교할 수 없을 정도로 자전거 통근자가 드물었다. 여자들은 어떤 경우든 평양 중심부에서 자전거를 타지 못했다(김정일이 자전거 타기를 여자답지 않은 행동으로 여겼다고 한다). 여자들은 일터에 도착하면 대개 바지로 갈아입지만, 평양 거리에서 여자가 바지를 입고 다니면 볼썽사납게 여기기 때문에 출퇴근 시에는 언제나 치마를 입는다고 했다. 그렇지만 지방 도시에서는 바지를 입은 여자들을 볼 수 있었다. 직장에 지각하지 않는 것은 중요한 일이었는데, 업무가 정신없이 바빠서가 아니라—대다수 북한 사람은 낮 동안 빈둥거리고 잡담할 시간이 많아 보였다—직장 내 적들이 지각을 빌미로 승진을 막거나 심하면 해고되었기 때문이다.

나는 뒤에서 직장 생활에 대해 쓸 것이다. 퇴근 후—내가 확증할 수 있는 선에서 말하자면, 공장이나 사무실 근무시간은 서구와 비슷한 수준이었다—에 사람들은 대중교통을 이용하느라 다시 고역을 치른 다음 (승강기가 작동하지 않으면) 집까지 계단을 걸어 올라가곤 했다. 여자들은 퇴근하고 나서도 저녁식사를 준비해야 한다며 내게 불만을 토로하곤 했다(이 부담을 남편과 분담하는 것이 어떠냐고 말하면 화들짝 놀랐다). 일부 가정에서는 가족이 제각기 다른 시간에 귀가하기 때문에 여러 번 상을 차려야 하는 반면에 일부 가정에서는 온 가족이 함께 앉아서 밥을 먹는 듯했다. 때로는 가족 중 한두 명이 이런저런 모임에 참석해야 했다. 참석하지 않는 가족들은 집에 머물며 이야기를 하거나 (볼 만한 영화가 있으면) 텔레비전으로 영화를 보곤 했다.

변덕맞은 전기 공급 탓에 신체 건강한 사람들은 대개 고층 건물인 아파트 계단을 걸어서 올라가야 했다. 그러나 노인과 병약자에게는 이 선택지가 열려 있지 않았다. 이 때문에 노인들은 아예 아파트 밖으로 나가는 것을 두려워한다는 이야기를 들었는데, 혹여 돌아오는 길에 단전이 되면 집으로 올라갈 방법이 없기 때문이다. 이것은 계단을 오르내리기 어려운 사람들이 때로는 장기간 아파트에 갇혀 지낸다는 것을 뜻했다.

· 가족관계, 구애, 결혼 ·

내가 아는 북한 사람들은 모두 가족관계를 지극히 중요하게 생각했다. 그들은 많은 시간을 할애해 내게 최근 가족 소식을 전하곤 했다. 예부터 한국은 무척 위계적이어서, 각자의 서열을 세심하게 구별해 호칭과 높임말과 낮춤말을 다르게 썼다. 남한에서는 이런 구별이 한결 느슨해졌지만, 북한에서는 아직까지 대체로 전통적인 구별을 고수한다. 내가 알기로는 한국전쟁 후에 남한 사회가 급격히 변하기 전까지 한반도 전역에서 유지되었던 전통적이고 복잡한 씨족제도가 북한에서는 온전하게 남아 있다. 사회주의 이데올로기에 혈통이 들어설 자리가 없긴 하지만, 상당히 고위급인 당원들도 이따금 자기네 혈통, 즉 자기네 성씨를 나타내는 한자어(보통 한글 성씨만 듣고는 한자어가 무엇인지 확실히 알 수 없다)가 무엇이고, 본관은 어디인지 말해주곤 했다. 낡아빠진 전화망을 이용해 친척과 연락하며 지내는 것은 북한 사람들에게 중대한 임무였다. 더욱이 평양에 사는 일가는 시골의 친척이 방문하면 당연히 보살펴야 한다고 여겼고, 친구 몇몇은 먼 친척이 전화해서 거절하기 어려운 돈 부탁을 할까 봐 몹시 걱정했다.

친구들 중에 부모와 함께 사는 사람은 없었지만, 그들은 자기 친구들 가운데 상당수가 부모를 모시고 살고 있는데, 이는 무슨 수를 써서라도 피해야 하는 상황이라고 말해주었다. 부모들은 치마 길이와 음악 취향, 공부의 필요성에 관해 고지식한 잔소리를 늘어놓거나 결혼한 자식과 그 배우자에게도 아무런 거리낌없이 유교적 권위를 행사하는 듯했다. 그래서 부모와 떨어져 사는 게 상책이라고 생각했다. 부모가 성인이 된 자식의 집에 시도 때도 없이 들르지 못할 정도로 적당히 떨어져 있되 부모님 댁을 방문하는 일(친구들이 마지못해 수행하는 유교적 의무)이 어렵거나 비용을 많이 잡아먹을 정도로 멀지는 않아야 했다.

부모님 댁 방문은 시련이었다. 손주들에게 제일 좋은 옷을 입히고, 그 옷을 더럽히지 않으면서 도시를 가로지르고, 때로는 선물을 사고, 언제나 똑같은 주제로 몇 시간 동안 앉아서 따분한 대화를 나누어야 했다. 애들은 학교에서 어떻게 지내니? 건강은 어떠니? 나는 부모를 진심으로 사랑하고 부모와 따뜻한 관계를 유지하는 남한 사람들을 알고 있다. 북한 친구들 중에는 그런 경우가 일절 없었다. 물론 내 지인들이 북한인 일반을 대표하는지는 모르겠다.

내가 아는 한 북한에서 구애는 겉치레나 마찬가지로 보였다. 결혼은 대부분 부모들이, 신랑감과 더 많이 상의할 테지만 신붓감과도 어느 정도 상의해서 주선했다. 한 친구에게 들은 바에 따르면, 그녀는 결혼할 때가 되었다는 어머니의 말에 동의했고, 어머니는 그저 인맥을 동원해 신랑감으로 적당한 아들을 둔 다른 어머니를 찾아 그 남자를 딸에게 소개했으며(이런 소개가 어떻게 이루어지는지는 듣지 못했지만, 어떤 격식을 차리지 않을까 싶다), 그녀는 그가 괜찮은 사람이라는 데 동의했다. 그들은 몇 달 만에 결혼했다. 다른 사례를 보자면, 같은 아파트 단지에서 자란 젊은 남자가 내가 아는 여성을 마음에 들어해 집으로 끊임없이 찾아온 탓에, 결국 그녀의 어머니가 그 남자와 결혼을 하든지 다음번에 찾아오면 돌려보내든지 양단간에 결정을 내리라고 재촉했다―그녀의 가족은 자꾸 방문하는 그를 귀찮아했다. 그녀는 그 남자가 좋은 배필일 거라는 결론을 내리고 그와 결혼했다(그리고 아직까지 행복하게 살고 있다). 또 다른 여자는 부모로부터 젊은 장교를 소개받았다. 그녀는 중매가 들어와 행복해 보였고, 그에게 꽤나 반했다고 넌지시 말하기까지 했다. 나는 많은 북한 사람들이 정권이 무척 좋아하는 이런저런 대규모 행사―예컨대 행진이나 현장합숙, 모내기―에서 배우자감을 만난다고 읽었다. 이것은 사실일 테지만, 적어도 내 지인들 가운데 이런 식으로 배우자를 만난 경우는 없었다(1971년에 김일성이 남자는 28세, 여자는 20세에 결혼해야 한다고 지시했지만, 그 지시를 아직까지 진지하게 받아들이는 사람을 한 명도 보지 못했다).

나는 대개 말쑥하게 차려입은 젊은 연인이 (더러 추위가 매서운 겨울날에도) 강둑이나 나지막한 언덕의 비탈 같은 외진 장소에 앉아서 밀어를 속삭이는 모습을 자주 보았다. 북한에서는 가족이나 중매인이 결혼을 주선하는 경우가 많지만, 나는 세계 어디에서나 그렇듯이 젊은 연인이 사랑에 빠져 결혼하는 경우도 많을 거라고 생각한다. 내 짐작에 엘리트 비핵심층의 구성원이자 사회적 연줄을 중요하게 여기는 집안의 자식인 나의 지인들은 북한 사회를 대표하는 부류가 아닐 것이고, 더 낮은 계층의 사람들은 직접 배우자를 선택할 여지가 더 많을 것이다. 또한 나는 도시보다 시골에서 중매가 훨씬 전통적인 방식으로 이루어지리라 추측한다. 그러나 도시에서도 애정을 공공연히 드러내는 경우는 드물다. 탈북자들은 남한에서 연인이 남들 앞에서 키스하는 광경을 보고 가장 놀랐다고 말했다.[4]

4   Demick, *Nothing to Envy*, 82.

평양 공원에서 남의 눈을 피해 만나는 젊은 연인.

　서구인들에게 (그리고 많은 남한 사람들에게) 북한 사람들의 구애 방식은 대체로 아주 고리타분해 보인다. 그러나 그들은 자기네 전통을 북한 외부의 전통(보통 그들이 모르는)이 아니라 이전 세대들의 규준과 비교하곤 한다. 얼마 전만 해도 신부는 보통 혼례일에 신랑을 처음 보았고, 남편에게 순종하는 태도를 보이기 위해 적어도 혼례일에는, 원한다면 그 이후에도 며칠 동안 말을 해서는 안 되었다. 북한 사람들, 특히 여성들은 손위 친척에게서 이런 전통에 관해 듣곤 해서 과거에 비하면 자기들은 자유롭다고 생각한다.

　얼마 전만 해도 성분(계급 배경)은 배우자 선택을 결정하는 중요한 조건이었다. 성분은 북한 정권이 정치적 신뢰도에 따라 주민들을 51개 부류로 나눈 정교한 제도로서, 북한 인민의 역사에서 정권이 그들을 어떻게 대하느냐는 대부분 성분에 따라 결정되었다. 주거와 일자리부터 거주 지역에 이르기까지, 성분은 그들 삶의 매사에 막대한 영향을 미쳤다.[5] 그러나 나와 결혼에 관해 의견을 나눈 사람들 가운데 누구도 성분을 언급하지 않았고, 내가 이 문제를 제기하자 성분은 중요하지 않다고 분명히 말했다. 언젠가 나는 한 친구에게 남편의 성분에 관해 물었다. 그녀는 한바탕 웃고 나서 한동안 생각하더니, 남편 성분이 아주 나쁘진 않겠지만 성분에 관해 진지하게 생각해본 적은 없다고 말했다. 그러나 설령 성분은 더 이상 중요하지 않더라도 배우자의 소득은 틀림없이 중요했다. 한 친구는 남동생이 자기 부부의 집에 얹혀 살게 되었다고 말했다. 이런 상황이 어지간히 불편했기 때문에 부부는 남동생이 괜찮은 수입을 올리고 결혼해서 따로 나가 살 수 있도록 그를 무역회사에 취직시키려고 애썼다.

과거 한국은 외국인과의 결혼은 꿈도 꾸지 못할 일이었다. 남한에서는 사정이 달라졌지만 북한에서는 여전히 강력한 사회적 금기였다(한 관리는 북한에서 외국인과 결혼하는 것이 실제로 불법은 아니라고 말했다). 언젠가 내가 유난히 수다스러운 친구에게 딸이 외국인과 결혼하면 기분이 어떻겠느냐고 묻자 그녀는 돌연 말문이 막혔다(그렇지만 곧 그런 일이 절대 일어날 수 없는 이유를 다시 힘차게 설명하기 시작했다). 다른 사람들은 수다쟁이 친구만큼 거리낌없이 말하진 않았지만 한국인끼리 결혼해야 한다는 입장이었다. 그러면서도 지인들은 영국에서 다른 인종들 간에 결혼하는 경우와 영국인이 한국인과 결혼할 때 발생하는 상황에 지대한 관심을 보였다(내 동료 직원의 아내가 한국인 혈통이었는데, 그들은 이 사실에 훨씬 더 흥미를 보였다). 그러나 그들은 백인이 한국인과 결혼하는 경우—물론 그들 가족에게는 결코 일어나지 않을 일—는 가까스로 이해하면서도 백인이 다른 인종과 결혼하는 경우에는 충격을 받았다. "영국인이 흑인과 결혼한단 말입니까?" 어떤 사람은 진짜로 경악하며 소

---

5   Demick의 *Nothing to Envy*의 제2장에서 열등한 성분이 가족에게 어떤 의미인지 확인할 수 있다.

리쳤다(나는 많은 영국인이 흑인이라는 사실을 설명하려 노력했지만 소용이 없었다. 영국이 다양한 인종이 섞여 사는 나라라고 보는 사람은 거의 없었다).

북한 상류사회에서 결혼은 중대사였다. 평양 시내에 있으며 커피 한 잔에 1유로 가까이 받는 호화로운 연회장에서 결혼식 피로연을 제대로 베풀면 비용이 1000유로에 달하기도 했다—북한에서는 꽹장한 액수였다(이런 연회장은 예비 고객에게 호사스러운 산해진미와 엄청나게 많은 주류 사진들이 담긴 번질번질한 안내책자를 보여주었다. 그것은 매일 변변찮은 식사를 하는 대다수 북한 사람의 삶과는 다른 세계였다). 그러나 평양 사회에서 결혼은 대부분 정교하고 매우 전통적인 절차를 따르는 듯했다. 결혼식은 주로 토요일 오전에 예식장에서 열렸다. 신랑과 신부는 적어도 자동차를 타고 예식장으로 갔다(평양에서는 값비싸고 준비하기가 쉽지 않은 일이었다). 언젠가 나는 저고리6를 입고 신부용 화관(花冠)을 쓴 화려한 젊은 여성이 얼굴을 찡그린 채로 짜증을 부리면서, 자기가 사는 허름한 아파트를 나와 지저분한 흙투성이 도로를 조심스럽게 밟아가며 경사진 길가에 비스듬히 세워진 낡은 빨간색 자동차에 오르는 모습을 보았다. 신혼부부는 결혼식이 끝나면 제일 먼저 가장 가까운 김일성 동상을 찾아가 그 발치에 엄숙하게 헌화하며 자기네 결혼을 '영원한 수령'에게 바치곤 했다. 평양에는 다양한 김일성 동상들이 있었지만 신혼부부는 가급적 평양 중심부 만수대에 있는 유명한 동상을 찾아갔다. 만수대의 김일성 동상은 도시를 향해 오른팔을 쭉 뻗고 있으며, 좌우 측면에는 흠모받는 북한의 인물을 묘사한 청동 군상이 있다. 대개 토요일 오전에는 이 유명한 동상의 발치에 꽃을 바치려는 신혼부부들이 많아서 헌화하려면 줄을 서야 했다.

---

6   이 의복은 남한에서는 보통 한복이라 부르지만, 나는 북한에서 이 단어를 들어본 적이 없다. 또한 북한에서는 흔히 저고리가 의복 일습을 가리키는 반면에 남한에서는 윗옷만을 가리킨다.

그날 오후에는 불가피한 비용 때문에 부모가 두려워하는 피로연이 열리곤 했다. 과거 한국에서는 부부가 혼례를 치른 후 처음 사흘 동안 처가에서 지낸 뒤에 시댁에 가서 살았다. 현대 북한에서는 이 관습이 간소해져 신혼부부가 첫째 날을 신부 부모의 집에서 보내고, 둘째 날을 신랑 부모의 집에서 보낸 뒤 신혼집으로 가는 것이 보통이다. 평양 주민들은 가급적 이 전통을 따랐지만, 부모의 아파트가 좁아서 불가피하게 전통을 지키지 못하는 경우도 많다. 북한 친구 몇몇은 결혼식을 올리고 처음 하루나 이틀을 친척들과 함께 지내지 않아도 되어 기뻐하는 기색이었다. 그 뒤에는 신혼여행을 떠나는 것이 이상적이지만, 북한에서는 부부가 직장을 이틀 쉬는 것 이상을 뜻할 때가 드물었다.

북한의 결혼 의상은 구체적으로 정해져 있다. 신부는 세심하게 화장을 하고 저고리(반드시는 아니지만 보통 흰색)를 입고 머리에 꽃을 꽂았다. 신랑은 구할 수 있는 가장 말쑥한 서구식 정장을 입고 상의 주머니에 꽃을 꽂았다(커다란 김일성 동상을 향해 계단을 올라가는 신랑들을 보면, 키와 허리둘레 차이가 제법 나는 다른 남자에게서 정장을 빌려 입은 티가 역력했다). 신부와 신랑이 김일성이나 김정일 배지를 달지 않은 채 결혼식 같은 엄숙한 의례을 치르는 것은 생각할 수도 없는 일이다.

가족들은 부부가 결혼을 하고 자녀를 가급적 빨리 낳기를 고대했다. 아이를 낳으면 시부모에게 맨 먼저 보여주어야 한다. 이 때문에 시부모가 도착할 때까지 남편은 아이를 며칠 동안 못 보기도 한다(분명 그에겐 고역일 것이다). 나는 평양 외부에서 아주 단순한 분만 시설들을 보았지만, 지인들은 대부분 안락하고 청결하고 숙련된 직원들이 근무하는 유명한 평양산원을 이용할 수 있었다. 그러나 의학 전문가가 내게 말해준 바에 따르면, 평양산원조차 분만 중 문제가 생길 때 대비책—예컨대 마취제—이 별로 없었고, 서구의 산부인과 병원보다 선뜻 자연 분만을 유도하는 경향이 있었다.

북한의 대다수 부부에게 출산은 결혼생활에서 선택이 아니라 필수였다. 그들은 서구에서 흔히 볼 수 있는 무자녀 결혼생활을 전혀 이해하지 못했다. 한 젊은 여성은 임신에 실패하자 남편이 노발대발했으며 (구체적으로 밝히지 않은) 의학적 도움을 받아 아들 하나를 낳아주고 나서야 가정이 행복해졌다고 말했다. 내가 자녀가 없는 이유에 관해서 그들은 무척 궁금해했다. 그들은 내 말에 정중히 귀를 기울이면서도, 분명 내게 말 못할 의학적 문제가 있다고 여기는 눈치였다. 어떤 사람은 자녀를 낳지 않는 것은 이기적인 일이라며 나를 꾸짖기까지 했다.

북한의 가족은 대체로 규모가 꽤 작았다. (중국과 달리) 부부가 낳을 수 있는 자녀 수에 제한은 없었지만, 대부분 자녀를 한 명이나 두 명 두기를 원했다. 셋도 없진 않았지만, 넷이라면 화젯거리가 되었을 것이다. 몇몇 사람은 이것이 일대 변화라고 말했다. 그들 부모 세대에는 자식을 훨씬 더 많이 낳았다고 한다. 아들 선호가 강하긴 했지만 여아를 살해한 사례를 나는 들어본 적이 없다.

내가 들은 북한의 결혼생활은 천차만별이었다. 어떤 아내는 남편이 결혼하자마자 무뚝뚝한 가장으로 돌변했다고 말했다. 그 남편은 애정 표현 같은 건 조금도 없고, 외려 이런저런 일을 아내에게 지시했다. 그녀 인생에서 독자적 결정이 허용되는 유일한 영역은 자녀 양육이었다. 그러나 다른 결혼생활에 관해 이야기하며 내가 받은 인상은 아내가 남편을 단단히 틀어쥐고 산다는 것이었다. 남편은 아내의 허락 없이는 돈을 쓰지 못했고(그는 친구들과 맥주 마시러 가기 위해 용돈을 받으려고 안달복달했다), 아내가 모든 집안일을 결정하는 듯했다. 반면에 다른 부부는 문제를 오래도록 논의했고, 남편과 아내 모두 마음이 편하지 않으면 중요한 결정을 내리지 않았다. 나와 이야기한 모든 경우에 가계는 아내가 꾸렸지만(한국의 오랜 전통), 아내의 역할은 그저 남편의 지시를 받아 돈을 지출하는 일종의 가정 경리를 맡는 사례부터 가계를 실제로 장악하고 때로는 완전히 틀어쥐는 사례까지 다양했다.

북한 여성의 전통적인 복종은 다른 방식으로도 드러난다. 한국어에서는 상대의 사회적 지위에 따라 동사의 어미를 정교하게 바꾸어 사용한다. 가장 평범한 두 가지 사용법은 높임말과 낮춤말로서, 높임말은 윗사람이나 지위가 높은 모르는 사람에게 공손하게 말할 때 사용하고, 낮춤말은 사회적 지위가 낮은 사람과 아이에게 사용한다. 북한 여성은 보통 남성에게 말할 때 높임말을 사용하는 반면에 남성은 여성에게 낮춤말을 쓰곤 한다.[7] 탈북자들이 남한에 살면서 가장 놀란 점 가운데 하나가 여성이 남성에게 반말하는 모습이라고 한다(나는 높임말이 더 익숙하고 낮춤말의 동사 어미 구사가 능숙하지 못하기 때문에 북한 여성에게 말할 때 습관적으로 높임말을 사용했다. 여자들은 남자가 이런 식으로 말하면 놀라면서도 좋아했다).

여성들의 복종은 역사적 뿌리가 깊다. 앞에서 나는 신부가 혼례일에 말을 하지 않는 오랜 전통을 언급했다. 이것마저 19세기 전통, 즉 혼례일에 신부의 눈을 가린 탓에 혼례가 끝난 뒤에야 신랑의 얼굴을 보았다는 전통보다는 나아진 것이었다.[8] 그 시절에 여성들은 혼례일만이 아니라 어느 때고 아주 심한 속박에 시달렸다.[9] 1897년 평양 북쪽 어느 마을에서 여자들은 약 2미터

---

7   이 관습은 북한이 건국되기 훨씬 전부터 지켜온 것이다. 100년도 더 전에 조지 허버 존스(George Herber Jones)라는 사람이 이렇게 썼다. "지위가 같은 남자와 여자가 만나는 자리에서 여자는 남자보다 공손한 형식의 언어를 사용해야 한다." "The Status of Woman in Korea", *The Korean Repository*, 1896년 6월, 224 참조.

8   Bishop, *Korea and Her Neighbours*, vol. 1, 132.

길이로 몸 전체를 덮는 "고리버들로 만든 정원 보초막처럼 생긴 (……) 기괴한 머리쓰개" 차림으로 자신을 가리곤 했다.[10]

북한의 시장―비교적 새로운 현상―에서는 여성들만 직원으로 일한다. 그 결과 남편들이 노후한 공장이나 국가 행정의 일자리에 묶여 지내는 동안 장사 수완을 배운 여성들 부류가 등장했다. 북한이 변화함에 따라 이 여성들의 수완이 주목받을 가능성이 크다는 것은 다소 역설적이다. 그리고 이런 결과는 다시 북한 남성과 여성의 전통적인 관계에 영향을 미칠 공산이 크다. 예를 들어 내가 아는 한 여성은 (북한 기준으로) 좋은 직업이 있지만 남편은 그렇지 못해서 그녀가 가족의 부양을 책임졌다. 그녀는 이것이 몹시 불편한 상황이며 남편 체면을 세워주려고 항상 신경 써야 한다고 말했다.

내가 아는 북한 여성들 가운데 상당수는 남편이 외도할지 모른다며 늘 걱정했다. 몇몇 경우에는 걱정할 만한 근거가 충분히 있었다고 생각한다. 어떤 남자는 평양을 벗어날 때마다 매춘부를 찾아간다고 말했다(그는 사업차 자주 출장을 갔다). 당시 그는 여자와 성관계를 갖는 데 대략 미화 10달러(북한에서는 큰돈)가 든다고 했다. 다른 남자는 여러 도시에 애인을 두고 있었다. 두 남자 모두 대수롭지 않은 일이라고 말했고, 부끄러워하는 기색이 전혀 없었다. 나는 북한 아내들의 정절에 관해 들은 바가 거의 없지만, 그들이 남편 아닌 남자들과 시시덕거리는 모습을 자주 목격한 경험으로 미루어 판단하건대, 아내들이 남편의 외도를 걱정하는 것 못지않게 남편들도 아내의 바람을 걱정할 근거가 충분히 있지 않나 싶다. 내가 아는 여성들은 남편이 자신을

9   흥미로운 역사적 사실들을 더 상세히 알려면 다음을 참조하라. "The Status of Woman in Korea", *The Korean Repository*, 1896년 6월, 223~229.

10   Bishop, *Korea and her Neighbors*, vol. 2, 156. 비숍은 한국 여자들이 "틀림없이 다른 어떤 국가의 여자들보다 스스로를 아주 철저히 감추었다"(vol 1, 45)는 데 주목한다.

속이고 있을지 모른다며 애타는 심정을 자주 토로했지만, 흥미롭게도 내가 아는 남자들은 이 주제를 한 번도 거론하지 않았다. 미국 드라마 〈위기의 주부들〉을 어찌어찌 보게 된 젊은 남자가 자기 아내가 이 주부들처럼 될까 걱정이라고 말한 것이 그나마 가장 심각한 경우였다. 그는 이 드라마를 보기 전에는 그런 생각을 해본 적이 없는 듯했다. 남자들이 입을 다문 까닭은 너무나 민감한 문제이기 때문일 것이다. 아내가 외도한다고 생각하는 남자를 딱 한 번 우연히 만났는데, 그는 이판사판 아내를 당국에 고발하고(북한에서는 끔찍한 일이다) 이혼하겠다(그 결말은 모른다)며 위협했다.

가장 흔한 피임법은 북한 사람들이 '고리'라고 부르는 것인 듯했다(나는 북한에서 이런 기구를 자궁 안에 삽입하는 것이 여성에게 몹시 불쾌한 경험일 수 있다는 글을 읽었지만, 차마 부끄러워서 어떤 지인에게도 이에 관해 묻지 못했다).

혼전 성관계는 혁명적 윤리에 반하는 심각한 비행이며, 이 문제에 대해 나와 이야기할 준비가 된 사람들은 한결같이 첫날밤까지 순결을 지켜야 한다고 생각했다. 그러나 혼전 성관계에 대한 젊은이들의 입장은 다양했다. 한 젊은 여성은 혼전 성관계라는 생각을 도무지 이해하지 못하는 것처럼 보였다. 마치 자연의 법칙이나 되는 양 결혼한 뒤에야 허락해야 한다고 힘주어 말했다. 남자 지인은 결혼 전에 여자와 동침하기가 무척 어렵다는 점을 확인해주었고, 친구들 대부분이 첫날밤에야 비로소 성관계를 했을 거라고 말했다. 다른 사람들은 혼전에 성관계를 가지는 남녀가 간혹 있음을 인정했지만 곧 대화 주제를 바꾸었다. 나는 언젠가 (남한판) 《코스모폴리탄》을 읽고 있는 젊은 여성들을 우연히 마주쳤다. 그들은 손가락으로 기사를 가리키며 신나게 수다를 떨다가 내가 다가가자 황급히 잡지를 내려놓고 떠나버렸다. 그 잡지에는 파트너와 섹스를 더욱 즐기는 방법에 관한 기사가 눈에 들어왔다.

부모에게 자녀는 언제나 걱정거리였다. 자녀가 썩 괜찮은 직업을 얻으려면 국가가 제공하는 무상 의무교육만으로는 부족했다. 저녁 수업과 과외 교사를 흔히 볼 수 있었으며, 나는 이따금 자녀에게 영어를 가르쳐달라는 수줍은 요청을 거절해야 했다. 평양 젊은이들 사이에서는 남한 말투로, 적어도 또래 친구들 말투로 말하는 것이 유행이었다. 어떤 학부모는 딸아이에게 걸려온 친구 전화를 바꿔주면서 "서울에서 전화 왔어!"라고 농담한다고 말했다. 이 이야기를 하며 그녀는 장난스럽게 속삭였다. 그녀의 가족 중 누구도 이런 농담에 눈살을 찌푸리지는 않는 것 같았다.

자녀에게 적당한 혼처를 구해주는 일 역시 부모의 유교적 의무다. 지참금을 가져오거나 신부 몸값을 치르는 전통은 없지만(내가 알기로는 옛날 조선시대에도 그런 전통이 전혀 없었다), 그래도 자녀의 결혼을 주선하는 데는 비용과 시간이 적잖이 들었다. 나는 비용을 치르고 중매인을 이용한 사례들을 들을 수 있었다. 부모는 적어도 상당한 시간을 들여 친구와 지인들을 동원해 자식에게 어울리는 배우자를 물색해야 했다. 미혼인 외교관 동료가 고국에 갔다가 돌아오자 북한 직원들은 그가 이번에도 아내를 데려오지 않았다는 데 경악했다. 그들은 그의 부모가 자녀에게 지독히 소홀해서 짝을 찾아주지 않는다고 생각하는 것이 분명했다.

내가 아는 북한 사람들에게 우정은 가족 못지않게 중요했다(더 중요한 경우도 있었다). 그들은 모두 오랫동안 알고 지내는 소규모 친구 집단이 있었는데, 대개 학교나 대학 동창인 오랜 친구들이었다. 그들은 이 친구들과 정보를 공유할 뿐 아니라 자신의 문제도 상의했고, 이들에게 조언을 구하기도 했다. 물론 이런 우정이 북한 고유의 현상은 아니지만, 북한에서 우정은 인생의 고비를 극복하는 데 특히 중요하다. 친구는 아주 신중하게 가려서 사귀어야 했다. 북한 지인들에게 내가 아는 다른 사람에 대해 말하면 그들은 먼저 "믿을 만한 사람입니까? 당신은 그 사람을 믿습니까?"라고 묻곤 했다. 북한에서 비밀을 어떤 사람과 공유할지 결정하는 요인은 서구인들의 우정이 대체로 화학작용으로 이루어지는 것과 달리, 입증된 신의인 듯했다. 친구들의 성별은 언제나 같아 보였다. 여자들은 여자들끼리만 비밀을 공유했고, 남자들도 마찬가지였다.

나는 동성애 행위의 증거를 마주친 적이 없지만, 이것이 북한에 동성애가 없다는 뜻은 아니다. 나는 동성애 금지에 관한 북한의 법을 모르긴 하지만 그 법이 동성애를 가혹하게 처벌할 것이고, 북한 사람이 외국인 대사와 동성애에 대해 이야기하고 싶어할 리는 만무하다고 생각한다.

· 직장 ·

북한 사람들이 대개 형편없이 열악한 조건에서 거의 어떤 자원도 없이 명목상 보수만 받거나 아예 보수를 받지 않으면서 노동에 헌신하는 모습을 볼 때마다 나는 거듭 놀라고 겸허한 마음이 들었다. 자기 학급을 위해 교과서를 손으로 베껴 쓴 교사들이 있었다. 약이 거의 전무하고 장비들이 대개 낡고 망가졌는데도 지칠 줄 모르고 환자를 돌보는 의사들이 있었다. 그리고 난감한 문제를 처리하느라 장시간 일하는 관리들도 있었다. 북한에는 온갖 어려움이 산재하고 보수를 기대할 수 없는데도 어떻게든 상황을 헤쳐나가는, 서구에 사는 많은 사람들의 마음가짐을 부끄럽게 만드는 진정한 결의가 있다.

예상할 수 있듯이 북한의 직장은 매우 위계적이다. 고위 간부들은 대단히 존중받는다. 흥미롭게도 상사가 사무실에 들어올 때 직원들이 자리에서 일어서는 것이 남한에서는 흔한 관행인 반면 북한에서는 보기 드문 행동이다. 회의 시간이면 상급자 혼자 말을 하고, 하급자들은 그(거의 언제나 남성이었다)를 둘러싸고 앉아 귀에 들리는 모든 단어를 정성스럽게 받아적곤 했다. 그러나 대다수 직장에서 나는 상급자와 하급자 사이의 팽팽한 긴장을 느끼지 못했다. 내가 목격한 것은 두려움보다 존중심에 가까웠다. 집단농장에서 농장 관리자들과 일반 농장원들의 소통을 보고 있노라면 19세기 영국의 인자한 시골 대지주와 농민들의 관계가 떠올랐다. 관리자가 쾌활한 목소리로 노동자들이 알아듣기 쉽도록 상냥하게 말하는 동안 노동자들은 머리를 조아리진 않더라도 말투와 몸짓으로 존중심을 드러내곤 했다.

내가 전해 들은 북한의 모든 직장은 대인관계가 무엇보다 중요하고 자신의 지위를 노리는 경쟁자를 끊임없이 경계해야 하는, 대단히 정치적인 환경인 듯했다. 나는 경제 상황이 악화됨에 따라 직원 수를 줄이기 위해 노심초사하던 관리자들이 눈에 불을 켜고 노동자를 해고할 꼬투리를 찾았기 때문에 이런 긴장이 시간이 흐를수록 고조되었다고 믿는다(북한 국가기관들은 대부분 변변찮은 임금만 지급하거나 때로는 한 푼도 지급하지 않았지만, 피고용인에게 주거와 음식을 제공할 법적 의무가 있었다. 그렇지만 이런 의무를 이행하는 정도는 기관마다 크게 다른 듯했다). 친구들은 보통 가족의 영향력에 힘입어 지위를 얻거나 유지했지만, 직장 내 분쟁에 가족을 끌어들이는 것을 수치스럽게 여겼다. 이런 분쟁이 발생할 경우—실제로 자주 있었다—가족, 특히 부모가 모르는 선에서 문제를 해결하기 위해 안간힘을 쓰곤 했다.

예를 들어 한 친구가 다니는 직장에는 방문하는 고위 인사들에게 대접할 목적으로 커피 머신을 구비해두고 있었다. 하지만 직원 모두가 그 기계를 이용했다(커피 비품이 허술하게 관리된 것이 분명하다). 그녀는 관리자에게 불려가 커피 마실 권리가 없는데도 마셨다는 이유로 고발을 당했다는 얘기를 들

고아원 직원들.

고 경악했다(그런 짓을 할 사람은 커피 머신을 담당하는 여직원밖에 없다고 생각했다). 관리자는 이것은 심각한 사건이므로 상부에 보고해야겠다고 말했다(북한 관리자들이 문제가 생길 경우에 대비하는 흔한 방법이다). 일주일 동안 그 친구는 몹시 의기소침했다. 보수는 거의 없을지언정 적어도 사회적 지위와 낮에 시간을 보낼 따뜻한 장소를 제공하는 직업을 잃을지도 몰랐다. 그녀는 도움을 줄 만한 친구들에게 모조리 연락했다. 그중에서 비교적 지위가 높은 사람이 관리자에게 그 친구가 훌륭한 노동자이며 처벌해서는 안 된다고 말해준 것이 도움이 되었다. 그리고 나서 그녀는 반격할 기회를 잡았다. 그녀의 친구가, 커피 머신을 담당하는 여직원이 업무상 관계가 전혀 없고 약혼한 사이도 아닌 남자와 오랫동안 이야기하는 모습을 목격했다. 그러자 내 친구는 그 여직원의 친구에게 자신이 그녀의 뻔뻔한 밀통을 알고 있으며, 만약 관리자가 다시 한 번 커피를 마신 것에 대해 말한다면 다 까발릴 작정이라고 전했다. 내 친구는 더는 시달리지 않았다. 관리자가 상부에 보고하기 전에 커피 담당

여직원이 고발을 취하했을 거라고 생각했다.

직장생활은 비공식 부문이냐 국가의 노후한 부문이냐에 따라 크게 다른 듯했다.[11] 비공식 부문에서 일하는 친구들은 바빠 보였지만, 국가 부문에서 일하는 친구들은 출근해도 할 일이 없다고 말했다. 그들은 대개 공부하며 시간을 보냈다―전문서를 공부할 시간이 충분히 있는 듯했다. 나는 그들이 소설을 읽으며 시간을 보내는 편을 더 좋아하지만 직장에서 그런 모습을 보이고 싶어하지 않는다고 느꼈다. 일부 가정은 오늘날처럼 검열이 매서워지기 이전인 1960년대에 발행되어 이제는 너덜너덜해진 소설책들을 소장하고 있는 듯했지만, 어쨌거나 오락문학은 아주 소량만 공급되었다.[12]

나는 공장을 몇 군데 방문했다. 공장들은 깨끗했고(나의 방문에 앞서 특별히 청소한 것인지는 모르겠다) 보통 쾌적한 온도를 유지했다(그러나 한겨울에 방문한 적이 없기 때문에 겨울철 난방 사정이 어떤지는 확실치 않다. 북한을 떠나는 공장 노동자들의 말로는 대개 난방 사정이 좋지 않다고 한다). 노동자들에게 얼마나 버느냐고 물었을 때 나는 명쾌한 답변을 들은 적이 없다. 작업 현장에서는 어디에나 있는 정치적 훈계 및 규정 목록과 더불어, 이달의 노동자 명단이 눈에 띄었다. 언젠가 나는 어느 직물 공장에서 명단에 적힌 한 여성 노동자를 소개해달라고 부탁했다. 그녀는 외국인과 이야기한다는 데 깜짝 놀랐지만 지목을 받고 기뻐했다. 이처럼 인정해주는 작은 행동이 개개인에게 상당한 의미가 있다고 나는 생각한다. 이따금 나는 특히 평양 밖에서 북한 사무실을

---

11   내가 말하는 '비공식 부문'은 (여기 북한에서) 국가에 공식적으로 등록하지 않고 규제를 받지 않는 경제 부문을 가리킨다. 보통 비공식 기업들은 소규모 기업가 활동의 결실이다. 여러 경제에서 이 용어는 과세를 회피하는 활동을 가리키기도 하지만, (적어도 이론상) 과세를 하지 않는 북한에서는 이런 뜻으로 쓰이지 않는다.

12   북한은 한결같이 선명한 선전을 담은 소설들을 줄곧 발행해왔다(Myers의 The Cleanest Race에 그런 소설이 여럿 기술되어 있다). 그러나 나는 누군가 신작 소설을 읽거나 그렇게 하도록 허용받는 경우를 본 적이 없다. 북한 소설가들을 옭아매는 제약은 Hoare와 Pares의 North Korea in the 21st Century, 100~102에 기술되어 있다.

방문할 수 있었다(대부분 안락한 의자가 놓인 전용 회의실에서 회의하는 데 그치긴 했지만). 그런 사무실에서는 나의 방문에 예우를 갖추기 위해 급하게 정돈한 흔적이 보였다. 예를 들어 여전히 책상에 서류 더미가 쌓여 있는가 하면 책과 기념물들이 다소 낡은 책장 위에 올려져 있었다. 그런 사무실을 보노라면 내가 방문했던 개발도상국들의 다른 사무실이 떠올랐다.

　나는 북한의 전성기에는 노동자들이 직업을 그저 배정받았고, 원하든 원치 않든 직장을 다녀야 했으며, 자유로운 노동시장이 없었다고 읽었다. 내가 북한에 도착한 무렵에는 상황이 예전과 달랐다(1990년대의 경제적 문제 때문에 옛 체계가 무너진 것이 아닌가 싶지만 확실히 알아내지는 못했다). 내가 전모를 파악했다고는 생각하지 않지만, 적어도 평양에서는 인민이 원한다면 사직할 수 있는 듯했다. 나는 대다수 고용주에게 인민의 사직을 막을 어떤 권한이 있다고는 생각하지 않았다. 퇴직금이나 특별배당 같은 서구의 복잡한 문제는 북한과 무관했다.

　내가 아는 북한 사람들은 자유로운 노동시장에 익숙한 이라면 대부분 수긍할 법한 방식으로 구직에 나섰다. 언제나 지인을 통해 직업을 구했기 때문에 인맥이 극히 중요했다. 생면부지인 사람들이 함께 일자리에 지원하는 서구식 관습을 내 친구들은 이상하게 여기는 눈치였다. 인재를 스카우트하는 경우도 있었다. 내 친구 두 명에게 다른 조직이 접근해 지금 다니는 직장을 사직하고 자기네 직장에 들어올 것을 권했다(둘 다 수요가 많은 전문 기술을 갖추고 있었다). 채용 과정은 다른 나라들의 경우와 비슷하지만 조금 더 간소해 보였다. 친구들은 면접을 보지 않았고, 쌍방이 고용에 동의하기 전에 앞으로 함께 일할 관리자들을 만나는 게 고작이었다. 심리검사나 지능검사를 한다는 얘기는 들어본 적이 없다.

지인들은 봉급에 관해 말하기를 꺼렸다. 적어도 일부는 봉급이 아예 없었을 것이고, 나머지는 한 달에 고작 3000원이나 4000원을 받았을 것이다(당시 1유로가 약 4500원이었다). 유일한 예외는 무역회사에 다니는 사람들이었는데, 이들은 봉급을 훨씬 더 많이 받았다(정확한 액수는 듣지 못했다). 그러므로 친구들이 이직을 고려할 때 봉급은 당연히 논의할 문제가 아니었다. 그들은 주로 함께 일할 동료들의 수준(내가 이해한 바로는 직장 동료들의 지인으로서의 가치와 직장 내 대인관계가 악화될 가능성을 의미했다), 부수적 혜택(예컨대 더 나은 주택에 거주할 기회), 전문성을 키울 가능성(예를 들어 영어가 가능한 사람들은 언어능력을 계발할 기회가 있는지를 신중하게 고려했다)을 고려해 결정을 내리는 듯했다. 비슷한 상황에서 남한 젊은이들은 당연히 부모와 상의한다고 들었지만, 내가 아는 북한 사람들 가운데 그렇게 하는 사람은 한 명도 없었다.

지인들은 대부분 중간계급 전문직이었으므로, 사회적 위치가 더 낮은 사람들이 얼마나 직업을 바꿀 수 있었는지를 나는 알지 못한다. 그러나 나는 남한 기업들이 공장을 세우고 북한 노동자를 고용하는 개성공단을 몇 차례 방문했다. 이곳에 결원이 생기면(거의 대부분 공장의 수작업 일자리였다) 그저 구직자를 기다렸다가 충원하고, 언제나 일자리 수보다 공단에서 일하려는 사람 수가 더 많다고 들었다. 이것은 다소 이례적인 환경에서는 개개인에게 선택권이 상당히 있었음을 시사한다. 다시 말해 내키지 않는데도 공단에서 일하도록 강요당하는 사람은 없었다. 또한 나는 공단에서 그만두고 싶은 사람은 누구나 자유롭게 떠날 수 있고, 공단에서 일자리를 구한 노동자들은 대부분 죽어라고 그 일자리에 매달리지만 자진해서 그만두는 경우도 있다고 들었다(예를 들어 급한 집안 사정 때문에 개성을 떠나야 하는 경우). 북한의 국영 공장들이 노동력을 어떻게 충원하는지 확인하진 못했지만, 개성공단의 충원 절차와 비슷할 거라고 짐작한다. 그렇지만 시골 노동자들이 도시에서처럼 수월하게 이직할 수 있을지는 의문이다. 한 집단농장에서 다른 집단농장으로 옮기기가 그리 쉽진 않을 것이다.

기술 전문가인 한 지인은 전문성을 판별하는 시험을 주기적으로 치러 전문 기술을 언제나 최신 수준으로 유지해야 했다. 그녀는 다른 전문직도 보통 전문성 시험을 주기적으로 치른다고 말해주었다.

북한 젊은이들의 열망은 뻔뻔스러울 정도로 물질주의적이다. 나는 당의 위계질서 내에서 일하려는 포부를 가진 젊은이를 만나본 적이 없다. 나에게 이직을 고려한다고 말한 사람들은 거의 모두 외제품과 외화에 접근할 기회를 주고 극소수에게는 외국으로 출장갈 기회까지 주는 무역업에 종사하고 싶어했다.[13] 그런 일자리는 경쟁이 치열하다고 들었다.

시대의 징후인 양 한 젊은이는 다른 누군가를 위해 일하고 싶지 않다고 말했다. 그녀는 술집을 개업할 생각이었다.

· 여가 ·

북한 사람들의 주된 여가활동 가운데 단연 으뜸은 가족이나 친구와 앉아서 이야기하는 것이다. 대화에 차를 곁들이기도 했지만(상황에 따라 소주를 마시기도 했는데, 이 술의 도수는 독한 와인의 도수부터 로켓 연료의 도수에 이르기까지 다양하다), 중요한 것은 개인 간의 소통이었다. 북한 사람들은 어울리기를 좋아하고 수다를 무척 즐긴다. 대화 장소는 때로는 아파트, 때로는 공원, 때로는 그

---

13   이와 달리 Haggard와 Noland가 인터뷰한 사람들 가운데 70퍼센트는 관리가 되는 것이 북한에서 출세하는 길이라고 말했다. 나는 이것이 이야기를 나눈 부류의 차이를 반영한다고 생각한다. Haggard와 Noland가 인터뷰한 이들과 달리, 나의 지인들에게 무역업에 종사한다는 것은 그저 시장 안에서 일한다는 것이 아니라, 무역조직에서 비교적 보수를 많이 받는 사무직에 종사한다는 의미였을 것이기 때문이다. Haggard와 Noland의 *Witness to Transformation*, 75~76 참조.

냥 야외였다. 대화 내용이 민감한지, 날씨가 어떤지에 따라 다르다. 공원에는 대개 돌로 만든 탁자와 의자가 있어서 편하게 앉아 담소를 나눌 수 있었다. 그렇지만 내가 평양에서 지내는 동안 친구들과 대화하는 데 긴요한 도움을 준 것은 북한을 빼고 세계 어디에서나 사용하는 물건, 즉 휴대전화가 없다는 사실이었다. 휴대전화는 2004년 5월에 금지되었다(2004년 4월 22일 용천역에서 폭발 사건이 일어났는데, 휴대전화를 이용해 터뜨리는 폭탄이 김정일을 살해할 의도로 용천역에 설치되어 있었을지 모른다는 보안 당국의 의심 때문에 휴대전화가 금지되었다고 누군가 말해주었다). (물론 고위 관료들과 더불어) 외국인들만이 요금이 비싸고 전국을 포괄하기엔 서비스 영역이 턱없이 좁은 낡은 통신망을 이용해 휴대전화를 사용할 수 있었다(이런 상황은 바뀌었다. 적어도 평양에서는 2010년에 휴대전화가 널리 사용되었다. 그럼에도 북한을 방문한 외국인들의 휴대전화, 즉 북한 외부의 통신망과 연결된 휴대전화는 지금도 공항에서 압수해 출국할 때까지 깔끔한 벨벳 주머니에 보관해둔다고 한다).

장기 두는 사람들도 공원에서 흔히 볼 수 있다. 서양에서 체스가 조용하고 머리를 꽤 굴리는 활동으로 간주되는 반면에 북한에서 장기는 집단 활동이다. 공공장소에서 두 사람이 자리를 잡고 앉아 장기를 두기 시작하면 구경꾼들이 이들을 에워싼다. 구경꾼들은 대국자가 대꾸를 하든 말든 요란하게 훈수를 둔다. 흥미롭게도 장기 두는 것은 남자들만의 활동인 듯하다. 여성이 장기를 두거나 구경하는 모습은 본 적이 없다.

여가는 거의 언제나 집단 활동이다. 어딘가에 홀로 가거나 시간을 혼자서 보내고 싶어하는 서구식 관습을 북한 사람들은 이상하게 여긴다. 그들은 산책을 할 때도 대체로 친구와 함께한다. 언젠가 한 무리의 젊은 여성들에게 여가시간에 무얼 하느냐고 묻자 그들은 조금 얼굴을 붉히며 웃더니 함께 연

함흥에서 장기판을 구경하는 무리.

습한 율동을 보여주었다(썩 괜찮았다). (소수의) 돈 가진 사람들이 어울리는 식
당과 술집도 있었다. 이런 장소는 나중에 소개하겠다. 북한 남성들에게 술집
에서 친구들과 담배를 피우고 술을 마시는 것은 중요한 여가활동이었다.

　겨울철에는 목욕탕에 가는 것이 인기 좋은 낙이었다. 나는 미화 1달러
를 요금으로 받고―그래서 비교적 부유한 사람만 이용할 수 있었다―색상
이 요란한 수건과 비누가 담긴 작은 봉지를 주는 목욕탕에 자주 갔다. 언제
나 온수―특히 꽁꽁 어는 겨울에는 사치였다―가 나오는 그 목욕탕에는 열
탕과 냉탕뿐 아니라 수도꼭지도 있었는데, 사람들은 그런 수도꼭지 아래에
작은 플라스틱 의자를 놓고 앉아서 한국식 타월로 몸을 박박 문지르며 마음
껏 씻었다. 그곳은 활기차고 시끄러운 장소였다. 목욕하는 구역 바로 뒤에는
모두가 뜨거운 열기를 견디며 아무 말 없이 앉아 있는 사우나가 있었다. 한
적한 모란봉호텔 뒤편에 자리 잡은(그래서 평범한 주민은 접근하지 못하는 지역의
도로에서도 보이지 않는다) 또 다른 사우나는 외국인에게 개방되었고, 소문에

보통 아무도 없는 원산의 해변. 평양의 평범한 주민이 찾아오기에는 너무 먼 곳이다.

따르면 공안기관이 운영한다고 했다. 그 사우나를 이용하는 북한 사람들은 다른 곳에서 본 사람들보다 영양 상태가 훨씬 좋아 보였다. 서구의 일부 논평가들은 북한에서는 뚱뚱한 사람을 결코 보지 못할 거라고 말했다. 사우나에서 발가벗은 채로 북한 엘리트들과 나란히 앉아서 자주 땀을 흘렸던 나는 이 말이 사실이 아님을 장담할 수 있다.

일부 북한 사람들은 여름철에 이따금 어렵사리 해변으로 놀러갔다. 친구들은 동부의 항구도시 원산에서 가까운 경치 좋은 해변에 가끔 놀러간다고 말했지만, 보통 그 해변은 텅 비어 있는 듯했다. 외제차를 타고 가면 원산까지 하루 안에 다녀올 수 있었지만, 평양 주민들이 이용하는 교통수단을 이용해 원산의 해변에 다녀오려면 십중팔구 거기서 하룻밤 묵어야 하고, 그러려면 여행 경비도 늘어나고 서류도 작성해야 했을 것이다. 그러나 평양에서 하루 안에 다녀올 수 있는 남포의 해변은 사람들로 북적였다. 북한에서는 남녀 모두 얌전한 수영복을 입었다(한번은 아는 여자에게 비키니를 입어본 적이 있느냐고 물었다. 그녀는 망측하다는 듯이 두 손으로 얼굴을 가렸다). 그들은 대부분 수영할 줄 몰랐고, 어쨌거나 남포 해변의 바닷물이 일정한 거리까지는 진흙투성이에 수심이 얕고 그 뒤로는 깊고 다소 차가운 탓에 물놀이라고 해봐야 주로 얕은 곳에서 물을 튀기는 정도였다. 2006년에는 해변에 즐길 거리가 별로 없어 보였다. 해수욕객들은 대부분 화물차 타이어에 바람을 채운 튜브를 가지고 놀면서 무척이나 행복해했다. 2008년에는 중국산 싸구려 수입품인 형형색색 해변 장난감들—부풀어오르는 분홍색 고래, 어떤 종인지 불분명한 부풀어오르는 새들, 매트형 튜브—이 등장했다. 이런 새로운 장난감을 가지고 놀면서 다들 소리를 지르며 즐거워했다. 그토록 재미있어 하는 모습을 보니 좋았다. 서핑하는 사람은 본 적이 없지만, 서핑 역시 유행하는 날이 틀림없이 올 것이다.

다른 나라들에서 애완동물 기르기는 심신을 위로하는 가장 흔한 취미이지만, 내가 아는 북한 사람들에겐 딴 세상 얘기였다. 한 친구에게 내가 애지중지하는 고양이들 사진을 보여주자 그녀는 부러운 눈길로 유심히 바라보다가 고양이들에 관해 꼬치꼬치 캐물었다. 고양이와 개는 당시 평양에서 아주 귀했던 고기를 먹었고, 비좁은 아파트에서 기르기가 어려웠을 것이다. 나는 당국이 보건을 이유로 애완동물을 금한다는 이야기를 들었지만, 북한을 떠나기 얼마 전 젊은이들이 크기와 품종이 제각각인 개 대여섯 마리를 앞세우고 거리를 걸어가는 광경을 두 번 목격했다. 그들은 명백히 애견 산책 도우미였다. 북한에 나타난 신종 서비스업이었으며, 적어도 평양에서는 소수가 개를 기를 수 있다는 증거였다.

평양 사람들은 몇 가지 오락시설도 이용할 수 있었다. 평양 북단에 위치한 조선중앙동물원에는 흰코뿔소를 비롯해 흥미로운 동물이 몇 종 있다. 일부 동물이 야위어 보였고—이곳 직원들은 쥐꼬리만 한 운영비로 동물들을 건강하게 보살피기 위해 고군분투했을 것이다—울타리가 언제나 서구 (또는 중국) 동물원의 규격에 부합하진 않았지만, 어쨌거나 이 동물원은 부모들이 자녀를 데리고 나들이할 수 있는 장소였다(한 우리는 "김정일 장군께서 기증하신" 집고양이들로 가득했다. 나는 김정일이 자기 대저택의 정원에 있는 고양이들을 몽땅 잡아다가 이 동물원에 떠넘긴 것은 아닌지 궁금했다. 그 고양이들은 마르고 병약해 보였다). 동물원 입구에는 부모가 아이에게 아이스크림을 사주지 않고는 배길 수 없다는 것을 잘 아는 노점상들이 진을 치고 있었다.

동물원 맞은편에 있는 조선중앙식물원은 쇠퇴하고 있으며 방문객이 별로 없다. 이 식물원은 김일성과 김정일에게 헌정된 꽃[14]을 기르는 중앙시설—지저분한 잔디 구역들 사이에 들어선 온실들—로 변모해왔다. 동물원에서 멀지 않은 거리에 놀이공원이 있는데, 평양에서 규모가 가장 큰 축에 들며 커다랗고 아찔해 보이는 롤러코스터도 있었다. 그러나 평소에는 개관하지 않아 고요했는데, 에너지 부족 때문이었을 것이다. 그러다 이따금 국경일에는 전기가 들어와 문을 열었고, 그럴 때면 롤러코스터를 탄 아이들이 신이 나서 비명을 지르는 소리가 멀리까지 들려왔다. 김일성 생가(국가의 주요 성지)에서 멀지 않은 놀이공원을 포함해 이보다 규모가 작은 평양의 놀이공원들은 더 자주 개관하는 듯했다.

연줄이 있는 사람들은 북한 정권이 유달리 좋아하는 음악회와 무용 공연을 관람할 수 있었다. 주요 공연의 표는 팔리기보다 부처들과 작업단위들에 한 묶음씩 배분되고 거기서 다시 직원들에게 배분되었다. 큰 공연이 다가

---

14   김일성화(化)와 김정일화—옮긴이.

올 때면 표를 구하려는 경쟁이 치열했다. 배분받은 표를 나누어주는 일을 담당하는 어떤 사람은 그럴 때면 전화기가 쉴 새 없이 울린다고 했다. 각양각색인 북한 친구들 말로는 2008년 2월 26일 평양에서 뉴욕 필하모닉 오케스트라가 공연하기 전 2주 동안 직장인들의 대화 내용은 온통 표를 분배받은 사람과 표를 구하는 방법이었다고 한다. 서커스나 곡예처럼 더 자주 열리는 공연은 그런 대로 표를 구하기가 쉬웠다. 영화관 표도 쉽게 구할 수 있었다. 새로운 영화를 거의 제작하지 않았고 어쨌거나 텔레비전으로 옛 영화를 볼 수 있었으므로 영화관을 찾는 사람은 적었다. 영화관 표값은 시장에서 파는 남새빵 가격의 절반인 50원으로 저렴했다.

스포츠도 인기 있으며, 공휴일에 직원들끼리 토너먼트를 벌이곤 한다. 그중 농구가 유독 인기여서 공장 구내에 대개 농구장이 있고 간혹 군사시설 안에도 있다. 그렇지만 수영을 즐기는 사람은 드물다. 수영장을 이용할 수 있는 사람이 적고, 내 친구들도 대체로 수영할 줄 몰랐다. 자전거를 교통수단이 아닌 스포츠로 타는 모습은 본 적이 없지만, 한 동료는 평양에서 남포까지 주기적으로 왕복하는 북한 여성 사이클 팀을 마주친 적이 있었다. 국제 경기에 참여하는 다른 스포츠와 마찬가지로, 이 종목도 젊은이들을 선발해 특수한 시설에서 훈련시킬 공산이 크다.

그 밖에 남한에서 흔히 즐기는 다른 여가활동들은 북한에서 별로 인기가 없다. 특히 남한 사람들이 좋아하는 등산을 북한 사람들은 좋아하지 않는다. 북한 사람들은 산악 휴양지에 도착하면 널리 알려진 '명승지'를 구경하며 조금만 걸은 다음 야외에서 거창한 식사를 하는 듯했다. 휴양지를 장식한 조각상이 여가 분위기를 돋우는 것으로 보였다. 주요 자연휴양지의 전략적 요충지에는 정치 지도자의 조각상만이 아니라 서구의 애니메이션 영화에 나올 법한 동물들을 만화식으로 묘사한 화려한 색채의 조각상이 있었고, 더러 신난 아이들을 묘사한 조각상도 있었다. 이 때문에 국립공원에 왔다기보다는 커다란 테마파크에 온 듯한 인상을 주었다.

북한에서 재미로 독서하는 경우는 드물어 보였다. 친구 몇몇은 1960년대에 발행된 이야기책들을 보여주곤 했는데, 표지가 닳은 것으로 보건대 거듭 애독한 것이 분명했다(1960년대까지는 그런 책들이 팔렸다). 그러나 북한에서는 설령 책을 구입할 여력과 읽을 시간이 있더라도 수준 높은 문학작품을 손에 넣기가 대단히 어려웠다. 영어를 배워서 좋은 점 하나는 그 결핍을 어느 정도 채워주는 다양한 영어 소설들(당연히 불온서적이 아닌 고전들)을 읽을 수 있다는 것이었다.

집에서 영화를 시청하는 것도 인기였다. 평양 전역에 있는 간이매점들은 대개 '신문'이라고 써붙여놓았지만 실제로 신문을 파는 곳을 본 적이 없다. 그 대신 영화 VCD(또는 시간이 지나면서 점점 더 DVD)를 팔았다. 대부분 북한 영화였지만 소련 영화도 일부 있었다(그렇지만 소련 붕괴 직전 개방과 개혁이 시작된 1985년 이후 영화는 별로 없었다). 얼마나 많은 가정에 DVD 플레이어가 있는지 확실하진 않지만 틀림없이 많이 있을 것이다. 2006년 중국 세관은 DVD 플레이어 35만 대가 북한으로 들어갔다고 기록했다.[15]

· 식사 ·

지인들은 평양의 엘리트 비핵심층으로서 상대적으로 좋은 음식을 먹으면서도 질 낮은 식사를 부끄럽게 여겨서인지 매일 무얼 먹느냐는 나의 물음에 말

---

15   Andrei Lankov, "Pyongyang Strikes Back", Asia Policy 8 (2009년 7월) : 54.

을 아꼈다. 그래도 고기를 매일 먹지는 못한다고 말해주었다. 밥과 김치[16]가 주식이었고, 사정이 허락하면 채소 반찬을 곁들여 먹었다. 구내식당을 이용하는 사람들은 그곳 음식이 끔찍하다고 말했다. 한번은 지인이 다른 북한 사람들과 점심을 먹고 있는 모습을 우연히 보았는데, 다들 밥을 된장찌개에 말아 먹었다. 맛이 있냐고 묻자 친구는 나를 똑바로 쳐다보다가 북한 사람들은 이 음식을 좋아하며, 맛있다고 퉁명스럽게 대꾸했다. 나는 무슨 뜻인지 알아차리고 더는 묻지 않았다. 내가 받은 인상은 비교적 특권을 누리는 지인들도 양은 충분하지만 단조로운 식사를 하고, 특별한 날에 잔치 음식을 먹는 일이 진정한 기쁨이라는 것이었다.

• 경축일과 공휴일 •

북한에는 김일성 탄생일(4월 15일, 태양절)과 김정일 탄생일(2월 16일), 국경절(9월 9일) 같은 중요한 날을 국경일로 삼고 있다. 조선노동당(10월 10일)과 조선인민군(4월 25일)[17]의 창건일도 기념한다. 새해 첫날은 오래전부터 기념해왔는데, 원래는 사회주의 명절(소련의 주요한 축일이었다)로 기념했을 테지만 근래 들어 한국의 전통 명절인 설날(음력 1월 1일)로 기념하기 시작했다(설날은 남한에서도 명절이다). 정권이 갖은 노력을 다해 전통 명절들을 억압했음에도 오늘날에는 조상을 섬기는 날인 추석 또한 널리 기념하고 있다. 한국의 전통 명절 가운데 가장 중요한 추석은 1990년대에 기근이 들기 전까지 억압되

---

16   절인 배추에 매운 양념을 한 음식으로 (북한과 남한 양쪽에서) 한국인의 식단에 빠지지 않는다. 김치는 지방에 따라 조금씩 다른데, 각 지방마다 자기네 김치가 최고라고 장담한다. 북한에서는 여자가 김치 담그는 법을 반드시 배워야 한다고 여기며, 김치를 담그지 못하면 시집가기도 어렵다고 생각한다.

17   실제로는 1948년 2월 8일 창건했으나 1978년에 김일성이 빨치산 유격대를 처음 결성했다는 1932년 4월 25일로 소급했다. 서대숙, *Kim Il Sung*, 2.

었지만 기근 이후 통제가 전반적으로 느슨해지면서 되살아났다고 한다. 한동안 북한 정권은 이 명절을 추석 대신 한가위로 부르게 하려고 노력했는데, 무엇보다 남한과 다른 낱말을 사용하기 위해서였을 테고, 또 한가위가 (한자가 아닌) 한글 낱말이기 때문이었을 것이다. 그러나 내가 아는 사람들은 모두 남한에서와 마찬가지로 이 명절을 추석이라 불렀다. 남한에서는 추석날 조상들에게 음식을 바치지만(조상들에게 올린 다음 가족이 먹는 과일을 비롯한 좋은 음식), 북한 사람들은 대부분 그럴 여유가 없어서 그 대신 손위 친척을 찾아가곤 한다.

공휴일이면 대동강 강둑으로 소풍을 나온 가족들을 흔히 볼 수 있다. 여자들은 당연히 저고리 차림이었다. 그들은 꼬챙이로 고기를 굽고 플라스틱 통에 담아온 김치를 먹으며 노래를 부르고 춤을 추곤 했다. 북한에서 춤은 집단 유희인데, 남한에서는 이런 식의 춤을 추지 않은 지 오래되었다. 나이를 가리지 않고 모두가 열정적으로 즐겁게 춤을 추며, 지나가는 외국인에게 함께 추자고 권하기도 한다. 공휴일에는 언감생심 카메라를 소유하지 못하는 평범한 사람들도 행복한 순간을 기념하기 위해 가족사진을 찍었다. 평양 일대, 특히 공원 입구와 주요 광장들에는 기발한 사진 노점들이 나타나곤 했으며, 여기서 자녀들은 낙타 모형에 올라타거나 정교한 꽃장식 아래에 앉거나 가족이 꿈에서도 갖지 못할 오토바이 위에 앉아 즉석사진을 찍었다. 명절에는 남한에서와 마찬가지로 흔히 전통놀이인 윷놀이를 하고 가끔 연을 날렸다.

전통적으로 북한 정권은 특정한 국경일에 서민들에게 선물을 나누어주곤 했다. 이 관행은 경제위기를 겪은 1990년대에 중단되었다가 내가 북한에 들어간 무렵 일부 재개되었다. 지인들 일부는 작은 소주 한 병과 음식이 약

사진사들과 소품, 평양 중심부.

간 들어 있는 작은 꾸러미를 받곤 했으며, 언젠가 쌀을 추가로 받은 사람도
한 명 있었다.

· 외모 가꾸기 ·

내가 아는 북한 여성들은 외모에 대한 자긍심이 대단했다. 그들 중 두 명은
여윳돈이 생기면 화장품을 사는 데 쓸 거라고 말했다.[18] 한번은 웅덩이에서
흘러나온 악취 나는 물이 흐르는 평양 빈민가의 어느 허름한 집에서 나오는
젊은 여성을 보고 깜짝 놀랐다. 서구의 세련된 칵테일 파티에서도 돋보일 만
큼 세심하고 깔끔하게 차려입은 그녀는 반짝반짝 윤이 나는 하이힐이 더러
워지지 않도록 물 웅덩이를 피해 조심스레 발걸음을 옮겼다. 내가 아는 북한
여성들은 모두 국경일에 입어야 하는 저고리를 가지고 있었다. 그러나 남한

---

18   1990년대 기근기에도 여자들은 마지막 한 푼을 파마하는 데 쓰곤 했다. Demick, *Nothing to Envy*, 156.

에서는 보통 이런 의상을 명주 같은 품질 좋은 옷감으로 만드는 반면 북한에서는 대개 합성섬유로 만들어 정전기가 일어나곤 한다. 핸드백은 비교적 찾아보기 어렵다(저고리에 주머니가 없다는 것이 여성들에겐 골칫거리다).

다른 나라들에서도 으레 그렇듯이 머리 손질이야말로 예쁘게 보이려는 북한 여성들이 가장 신경 쓰는 부분이다. 평양에 점점이 흩어져 있는 미용실은 대부분 조명을 환하게 밝혔고, 대개 흰색 타일로 벽을 덮어놓아서 흡사 병원처럼 보였다. 수다스러운 중년 여성들이 일하는 미용실은 구닥다리 헤어드라이어를 갖추고 있었고, 요금은 200원가량이었다. 그러나 내가 평양을 떠난 2008년 7월 무렵에는 1달러—요금을 경화로 받았다—에 머리를 손질할 수 있는 남성용과 여성용 미용실이 평양에 여럿 있었다. 이런 미용실은 오래 기다리지 않아도 되었고, 더 좋은 장비로 더 세심한 서비스를 제공했다. 나는 지역 이발사로부터 더 이상 오지 않았으면 좋겠다는 단호한 말을 듣고 나서(그 이발사는 경찰로부터 내게 접근하지 말라는 경고를 들었을 것이다), 나란히 자리 잡은 남성용 미용실과 여성용 미용실(현대식 헤어드라이어를 갖춘!)을 운영하며 요금을 경화로 받는 이발사의 단골손님이 되었다. 나는 그 이발사가 끊임없이 바쁘다는 데 놀랐다. 2008년 무렵 평양에는 머리 자르기와 같은 일시적인 유익을 위해 경화를 내놓으려는 사람들이 아주 많았다. 그렇지만 평양의 미용 기술에는 한계가 있었다. 서구인 여성 친구들은 머리를 부분 염색할 곳을 찾지 못했고, 나이지리아 대사관에서 일하는 여성은 평양에서 아프리카 스타일로 머리를 땋는다는 건 생각도 못할 일이라며 코웃음을 쳤다.

북한 여성들은 커다란 옷장을 꿈꾸었지만 새 옷을 살 여력은 거의 없었다. 외교관을 상대로 장사하는 특별한 상점들에서 판매하는 의류 화물이 이따금 중국에서 도착할 때면, 진열을 위해 의류를 실어가기 전까지 젊은 북한 여성들이 옷들을 둘러싸고 서서 사랑스러운 손길로 매만지다가 가격을 보고 말문이 막히곤 했다. 남한에는 설날에 새 한복을 입는 전통이 있으나(그렇게 새로 장만하는 한복을 설빔이라 부른다) 북한에는 이런 관습을 따를 만큼 여유 있는 사람이 거의 없다. 그 대신 북한 사람들은 오랫동안 김정일 탄생일에 새 옷을 받았지만, 경제가 어려워지면서 이 관행도 중단된 듯하다.

남성들은 대체로 여성들보다 외모에 관심이 훨씬 적었다. 정부 부처와 대사관에서 일하는 남자들은 대부분 한결같이 어두운 색 바지에 흰색 셔츠를 입었고, 거리에서 보는 남자들은 똑같지만 조금 덜 말끔한 차림이었다. 청바지나 반바지를 입은 사람은 본 적이 없다.

시장에서 농산물을 팔기 위해 평양에 오는 농민들은 이런 도회적인 옷을 입을 형편이 아니었다. 그들은 보통 색이 어둡고 대개 헝겊을 덧댄 헐렁한 바지에 여자는 블라우스, 남자는 헐렁한 셔츠를 입은 칙칙한 차림새였다. 전통적으로 농민들은 흰옷을 입었지만, 나는 북한에서 이렇게 입은 농민을 좀처럼 보지 못했다.

· 교육 ·

나는 각기 다른 지역에 있는 소학교와 중학교를 몇 곳 방문했다. 또한 김일성종합대학을 포함해 고등교육 기관도 몇 군데 방문했다. 어디에서나 나는 대개 열악한 환경(겨울철에 교실에 난방이 공급되지 않는가 하면 자주 불이 꺼지고, 모든 종류의 자원이 턱없이 부족하고, 복사기조차 없는 상황)에서 학생들을 가르치는 교사들의 헌신과 지칠 줄 모르는 노력에 감명을 받았다. 학급 환경이 나아지고 있는 경우도 몇 차례 목격했다. 내가 본 것이 얼마나 전형적인지 확신하진 못하겠다. 어느 나라에서나 높은 손님이 학교를 방문하는 날이면 학생들은 제일 좋은 옷을 입어야 하고 교사들은 자기 학급이 질서와 능률의 본보기임을 보여야 한다. 북한의 학급은 여러 면에서 다른 나라들의 학급과 비슷해 보였다. 남자 선생님은 어두운 색 정장, 여자 선생님은 어두운 색 저고리를 입고 교실 맨 앞에 있는 교단에 서서 학생들을 가르쳤다. 교사 앞에는 줄을 잘 맞춘 조금 낡은 나무책상에 학생들이 꼼지락거리며 앉아 있었다. 교실에는 보통 달랑 칠판 하나가 있었고, 벽면에는 대개 손으로 그린 그림과 지도, 수업 내용을 설명하는 도해 말고는 아무것도 없었다. 교실 바닥은 그냥 널빤지였다. 교실 분위기는 구식이었다. 학생들은 선생님을 존경하는 듯했고, 말하기 전에 공손하게 손을 들었다.

소학교에서 아이들은 아주 어린 나이부터 정권의 세계관에 노출되었다. 김일성 생가인 만경대와 김정일 생가인 백두산 비탈의 귀틀집(정권의 주장이다)을 본뜬 모형은 공통적인 교구이며 대개 학교 안에 이 모형을 전시하는 공간이 마련되어 있다. 소학교에서 아이들은 노래와 춤도 배운다. 내가 아는 북한 사람들은 이 솜씨를 평생 써먹었고, 그럴 때면 무척이나 즐거워 보였다. 그렇지만 아이들이 배우는 노래는 거의 전부 지도자에게 충성을 바치는 내용인 듯했다.

소학교 교육은 암기식 학습을 강조하고 독립적인 사고능력의 계발을 사실상 도외시하는 등 매우 전통적이다. 학생들은 텍스트를 암송하거나 외국어 어휘 목록을 외운다(이런 집중적인 암기 훈련 덕에 내가 아는 북한의 많은 성인들은 서구인이라면 애를 먹을 긴 텍스트를 줄줄 외웠다. 외교관 동료는 언젠가 자기 대사관 직원들에게 불이 날 경우 따라야 할 지침을 회람하게 했는데, 한 북한 직원이 지침을 글자 그대로 외웠음을 알고 깜짝 놀랐다).

교실의 규율 또한 매우 전통적인 듯했다. 학생들은 교사에게 존경심을 드러냈고 이름이 불리면 자리에서 일어나 대답했다(그럴 때 말고는 말하지 않았다). 그러나 규율이 가혹하다는 느낌은 전혀 없었다. 학급 분위기로 미루어 짐작하건대 학생들은 교사에게 애정 어린 존경심을 품고 있었다. 학생들은 교복을 입었는데, 여학생은 전통적인 블라우스와 남색 치마, 남학생은 흰색 셔츠와 검은색 바지였다. 내가 본 학급들은 규모가 다양했지만 과밀하진 않았다. 학생 수가 가장 많은 학급의 경우 30명가량 있었다.

교과 과정은 자연과학과 수학을 중시한다. 교실 벽에 붙은 시간표를 보았는데, 일주일에 몇 시간은 당의 역사와 조선 혁명 같은 정치적 과목에 할당되어 있었다.

학교는 평생 친구를 사귀는 장소이기도 하다. 북한 지인들에게 동창생은 가장 신뢰할 수 있는 막역한 친구였다. 누군가 "우리는 같은 반 친구였어"라고 말한다면 그들의 유대가 유달리 강하다는 뜻이다.

대학 교육은 대체로 중학교 교육의 연장이었다. 이 단계에서도 기억과 암기가 강조되었다. 독립적 사고는 권장되지 않았다.[19] 적어도 명망 있는 대학에 다니는 학생들은 보통의 경우보다 자료를 훨씬 많이 이용할 수 있었다. 예를 들어 영문과 학생들은 현대적인 문학작품들을 상당히 폭넓게 읽었다(그렇지만 미국 작가들에는 여전히 눈살을 찌푸렸고, 현대의 한층 도발적인 영국 작가들의 이름을 아는 학생을 만난 적도 없다). 그러나 제약이 훨씬 심한 국가 인트라넷과 대비되는 인터넷을 이용할 수 있는 학생은 본 적이 없다. 인트라넷을 이용하는 지인은 자기 분야에서 인트라넷이 아주 유용한 연구 도구라고 말했는데, 그녀는 공인받은 백과사전들의 온라인판과 과학 자료에 접근할 수 있

---

19   내가 북한을 떠나고 2년 뒤인 2010년 무렵에는 평양에서 가장 명문인 기관들에서 일부 학생들에게 텍스트를 무턱대고 외우기보다 쟁점에 대해 토론하기를 장려하는 등 암기식 교육에서 서서히 벗어나려는 조짐이 나타났다.

었다. 그러나 인트라넷은 북한 외부 세계로의 접속을 모조리 차단한다(내가 만난 사람들 가운데 북한 관리들만이 이따금 인터넷을 이용할 수 있었다. 그들은 북한을 찾는 손님들과 몇몇 외국 기구들에 관한 정보를 찾았다고 말했다. 그렇더라도 실제로 정보를 찾은 사람이 내가 만난 관리들인지는 확실하지 않다. 내가 읽은 바에 따르면, 인터넷에 접근할 수 있는 북한 조직들에는 대체로 이 특권을 행사하는 사람이 한 명 있으며, 인터넷에서 정보를 찾아달라는 요청은 모두 그 사람을 통해야 한다).

고등교육 기관들 사이에는 분명한 위계가 있고, 최상위 대학들은 모두 평양에 있다. 이 위계의 꼭대기에는 김정일이 다녔고 고위 간부의 자녀들과 교류할 수 있는 김일성종합대학이 있다. 그 아래에는 기술 교육과 (근래 들어) 정보기술을 전공하는 김책공업종합대학(개성공단에서 이 대학 졸업생들을 고용한 남한 기업들은 그들의 전문 지식에 깊은 인상을 받았다고 한다)과 북한 외교관을 대부분 훈련시켜온 평양외국어대학이 있다. 이 대학들은 모두 입학 경쟁이 치열하며, 입학시험이 대단히 어렵다고 한다.

조선노동당은 이데올로기 교육을 제공하기 위해 당학교 제도를 유지하고 있다. 나는 당학교가 이데올로기에 초점을 맞추며 성공적인 당 경력을 쌓으려면 당학교 시험에서 반드시 좋은 성적을 거두어야 한다고 읽었지만, 이들 학교에 관해 알려주었거나 말해줄 수 있는 지인은 없었다.

· 음악 ·

음악 애호가 동료들은 평양에서 이따금 활동하는 오케스트라가 넷이라고 생각했지만, 오케스트라끼리 연주자를 상당수 공유하는 듯하므로 연주회의 표준 곡목을 연주할 수 있는 사람들의 수는 그리 많지 않을 것이다. 실제로 평양 연주회에서는 상당히 제한된 레퍼토리를 연주하곤 했다. 쇼스타코비치가 자주 연주되었고, 서구의 인기곡들을 오케스트라에 맞게 바꾸어 메들리로 들려주는 경우가 많았다(나는 폴 매카트니의 〈예스터데이〉를 연주하는 이들이 과거에는 비교적 평안했고 오늘날에는 험난한 북한 사회에 이 노래가 얼마나 들어맞는지를 과연 알고 있을지 궁금해하곤 했다). 2007년 말에 외교단은 평양 중심부에 새로 들어선 동평양대극장의 개관 공연에 초대받았다. 이곳은 2008년 2월 26일에 열린 뉴욕 필하모닉 오케스트라의 연주회를 주최하고 대대적으로 홍보했다. 이 훌륭한 연주회장마저 공연에 앞서 특별히 난방을 공급해야 했고, 미국인들이 요구하는 음질을 구현하기 위해 오케스트라석 위에 새로 음향 장치를 설치해야 했다. 이 연주회는 텔레비전으로 생중계되었고, 적어도 한 번은 재방송되었다. 평양에 사는 지인들과, 내가 평양 밖에서 대화를 할 수 있었던 사람들은 모두 이 구경거리를 흥미진진하게 시청했지만, 몇몇은 음악을 이해하지 못했다고 말했다(바그너의 〈로엔그린〉 제3막 전주곡, 드보르작의 교향곡 제9번, 거슈윈의 〈파리의 미국인〉). 어떤 사람은 "그건 어떤 노래입니까?"라고 물었다.

북한 사람들은 어린 나이에 노래를 배우며, 거의 모두 소학교 때부터 단체로 노래를 불렀다. 그들이 배우는 레퍼토리는 주로 혁명과 김씨 일가를 찬양하는 노래다. 이 가운데 몇몇은 국제적인 논평을 이끌어냈다[20](일례로 〈세상에 부럼 없어라〉라는 노래는 책 제목이 되었다). 그러나 레퍼토리가 아무리 제한되었다 해도, 지인들 대다수는 소학교 시절부터 노래 기교에 관한 기초 지식과 사람들 앞에서 수줍어하지 않고 노래하는 법을 배웠다. 또한 서구의 교회 신자들이 찬송가를 흥얼거리는 것처럼, 그들은 음악시간에 배운 노래들을

---

20   북한의 고난에 관한 Demick의 *Nothing to Envy*.

마을 합창단의 노래 감상하기. 왼쪽
뒷줄에 아코디언 연주자가 보인다.

한가한 시간에 부르곤 했다. (당연히) 개인마다 실력은 제각각이었지만, 북한
사람들은 서구인이 자기는 노래를 전혀 못한다고 빼면 대체로 이상하게 여
겼다. 단위별로 합창단을 이루어 음악 행사에서 애국적인 노래를 부르는 경
우도 흔하다. 북한 친구들은 연습 때문에 시간을 뺏긴다며 불평하면서도 노
래하는 것 자체를 싫어하진 않았다. 그들은 어려서부터 음악에 맞추어 단체
로 춤추는 법도 배운 덕에 사람들 앞에서 태연하게 춤을 추었다. 공휴일이
면 가족끼리 대동강 강변에서 음악을 틀어놓거나 북을 치면서 춤을 추는 모
습을 흔히 볼 수 있었다. 때로는 지나가는 외국인에게 함께 추자고 권하기도
했다(그렇지만 경찰이 보면 문제 삼을 공산이 컸다).

　　남한에서 대유행한 노래방은 북한에도 전면적으로 도입되었다(흥미롭
게도 북한 사람들은 남한 사람들과 달리 노래방이라 부르지 않고 서구인들처럼 일본
어 낱말 그대로 '가라오케'라 부른다). 그렇지만 당연히 부르는 노래는 다르다. 가
라오케에서 노래를 시키면 자기가 아는 노래, 즉 정권을 찬양하는 노래를 부

를 것이다(그래서 평양의 서구인 외교관들은 저녁에 가라오케에 함께 가자는 요청을 받으면 애써 사양하곤 한다). 내가 평양에서 애창한 노래 중 하나는 평양냉면이 주는 기쁨을 예찬하는 내용이었다. 적어도 내가 북한 정권을 지지한다고 인용될 것을 염려하지 않고 부를 수 있는 노래였다(게다가 나는 어쨌거나 냉면을 무척 좋아한다). 남한의 노래방과 마찬가지로 평양의 가라오케도 대개 분위기를 띄워주는 젊은 여성들을 고용하며, 이들은 가사를 모르는 손님이나 너무 취해 노래를 못하는 손님과 함께 노래를 부른다.

앞에서 나는 평양의 간이매점들이 더는 신문을 팔지 않고 VCD와 DVD를 판다고 말했다. 여기서는 음악 CD도 판다. 음악이 다양하진 않지만, 한국의 민속음악(따라서 북한 혁명기 훨씬 이전의 음악)과 1920년대 이래 노래는 제법 많았다.

평양의 음악원은 외교 구역 바로 옆에 있어서 지나다니며 자주 보았다. 들어가본 적은 없지만, 허가를 받고 여기서 음악 수업을 들은 동료의 말로는 교사들은 엄격하지만 친절했고, (이런 명문 기관을 위해 특별히 선발된) 학생들은 스파르타식 환경에서 예행연습에 많은 시간과 노력을 바쳤다.[21]

 • 예술 •

북한에서 예술은 아주 심하게 통제된다. 벽에 걸린 거의 모든 작품의 주제는 정권이 허가한 것이다. 예를 들면 기뻐하는 농장 일꾼들을 맞이하는 김일성, 현장에서 자신을 경외하는 노동자들에게 교시를 내리는 김일성, 백두산 천지 옆에 서 있는 김일성과 김정일 같은 주제였다. 내가 좋아하는 마지막 그

---

21   대동강 근처에는 훨씬 덜 엄격한 다른 음악학교와 연주회장이 있다. 두 기관이 어떤 관계인지는 잘 모르겠다.

림은 '위대한' 두 남자가 새벽 햇빛을 받으며 서 있음을 암시하기 위해 보통 붉은색으로 칠하지만, 그 때문에 서구인의 눈에는 그들이 마치 지옥불 한가운데 서 있는 것처럼 보인다. 외국인에게만 보여주는 일부 벽에서 나는 화창한 풍경을 묘사한 그림들을 보았지만 북한 가정에서는 비슷한 그림을 전혀 보지 못했다.

외국인들은 만수대 창작사를 자주 방문한다.[22] 이곳에 속한 예술가 1000명은 다수의 혁명적 작품뿐 아니라 뛰어난 솜씨로 정물화와 풍경화도 창작한다. 북한의 위계적인 사회에서 그들은 공식적인 예술가 서열을 부여받는다. 이런 서열은 공훈예술가부터 인민예술가까지 다양하고, 예술가들이 누리는 특권뿐 아니라 창작사의 화랑에서 그들의 작품이 몇 층에 전시되느냐까지 결정한다. 작품은 보통 팔려고 내놓지만 북한 사람들 대다수가 엄두도 못 낼 만큼 비싸며, 화랑에서 북한 사람을 보는 경우도 매우 드물었다.

· 질병과 건강 ·

북한은 치료받기에 좋은 곳이 아니다. 김일성 권력의 절정기에는 (기본적일지언정) 무료 보건제도를 운용했지만, 경제가 장기간 쇠퇴하면서 이 제도는 엉망이 되고 말았다.

나는 의료시설을 몇 군데 방문했다. 천장이 높고 소리가 울리는 빅토리아 양식 복도와 병동을 갖추었고 타일이 깔린 바닥에서 암모니아가 주성분인 세정제 냄새가 나는 평양의 대형 병원들도 있었고, 의사와 간호사가 두 명뿐인 시골의 간소한 단층 보건소들도 있었다. 의사들은 옛 소련 의사들처

---

22   웹사이트 주소는 http://www.mansudaeartstudio.com/

럼 흰색 가운을 걸치고 위아래로 긴 흰색 모자를 썼다. 그들은 언제나 친절했고 자신이 무엇을 할 수 있는지 보여주고 싶어했다. 의사와 간호사가 환자에게 전념하고, 서구인 의사라면 울어버렸을 여건에서 마음을 굳게 먹고 환자를 위해 할 수 있는 모든 조치를 취하는 모습에 나는 거듭 감명했다. 그들의 헌신을 보노라면 마음이 숙연해지곤 했다.

장비는 구식인 데다가 단전 때문에 작동하지 않는 일이 많았다. 어느 병원이나 약이 부족했고, 일부는 약이 거의 없는 듯했다(북한의 보건체계는 다양한 병원들에 의약품을 공급하는 세계보건기구WHO에 크게 의존한다). 서구 병원에서라면 쉽게 치료할 수 있는 골절에 대한 일반적인 조치는 마취제가 있든 없든 절단하는 것이었다. 2007년 나는 런던에서 자전거를 타다가 사고로 왼쪽 손목이 부러져 수술을 받았다. 내가 평양으로 돌아오자 북한 친구는 지대한 관심을 보였다. "심하게 다치지 않았습니까? 아, 당신네 나라에서는 가벼운 수술에도 마취약을 쓴다는 거군요? 음, 그럼 괜찮겠군요……." 한 친구는 고위층 관료의 자식인데도 아버지를 위해 약을 구하느라 몹시 애를 먹었다고 말했다.

감기, 인플루엔자, 경증 바이러스성 감염 등의 가벼운 질병은 대부분 병원 치료를 받지 못했다. 사람들은 그저 병세가 가라앉기를 기다렸고(근무 중에 짬을 내는 것을 꺼렸다), 휴식을 취하면 저절로 낫기를 바랐다. 비교적 최근까지 영국인들도 대체로 이렇게 했다. 병에 걸리면 설령 가벼운 질환일지라도 친구와 동료가 진심으로 걱정해주었다. 북한에서는 경증 질환이 중증 질환으로 발전할 수도 있기 때문이다.

평양 외부의 많은 병원들은 의사와 간호사의 온정 말고는 제공할 것이 거의 없어 보였다. 약도 장비도 없었고, 식염수도 부족해(이런 상황을 돕기 위해 한 NGO가 식염수 생산을 지원했다), 흔히 빈 맥주병에 담긴 식염수를 환자가 직접 마련해야 했다. 피하주사기는 끊임없이 재사용되어 바늘 끝이 갈수록 뭉툭해졌다. 일부 지역에는 약이라곤 옛날부터 내려오는 약초 치료에 토대를 둔 한약재밖에 없었다. 어떤 사람들은 한약재를 대단히 신뢰하지만 서구 전문가들은 그 효능에 이의를 제기한다.

북한인 다수의 건강하지 않은 생활방식은 의사와 간호사의 치료에 도움이 되지 않았다. 그들은 균형 잡힌 식사를 할 수 없으며, 이런 현실이 그들의 건강에 영향을 미친다. 평양의 젊은이들은 자주 스포츠 활동을 했지만, 내가 만난 중년층과 노년층은 운동 같은 건 전혀 하지 않는 듯했다(일부는 내가 운동하는 것을 조금 이상하게 여기는 눈치였다).

흡연과 음주 둘 다 문제였다. 나는 고주망태가 되어 술집을 나가는 남자들을 자주 보았다(여성은 본 적 없다). 한번은 술에 취해 길에 누워 있는 남자를 마주쳤는데, 나는 그가 죽은 줄 알았다. 지나가는 여자들에게 물어보자 그들은 남자가 술에 떡이 되어 길거리에 널브러지는 것이 흔한 일인 듯, 아직 살아 있지만 소주를 마신 모양이라고 대수롭지 않게 말했다.

흡연은 고질적인 문제다. 담배는 품질이 낮지만 값이 싸고, 남자들은 대개 줄담배를 피운다(북한 여성이 담배 피우는 모습은 본 적이 없다). 세계보건기구는 북한 남성의 흡연율이 세계 최고 수준이라고 생각한다. 흡연은 분명 건강에 끔찍한 영향을 미친다. 언젠가 나는 세계 금연의 날 기념식에 참석했다가, 행사가 열리기 전에 모든 탁자에서 나사를 풀어 재떨이를 떼어낸 흔적을 발견했다. 슬프게도 외국인들이 떠나자마자 다시 나사를 조여 재떨이를 붙여놓았을 것이다. 북한 관리들 일부는 외국인들과 회의하는 도중에도 담배를 피웠다.

시골 진료소의 약사.

주택의 난방 설비와 따뜻한 의복을 구하는 문제도 심각했다. 겨울이면 감기와 인플루엔자가 흔하다. 평양의 버스는 기침을 하는 사람들로 가득했고, 대사관의 북한 직원들은 책상에 앉아 바들바들 떨면서(그리고 아마도 다른 사람들에게 전염병을 퍼뜨리면서) 열병과 싸우곤 했다. 그들은 당국의 눈치를 보느라 병가도 제대로 내지 못했다.

국제 공동체는 북한이 효과적인 보건체계를 갖추도록 돕기 위해 많은 노력을 기울여왔다. 세계보건기구의 중대한 노력 외에도 다양한 NGO들이 북한 돕기에 나섰다. 예를 들어 핸디캡 인터내셔널[23]은 팔다리를 절단한 사람들에게 현대식 의족과 의수를 제공함으로써 그들이 삶의 질을 높일 수 있도록 도왔다. 2006년 초에 NGO 대다수가 쫓겨나기 전에는[24] 북한에서 활동하

---

23   Handicap International: 1982년에 설립한 국제 구호단체로 주로 빈곤과 추방, 재해 같은 어려운 상황에 처한 장애인들과 취약한 사람들을 지원한다—옮긴이.
24   이에 관해서는 외교관의 평양 생활을 다루는 뒷부분에서 기술하겠다.

는 단체가 더 많았다. 나는 동료 몇 명과 함께 지방의 어느 병원을 방문했다가 그곳 관리자로부터 외국 NGO가 긴요한 도움을 계속 주겠다고 약속해놓고 소식이 없다는 푸념을 들었다. 그 NGO가 수년 전에 추방되었다는 사실을 모르고 있었던 것이다. 그에게 조심스럽게 그 사실을 알려주자 그는 어안이 벙벙한 듯했다. 대규모 의료 지원이 필요한 북한에 도움을 줄 수 있고 또 기꺼이 도우려는 사람들이 있는데도 정치적인 이유로 추방당한다는 사실은 이 나라의 수많은 비극 가운데 가장 안타까운 측면이다.

언젠가 나는 천연 온천에서 가져온 뜨거운 진흙으로 각종 질환을 완화한다는 요양원을 방문했다. 환자들은 뜨거운 진흙으로 가득한 콘크리트 욕조에 누워 수압이 강한 호스로 진흙 마사지를 받았다. 내가 방문했을 때는 들어갈 수 없었지만, 여성 동료가 뜨거운 진흙이 담긴 콘크리트 욕조에 벌거벗은 여자 10여 명이 몸을 담그고 있는 치료실에 들어갔다. 그녀가 들어갈 때 나는 환자들이 흥분해 외치는 소리를 들을 수 있었는데, 그녀 말로는 환자들이 치료를 무척이나 즐기는 것처럼 보였다고 한다. 나는 진흙 목욕이 의학적으로 효과가 있는지 없는지 모르지만, 그 치료가 환자들의 기운을 북돋는 것은 분명해 보였다.

· 농장 생활 ·

평양 외부에서 나는 집단농장의 생활에 관해 몇 차례 이야기할 수 있었다. 집단농장은 약 3000개 있으며, 2008년 인구조사에 따르면 여성 190만 명과 남성 150만 명에게 일자리를 주는, 고용인원이 전국에서 단연 가장 많은 고용주다. 서구의 농학자들은 보통 집단농장이 아주 비효율적이라고 생각하는데, 특히 농민들이 열심히 일할 유인이 거의 없기 때문이다. 농민들이 받는 보상은 자기가 속한 작업반의 성과와 연동한다. 작업반의 규모는 계속 줄었지만 별다른 효과는 없었다(가장 최근에는 기근이 한창이던 1996년에 정권이 작업반의 규모를 일제히 줄이고 각 작업반에 포상을 더 많이 주고자 했다). 농장들의 생산량 목표치는 국가가 결정하여 각 도와 시로 내려보내고, 여기서 다시 집단농장들에 할당하고 반드시 달성할 것을 요구한다. 이 체계는 번잡하고 관료적이며 좀처럼 목표치를 달성하지 못한다.

　나는 집단농장의 생활이 지방마다 현격하게 달랐을 거라고 생각한다. 비옥한 중부 지역에 있는 농장들의 생활은 척박한 지역에 있는 외진 농장들의 생활보다 한결 나을 가능성이 크다. 내가 이해한 바로는, 북한의 농장 생활은 제약이 아주 심해서 다른 많은 저개발국들의 마을 생활과 흡사했다. 내가 만난 집단농장 사람들은 대부분 한 농장에서 태어나서 거기서 죽었다. 일부는 이웃 농장으로 이사를 갔지만 그 이상은 드물었다. 그들은 같은 농장에서 함께 자란 사람들끼리 으레 친구 무리를 이루었고, 가족 중 누군가 그 지역의 다른 곳에서 사는 드문 경우를 빼면 외부 사람을 거의 몰랐다. 내가 방문한 집단농장은 평양에서 차로 한 시간이 채 걸리지 않았건만 그들 가운데 수도를 방문해본 사람이 거의 없었다. 이웃 농장 사람과 결혼하는 경우도 드물진 않았지만 보통은 같은 농장 사람과 결혼했고, 자녀도 거기서 낳았다.[25] 내가 한 농장 사람에게 아이를 낳을 때는 어디로 가느냐고 묻자 그녀는 간단하게 대답했다. "그 일을 하는 여자가 있습니다."

　집단농장 생활은 고되어 보였다. 국가의 경제적 문제들로 말미암아 농사일을 도와줄 기계가 부족해 작업을 대부분 손으로 했다. 손으로 볍씨를 뿌

25　Noland와 Haggard는 자기들이 인터뷰한 농민들이 사실상 전부 농민의 자식임을 확인했다(노동자의 90퍼센트도 노동자의 자손이었다). 그만큼 북한의 사회적 유동성은 낮다. *Witness to Transformation*, 22~23 참조.

리고 모내기를 하고 추수하는 일은 등골이 휘어지는 중노동이다. 장시간 무릎 위까지 올라오는 진흙물에서 허리를 폈다가 굽혔다가를 반복하는 탓에 내가 만난 농민들은 체형이 변형되어 있었다. 트랙터와 이앙기를 이용해 모내기를 도우려고 방문한 어느 집단농장에서 나는 한 농장 사람에게 우리 같은 손님이 오면 정말 성가실 거라고 말했다. 그녀는 바보 아니냐는 듯이 바라보다가 말했다. "전혀 그렇지 않습니다. 여러분이 올 때마다 우리는 트랙터를 얻습니다."

평양의 대사관들은 이따금 관계를 맺은 집단농장에 선물을 해달라는 요청을 받는다(대사관이 개별 집단농장과 결연하는 전통은 사회주의적 형제애 시절로 거슬러 올라간다. 그때는 재외공관들이 농장을 한 곳씩 '입양'한 뒤 가끔 선물을 기증함으로써 농민들에게 유대감을 보여주는 것이 적절하다고 여겨졌으며, 그 대가로 공관들은 즐거운 날에 시골로 나들이를 다녀올 구실을 얻었다). 농기계의 동력으로 쓰일 연료를 자주 요청받지만, 군대가 전용할 가능성이 있기 때문에 대사관들은 대체로 연료 주기를 꺼린다. 인기 좋은 다른 선물은 논에서 일할 때 신을 무릎까지 오는 고무장화다. 한 농장원은 이런 장화를 신으면 진흙물에서 일하는 불쾌감을 덜어줄 뿐 아니라 수인성 질병과 거머리도 막아준다고 말했다. 내가 본 농장원들은 대부분 논에서 맨다리와 맨발로 일했다.

이 농장원들은 내가 평상시 어울리는 평양 주민들과 신체적으로 많이 달라 보였다. 매일 뙤약볕 아래서 일하는 탓에 피부색은 몇 단계 더 어두웠고, 옷을 걷어올릴 때면 다리와 팔의 탄탄한 근육이 보였다. 평양의 중간계급 여성들은 세심한 솜씨로 머리카락을 곱슬곱슬하게 말곤 했지만, 집단농장에서는 보기 드문 일이었다. 농장 여성들은 대부분 한 갈래나 두 갈래로 머리를 묶었고, 색깔이 들어간 머릿수건을 둘렀다. 그들은 수도의 세련된 말

손으로 하는 모내기.

투가 아니라 내가 잘 알아듣지 못하는 투박한 사투리를 썼다. 평양 외부 도시의 주민들(평양 주민들이 아니라)에 비해 농장원들은 비교적 잘 먹는 듯이 보였다. 나는 그들이 식량에 가깝다는 이점을 이용해 이런저런 방식으로 가족이 먹을 음식을 구했을 거라고 짐작한다. 또한 그들은 평양의 비좁은 아파트보다 한결 넓은 거처에서 사는 것으로 보였다. 시골 집을 방문했을 때(방문한 집을 특별히 선택하고 미리 청소도 했을 것이다), 나는 세간이 간소하지만 평양에 사는 내 친구들에게 들은 그들 집보다 훨씬 더 공간이 여유롭다는 것을 알아챘다.

논밭에서는 줄지어 늘어선 적기(赤旗)들(그런 적기가 작업반을 구분해주냐고 묻자 그렇지 않고 그저 의욕을 북돋는 용도라는 대답을 들었다)과 때로는 시끄러운 음악이 농장원들을 응원했다. 내가 집단농장을 공식 방문했을 때, 시골의 고요함은 논밭 가장자리에 주차된 화물차의 확성기에서 흘러나오는 요란한 행진곡과 간간이 끼어들어 귀를 피곤하게 하는 정치적 연설로 말미암아 산

소달구지는 아직도 북한 농장 생활
에서 큰 몫을 한다(사진: 히더 스타키
Heather Starkey).

산이 깨졌다. 대화가 불가능할 만큼 음악이 시끄럽진 않았지만, 여하튼 농장
사람들은 대화를 많이 하지 않았다. 그들은 작업을 끝내는 데 집중하는 듯
했다. 그러나 나는 여행 중에 확성기를 단 화물차가 오지 않는데도―연료
가 부족해서일 것이다―논밭에서 고되게 일하는 사람들을 자주 마주쳤다.
화물차의 소음이 없는 시골은 아주 고요해서 논밭 몇 개를 사이에 둔 먼 거
리에서 소가 음매 우는 소리를 들을 수 있었다.

농장원 대다수는 집에서 논밭까지 각자 알아서 가야 했다. 나는 그들이
대체로 걸어간다고 들었다. 집단농장이 워낙 크기 때문에 때로는 수 킬로미
터를 걸어야 했다. 논밭 옆에 세워놓은 많은 자전거들로 미루어보건대 일부
는 자전거를 타고 오가는 것이 분명했다. 이 자전거들 중에는 일본산이 많
았다. 2006년 7월 북한의 미사일 실험에 대응해 일본 정부가 금지하기 전까
지, 만경봉 92호가 원산과 일본의 니가타를 오가며 다른 화물과 더불어 일본
산 중고 자전거들을 실어왔고, 이 자전거들은 북한 전역에서 제 역할을 톡톡

히 해냈다(내가 북한에 머문 기간에 이 선박은 원산항에 정박해 있었다. 차를 타고 원산항을 지나쳐갈 때, 이 커다란 흰색 배는 북한과 일본의 관계가 개선되어 다시 운항할 날을 기다리고 있었다).[26]

집단농장의 리듬은 시골의 영원한 리듬이었다. 언젠가 나는 집단농장 관리자를 만났는데, 그 사무실에 있던 연간 계획표는 빈 공간에 무언가를 쓰고 지우거나 붙였다 뗄 수 있도록 격자무늬로 이루어진 날짜표가 아니라, 벽에 그려진 영원한 도표였다. 그 관리자는 해마다 연중 같은 시기에 똑같은 일을 했다.

북한 관리들로부터 농장 내 자류지(自留地)에 관한 정보를 얻기는 어려웠다. 자류지는 1990년대 기근기까지 불법이었음에도 불구하고 갈수록 확산되는 굶주림에 대응하는 흔한 방법이 되었고, 결국 정권도 마지못해 용인했다. 시골의 가정들—또한 평양 외곽의 가정들까지도—은 집 근처 텃밭에서 다양한 농작물을 기르고 있었으며, 이곳의 농작물은 주변 집단농장의 농작물보다 실해 보였다. 옥수수가 흔했고, 호박 줄기가 지붕 위까지 뻗어 올라가 있었다(보기 좋은 만큼 영양가도 많다). 담배도 자주 보았는데, 농장원들이 일부는 피우고 나머지는 시장에서 또는 적어도 시장을 통해 거래했을 것이다. 농장원들은 이런 자류지에서 수확하는 농산물 중 일부는 가족이 먹고 나머지는 팔았을 것이다.

한번은 한 농장원에게 작업 말고 뭘 하느냐고 물었다. 그녀는 저녁에 주로 텔레비전을 시청하고(텔레비전을 볼 수 있다는 것을 자랑스러워했다) 친구들과 이야기한다고 말했다. 그녀는 제일 좋은 저고리를 입고서 춤을 추고 남자

---

26   2011년 만경봉 92호는 승객들에게 북한 동해안을 오르내리는 유람선 관광을 제공했다. 보도에 따르면 승객들의 만족도는 전반적으로 높았다.

들은 소주를 마시는 김일성 탄생일 같은 특별한 날을 고대했다(집단농장의 잔치를 목격하진 못했지만, 술을 진탕 마시는 행사일 것이라 짐작한다). 나는 여기저기 여행하다가 나무 아래 앉아 수다를 떠는 농장원 무리를 자주 보았다. 나는 그들이 별다른 활동 없이 주로 친구들과 잡담을 떨면서 여가시간을 보냈을 거라고 생각한다.

• 여행 •

북한을 여행하기는 쉽지 않았다. 관료주의적 제약이 큰 탓도 있지만 열악한 기반시설 때문이다. 북한 사람들은 대개 동력으로 작동하는 교통수단을 이용할 형편이 아니었고, 나는 도로를 따라 여행할 때마다 가장 가까운 마을에서 수 킬로미터를 걸어오거나 자전거를 타고 오는 사람들을 지나치곤 했다. 자동차 얻어타기는 흔한 일이었다. 나는 거의 모든 주요 도로에서 자동차를 얻어타기 위해 신호를 보내는 작은 무리를 보았다. 전통적으로 운전자는 무언가 대가를 기대했는데, 보통 담배 한 갑을 주었다. 이런 온갖 난관에도 불구하고, 지인들에게 국내 여행은 일상에서 벗어나는 흥미진진한 사건이었고, 여기저기 여행할 수 있었던 사람들은 자기가 가본 장소에 관해 자랑스럽게 말하곤 했다.

기차는 연착하기로 악명이 자자했다. 몇 시간이 아니라 며칠씩 늦곤 했다. 그럼에도 대부분 사람들에게 기차는 장거리를 여행하는 유일한 방법이었다(북한 사람들에게 남한에서는 서울에서 부산까지 기차로 채 3시간이 걸리지 않는다고 말했더니 놀라서 입을 다물지 못했다. 북한에서 비슷한 거리를 이동하려면 이틀은 걸릴 터였다). 객차는 만원이었고, 화장실은 툭 하면 막혔다.

도로는 보수 상태가 나빴다. 일부 도로는 언젠가 포장하긴 했으나 움푹

파인 곳이 많아 서행해야 했고, 다른 많은 도로, 특히 시골 지역의 도로는 아예 포장이 안 된 탓에 여름이면 울퉁불퉁하고 먼지투성이였으며 비가 오면 진창으로 변했다. 진창길 언덕을 올라가려 애쓰는 출력 약한 화물차가 앞길을 가로막으면 여행에 몇 시간이 더 걸리기도 했다. 장마철에는 많은 도로가 유실되는 탓에 다들 여행을 피하려 했다. 북한의 도로를 이용하기에 가장 좋은 때는 도로가 진흙이 아닌 먼지 덩어리를 이루는 여름철이다.

차가 달리기에 알맞도록 유지되는 상당수 고속도로는 평양에 집중되어 있었다. 이들 도로는 남쪽으로는 곧장 비무장지대로 이어졌고[27](유사시에 군용 차량이 원활하게 이동할 수 있도록 이 고속도로를 잘 관리하는 거라고 믿는 사람이 많았다), 북쪽으로는 신의주를 향해 뻗어 있었다. 그러나 신의주 방향 고속도로는 그리 크지 않은 도시인 안주에서 끊겼고, 그 너머에서는 신의주까지 시골을 가로지르는 좁은 도로를 따라 운전해야 했다. 남포에서 평양을 거쳐 항구 도시 원산까지 서해와 동해를 잇는 고속도로는 잘 포장되어 있었다.[28] 그러나 평양 – 원산 간 고속도로는 차단되는 경우가 잦았는데, 원산에서 조금 떨어진 내륙에 있는 산악터널이 산사태와 터널 붕괴로 막히곤 했기 때문이다. 그렇게 차단되면 산비탈을 위태롭게 돌아가는, 대개 좁은 비포장 도로를 이용해야 했고, 그러면 평양에서 원산까지 가는 데 시간이 갑절로 걸렸다. 이 좁은 도로를 따라 가다가 고속도로와 만나는 구간에 이르면 서구의 고속도로처럼 보이는 아주 넓은 포장도로가 나타났다. 차이점이라면 차가 전혀 다니지 않는다는 것이다. 이 인적 없는 고속도로를 따라 여행하는 것은 북한에서

---

27   한 저자는 이 도로가 1989~1990년에 어떻게 병력 15만 명을 동원한 '작전'을 통해 건설되었는지 기술한다. 물자가 부족했기 때문에 포장할 수 있을 때까지 도로를 1년간 놀려야 했다. Maretzki, *Kim-ismus in Nordkorea*, 64.

28   평양과 남포를 잇는 고속도로인 '청년영웅도로'는 고난의 행군 시기에 건설되었다. 이에 대한 기술은 Becker, *Rogue Regime*, 113 참조.

살면서 맛보는 생소한 경험이었으며, 외국인들은 차 없는 도로 한가운데 누워서 사진 찍는 곡예를 즐겼다.

버스는 인구가 밀집한 지역들 사이를 오갔지만 외국인은 이용할 수 없었다(일부 대사관이 강하게 로비했음에도 외국인에겐 허용되지 않았다). 북한에서는 버스가 기차보다 빠르지만 요금이 더 비싸다고 했다. 바닷가 근처 원산까지 가는 요금이 예전 원화(통화개혁 이전)로 대략 1만 원이라고 누군가 말해주었다. 이는 시장환율로 2유로에 지나지 않았지만, 북한 사람 대다수에겐 두 달치 봉급이었다.

나는 참을성 강한 소가 끄는 달구지를 타고 이동하는 농장원은 자주 보았지만 도로에서 말을 타는 사람은 본 적이 없다. 오토바이 역시 드물었다.[29]

육상 교통이 처참한 상황이므로 누군가는 2차 세계대전 이전처럼 해상 운송이 매력적인 대안이라고 생각할지 모르겠다. 그러나 내가 만난 북한 사람 중에 배를 타본 사람은 단 한 명도 없었다. 나는 북한의 해안이 중무장되어 있는 까닭에 어쨌거나 국내 여객선 운항이 어려울 거라고 생각한다.

부유하고 힘 있는 사람들은 이런 불편 때문에 고생하지 않았다. 엘리트 층은 안락하고 빠르고 창문을 선팅한 차를 타고 돌아다녔다(2007년 북한은 중국산이 아닌 독일산 자동차를 고집하는 엘리트층을 위해 폴크스바겐 파사트를 다수 구입해 화물로 받았다). 원산 근처 도로에서 내 차를 따라오는 재규어를 본 적도 있다. 엘리트 중에서도 최상류층은 창문에 선팅이 된 '2·16' 자동차를 타고 다녔다. 김정일은 자신이 총애하는 사람들에게 이 마법 같은 숫자로 시작하는 눈에 띄는 흰색 번호판이 달린 고급 자동차를 포상으로 주었다. 이 숫자

---

29   근래에는 평양에 오토바이가 한층 많아진 듯하다.

북한의 도로에는 이런 대전차 장애물이 흔하다. 충돌이 발생할 경우 이 장애물의 토대를 폭파하고 넘어뜨려 도로를 가로막을 것이다.

는 김정일의 생일인 2월 16일을 뜻한다. 2·16 자동차를 타고 여행하는 사람들은 대다수 통행 차단물이나 검문소에서 성가시게 멈출 필요가 없고, 평양 일대를 최고 속도로 주행하면서 보행자들을 순식간에 쫓아버렸다. 교통 여경이 이런 차를 세운다는 것은 말도 안 되는 일이었다. 내가 본 바로는 오히려 다른 차들을 세워 2·16 자동차가 지나가게 해주었다.

· 종교 ·

일제강점기에 평양은 한국 기독교의 중심지이자, 1909~1910년에 전개된 대규모 전도운동인 백만인구령운동의 본거지였다. 김일성의 어머니는 개신교 장로의 딸로 교회에서 적극적으로 활동했으며, 위대한 영도자는 이따금 교회에서 오르간을 연주했다고 전해진다. 김일성이 자기 아파트에 작은 오르간을 두고서 어린 시절에 배운 찬송가를 가끔 연주했다고도 한다.

그러나 김일성 정권은 초기에 종교를 가혹하게 탄압해 교회 2000채와 불교 사찰 400채가 파괴되었다고 한다.[30] 1980년대와 1990년대에 이르러서야, 남한 교회들이 오래도록 간청하고 설득하여 비로소 북한에도 교회가 생기거나 다시 문을 열 수 있었다. 내가 북한을 떠날 무렵 평양에는 교회가 네개 있었다. 외교 구역에서 멀지 않은 곳에 창천 성당과 봉수 교회가 있었고, 또 칠골 교회(김일성의 어머니가 다녔던 교회 자리에 있다)와 정백 러시아정교회[31]가 있었다. 그 후 내가 평양에서 머문 마지막 몇 달 동안 도시 외곽에서 다른 교회들도 문을 열기 시작했다. 이들 교회에 가보지는 못했다.

이 모든 활동이 얼마나 진실한지, 그리고 얼마나 외국인에게 보여주기위한 허울인지를 두고 많은 논쟁이 벌어졌다. 교회에 갔을 때 나는 누구의 제지도 받지 않고 예배를 이끄는 사람(바티칸과 관계를 맺지 않은 북한 정권이 서품받은 사제를 여전히 금지했기 때문에 가톨릭교회에 사제가 없었다)과 대화할 수있었지만, 일반 신자와는 이야기하기 어려웠다. 교회에 꼬박꼬박 다니는 한외국인 가톨릭 신자는, 회중 가운데 절반은 진짜 신자이지만 나머지 절반은보안당국의 끄나풀이라 생각한다고 말했다. 나는 주요 축일(크리스마스와 부활절)에만 교회에 갔는데, 이런 날이면 개신교회와 가톨릭교회 모두 교인들로 가득 찼다. 대부분 중년을 넘긴 여성들이었고, (전부는 아니지만) 많은 여성들이 축일을 기념하기 위해 저고리를 입었다. 찬송가집과 기도서는 충분히지급되는 듯했다. 교회들은 서구의 소박한 교구교회와 크기가 엇비슷했고, 나무 의자와 오르간 등 설비를 잘 갖추고 있었다.

2006년 8월—내가 평양에 도착한 지 얼마 안 된 시점—에 정백 러시아정교회가 평양 중심부에서 조금 떨어진 곳에서 문을 열었다. 이것은 분명

30   Becker, *Rogue Regime*, 61~62.
31   정백사원—옮긴이.

2003년 김정일의 러시아 방문의 결실이었다. 당시 김정일은 러시아정교회에 깊은 인상을 받아 평양에도 교회를 하나 건립하기로 결심했다고 한다. 이 교회는 러시아 대사관의 후원을 받으며 대사관에 이바지했으며, 예배를 집전하기 위해 러시아에서 사제들―때로는 러시아정교회의 고위직 성직자들까지―이 이 교회를 찾아오곤 했다. 러시아정교회의 관례에 따라 이런 예배는 좌석도 없이 대개 몇 시간씩 이어졌다. 러시아인 공동체 사람들과 다른 외국인들은 예배 중인데도 교회를 드나들곤 했다. 이곳은 진실한 교회였지만, 나는 회중 가운데 북한 사람을 본 적이 없다. 예배에 참석하려 했던 북한 사람은 모두 경찰의 심문을 받았을 것이다.

나는 개인 집에서 비밀리에 만나 예배를 올리는 무리가 있다는 얘기를 간간이 들었다. 나는 그런 무리에 끼어본 적이 없고(그랬다면 그 무리는 중대한 위험에 처했을 것이다), 그런 무리가 실제로 있었는지 아니면 북한 외부 기독교도들의 희망사항일 뿐이었는지 확신하지 못한다. 그러나 2008년 탈북자 755명을 조사한 남한의 연합통신에 따르면, 이들 중 10명이 종교활동에 몰래 참가했고 43명이 비밀 종교활동을 하는 사람을 본 적이 있었다.[32] 그러므로 이런 보도에는 진실이 어느 정도 담겨 있을 것이다.

교회와 비슷하게 절(예컨대 조선중앙동물원 근처 대성산 기슭에 자리잡은 광법사)에도 외국인들에게 둘러싸여 일정한 의례를 행하는 승려들이 있다. 그러나 그들이 실제로 절에 거주하는지 아니면 특별한 경우에만 나타나는지는 분명하지 않다. 내가 사전에 알리지 않고 광법사를 찾아갔을 때는 승려가 어디에도 없었다. 한 동료는 언젠가 어떤 승려에게 불교 교의에 관해 물어보았

---

32   Hassing and Oh, *The Hidden People*, 190.

다가 기독교의 교리문답을 짧게 요약한 답변을 들었다고 한다. 동료는 그 남자가 외국인을 안내하기 위해 불교 승려와 기독교 사제를 겸하고 있어서 그날 자기 역할을 혼동했다는 인상을 받았다. 그러나 다른 한편으로 의식이 시작되기를 기다리는 동안 "부처님처럼" 고요하고 평온하게 앉아 있다고 말하는 북한 사람도 있었다. 내가 부처님이 어떻게 앉아 있었는지 어떻게 아느냐고 묻자, 그녀는 예전에 학교에서 절로 여행을 갔을 때 불상이 얼마나 평온하게 보였는지 기억해두었다고 말했다(이것이 여행의 목적이었는지는 의심스럽다). 그러므로 시골에 있는 절들은 아직도 얼마간 영향력이 있을 것이다. 나는 남한 불교 신자들이 재건 중인 절을 보았지만, 거기서 평범한 북한 사람이 얼마나 쉽게 기도할 수 있을지 모르겠다.

2차 세계대전 이전에 한국을 방문한 사람들은 조선시대의 억불정책으로 말미암아 한국인 대다수가 불교를 대수롭지 않게 여긴다는 것에 주목했다. 한국의 토착 신앙이 훨씬 더 영향력이 있었고, 샤머니즘 의식이 폭넓게 퍼져 있었다. 남한에서 나는 간혹 산비탈에서 샤머니즘적 의식을 행하는 사람들(특히 여자들)을 보았다. 북한에서는 이런 광경을 본 적이 없지만, 한반도가 분단되기 전에는 북한 지역에도 특유의 샤머니즘이 있었다.

북한 사람들과 대화하다 보면 때때로 종교 이야기가 나왔다. 그렇지만 지인들이 종교에 진짜 관심을 보이는 경우는 드물었다. 나는 그들이 종교활동을 할 자유가 있다면 할 거라는 인상을 받지 못했다. 그러나 내가 만난 사람들 때문에 나의 인상이 왜곡되었을 수도 있다. 나는 19세기 말과 20세기 초에 한국에서 기독교가 급성장한 한 가지 이유가 지독한 빈곤과 억압적인 체제에 대한 민중의 낙담이었다고 읽었다. 종교의 자유가 주어진다면, 똑같은 이유로 신앙이 다시 한 번 빠르게 퍼져나갈 가능성이 있다.

· 환경 ·

북한은 숨이 막힐 만큼 아름다운 나라일 수 있다. 북한에는 무성한 초목으로 덮인 우뚝 솟은 산맥과 수 킬로미터에 달하는 (여름에도 붐비지 않는) 황금빛 백사장, 장엄하게 흐르는 강이 있다. 다른 나라들에서 으레 나타나는 경제적 문제의 부작용, 즉 공업과 농업으로 인한 환경 파괴는 덜 심각한 문제다. 정권이 환경을 적극 보호하기 때문이 아니다. 오히려 남아 있는 일부 공장들, 발전(發電)과 난방 시스템은 환경을 심각하게 오염시키고 있다. 겨울철에 낡은 주택들이 연료(보통 연탄)를 사용할 때면 작은 굴뚝에서 검은 연기가 나왔고, 평양의 주요 석탄화력 발전소를 가동할 때면 두 개의 굴뚝에서 나온 매캐하고 시커먼 연기가 도시 중심부 근처로 퍼져나갔다. 그러나 북한에는 매연 배출구가 많지 않아서 한층 발전한 사회들이 직면한 도시의 환경 문제와 같은 사태는 일어나지 않는다. 평양의 공기는 대체로 산뜻했고, 도시 중심부에서는 (오염에 매우 취약한) 지의류를 많지 보지 못했지만 외곽에서는 바위에 몇 종이 번성하는 것을 확인했다. 평양의 강물 역시 비교적 깨끗했다. 내가 평양에서 살았던 때는 수도 중심부를 가로지르는 대동강을 포함해 전국의 강들로 오염물질을 쏟아붓던 공장들 상당수가 가동을 멈춘 시기였다. 강물의 수질은 음용수 기준에 한참 못 미치지만 그래도 강에서 낚시하는 사람들을 흔히 볼 수 있다(겨울에 얼음이 두껍게 얼면 사람들은 대동강 가운데까지 걸어가 작은 구멍을 뚫은 다음 그 옆에 앉아서 간단한 막대기와 줄로 조용히 낚시를 했다). 또한 평양은 조용하다. 경제가 붕괴한 까닭에 소음공해가 거의 없고, 오가는 차가 드물어 산업활동을 일체 중단하는 밤이면 특히 적막했다. 나는 평양에서 베이징에 자주 다녀왔는데, 중국 수도에 도착하면 다른 무엇보다 귀청을 찢을 듯한 차량들의 굉음이 들려왔다. 평양에서도 부족하기로 유명한 전기

대동강의 얼음낚시, 2006.

조명은 그 나름의 이점이 있다. 빛공해가 거의 없어서 맑은 날 밤에는 도시 중심부에서도 은하수와 별을 쉽게 볼 수 있다.

시골 지역에서는 비료로 사용할 화학물질이 부족해 수확량이 급감했지만, 동시에 오염 역시 급감했다. 오늘날 북한의 대다수 지역에서는 18세기 조상들이 썼을 법한 기술로 농사를 짓는다. 트랙터가 있지만—일부는 유럽 연합이 기증한 것이고, 일부는 소련의 여러 동맹국에 트랙터를 공급한 민스크의 트랙터 공장에서 만든 것이다—많지 않고, 연료가 없어서 있는 트랙터도 사용하지 않는다. 그러므로 수송하고 운반하는 과정에서 쇠똥 말고는 오염물질을 전혀 배출하지 않으며, 비료로 분뇨나 유기비료를 사용한다. 그러나 산비탈에 농사를 지으려는 시도는 환경을 끔찍하게 훼손하는 결과를 낳았다. 이것은 1990년대 경제위기 이전부터 문제였지만,[33] 기근기 동안 굶주

---

33   Maretzki, *Kim-ismus in Nordkorea*, 120.

린 사람들이 예전에는 그냥 두었던 가파른 비탈에까지 농사를 지으려고 하면서 한층 심각한 문제가 되었다(북한 농민들은 비탈에서 효율적으로 농사짓는 법을 거의 모르는 듯했다. 나는 계단식 논밭을 좀처럼 보지 못했으며, 농민들은 대부분 가파른 경사지를 깨끗하게 개간한 다음 거의 농사짓기 불가능한 경사에서 일하려 했다). 비탈에서 나무를 제거하고 그 땅을 한계농지로 이용한다는 것은 비탈이 더 이상 빗물을 머금지 못한다는 뜻이다. 빗물은 다량의 흙과 함께 비탈에서 그대로 흘러내려 강으로 곧장 쏟아져 들어갔다. 해마다 홍수가 일어나는 것은 대부분 이런 파괴적인 침식의 결과다. 그런데도 정권은 뾰족한 대처 방안을 내놓지 못하고 있다. 외국의 농업 전문가들 역시 이런 비탈을 개간해봐야 수확량이 미미하다고 내게 말했다.

대기오염이 비교적 덜한 덕에 북한은 조류 관찰자에게 낙원이나 다름없다. 나는 평양 중심부 인근에서도 어치는 물론 꾀꼬리까지 보았다. 나의 거처에서 고작 몇 미터 떨어진 곳에는 딱따구리가 살았다. 시골은 여름이면 야생화로 가득했고, 평양 주변 시골에서 맑은 공기를 마시며 자전거를 타는 것이 내게는 낙이었다.

남한으로 탈북한 사람들은 대개 서울의 차량 매연과 소음에 기겁한다. 얼마나 많은 북한 사람들이 그들 환경의 진가를 알았는지 모르겠지만(어쨌거나 그들에겐 비교 대상이 없었다), 그들은 그곳을 떠나서야 예전 환경을 그리워했던 것으로 보인다. 그들이 환경 교육을 거의 받지 않았는데도 그렇다. 내가 아는 북한 사람 다수는 평양 일대에 흔한 꽃들도 식별하지 못했고, 국립공원 안내원들은 기이하게 생긴 바위의 이름은 알지언정 그들을 뒤따르는 관광객들과 함께 지나쳐온 나무나 꽃의 이름은 몰랐다.

• 장애 •

수십 년간 경제적 쇠퇴로 고통을 겪은 나라, 가장 건강한 사람들조차 생존을 위해 몸부림쳤던 나라에 장애인 대책이 애처로울 정도로 부족하다는 것은 놀랄 일이 아니다. 경제위기가 닥치기 전에는 시각장애인과 청각장애인, 불구자와 여타 장애인을 위한 시설들이 있었고, 무리하게 운영되긴 했으나 일부 장애인에게 제한적인 도움이나마 주었다고 한다. 그러나 경제난 때문에 이런 시설들 다수가 문을 닫아야 했고, 그 결과 많은 장애인들이 어떤 도움도 받지 못하는 처지가 되었다. 2006년에 추방당하기 전까지는 많은 NGO들이 이런 상황을 도우려 했지만, 이제는 이런 외부 지원을 기대하기 어렵다.

나는 북한 현지에 의족과 의수 생산시설을 건설한 어느 NGO가 청각장애 아이들과 팔다리를 절단한 사람들을 위해 운영하는 시설을 방문할 수 있었다. 다른 수많은 근로자들처럼 이곳의 직원들도 지극히 제한된 자원을 가지고 최선을 다해 일했다. 그럼에도 그들은 시설을 찾아오는 사람들을 전부 돕지는 못했다.

2006년 어느 날, 평양 노점에서 과자를 사려고 줄을 서 있는데 내 앞에 있는 여자가 뇌성마비 장애인이었다. 그녀가 무슨 과자를 사고 싶은지 설명하는 동안(언어장애가 심했다) 노점 주인은 짜증내는 기색 없이 차분히 기다렸다가 과자를 내주었다. 나는 그가 돈 받는 모습을 보지 못했다. 그 후 이 사건은 나에게 수수께끼로 남았는데, 김정일이 평양의 번듯한 외양만 보여주려고 장애인의 수도 거주를 금지했다고 들었기 때문이다. 어쨌거나 그날 뇌성마비 장애인이 정중히 대우받는 것을 보고 기쁘기 그지없었다.

2

북한 정권과 인민

정치적 통제의 형태 • 정치적 모임 • 정치적 의식 • 이동 제한 • 병역과 기타 의무 • 범죄와 처벌
정권에 대한 태도 • 관료제 • 원로정치와 변화에 대한 원로들의 태도 • 한국전쟁의 상처

• 정치적 통제의 형태 •

북한 정권은 세계에서 국민들의 생각을 가장 효과적으로 통제하는 정권으로 자주 거론된다. 나는 북한만큼 생각과 사상을 힘껏 억압하는 나라를 알지 못하지만, 그렇다고 해서 북한의 노력이 언제나 성공적인 것은 아니다. 또한 북한은 국민들에게 정통적 신념을 드러내도록 강요하는 일에서 예전만큼 성공을 거두지 못하고 있다.

정치적 통제의 주요 형태는 정권이 만든 정신적 세계 안에 모든 국민을 가둬두려는 시도였다. 이 시도에는 두 가지 핵심 요소가 있다. 하나는 실제 세계에 대한 정보를 제한하는 것이고, 다른 하나는 선전을 통해 부분적인 진실과 순전한 거짓으로 이루어진 대안 세계를 만들어내는 것이다. 이 세계에서 북한은 심술궂은 노인들이 통치하는 노쇠하고 낙후된 나라가 아니라, 전지적인 반신반인이 통치하는 낙원에 가까운 나라로 보였다. 그러나 북한 정

권은 양쪽 전선의 전투에서 패하고 있었다. 정보가 차단막의 구멍으로 흘러들고 있었고, 선전이 확신을 심어주지 못했다.

정보 제한은 정권의 존속이 걸린 문제였다. 다른 나라들이 더 잘살고 더 알맞게 운영되고, 북한 사람들에게 중요한 일—정치적 모임에 참석하지 않고 가족과 시간을 보내는 일 같은—을 더 많이 허용한다는 사실을 차단해야만 정권의 정통성 유지를 꾀할 수 있었다. 이 목적을 위해 정권은 외국 방송 청취를 금지했고, 북한 방송만 듣도록 라디오를 설정해놓았다. 외국 신문과 잡지는 금지되었고, 감독 없이 외국인과 대화해서도 안 되었다.

정권은 북한 사회 안에서도 정보 흐름을 통제하려 했으므로 강박적으로 비밀을 고수했다. 정권은 오랫동안 북한 사회나 경제에 대한 유의미한 통계를 전혀 발표하지 않았고(지금까지도 마찬가지다), 행정기관 내에서 누가 어떤 지위에 있는지 밝히기를 꺼리며, 거의 모든 공식 문서를 기밀로 취급하는 듯하다. 김씨 일가에 관한 정보는 철저하게 숨긴다. 언젠가 나는 친구에게 김정일의 복잡한 가계도를 설명해주었다. 홀린 듯이 경청하던 그녀는 북한의 어떤 출판물에서도 얻지 못하는 이 색다른 정보를 주의 깊게 기억하기 위해 전부 다시 말해달라고 했다.

평범한 국민들은 정부의 업무를 전혀 몰랐다. 이런 통제의 기이한 형태 가운데 하나는 모든 건물을 익명으로 유지하는 것이었다. 북한의 어떤 공식 건물에도 어떤 직무를 하는지 알려주는 표시가 없다. 그 대신 모든 건물에 비슷한 정치적 표어가 붙어 있다. 외국인 외교관들은 핵심 부처들의 위치를 단시일에 알게 되는데, 북한 직원의 안내를 받아 부처들을 방문하기 때문이다. 그러나 예를 들어 당신이 김일성 광장 바로 옆에 외무성이 있다는 사실, 대학거리에 있는 커다란 회색 건물에 조선직업총동맹 본부가 있다는 사실을 모른다면, 길을 걸어가다가 그런 건물을 알아볼 방법은 없다. 그런 이유로 북한 사람들은 거리를 걸으며 저마다 군인이 입구를 지키는 이름 없는 회색 건물들을 보면서도 어떤 건물에 어떤 부서가 있는지, 그리고 거기서 누가 일하는지 몰랐다. 이상하리만치 혼란스러운 상황이었다.

　정권은 모든 매체를 통제했다. 《로동신문》을 비롯한 공식 신문들만이 허용되었다. 《로동신문》은 지인들 모두가 (이따금) 읽는 유일한 신문인 듯했다. 직원 수가 비교적 많은 일부 대사관에서 일하는 외교관들은 직원들이 돌려보는 전문 잡지들(《조선문학》 같은)에서 반체제 견해를 살짝 드러내는 듯한 글을 가끔 발견했지만, 북한의 지인들 중에 그런 글을 읽어본 사람은 없었다. 아마도 그런 잡지들의 독자층은 아주 제한적일 것이다. 나는 외국 신문이나 잡지 읽기를 허락받은 북한 사람을 만나본 적이 없다. 텔레비전 채널은 주요 채널 하나와 (저녁 특정한 시간대에만 방송하는) 부수적인 채널 하나가 있으며 뉴스를 방송했다. 뉴스는 언제나 어두운 색 나무책상 뒤에 앉은 아나운서가 전달했고, 화면 아래로 자막 뉴스가 지나갔으며, 간간이 '안전한' 이야기(국제적 이야기를 보여주는 장면은 아예 없진 않지만 드물다)를 보여주는 장면이 나왔다. 아나운서의 억양은 때로는 숨이 가빠 보일 정도로 강했다. 음악회 사회자들도 사용하는 이런 억양은 대다수 외국인과 남한 사람들에게 괴상하게 들린다. 김정일이 화면에 등장할 때는 언제나 동영상이 아닌 사진으로 나온다. 김정일이 걷기 어려웠고 당국이 이 사실을 대중에게 보이지 않으려 했기 때문일 것이다. 지인들 가운데 뉴스를 매일 시청하는 사람은 없었지만, 매주 일요일 저녁에 30분간 방송하는 (아주 심하게 편집한) 국제 뉴스는 대부분 챙겨보았다. 지인들은 자주 재방송하는 북한 영화들도 시청했으나 한동안 새 영화가 나오지 않아 불평했다. 2006년 〈한 여학생의 일기〉—자신의

가능성을 실현하려는 젊은 여성의 고군분투를 놀라우리만치 솔직하게 그린 영화—가 개봉되자 많은 지인들이 관람한 뒤 괜찮은 영화라고 평했다. 스포츠 프로그램도 인기였고, 특히 북한 팀의 국제 경기를 중계할 때 인기가 높았다(2007년 말부터 일주일에 며칠은 뉴스 말미에 국제 스포츠 경기를 짧게 요약해주기 시작했다). 해마다 한 번씩 방송하는 씨름 경기를 북한 사람들은 열광하며 시청했다. 평양에는 아파트 꼭대기에 텔레비전 안테나가 달려 있었지만 수도를 벗어나면 자전거 바퀴살로 만든 안테나로 텔레비전 신호를 잡는 집도 많았다.

그러나 분명히 지인들 상당수는 남한의 인기 TV 드라마를 담은 불법 DVD를 보며 북한 텔레비전의 따분함을 달랬다. 남한의 TV 드라마는 중국에서 인기였고 DVD를 싼값에 쉽게 구입할 수 있었는데, 이런 DVD가 북한으로 밀반입되는 게 분명했다. DVD에는 언어 선택 기능이 있어 북한 사람들은 더빙한 중국어가 아닌 원래 한국어로 시청할 수 있었다. 북한 사람들 대다수의 소망을 훌쩍 넘어서는 생활수준과 듣도 보도 못한 행동의 자유를 보여주는 이런 상상의 세계는 그들의 마음속에서 커다란 파문을 일으켰다. 친구들과 대화하다가 남한의 드라마 이야기가 나오면 그들은 다른 행성 이야기인 듯한 생활에 매료되면서도, 북한 영화를 논할 때처럼 인물의 행동과 배울 수 있는 교훈 같은 도덕적인 측면으로 재빨리 초점을 옮기곤 했다. 나는 비무장지대 이북에서 남한의 드라마들이 상세히 분석된다는 것을 그 제작자들이 과연 알고 있을지 궁금했다.

그렇지만 남한 DVD 시청은 위험한 일이었다. 한 지인은 DVD를 보다가 정전이 되어 DVD를 꺼내지 못하게 될까 봐 두렵다고 말했다.[1] 경찰이 정전되기를 기다렸다가 남한 DVD를 시청할 것으로 의심되는 사람의 집을 급습해 플레이어 안에 DVD가 들어 있는 현장을 잡아낸다고 알려져 있었다. 내가 듣기로 그렇게 적발될 경우 투옥되어야 했지만, 보통은 경찰에게 뇌물을 주고 무마할 수 있다고 했다. 북한 전역에 부패가 만연하고 국가 부문에서 일하는 사람들이 갈수록 현금에 목말라하고 있으므로, 지금은 돈을 주고 곤경에서 벗어나기가 더욱 쉬워졌을 것이다.

북한 당국은 매체를 통하지 않는 정보 흐름을 통제하는 데는 훨씬 애를 먹는 듯했다. 입에서 입으로 정보를 전하는 방식은 깜짝 놀랄 만큼 효율적이었으며, 북한 지인들이 신뢰하는 몇 안 되는 정보원 가운데 하나는 친구에게 들은 말이었다.[2] 정권은 무려 60년간 억압하고도 친한 친구들이나 식구들끼리 터놓고 대화하는 것을 근절하지 못했다. 그리고 북한 사람들은 전국에 걸쳐 가족과 꾸준히 연락을 주고받았기 때문에 이런 대화는 수도 주민들이 외부의 현황에 대한 정보를 얻는 중요한 통로였다. 2007년과 2008년 내내 경제 상황에 먹구름이 끼고 있을 때, 지인들은 평양에서 음식을 구할 수 있는 특권을 누리면서도 지방의 실상이 얼마나 열악한지 알고 있었다. 나는 구두 전달 방식의 정확성과 이 방식에 대한 사람들의 신뢰에 깊은 인상을 받았다. 예를 들어, 언젠가 나는 북한 친구에게 국경을 넘다가 붙잡힌 사람들을 처형한다는 보도를 보여주었다. 지인은 그 보도를 대번에 일축하며 이렇게 말했다. 첫째, 불법 월경에 대한 처벌은 초범이냐 아니냐에 따라 벌금부터 투옥까지 다양하다는 것을 누구나 알고 있다. 이 범죄에 처형 명령을 내리는 것

---

1   이 문제를 피하려고 최근에는 MP4 플레이어를 사용한다는 보도가 있었다. 일례로 "The Role of North Korean Defectors in the Transmission of Information to and from North Korea", 북한민주화네트워크, http://en.nknet.org/events-programs/intl-conf/2010-dc/north-korean-defectors-role-transmit-information/

2   Haggard와 Noland는 중국으로 탈북한 사람들을 인터뷰했는데, 그중 89퍼센트는 탈북 전에 중국 관련 정보를 오직 구전으로만 얻었다고 한다. 그들이 이런 정보에만 의지해 국경을 넘었다는 사실이 구전에 대한 그들의 신뢰를 입증하는 듯하다. *Witness to Transformation*, 32 참조.

은 해당 관리에게 매우 위험한 일일 것이다. 그의 적들이 즉각 이 실책을 물고늘어져 그를 제거하고 어쩌면 투옥할 것이기 때문이다. 둘째(그녀에겐 이 이유가 더 중요할 것이다), 처형이 우리가 대화하기 열흘 전에 이루어졌다지만 자신은 그에 관해 들은 바가 없다. 전국 어디에서든 대규모 공개처형은 기겁할 사건이며, 그 보도가 진짜라면 자신이 금세 전해들었을 것이고, 평양 친구들 모두가 그 사건에 대해 떠들었을 거라고 했다.

언젠가 나는 지인에게 최근에 개성공단에 다녀왔다고 말했다. 그녀는 청결하고 구내식당이 좋고 음악이 나온다고 들었는데, 정말 그러냐고 물었다. 그녀의 묘사는 세세한 부분까지 정확했다. 그녀는 개성에 가본 적이 없지만, 개성공단에서 일하는 사람을 아는 어떤 사람을 아는 "친구"에게 전해들었다고 했다. 세계 어디에서나 그렇듯이, 북한에서도 흥미진진한 소식일수록 더 빨리 퍼져나갔다. 어떤 여자가 평양의 호텔에서 일본인과 성관계를 하다가 발각되어 그녀의 가족이 평양 거주권을 빼앗기는 중징계를 당했을 때도, 몇 시간 만에 그 소식이 도시 전역에 파다했다.

정보가 구두 전달 방식으로 어떻게 들어왔을까? 나는 주요 정보원이 다섯 가지였다고 생각한다.

첫 번째는 불법으로 듣는 외국의 라디오 방송이었다. 흥미롭게도 정권이 외국 라디오 방송국 전부를 차단하는 것은 아니었고, 나는 평양에서 가끔 '미국의 소리(Voice of America)'를 어렵사리 들을 수 있었다. 중국국제광파전대(中國國際廣播電台)의 한국어 방송은 신호가 상당히 강했다(중국이 자유의 표지라는 뜻은 아니지만, 중국 라디오에서 얻을 수 있는 정보가 북한 매체에서 얻을 수 있는 정보보다 훨씬 많다). 불법 라디오 청취가 얼마나 만연한지 알아내기는 아주 어려웠다. 내가 아는 사람들 중에 외국 라디오 청취를 허가받은 이는 없었으며, 권한 없이 불법 방송을 듣다가 경찰에 적발될 경우 누구든 호되게 질타받는다고 했다.[3] 북한의 평범한 라디오들은 공식 라디오 방송국들의 신호만 수신하도록 미리 설정되어 있지만, 전자기기에 대한 기초 지식만 알아도 라디오를 뜯어서 다른 방송국까지 수신하도록 바꿀 수 있다고 했다. 그렇더라도 이런 불법 행위를 감추려면 솜씨가 필요하지 않았을까 싶다[4] (부유한 소수는 텔레비전도 조작할 수 있었다. 한 외국인 친구는 평양 호텔방에서 북한 채널만 나온다고 불평했더니 호텔 직원이 와서 단숨에 텔레비전을 '해방'시켰다고 말해주었다). 또한 북한과 중국 사이 국경을 넘나드는 밀수의 규모와 중국에서 값싼 라디오를 손쉽게 구할 수 있는 상황을 감안할 때, 누군가 외국 방송을 수신하는 라디오를 원한다면, 그리고 구입할 돈과 적절한 접점이 있다면, 그런 라디오를 수월하게 입수할 수 있었을 것이다.[5] 북한 출신 망명자들에 대한 연구에 따르면, 2006년 이후 망명자 가운데 절반 이상이 외국 매체를 보거나 들은 적이 있었다.[6]

두 번째는 중국에서 국경을 넘어오는 정보였다. 중국과의 교역은 북한의 생명줄 가운데 하나였고, 나와 이야기한 많은 사람들은 무역업을 최고의 직업으로 꼽았다. 그러나 이런 교역에는 쉴 새 없이 국경을 넘나드는 사람들 —운전수, 밀수업자, 중개인—이 다수 필요했고, 그들은 서로 이야기를 했다. 그들은 아무리 못해도 지금 중국이 북한보다 생활이 얼마나 나은지에 대

---

3   각본 작가 정성산은 1994년 남한 방송을 들었다는 이유로 13년형을 선고받았다. Andrei Lankov, "North Korean Stalinism", *Asia Policy* 1 (2006) : 101.
4   Barbara Demick은 그저 라디오를 열어 다이얼에 부착된 연결선을 끊고 고무 밴드로 대체하면 된다고 말한다. *Nothing to Envy*, 192.
5   Hassig과 Oh는 *Hidden People* (153)에서 중국에서 밀반입하는 트랜지스터 라디오가 관리들이 찾아내려 하는 품목 목록에 들어 있다고 말한다. 분명 북한 당국은 그런 라디오를 위험한 품목으로 간주한다.
6   Hassig and Oh, *Hidden People*, 109 (2004년 6월 3일자 《동아일보》 인용).

해 말했다(내가 아는 중국인 사업가들은 맥주를 몇 잔 마시고 나면 이 점에 관해 길게 이야기했다). 더욱이 그들은 다른 유형의 정보도 가지고 돌아왔다. 언젠가 친구에게 특정한 국제적 정보를 어떻게 알았냐고 물었더니, 그녀는 남편이 명목상 은행원—북한 은행체계가 무너진 상태였으므로 더는 실질적인 직업이 아니었다—이지만 공식 차량을 이용할 수 있고, 차량 뒷자석과 트렁크에 물품을 싣고 중국을 오가는 데 대부분의 시간을 보낸다고 말했다(나는 어떤 종류의 물품인지, 중국에서 돌아올 때처럼 중국으로 들어갈 때도 차량에 물품이 가득 실려 있는지에 관해서는 듣지 못했다). 그녀는 남편이 집에 오면 이것저것 캐물은 다음 남편에게 들은 이야기를 친구들에게 말해주곤 했다.

　세 번째 정보원은 앞에서 말했듯이 불법이면서도 평양에서 사실상 공공연하게 유포되는 남한의 드라마 DVD였다(나는 평양 교외의 모퉁이에서 이런 DVD를 공공연히 교환하는 젊은이 무리를 마주친 적이 있다. 그들은 내가 다가가도 전혀 걱정하지 않는 눈치였다. 나는 지나가면서 그들이 애지중지하는 DVD 상자에 붙은 남한 스타들의 사진을 똑똑히 보았다). 이런 DVD는 뉴스를 전하진 않았으나 남한 생활(의 한 유형)을 보여주었다. 북한 사람들이 서울 아파트가 평양 아파트보다 훨씬 넓고 전자기기로 가득하다는 사실, 남한 사람들이 식당에서 맛있는 음식을 사 먹는다는 사실을 아는 것은 최근에 북한의 외교관계가 틀어졌다는 사실을 아는 것만큼이나 정권을 위협하는 요소였다.

　네 번째 정보원은 평양에 상주하는 외국인들의 활동이었다. 외교관들 상당수는 나보다 한국어를 능숙하게 구사했으며 북한 사람들과 대화를 많이 했다. 이런 대화는 중요한 정보 통로였을 것이다. 일부 대사관은 정보 흐름을 개선하기 위해 책을 기증하거나 독서실을 마련했지만, 이런 책과 독서실에 대한 접근이 엄격히 통제되었으므로 개선 효과가 컸을지는 의문이다.

마지막으로, 정권은 확산되지 않기를 바라겠지만 이 나라를 관찰하기만 해도 알 수 있는 정보가 많이 있었다. 평양 주민들은 그들 사회의 지독한 불평등을 목격하기 좋은 위치에 있었다. 이런 불평등을 가장 노골적으로 보여주는 예는 '금지된 도시'였는데, 조선노동당 중앙위원회의 거주 구역을 보통 이렇게 불렀다. 이곳은 지도에 나오지 않지만 평양 중심부의 넓은 지역에 걸쳐 있었다. 이곳의 모든 출입구는 군인들이 지켰다(북한을 방문하는 외국인들은 대개 이런 출입구—고려호텔 북쪽 검문소—를 보고도 그 중요성을 알아채지 못했다). 이곳 옆을 지나가는 사람은 거주 구역 안에 있는 건물들이 평양의 대다수 건물들보다 한결 좋고 도로 포장 상태가 더 좋다는 것을 분명히 알 수 있었다. 검문소 밖에서 오래 기다리지 않아도(어떤 경우에도 몇 분 이상 어슬렁거리는 것은 바보 같은 행동이다. 긴장한 군인들이 질문하기 시작하니까) 창문을 선팅한 크고 출력 높은 차들이 드나드는 모습을 볼 수 있었다. 이처럼 눈에 보이는 실상에 대한 묘사가 북한의 대가족들 사이로 퍼져나가지 않을 리 만무하다.

평양 주민들은 권력의 중심에 가까이 가지 않고도 불평등을 목격할 수 있었다. 통일시장 뒤편 주차장에 멈춘 차에서 부유한 여자들이 내린 뒤, 시장에 들어가서 다른 사람들은 꿈꿀 수 없는 액수의 돈을 소비하고 나서, 불룩한 장바구니를 들고 차로 돌아가는 모습을 평범한 북한 사람들은 멍하니 바라보았고, 나는 그런 그들을 관찰하곤 했다. 부자들을 쳐다보는 서민들의 얼굴에는 표정이 없었지만(감정을 드러내는 것은 현명하지 못한 처신일 것이다), 그들이 부유한 여자들의 사치스러운 핸드백과 값비싼 신발을 보고 자신의 초라한 차림을 비교했을 때, 과연 사회주의적 낙원의 약속을 믿었을지 나는 의문이다.

중국과 국경을 접하는 지역의 주민들(또는 방문객들) 또한 중국이 얼마나

신의주에서 바라본 단동의 고층 건물들. 최종 목적지에 있는 또 다른 세상이다.

더 부유한지 쉽게 알 수 있었다. 신의주의 지저분한 거리에서 바라본 단동의 고층 건물들은 최종 목적지—또 다른 세상에 속한 거대한 유리와 콘크리트 궁전—에 있는 듯했다. 그 건물들을 보고도 중국이 북한보다 훨씬 더 잘산다는 사실을 모르기란 불가능할 것이다. 이런 현실은 군인들에게까지 영향을 미친 것으로 보인다. 북한군 총정치국이 발행한 국경 군인들을 위한 강연 자료에 따르면, 군인들이 "이웃나라의 일부 화려한 표면상을 두고 머리를 기웃거리고 무턱대고 제 나라의 것을 과소평가하고 있다."[7]

　　나는 유익한 정보를 많이 가진 사람이 무리 내에서 면목을 세운다는 인상을 받았다. 모르긴 몰라도 불법 정보의 원천인 라디오를 가진 사람은 상당한 위신을 얻었을 것이다. 지인들이 위험을 감수하고 나와 이야기한 이유 중 하나는, 나에게서 친구들과 공유할 수 있고 따라서 그들의 위치를 강화할 수

7　　Hassig and Oh, *Hidden People*, 109 (《동아일보》, 2004년 6월 3일자에서 인용).

단둥의 환한 빛과 신의주의 어둠이
선명하게 대비되는 밤이면 중국과 북
한의 경계선이 뚜렷해진다.

있는 정보들을 들을 수 있었기 때문일 것이다.

정권은 달갑지 않은 정보를 은폐하는 데 그치지 않고 국민들이 생각하기를 바라는 것을 끊임없이 요란하게 외쳐댄다. 정권의 주된 목표는 지도자들의 무류성(無謬性), 북한 체제의 우월성, 북한이 생각하고 행동하는 모든 것의 절대적인 도덕적 우월성에 대한 믿음을 주입하는 것이었다. 정권은 신왕(神王)이 이끌고 두려움을 모르는 성인(聖人)들로 이루어진 자기네 민족 앞에서 다른 민족들은 잔뜩 겁을 먹고 움츠러들거나 숨이 멎을 듯이 경탄한다는 것을 인민들이 믿기를 바랐다. 내가 도착하기 여러 해 전에 북한에서 살았던 사람들의 이야기는 오랫동안 북한 사람들 대다수가 이 선전을 믿었음을 시사했다. 그러나 내가 평양에 거주한 시기는 오래전에 기근을 겪은 데다가 바깥 세계에 관한 정보가 북한에 쏟아져 들어와서 정권의 터무니없는 이야기를 도무지 믿을 수 없게 된 때였으므로, 선전이 효과를 발휘하지 못하고 있었다.

표어 그리기. 경제가 얼마나 나쁘든 정권의 선전 작업은 계속된다.

서구인들에게는 북한 선전의 요란스러운 언어가 귀에 거슬리지만, 북한 인민들은 이미 익숙해진 탓에 과잉 선전을 평범한 선전으로 받아들였다. 선전의 주제는 신중하게 정해졌으며 인민들의 마음을 끌었다. 인민 대다수는 자기네 나라가 세계 최고라는 것을 기꺼이 믿었으며, 이것이 1990년대 기근기 이전까지 줄곧 선전의 주제였다. 북한이 지상낙원이라는 주장을 고집하기가 매우 어려워진 기근기 이후, 정권은 선전의 어조를 바꾸어 북한을 외세의 사악한 음모 탓에 끊임없이 고통받는 나라, 국제적 괴롭힘을 꿋꿋이 견디는 영웅적인 나라로 묘사했다. 이 선전 역시 보통 잘 먹혔다. 공개 선전에는 노골적인 인종주의도 꽤 많이 포함되었다(이 요소는 성가신 외국인 관찰자들이 텍스트를 구할 수 없는 비공개 모임에서 더 호응을 얻을 것이다). 우리 민족(문자 그대로의 뜻보다 '우리 인종'이라는 의미에 더 가깝다), 우리 민족의 영광, 우리 민족의 자랑스럽고 완강한 자주가 끊임없이 언급되었다. 이것 역시 많은 사람들의 마음을 움직였다. 나치 독일의 선전과 유사한 불편한 선전이었다.

북한 외부 사람들은 인민들이 선전을 얼마나 믿는지 궁금해하곤 한다. 나는 개인마다, 그리고 모르긴 몰라도 지역마다 편차가 크다고 생각한다. 비교적 교육을 많이 받은 평양의 엘리트 비핵심층의 일원은 외진 시골에 있는 집단농장의 농장원보다 정권의 주장을 더 비판적인 눈으로 바라보았을 것이다. 반면에 특권이 적은 지역의 인민들, 굶주림으로 고통받거나 정권의 잔인성을 직접 목격했을 인민들은 엘리트 비핵심층과는 다른 시선으로 선전의 일부를 더 쉽게 의심했을 것이다. 북한 지인들은 모두 선전의 일부를 믿었지만, 믿는 선전이 서로 똑같지는 않았다. 일부는 외부의 외국인들이 북한을 파괴하려 든다고 믿은 반면, 다른 일부는 사적인 자리에서 이것이 의심스럽다고 말했다. 그들은 자기가 아는 외국인들은 합리적이며 다른 외국인들도 마찬가지일 거라고 생각했다. 북한 사람들 대다수는 학교에서 배운 역사를 믿었고, 다른 해석이 가능함을 암시하는 사실들을 그 역사에 덧붙이는 것이 그들과 나의 대화 주제인 경우가 많았다. 한국전쟁을 누가 일으켰고 어떻게 끝났느냐는 것은 특히 흥미로운 주제였다. 북한 사람들은 미국 제국주의자들이 김일성의 군사적 천재성에 굴복했다고 배웠다. 한국전쟁에서 중국의 역할(북한 사람들은 중국인들이 형제처럼 지원 병력을 보냈다는 사실은 배웠지만, 조선인민군이 거의 붕괴했기 때문에 중국군이 전투를 대부분 수행했다는 사실은 배우지 않았다) 같은 감정적인 주제가 나오면, 그들은 일단 그 이야기를 덮어두었다가("그것에 관해서는 모릅니다"라고 하면 그만 말하고 싶다는 신호다) 감정을 가라앉힌 뒤 나중에 다시 거론하곤 했다.

선전의 주제는 관찰 가능한 현실과 동떨어진 것일수록 효과가 좋아 보였다. 정권은 일상생활과 최근에 일어난 사건에 대한 메시지를 요란하게 외쳤지만―이를테면 "풍작을 위해 모두 한마음으로 일하자"거나 "목숨 걸고

혁명의 심장부를 지키자"라고— 어떤 지인도 그런 선전 주제에 관해 나와 이야기하지 않았다. 나는 그들이 이런 메시지를 그냥 튕겨낸다고 느꼈다. 인민들은 선전과 현실의 격차를 분명하게 볼 수 있었다. 그렇지만 과거에 배웠으나 직접적인 지식은 없는 것들, 특히 한국전쟁과 관련된 선전은 나와의 대화에 곧잘 등장했다. 그들은 미국의 잔혹행위에 관한 이야기를 많이 들었고 그 이야기를 할 때 특히 분개했다(나는 비무장지대 북쪽에는 미국의 잔혹행위 이야기가 있고 남쪽에는 공산당의 잔혹행위 이야기가 있지만, 한국전쟁처럼 혹독한 전쟁을 치르는 동안 미군 전부가 비무장지대 남쪽에서 올바로 행동했다거나 조선인민군 전부가 북쪽에서 올바로 행동했다는 것도 믿기 어렵다고 지적하곤 했다). 평소에 편견이 없고 마음이 열려 있던 한 지인은 평양에서 차로 한 시간 정도 걸리는 신천박물관에 다녀왔는데, 이곳은 전시에 미군이 52일 동안 한국인 약 3만 5000명을 대량학살했다고 주장하며 관련 물품들을 전시하고 있었다. 그녀는 미군이 어머니들을 강간하고(어머니를 능욕했다는 사실에 특히 분개했다) 방공호에서 사람들을 불태워 죽였음을 보여주는 사진들에 대해 격앙된 목소리로 말했다(외국 역사가들은 대량학살이 있었지만 미군이 아니라 한국의 반공주의자들이 자행했다고 시사한다. 그렇더라도 미군은 의지만 있었다면 대량학살을 막을 수 있었을지 모른다. 남한에서 2002년에 제작한 다큐멘터리[8]는 실제로 미군이 도착하기 전에 살육이 일어났음을 보여준다). 그녀는 내게서 그 박물관에 가보겠다는 약속을 받아냈다(차후에 북한을 방문하면 가보고 싶다). 한국인을 외세에 의해 고통받은 희생자로 나타내는 이런 류의 선전 주제는 곧잘 심금을 울린다. 이는 남한에서도 마찬가지다.

8   MBC의 〈이제는 말할 수 있다〉 시리즈 가운데 하나. 2002년 4월 21일 방송.

입증 불가능한 미래와 관련된 선전 역시 감정을 건드린다. 북한을 '강성대국'으로 만들겠다는 정권의 약속은 결국엔 만사형통일 거라는 희망을 불어넣으며 북한의 민족주의에 호소한다. 지인들은 이 약속을 믿었는데, 한민족이 다른 어떤 민족보다 뛰어난 까닭에 남한이 이미 보여주었듯이 북한이 강성해지는 것이 자연의 순리라고 생각했기 때문이다. 정권 입장에서 볼 때 이 표어의 문제는 정권 스스로 강성대국에서 쉽게 멀어진다는 것이었다. 북한이 틀림없이 강성해진다 해도, 오늘날 정권의 정치적 계획이 강성대국이라는 목적에 도달하는 최선의 길인 것은 아니다. 실제로는 북한보다 남한이 더 잘해온 것으로 보인다.

선전의 일부분—예를 들어 김일성과 김정일의 기적과도 같은 탄생 환경—은 박식하지만 경건한 신자 공동체에서 성인전을 대하는 식으로 받아들여졌다. 북한 사람들은 이야기에 허구적인 요소가 있을지 모른다는 점을 인정하면서도, 그런 요소를 지적해서 대화를 망치는 행동을 악취미로 간주했다. 그들은 대체로 선전의 동화적 요소를 그냥 무시하는 듯했다. 언젠가 나는 작업단위와 함께 전날 평양 외곽에 있는 김일성 생가(정권이 가장 신성시하는 장소 가운데 하나로, 웅장한 공원에 자리 잡은 소박한 전통 가옥이다. 방문객들은 김일성의 초년에 관한 있을 법하지 않은 이야기를 듣는다)에 다녀온 사람에게 즐거웠느냐고 물었다. 그녀는 "즐거웠어요. 꽃이 만발하고 날씨가 화창했어요"라고 대답했다. 나는 김일성 생가를 의무적으로 방문한 일이 그녀에게 어떤 정치적 흔적도 남기지 않았다고 느꼈다. 이와 비슷하게, 주체탑을 공식 방문했던 지인은 꼭대기에서 바라본 평양 전경은 세세히 기억했지만 주체탑의 정치적 중요성에 관한 안내원의 설명은 전혀 기억하지 못했다.

선전 중에는 정권이 어쩔 수 없이 철회한 부분도 있었다. 꽤 최근까지도 포스터들은 양키 제국주의자들의 압제에 시달리는 남한의 삶이 생지옥이라고 주장했다. 그러나 나는 이런 주장을 여전히 믿는 사람을 보지 못했고—오히려 남한 생활이 실제로 좋다는 말이 들려왔다—이런 메시지를 전하는 포스터를 딱 하나 보았다. 그 포스터는 북한 북부 어느 학교의 벽에, 손이 닿지 않는 높은 곳에 걸려 있었다(아무도 구태여 사다리를 가져다가 그것을 치우려 하지 않았거나 사다리가 없었을 것이다). 그 포스터는 남한의 고통받는 형제들을 생각할 것을 권했고, 지나가는 매부리코 양키에게 아이 둘이 몸을 웅크린 채 구걸하는 장면을 묘사하고 있었다. 내가 그걸 보려고 멈추자 안내원들은 당황해하며 나를 데리고 그 자리를 떴다. 미국과의 관계가 개선되는 시기에 북한 정권은 반미 선전의 어조를 낮출 통로가 매체밖에 없다는 문제에 직면한다. 바위나 동상의 받침돌(평양 중심부에 있는 중요한 김일성 동상을 포함해)에 새겨진 반미 표어는 손쉽게 제거할 수 없기 때문이다.

선전의 다른 부분들은 원하는 결과를 가져오지 못했다. 2006년 정권이 첫 번째 핵장치를 폭발시키고 며칠 뒤에 북한 기술의 탁월한 성공을 경축하는 군중대회가 조직되었다(며칠 지연된 이유는 실험이 일부만 성공했다는 사실을 국민에게 철저히 감추려던 정권이 실험 결과를 어떻게 발표할지를 두고 망설였기 때문일 것이다). 지인들은 실험 소식에 처음에는 맹목적인 애국주의자처럼 기뻐했다. 그러나 일주일쯤 지나자 몇몇이 내게 실험에 들어가는 비용이 얼마나 되는지 아느냐고 물었다. 나는 당시 유포되고 있던 추정액을 알려주었다. 그러자 그들은 북한 외부에서는 쌀값이 얼마냐고 물었다. 그 자리에서 당장 계산해보진 않았지만, 나는 그들이 실험 비용으로 쌀을 얼마나 구입할 수 있는지 헤아려보고 있었다고 확신한다. 이런 의문이 얼마나 널리 퍼졌는지는 모르겠다. 핵실험은 특히 민감한 문제였는데, 김정일이 이 계획에 애착을 보인다고 알려져 있었기 때문이다. 그러나 이 위업을 공포하는 선전은 내가 예상했던 것보다 다소 이르게 잦아들었고, 그 이후 정권의 발표에서도 핵실험이 적게 언급되었다.

나는 북한 가정들에 거주자가 끌 수 없는 확성기가 있고 여기서 공식 라디오 방송이 끊임없이 요란하게 흘러나온다는 서구 분석가들의 의견을 읽은 적이 있다. 나는 이것이 사실이라고 생각하지 않는다. 국영 라디오 방송국 주파수에 맞추어진 확성기가 모든 아파트에 있었다면 내가 방송을 들었을 테지만 그런 소리는 들리지 않았다. 오히려 가족들이 각자의 일을 하면서 내는 평범한 소음을 들었을 뿐이다.

정치적 통제의 또 다른 중요한 형태는 적나라한 공포였다. 내가 북한에 도착하기 전에 북한에서 일했던 사람들에게 듣기로는 비교적 최근에 생겨난 현상이었다. 1990년대 기근기 전까지는 거의 모든 국민이 정권을 신뢰했으므로 그들에게 겁을 주어 복종시킬 필요가 없었다. 이런 상황은 기근기 동안 바뀌었다― 친구와 가족이 굶주린다면 지상낙원에서 산다고 믿기 어려운 법이다. 나와 이야기한 사람들은 한결같이 기근기 이후로는 규칙을 어기면 고초를 겪는다고 생각했다. 전통적인 처벌인 평양에서의 추방은 잘 알려진 공포였다(지방으로 추방당한다는 것은 그저 수도의 식량배급제와 문화적 혜택 같은 특권만이 아니라 의사결정권자들과의 긴요한 연줄까지 잃는다는 뜻이었다). 이 외에 정권의 만행에 대해 알고 있는 정도는 다양한 듯했다. 지인들은 공개처형에 대해 알았지만, 처형을 직접 본 사람은 없었다(나는 이것이 진실에 가깝다고 생각한다. 보도된 공개처형은 평양에서 멀리 떨어진 곳에서 이루어지며, 지인들은 대개 여행을 많이 하지 않았다).[9] 단 한 명만이 노동수용소 제도에 대해 안다고 말했지만, "무서운 곳이죠"라고만 말할 뿐 그 이상의 대화는 거부했다. 나는 이런 모호함이 정권에 더 유리하다고 생각한다. 아는 공포보다 모르는 공포가 더 무시무시한 법이니까.

그럼에도 북한 사람들이 반드시 경찰에 벌벌 떠는 것은 아니었다. 평양 지하철의 에스컬레이터 꼭대기에는 에스컬레이터에서 앉지 말라는 표지판이 있었고, 그 뒤에 경찰이 서 있었다. 그러나 경찰이 보는데도 많은 사람들이 앉았고, 경찰도 그저 지켜보기만 했다. 언젠가 내 카메라에 불온한 사진이 담겼는지 확인한다며 경찰이 나를 불러세운 적이 있었다. 그러자 무슨 일인지 보려고 군중이 몰려들었고, 경찰은 때때로 돌아서서 그들에게 흩어지라고 명령했다. 그들은 그저 한 걸음 물러서서 경찰이 나를 향해 돌아서기를 기다렸다가 다시 몰려들곤 했다.

평양의 아이콘 가운데 하나였던 교통 여경은 특히 곤욕을 치렀다. 그들은 교차로에서 호루라기와 방향 지시용 경찰봉만을 가지고 교통 질서를 유지해야 했다. 그들의 지시는 흔히 무시되었고, 그런 범법 운전자에게 그들이 호루라기를 맹렬히 불어대는 모습을 자주 볼 수 있었다(서구의 경찰관이라면 이런 상황에서 자동차 번호를 적었을 테지만, 나는 그들이 번호를 적는 모습을 본 적이 없다. 차를 소유한 사람이라면 누구나 든든한 연줄이 있을 테니 운전자를 추궁해봐야 좋을 게 없기 때문이다). 특히 소파 부인들은 교통 여경의 권위에 대한 도전이었다.[10] 그들은 소파를 낡은 금속 손수레에 올려놓고 소파를 파는 장소인 사거리까지 가는 동안, 교차로에서 멈추라는 교통 여경의 지시를 곧잘 무시했다(손수레를 일단 멈추고 나면 다시 속도를 내기가 어려울 것이다). 그래서 교차로

---

9   Haggard와 Noland는 *Witness to Transformation*(82)에서 자기들이 인터뷰한, 투옥된 적이 있는 사람들 가운데 27퍼센트만이 처형을 목격했다고 말한다. 북한의 잔인한 수감제도를 경험한 사람들 중에서도 4분의 1을 조금 넘는 수만이 처형 장면을 보았다면, 평양 특권층인 나의 지인들 가운데 처형을 목격한 사람이 없다고 해도 놀랄 일은 아니다.

10   이들에 대해서는 북한 경제를 다루는 다음 장에서 더 자세히 서술할 것이다.

를 느릿느릿 가로지르는 소파와, 거기에 대고 교통 여경이 호루라기를 불어 대는 기이한 광경을 볼 수 있었다.

가장 명백한 시민불복종 행위는 전국 도처에서 장사를 하는 비공인 시장인 '개구리 장마당'일 것이다(뒤에서 다시 서술할 것이다). 개구리 장마당은 평양 일대에 여럿이 흩어져 있었고, 여행 중에 들른 다른 도시들에도 대부분 있었다. 이들 장마당은 불법이었으므로 거기서 장사하는 여자 수천 명은 매일 길가에서 변변찮은 물품들을 진열하기에 앞서 법을 어길지 말지 결정해야 했다. 때때로 경찰이 들이닥쳐 상인들을 쫓아버렸지만, 개구리 장마당을 완전히 금지할 의향이나 권한은 없어 보였다.[11]

· 정치적 모임 ·

정치적 모임은 북한 생활의 골칫거리였다. 지인들은 정치적 모임에 관해 말하기를 조심스러워했고, 그들이 나에게 알려준 정보는 다양했다. 그래서 나는 정치적 모임의 빈도가 작업장에 따라 다르다는 인상을 받았다. 어떤 시점에는 대다수 (또는 모든) 단위들이 정치 학습으로 하루를 시작하곤 했지만,[12] 2008년까지 평양에서는 이런 관행이 그다지 보편적이지 않았다. 그렇지만 지인들은 일주일에 한 번씩 정치 학습에 참석해야 했고, 때로는 특별한 추가 학습을 받아야 했다.[13] 내가 북한에 막 도착해서 사람들에게 이런 모임에서 무엇을 듣느냐고 물었을 때, 그들은 기억이 나지 않는다고 대답했다. 처음에 나는 그들이 말하고 싶지 않아서 그렇게 대답한다고 생각했지만(몇몇 경우는

---

11   내가 평양을 떠난 뒤, 정권은 2009년 말에 장터들을 엄격히 단속했다. 공인 시장들은 다시 문을 연 것으로 보이지만 평양 중심부의 개구리 장마당들—평양 외곽의 장마당들은 아니지만—은 이 책을 쓰는 지금까지 폐쇄되어 있다.

12   Hassig and Oh, *Hidden People*, 98~99 참조.

정말 그랬을 것이다), 시간이 지나면서 그들의 대답이 진실에 가깝다고 확신하게 되었다. 달리 말해 정치적 모임에 나가기는 하지만 일종의 방어기제가 작동해 비몽사몽 상태로 들어갔을 것이다.

나는 딱 한 번 정치적 모임을 직접 관찰할 수 있었다. 장소는 평양의 어느 시장 밖이었다. 밖으로 불려나온 시장 여자들 수십 명이 맨땅에 줄줄이 앉아 있었고, 그들 앞에서 한 여성이 손으로 쓴 종이 뭉치를 움켜쥔 채 (연단이나 가두연단도 없이) 활기차게 말하고 있었다. 나는 그 열변의 내용을 알아듣지 못했지만, 몸짓을 섞어가며 기운차게 전달하는 연설이었다. 분명 그녀는 청중의 관심을 끌기 위해 무던히 애쓰고 있었다. 그러나 귀담아듣는 사람은 확실히 없었다. 다들 멍한 표정이었고, 소수만이 연사 쪽을 흐리멍덩한 눈으로 바라보고 있었다. 몇몇은 불편하다는 듯이 엉덩이를 들썩였는데, 모르긴 몰라도 빨리 끝나서 돈벌이라는 중대한 일을 재개할 수 있기를 간절히 바랐을 것이다. 연사가 나를 곁눈질하기 시작하자 나는 그 자리를 떠났다. 그래서 모임이 끝났을 때 사람들이 어떤 반응을 보였는지는 알 수 없다.

당시 정치적 모임에서 사람들은 끝없는 연설과 훈계를 거의 수동적으로 듣기만 했다. 그러나 때로는 더 직접적으로 참여했다. 언젠가 약속에 늦은 지인을 타박하자 그녀는 정치적 모임에서 김정일 장군을 위해 노래를 부르다가 늦었다고 말했다. 나는 그녀에게 지각한 벌로 그 노래를 불러보라고 졸랐다. 북한에서는 이따금 신기한 일이 일어나는데, 그때가 바로 그런 순간이었다. 그녀는 벌떡 일어나 망설임 없이 신왕(神王) 찬양가를 불렀고, 부르는 내내 그녀의 얼굴에는 북한 사람들이 노래할 때 지어 보이는 훈련된 섬세한

---

13   Myers는 정권이 이성보다 본능을 북돋운다고 주장한다. 이 주장은 내가 주변에서 목격한, 끊임없이 강요하는 학습에 들어맞지 않는다. Myers, *The Cleanest Race*, 80~81, 94 참조.

미소가 걸려 있었다. 그녀는 노래를 마치자 고개를 조금 숙이고는 별일 없었다는 듯이 자리에 앉았다.

정치적 모임에서 인민들은 졸지만 않으면 되는 듯했다. 그러나 정치 학습 시간에는 달랐다. 무엇보다 북한 사람들이 오랜 시간을 들여 외우는 텍스트를 정치 학습 시간에 암송해야 하는 것 같았다. 나는 평양에서 걸어다니면서 책을 편 채로(그래서 보행 방향을 보고 있지 않았다) 입술을 움직이며 암송을 연습하는 사람들을 자주 마주쳤다. 나는 정치 학습에 쓰이는 텍스트를 딱 한 번 보았다. 2006년 핵실험을 했을 때였고, 싸구려 종이에 "핵실험 설명"과 비슷한 글자가 거칠게 인쇄되어 있었다. 나는 주요 사건들에 대한 공식적인 대외 발표와 더불어 (내가 알기로는 과거 소련에서처럼) 국내용으로만 쓰이는 일련의 대외비 시사평론 가운데 하나를 우연히 발견한 것은 아닌지 궁금했다. 정치 학습 시간에는 때때로 당시의 화제에 관해 토론하는 듯했다. 이런 자리에서 외국인은 늘 표적이 되었다. 언젠가 한 지인은 내게 "대사 동무, 저는 당신이 좋은 사람이라 생각하고 정치 학습에서 당신이 비판받을 때마다 당신을 옹호합니다"라고 말했다. 이 흥미로운 발언은 내가 비판받는다는 점뿐만 아니라(내가 북한 정권에 관해 공공연히 말한 내용을 감안하면 놀랄 일도 아니었다) 정치 학습 자리에서 다른 사람들의 발언에 동의하지 않을 수 있다는 사실도 알려주었다. 나는 이것이 새로운 현상이고, 비교적 신뢰를 받는 평양의 엘리트 비핵심층 사이에서만 가능한 일일 거라고 생각한다(궁핍한 북동부 출신이 대부분인 탈북자들의 이야기에서는 그런 반대 의견이 용인된다는 암시를 전혀 찾지 못했다).

이따금 정치 학습의 일환으로 견학을 떠나기도 했다. 대체로 견학은 일상에서 벗어나 조국을 좀 더 둘러볼 기회로 인식되었다. 실제로 견학은 어느

단천의 어느 소학교에 있는 반미 사격장.

정도 영향을 미치기도 했다. 어떤 사람은 견학을 다녀온 뒤 자신이 본 것(한국전쟁 기간에 조선인민군이 사용한 복합건물)을 내게 상세히 설명하고 군인들이 얼마나 용감했는지 말했다. 또 어떤 사람은 정치 학습의 일환으로 1953년에 휴전협정이 체결된 장소인 판문점에 다녀온 경험을 자랑스러워했고(요즘에는 예전보다 판문점 견학을 훨씬 덜 간다), 그 지역 모형들과 북한 쪽에서 보이는 미국의 제국주의 군대를 꽤나 자세히 기억하고 있었다.

가장 자주 찾는 견학 장소 중 하나는 묘향산(절경으로 유명한 산악 휴양지) 바로 옆에 있는 국제친선전람관이었다. 이곳 전시관에는 김일성과 김정일이 받은 온갖 선물이 보관되어 있다. 방문객들은 모두 똑같이 생긴 복도를 따라 한 전시실에서 다른 전시실로 인솔되었고, 니카라과의 선물인 웨이터 차림의 유명한 박제 악어부터 어마어마하게 많은 꽃병들과 의례용 접시들을 거쳐 더 특이한 일부 전시품들에 이르기까지 어리둥절할 정도로 다양한 선물들을 자랑스럽게 소개하는 안내원의 설명을 들었다. 내 마음에 든 전시품은 독일의 한 친선단체가 선물한 베를린 장벽 조각이었다. 김일성이 받은 선물이기 때문에 전시할 수밖에 없었겠지만, 20세기 역사를 조금이라도 아는 방문객이라면 그 의미 — 냉전시대에 장벽으로 나뉘었던 또 다른 나라가 다시 통일하고 민주주의와 자유시장을 받아들였다는 것 — 를 놓치지 않을 것이다. 김정일 전시관은 규모가 더 작았고, 그가 받은 선물들은 대체로 아버지가 받은 선물들에 비해 진기하지 않아 보였다. 이것은 의심할 바 없이 김정일이 지도자로서 보낸 기간이 더 짧고(김일성이 1948년부터 1994년까지 46년간 권좌를 유지한 데 비해 김정일은 내가 북한에 도착했을 때 권좌에 오른 지 13년째였다), 또 김일성이 외국 손님들을 더 기꺼이 맞았다는 사실을 반영한다.

평양의 외국 대사관들에 직원을 파견하는 내각사무국[14] 소속인 북한 사람들은 토요일마다 학습 모임에 참석해야 했다. 거기에서는 다양한 주제를 다루는 듯했다. 영어 수업은 특히 두려움의 대상이었다. 나와 일하는 직원은 영어가 그토록 복잡하고 발음하기 어려운 이유를 한 차례 이상 물어보았다. 대답하기 쉬운 질문은 아니었다.

• 정치적 의식 •

북한에서 정치는 지구상 다른 어떤 나라에서도 찾아볼 수 없을 정도로 일상에 깊숙이 개입했다. 사람들은 매주 정치적 모임에 참석해야 할 뿐 아니라, 김씨 부자의 생일 등 축일이나 휴일이면 정권이 지원하는 행사에도 참석해야 했다(그러나 보통 나머지 시간에는 근무를 쉬었기 때문에 다들 이런 행사를 손꼽아 기다렸다).

---

14   북한에서 이 조직은 2002년 또는 2003년부터 '사무국'이라 불리지만, 외국인 공동체에는 여전히 내각사무국으로 알려져 있다.

정권이 공들이는 대중 행사에는 아주 많은 인원이 동원되었고, 그들은 오랫동안 행사를 준비하느라 안 그래도 부족한 여가시간을 몽땅 바쳐야 했다. 평양에서 지내는 동안 나는 정권에 충성을 바치는 횃불 가두행렬을 두 차례 목격했다(독일인 동료는 1930년대 나치의 가두행렬이 떠오른다고 말했다). 행사가 열리기 한참 전부터 여러 무리의 젊은이들이 막대기를 높이 쳐들고 걸어가며 예행연습을 했다. 나는 이런 연습을 두 번 지켜보았다. 그들은 안절부절못했으며, 어둠 속에서 횃불을 들고 구호를 외치는 젊은 남자들의 굳은 얼굴은 특히 초조해 보였다(횃불은 양초와 판지로 만들어졌다. 원형 판지 위에 양초가 붙어 있었고, 원형 판지는 다시 원통형 판지에 붙어 있었다. 원통형 판지는 횃불을 높이 치켜들 때 손잡이 역할을 했다. 행진이 끝나갈 즈음 양초가 다 타버려서 화상을 입을까 봐 횃불을 내던지는 바람에 행렬이 지나간 길에는 버려진 판지가 널려 있었다).

매년 정권의 선택을 받은 소수는 방부 처리한 김일성 시신이 안치된 성지 중의 성지 금수산 태양궁전을 방문했다(1994년 김일성이 사망한 뒤, 김정일이 아버지의 예전 궁전을 사당으로 바꾸라고 지시했다. 북한 주민 다수가 굶주리던 때에 이 작업에 적어도 1억 달러[15]가 투입되었다). 나는 이런 방문이 어느 정도 순번에 따라 이루어졌다고 생각한다. 적어도 지인들 다수는 고위직도 아니고 당과의 연계도 없었지만 그 사당에 다녀온 적이 있었다. 금수산 방문은 분명 그들에게 의미 있는 일이었다. 이런 의식이 서구인에게는 이상하게 보이겠지만, 소박하고 충직한 사람들에게는 (고인이 된) 위대한 영도자를 만나는 것은 대단히 중요한 순간이다.

15   Hassig and Oh, *Hidden People*, 53

대사들은 1년에 두 번, 설날 이른 아침(일부는 전날 밤의 활동 때문에 괴로워하는 기색이 역력했다)과 김일성 생일에 금수산을 찾았다. 우리는 태양궁전의 측면 출입구로 들어갔다. 그곳은 천장이 거대했고 사방(바닥, 벽, 천장)이 대리석으로 마무리되어 있었다. 우리는 금속탐지기를 통과해(적어도 우리가 지나갈 때는 이따금 켜지 않았다) 복도를 지나고 계단을 올라가, 양 측면에 열병식 제복을 갖추어 입은 조선인민군 군인들이 늘어서 있고 정면에 위대한 영도자의 위압적인 석상이 놓인 널찍한 공간에 도착했다. 방문객들은 그 석상 앞에서 고개를 숙이도록 되어 있었다(그러나 유럽연합 대사들은 대개 기대를 저버리고 등을 꼿꼿이 세웠다). 우리는 다시 복도를 지나고, 절차에 따라 신발 바닥을 털어내는 장치와 옷에 붙은 불순물을 바람으로 제거하는 장치를 통과한 뒤 마침내 시신이 안치된 장소에 도착했다. 김일성은 조명이 어둡고 엄숙한 음악이 흘러나오는 정사각형 공간 한가운데 있는 유리관 안에 흰색 셔츠와 어두운 색 정장 차림으로 누워 있었다. 줄을 서 있다가 세 무리로 나뉜 방문객들은 미라로 만든 영도자의 네 측면마다 잠깐씩 멈추어 서서 고개를 숙일 것으로 기대되었다(이번에도 유럽연합 대사들은 고개를 숙이지 않았다). 그런 다음 우리는 김일성이 받은 메달들을 보고, 김일성이 소유했던 자동차와 객차를 포함한 전시품을 구경하고, 김일성이 방문한 (몇 안 되는) 나라들을 보여주는 조명으로 장식한 지도를 보고, 방명록에 따뜻한 말을 적을 것을 권유하는 장소에 도착했다. 이렇게 방명록에 적은 글을 정권이 간혹 매체를 통해 내보냈기 때문에 유럽연합 대사들은 이 단계에서 꽤나 신중을 기했다. 내가 북한에 머물던 때에는 유럽연합 대사들의 대표가 항상은 아니지만 때때로 유럽연합 동료들의 동의를 얻어 온건한 말을 적는 관행이 있었다. 우리는 방명록을 적고 나서야 햇빛을 볼 수 있었다.

북한에는 김일성과 김정일의 이름을 붙인 꽃이 있었다. 김일성화는 1965년 김일성이 인도네시아를 방문했을 때 수카르노 대통령이 이름을 붙인 보라색 난초다. 김정일화는 진홍색 꽃을 피우는 베고니아 교배종으로, 1988년 김정일의 46세 생일에 일본인 식물학자가 선물했다(북한과 일본의 관계가 긴장된 이후에는 강조되지 않는 사실이다). 이 꽃들은 북한의 기이한 정치적 관행, 즉 해마다 김일성화와 김정일화를 위한 꽃 전시회를 각각 한 번씩 개최하는 관행을 낳았다. 전시회는 2002년(북한이 식량 위기를 극복하려고 고군분투하던 시기)에 문을 연 대동강변의 전용 건물에서 열렸다. 대사들은 전국 도처의 단위들이 엄청나게 공을 들인 꽃 전시회에 꼬박꼬박 초대를 받았다.

이 유별난 정치적 꽃꽂이 행사는 경쟁이 치열했다. 북한의 혹독한 기후에서 이런 외래산 꽃들을 키운다는 것 자체가 도전이었다. 온실(따라서 귀중한 에너지)이 필요했고, 정성껏 보살펴야 했다. 꽃을 완벽하게 길러내는 것으로도 충분하지 않았다. 다른 단위들도 똑같이 했다. 전시회에서 높은 평가를 받으려는 단위는 상상력을 발휘해 작품을 선보였다. 꽃을 정교하게 배치해 영도자의 이름을 새기고 다른 값비싼 식물들로 그 이름을 돋보이게 하는 전시를 흔히 볼 수 있었다. 2008년에는 많은 단위들이 더 우아하게 전시하기 위해 드라이아이스와 끓는 물로 안개를 만들어 꽃들 위에 머물게 함으로써 낭만적인 분위기를 연출했다(드라이아이스와 필요한 장비를 구하느라 무척 애를 먹었을 것이다).

참가자들은 경쟁자들보다 좋은 평가를 받으면 무척 흡족해했다. 중앙정부 부처의 한 관리는 언젠가 자기 부처의 전시에 나를 초대했다. 그 전시는 정말 인상적이었으므로 나는 본 대로 말했고, 그녀는 만족감을 드러냈다. 그런 다음 그녀는 다른 부처의 훨씬 덜 정교한 전시를 보여주었다. 그러면서 남의 불행을 고소해하는 심보를 드러내며 "꽤 열심히 한 것 같습니다"라고 말했다.

대사관들 역시 전시회에 참여할 것으로 기대되었다. 논리적으로 어려운 일은 아니었다. 대사관이 꽃을 직접 기를 거라는 기대는 전혀 없었고, 당국은 꽃 한 송이에 몇 유로를 받고 대사관에서 필요로 하는 만큼 꽃을 기꺼이 공급했다. 그러나 유럽연합의 재외공관 대표들은 그처럼 노골적인 정권 숭배 행사에 참여하는 것이 과연 적절한지를 두고 오래도록 논쟁을 벌였다. 내가 계산해보니 우리가 북한의 인권에 대해 논의한 시간보다 유럽연합이 꽃 전시회에 참석할지 말지 논쟁한 시간이 더 길었다.[16] 다른 대사관들은 전혀 주저하지 않고 참여했다. 중국 대사관과 러시아 대사관의 전시는 언제나 거창하고 화려했으며, 더 작고 형편이 열악한 대사관들마저 다량의 꽃을 가지고 솜씨를 발휘했다.

북한은 정부의 여러 층위에 있는 조직들에서 선거를 실시했지만, 이런 선거는 의사결정 과정이라기보다 정치적 의식에 가까웠다. 후보자가 여럿이라서 결과를 예측하기 어려운 서구식 선거와 달리, 북한에는 (지역 당이 선정하는) 후보자가 한 명뿐이었고, 투표자들은 그(또는 드물게 그녀)에게 찬성 또는 반대를 했다. 투표는 의무였고, 후보자에 대한 찬성률은 보통 99퍼센트 이상이었다. 언젠가 나는 한 후보자(시 행정조직에서 기술직을 맡았던 친절하고 수다스러운 사람)에게 당선될 확률이 어느 정도냐고 물었다. 그 후보자는 농담임을 알아채고 빙긋 웃더니 자신은 인민들의 결정을 존중하지만 그들에게

---

16   독자들의 생각만큼 기이한 일은 아니다. 평양에 파견된 유럽연합 외교관들은 정권의 이상한 의식을 수용하지 않으면서도 정권을 불쾌하게 해서 효과적으로 일하는 데 필요한 접근권을 박탈당하지 않도록 위태로운 줄타기를 해야 한다. 북한이라는 뒤죽박죽 세계에서 꽃꽂이에 대한 논의는 중요한 문제일 수 있다.

김일성화 전시회를 구경한 뒤 방명록
에 글을 남기는 외교관들.

보답하고 싶다고 답했다. 한 동료가 말했듯이 선거는 축제 분위기로 진행되
었다. 투표자들은 선거를 위해 제일 좋은 옷을 입었고, 기표소 밖에서는 분
위기를 띄우기 위해 음악을 틀어놓고 춤을 추었다. 교도(敎導)민주주의도 즐
거울 수 있다는 것을 그제야 알았다.

　　이런 선거를 통해 창설된 조직들―꼭대기에는 최고인민회의가 있다―
은 국가 운영에서 한정된 역할을 수행했다. 최고인민회의 상임위원회가 상
당한 위신을 누렸고 그 위원들의 영향력이 강하긴 했지만(상임위원회 위원장
김영남과 최고인민회의 의장 최태복은 정권의 가장 유명한 인물들이다), 국가 운영
업무는 통상 당위원회와 군사위원회가 수행했다. 상임위원회 위원들은 특
정한 시기에 모여 정권의 결정을 승인했다. 최고인민회의는 해마다 보통 하
루나 이틀(때로는 2010년처럼 더 자주) 회의를 열었고, 그 자리에서 대의원들은
텔레비전 카메라들이 빈틈없이 지켜보는 가운데 장황한 연설을 앉아서 들은
다음 만장일치로 안건들을 승인했다. 나는 대의원들이 회의가 끝날 무렵의

투표자들을 위한 공연. 선거 결과는 의심할 여지가 없고, 투표는 축전 행사다.

연회로 인내에 대한 보상을 받는다고 들었다.

많은 사람들은 이런 집단적 정치 의식 외에 소소한 개인적 정치 의식에도 참여했다. 국가와 반신반인 통치자들에 대한 그들의 경애심을 드러내는 간단한 행위였다. 그들은 집집마다 의무적으로 걸어야 하는 김일성과 김정일 초상화도 매일같이 닦는다고 누군가 내게 말해주었다. 만수대의 거대한 김일성 동상 근처에는 빗자루와 쓰레받기를 구분해 넣어두는 작은 보관실이 있었다. 인민들이 빗자루로 동상 앞쪽 바닥과 계단을 쓰는 모습을 흔히 볼 수 있고, 그래서 동상 앞은 언제나 깨끗했다. 이런 행위를 감독하거나 강요하는 사람은 없었다. 인민들은 그저 자기가 원해서 만수대를 찾아와 청소하는 듯했다.

· 이동 제한 ·

정권은 자국 내 이동을 통제하려 했다. 정보의 전파를 차단하고 인민들이 일

거대한 김일성 동상 앞의 계단 청소. 이런 단순한 경애 행위를 아직도 흔하게 볼 수 있다.

자리를 찾아 시골에서 도시로 이주하는 일을 막기 위해서일 것이다. 내가 들은 바로는, 제도에 따라 누구든지 자기가 속한 도(道) 내에서 자유롭게 이동할 수 있고 또 인접한 다른 도로 들어갈 수 있지만, 그보다 멀리 가려면 여행 허가가 필요했다. 하지만 실제로는 타당한 이유가 있다면 인접한 도들의 경계선까지 가는 것을 경찰과 군이 대개 허용한다고 했다. 이것은 중부 도에서 발급한 신분증을 가진 사람은 허가 없이도 꽤나 먼 거리를 이동할 수 있는 반면, 북한 최북단 지방인 함경북도의 주민은 함경남도와 양강도 남쪽 경계선까지만 갈 수 있다는 뜻이다. 평양 진입에는 특별 규칙이 적용되었다. 평양 거주권을 가진 사람은 서쪽으로 남포의 해변까지 갈 수 있고, 실제로는(법이 불분명한 듯했다) 특별한 허가 없이도 동쪽으로 원산까지, 남쪽으로 사리원까지, 북쪽으로 평성까지 갈 수 있다. 그러나 평양 거주권이 없는 사람은 수도를 방문할 때 좀처럼 받기 어려운 특별 허가가 필요했다(언젠가 친구에게 평양과 신의주 사이에 검문소가 있는 이유를 묻자 그녀는 나쁜 사람들이 돌아다니지 못하게 막기 위해서라고 말했다. 나는 평양 사람들이 나빠서 신의주로 가는 것을 막는 건지 아니면 신의주 사람들이 나빠서 평양으로 가는 것을 막는 건지 물었다. 그녀는 웃음으로 답했다). 물론 엘리트층과 군부에는 다른 규칙이 적용되었다. 조선노동당 중앙위원회의 특별한 번호판이나 군부 번호판, 2·16 번호판을 단 차들은 울퉁불퉁한 도로를 고속으로 달렸고, 군인들이 공손하게 비켜서는 가운데 검문소를 그냥 통과했다.

그렇지만 실제 이동 통제는 상당히 달랐다. 시골에서 이동 통제를 관할하는 사람들, 즉 식량과 담배를 재배하는 농장원들의 이동을 확인하는 사람들은 언제나 배가 고프고 언제나 담배를 갈망하는 젊은 군인들이다. 그래서 군인들이 식량과 담배를 받고 농장원들의 이동을 허락해주는 비공식 합의가 자주 이루어졌다. 농장원들이 멀리 떨어진 장마당에서 판매하기 위해 식량 꾸러미를 도보나 자전거로 운반하는 모습을 북한 전역에서 볼 수 있었다. 언젠가 나는 평양으로 가는 도로에서 자동차를 얻어 타려는 젊은 여성을 마주쳤다. 내가 평양 신분증이 있느냐고 묻자 그녀는 없다고 말했다. 그러면서 평양에 사는 할머니를 만나러 가는 길이고 저녁에 늦지 않게 돌아올 거라고 했다. 검문소는 어떻게 통과하느냐고 물어보니 그냥 돌아서 간다고 했다. 나는 평양 주변 집단농장의 농장원들이 (신분증이 없으므로) 검문소를 피해 논밭을 가로질러 평양으로 들어간 뒤 장마당에서 농산물을 팔고 하루를 보낸 다음 집으로 돌아간다는 말을 다른 사람들로부터 들었다.

외국 여행은 국민 절대다수에게 금지되었다. 공식 방문이 목적일지라도 여권과 출국비자를 받는 절차가 복잡하고 번거로웠으므로, 유럽연합 대사관들은 출국이 코앞에 닥쳐서야 여권을 발급받은 북한 관리들로부터 비자를 빨리 발급해달라는 요청을 끊임없이 받았다. 여권은 (언제나는 아니지만) 대개 방문 기간 동안에만 유효했고, 방문이 끝나면 반납해야 했다.

북한을 합법적으로 떠난 사람들보다 불법적으로 떠난 사람들이 더 많을 것이다. 월남하기는 극히 어려웠다. 비무장지대는 접근이 제한되었으며, 접경 지역은 중무장되어 있었고 지뢰밭인 데다가 감시가 삼엄했다. 그럼에도 소수는 가까스로 비무장지대를 통과했고, 또 다른 소수는 급조한 뗏목을 타고 가까스로 접경 지역을 돌아 월남했다. 그러나 많은 사람들은 불법으로 국경을 넘어 중국으로 갔다. 북한과 중국의 국경은 대부분 강(서쪽의 압록강과 동쪽의 두만강)이라서 연중 여러 시기에 헤엄쳐서 건널 수도 있고, 수면이 얼거나 수심이 낮은 때에는 걸어서 건널 수도 있다. 내가 평양에 머무는 동안 국경을 넘으려는 사람은 무조건 가혹하게 대하라는 정권의 지시에도 불구하고, 북한 국경경비대가 뇌물을 받고 탈북을 눈감아준다는 증거가 많았다. 이 문제를 심각하게 여긴 정권은 부패한 군인들을 감시하기 위해 평양에서 감찰단을 파견했다. 그러자 당국의 보복을 두려워한 어느 분대가 집단으로 탈북해버렸다. 그들 중 한 명은 일본 텔레비전 기자와 인터뷰를 하면서 전혀 빈정대는 기색 없이 자기는 돈을 벌기 위해 접경 지역으로 갔으며, 뇌물로 1만 달러를 벌 계획을 세우고 강을 건너는 비용을 1인, 2인, 가족 단위로 구체적으로 정해두었다고 설명했다(내가 떠난 이후에 처벌이 한층 가혹해졌음에도 중국으로 떠나려는 인민들의 물결이 더 불어났을 것이다. 평양의 냉소적인 관찰자들은 감찰단의 효과라고 해봐야 탈북자들이 국경경비대만이 아니라 감찰단에게도 뇌물을 바쳐야 하는 사태가 될 거라고 추측했다).

· 병역과 기타 의무 ·

병역은 거의 모든 북한 가족의 삶에서 큰 부분을 차지한다. 많은 나라들이 젊은 남성에게(때로는 젊은 여성에게도) 군대에서 복무할 것을 요구하지만, 보통 복무 기간이 1년에서 2년 사이다. 북한에서 젊은 남성 대다수는 8년에서 10년까지(복무 기간을 결정하는 기준이 무엇인지는 알아내지 못했다) 복무해야 했으며, 이 기간 동안 엄격한 규율에 복종해야 했고 성교를 금지당했다. 예외는 있었다. 엘리트 비핵심층의 자식은 보통 이 의무를 이행하지 않았다(조선인민군에는 군이 먹일 수 있는 수준보다 군인이 많기 때문에 모두가 반드시 복무할 것을 고집하지 않는다고 했다. 나는 이 말을 뇌물이나 정치적 연줄을 통해 병역을 면제받을 수 있다는 뜻으로 해석했다). 나는 민간 경제에 필요한 전문 기술을 가진 사람들은 징집을 피할 수 있다고 읽었다. 병역 기간은 점차 길어진 듯하다. 20년 전에는 남성은 5년에서 6년, 여성은 3년에서 4년이었다.[17]

이것은 북한이 세계에서 가장 고도로 군사화된 사회에 속한다는 뜻이다. 2008년 인구조사에 따르면 조선인민군 병력은 대략 70만 명이지만, 서구의 분석가 몇몇은 실제로는 더 많을 거라고 생각한다(게다가 이 수치는 공식적으로 군의 일부가 아닌 준군사 단위들을 포함하지 않은 것이다). 어디를 가나 군인들이 보였다. 그들은 때로는 행군 중이었고, 때로는 훈련 중이었고, 때로는 정권이 그토록 좋아하는 군대의 기념행사를 예행연습하는 중이었다. 다수가 검문소에서 시간을 보냈고, 엄청나게 많은 수가 비무장지대의 외진 진창에서 경계를 서야 했다. 그러나 별로 하는 일 없이 빈둥거리며 시간을 보내는 군인들도 많았다. 나는 공원에 있거나 거리를 거닐거나 도시 사이를 오가는 군인들을 보았다(군복 차림을 한 사람들이 전부 군인이라고 확신하진 못하겠다. 병역을 마친 뒤에도 보통 군복을 보관하고 계속 입는다고 들었기 때문이다. 그러나 나

17　Maretzki, *Kim-ismus in Nordkorea*, 124. Hoare와 Pares는 *North Korea in the 21st Century*에서 병역 기간이 2002년에 달라졌다고 말한다.

는 그들이 대부분 군인이었다고 생각한다). 내가 본 군인들은 대부분 지루한 듯했다. 그들은 비교적 영양 상태가 좋았지만, 양말을 신지 않거나 군복이 몸에 맞지 않는 사람도 있었다. 그들과 이야기를 해보면 친절했다―분명 복무 중인 정규군 청년들이었다.

건물에서 경비를 서거나 군대 공연을 예행연습하는 여군들도 자주 보았다. 가난하고 젊은 여성들 다수가 자원입대한다고 했다. 적어도 군대에서는 식량을 배급받고 그런대로 따뜻한 잠자리를 구할 수 있기 때문이다. 언젠가 나는 간선도로에서 차를 얻어 타려는 여군 셋을 보고 그들을 기지까지 태워주었다. 그들은 군복이 깔끔했고, 영양 상태가 좋아 보였으며, 외국인 차를 얻어 타면서도 당황하는 기색이 없었다. 기지에 도착하자 상관인 하사관이 그들을 일렬로 세운 뒤 다 함께 나를 향해 힘찬 경례를 붙이고 함박웃음을 지었다. 나는 손을 흔들어 답례하고는 차를 타고 떠났다.

장기간 병역이 북한의 생활에 미치는 영향은 과대평가하기 힘들 정도다. 병역은 한창때인 남성들의 힘과 활력을 국가 경제로부터 차단한다. 병역은 애지중지하는 형제와 아들이 가정생활에서 10년간 사라졌다가(가끔 만날 뿐이다) 나이를 먹고 대개 많이 변한 채로 돌아온다는 뜻이다.

병역은 청년층에 한정되지 않는다. 북한 국민들은 평생 동안 임전 태세를 유지할 것을 요구받는다. 준군사조직 장교인 내 친구는 사무실에서 사복 외투 옆에 준군사조직의 모자와 외투를 걸어두곤 했다. 그는 일주일에 한 번씩 자기 부대를 사열하러 간다고 말하면서 미소를 지었다. 나는 그 일이 부담스럽다거나 유난히 책임이 무겁다는 느낌을 받지 못했다. 내가 그 준군사조직의 활동을 직접 보았다면 〈노인 부대(Dad's Army)〉[18]가 떠올랐을 것 같다.

북한은 인민들, 그중에서도 젊은 사람들에게 다른 의무들도 요구한다.

정부 관리들은 금요일마다 육체노동을 하느라 사무실을 비우는 바람에 보통 점심시간이 끝날 무렵까지 연락하기가 어려웠다(그들이 정확히 뭘 하는지는 모르겠다). 또한 정권은 수시로 경제 캠페인을 벌여, 인민들에게 저녁을 포기하고 건설 현장에서 일할 것을 요구한다. 게다가 해마다 도시 주민들까지 모내기 작업에 동원된다. 벼는 손이 많이 가는 작물로서, 모판에 심은 뒤 어느 정도 자라면 논으로 옮겨 심으며 가을에 추수한다. 벼농사는 품이 엄청나게 많이 드는 일이며, 대부분 무릎 높이 진흙물에서 허리를 끊임없이 굽혔다 펴는 노동으로 이루어진다. 내가 아는 도시 사람들은 첫째 날에는 논밭에서 보내는 시간이 무척 즐거웠다고 말했다. 옛 친구들과 만나서 좋았고, 밤에 술도 어느 정도 마셨다. 그러나 둘째 날부터는 작업이 지루했고 일과가 끝나면 온몸이 쑤셨다. 설상가상으로 농장원들이 도시민들의 수고에 언제나 고마워하는 것도 아니었다. 그들은 모 줄이 삐뚤어졌다며 불평했다.

정권이 준비하는 대규모 구경거리 역시 많은 가족들의 생활에 영향을 미쳤다. 아리랑 축제의 공연에 참여하는 어린이들은 모든 동작을 완벽하게 익히기 위해 예행연습을 하느라 몇 달 동안 여가시간과 학교 교육을 상당 부분 포기해야 했다.[19] 나는 축제 기획자들이 적어도 두 집단에게 공연 연습을 시키고, 막판에 가서야 어느 집단이 공연할지 선택한다고 들었다. 탈락한 집단은 몇 달에 걸친 연습이 허사로 돌아가는 셈이었다. 그러나 이 모든 과정에도 불구하고 아리랑 축제에 참여하는 어린이들의 부모는 자녀가 공연한다

---

18   1968년부터 1977년까지 영국 BBC에서 방영한 시트콤. '노인 부대'는 나이가 많거나 병역에 부적합한 사람들로 이루어진 향토군을 뜻한다—옮긴이.
19   아리랑은 때때로 평양의 5·1경기장에서 열리는 큰 구경거리다. 아리랑은 정교한 체조와 율동 공연, 색색의 종이를 동시에 완벽하게 뒤집어 만들어내는 특수효과로 이루어지며, 아주 많은 공연자들이 참여한다. 대개 북한의 가장 뚜렷한 상징 가운데 하나로 간주된다.

는 사실을 무척 자랑스럽게 여겼고, 공연이 텔레비전으로 중계될 때 자기 아이를 손가락으로 가리키며 나에게 알려주곤 했다. 자녀가 예행연습을 하느라 많은 시간이 들어가는 것에 대해 분개하는 부모는 없는 것 같았다. 내가 학교 공부에 지장을 줄까 봐 걱정스럽지 않느냐고 물으면 부모들은 어리둥절한 표정을 지었다. 그들의 자녀는 선발되어 아리랑 매스게임에 참여하는 영광을 누린 터였다. 어떻게 몇 달 동안의 학교 공부 같은 하찮은 일에 견줄 수 있단 말인가.

· 범죄와 처벌 ·

북한 정권은 자기네 사회를 범죄 없는 사회로 묘사하기를 좋아한다. 실상은 그렇지 않다.

나는 평양에 머무는 동안 다른 어떤 사회보다 주민들을 통제하고 조직하는 이 사회가 실은 일상적인 범죄에 매우 허술하다는 사실을 알고 깜짝 놀랐다. 위대한 영도자나 친애하는 지도자의 초상화를 훼손할 경우, 경찰은 범인을 색출해서 가혹하게 처벌한다. 국민이 제국주의적인 라디오 방송을 불법으로 청취하다 발각되면, 노동수용소에서 형기를 채워야 한다(하지만 실제로는 다른 방도를 찾아달라며 경찰에게 뇌물을 잔뜩 안겨주어야 할 것이다). 그러나 정권은 흔한 범죄인 절도로부터 국민을 그다지 보호해주지 않았다.

절도는 평양에서 골칫거리였다. 기근이 들어 사회가 붕괴하기 이전의 평양을 기억하는 사람들은 예전에는 대개 창문에 창살이 없었다고 말했다. 내가 머물던 당시에는 거리에서 접근할 수 있는 아파트 창문들에 대부분 창살과 철망이 달려 있었다. 모든 물자가 부족한 사정을 감안하면, 그런 창살과 철망을 구하고 설치하느라 틀림없이 애를 먹고 비싼 값을 치렀을 것이다.

북한 친구들은 내가 개인 소유물을 잘 간수하지 않고 소홀히 한다며 자주 타박했다. 그래서 누가 훔쳐가냐고 물어보면, 그들은 인정하지 않고 쭈뼛거렸다. 그들은 친구 사이인 외국인에게도 자기네 사회에 결함이 있음을 인정하는 것을 무척 꺼렸고, 그저 조심해야 한다는 말만 되풀이했다. 그러나 나는 그들로부터 물건을 도둑맞았다는 말을 가끔 듣곤 했으며, 그런 일이 꽤나 자주 일어나는 듯했다(어떤 친구는 어머니에게 선물로 받은 손목시계를 가방에서 도둑맞았을 때 제정신이 아니었다). 한 동료는 소매치기를 목격했다. 젊은 남자가 백주대낮에 여자의 핸드백을 낚아채고는 가까운 담을 넘어 달아났다고 한다. 논밭에 망루가 많은 것으로 보아 경작지 절도, 특히 추수 직전의 절도는 틀림없이 심각한 문제였을 것이다. 농작물을 이제 막 심었을 때에는 망루가 비어 있었지만, 추수를 앞두면 농민들이 주야장천 망루를 지켰다. 외국인에 대한 범죄는 드물었지만 아주 없지는 않았다.[20] 나의 전임자는 차 안에 둔 골프채를 도둑맞았고, 내가 평양을 떠나기 몇 달 전에는 외교관 동료 두 명이 밤중에 소음을 듣고 깨었는데 부엌에서 군인 한 명과 밖에서 공범 한 명(군인이 창문을 통해 들어가도록 도와주었을 것이다)을 발견했다. 그 군인은 달아났고, 동료들은 그가 음식을 훔치려 했을 거라고 추측했다. 나는 평양을 떠나기 위해 이동하는 혼잡한 와중에 소지품을 상당수 도둑맞았다. 그러나 내가 아는 외국인 상대 범죄 사례는 이게 전부였다. 외국인에게 평양은 세계에서 가장 안전한 도시들 가운데 하나였다.

북한 사람들은 절도와 소매치기 말고도 낮은 수준의 부패라는 문제에 끊임없이 직면했다. 교통 여경들이 립스틱을 하나 받는 대가로 경범죄를 눈

---

20   Hoare와 Pares는 *North Korea in the 21st Century*에서 그들이 평양에서 지내는 동안 외국인 몇 명이 자전거를 도둑맞았다고 말한다. 나는 그런 적이 없다.

감아준다는 말을 들었지만, 나는 실권이 없어 보이는 그들에게 누군가 구태여 뇌물을 준다는 것이 의심스러웠다(그들을 대신한 신호등에는 뇌물을 주기가 한층 어렵다). 검문소의 군인들은 담배를 요구하곤 했다(이런 행동은 외교 구역까지 확대되어, 우리 구내를 경비하는 고참 군인들은 외국인들에게 "헬로. 담배?"라고 인사하곤 했다). 호의를 많이 받을수록 뇌물을 많이 주어야 했다. 내가 듣기로는, 북한 외무성에서 외국의 좋은 근무지로 파견되는 데 필요한 뇌물은 당시 약 1만 달러였다.

북한은 구금 중 구타와 공개처형이라는 형태로 국민들에게 빈번히 폭력을 가한다. 그러나 나는 북한에서 강력범죄가 발생했다는 얘기를 들어본 적이 없다(강력범죄가 일어나지 않는다는 뜻은 아니다). 나는 대화 중에 이따금 성폭력에 관해 넌지시 말했지만, 성폭력이란 한국전쟁 중에 양키 제국주의자 놈들이 한국 여성들에게 자행한 짓거리라는 반응을 보였을 뿐이다. 그럼에도 나는 북한 여성이 성폭력을 당하더라도 대부분 입을 꽉 다물고 경찰에 신고하지 않을 거라고 생각한다. 그 사실이 알려지면 그녀에게 엄청난 수치라고 생각하기 때문이다.

지인들이 가장 두려워하는 처벌은 시골로 내쫓기는 것이었다. 그럴 경우 평양 거주권과 더불어 연줄을 이용하고 식량을 배급받고 건강관리를 받을 권리까지 몽땅 빼앗겼다. 그들은 누군가 때때로 투옥된다는 사실을 알면서도 다른 처벌에 관해서는 거의 모르는 듯했다. 그들 가운데 공개처형을 본 사람은 없었다. 그렇지만 다른 수많은 정보원들을 고려하면, 경미한 범죄까지 잔인하게 처벌하고 엄청난 육체적 고통을 가하는 것이 분명하다. 그러나 나는 경찰이 워낙 부패해서 극악무도한 범죄만 아니라면 뇌물을 받고 적당히 눈감아준다고 들었다. 빈민들은 처벌을 받지만, 부자들은 뇌물을 건네고 풀려난다.

• 정권에 대한 태도 •

탈북자들과, 망명한 북한인 공동체가 운영하는 웹사이트들은 북한 주민들이 정권을 증오하고 해방을 갈망한다는 것을 시사한다. 그러나 놀랄 것도 없이 평양의 엘리트 비핵심층은 이런 견해를 공유하지 않았다.

나는 북한 사람들과 대화하다가 그들이 정권과 국가를 좀처럼 구분하지 않는다는 사실에 놀라곤 했다. 대다수 북한 사람들에게 김정일 없는 북한은 상상할 수도 없는 것이었다. 2007년에 김정일이 심근경색을 일으켜 죽을지도 모른다고 알려졌을 때(당시 평양의 외국인 공동체에는 알려졌지만 북한 사람들에게는 몇 달 뒤까지 잘 알려지지 않은 정보), 지인들은 진심으로 충격을 받았다. 그중 한 명은 김정일이 사망하리라는 전망에 너무나 낙담하여 그 문제에 대해 말하기를 거부했다. 나는 그녀의 반응이 진심이었다고 생각한다. 다른 지인은 공포에 휩싸여 두 손으로 얼굴을 감쌌다. 김정일 이후의 북한을 이해할 수 있는 듯했던 유일한 지인은 나라가 혼돈에 빠질 것이라며 두려워했다.

북한 사람들은 김정일 없는 북한을 상상하기 어려워하는 데 그쳤던 것이 아니다. 나는 북한 사람 다수에게 김정일이 곧 북한이고 북한이 곧 김정일이라고 느꼈다. 과거의 왕이 신민과 동일시되었듯이, 김정일은 북한 민족과 동일시되었다. 내가 간혹 김정일의 결함을 살짝 암시만 해도 그들은 김정일 개인이 아니라 자기네 민족을 성난 어조로 옹호했다. 의식구조가 이러하니 정권 교체는 거의 상상할 수도 없는 일이었다.[21] 아마도 이런 의식구조의 귀결일 텐데, 사람들은 내가 서구나 남한의 생활을 묘사하면 귀를 쫑긋 세우

---

21   이 책을 쓰는 지금 북한과 관련한 가장 중대한 문제 가운데 하나는 김정일 사후에 이런 의식구조가 얼마나 지속되느냐 하는 것이다.

고 들었지만, 서구의 정치제도를 묘사하기 시작하면 의례적인 관심만 보이다가 기회만 있으면 대화 주제를 바꾸곤 했다. 나에게 이런 사회는 대안적인 통치 형태를 찾는 사회로 보이지 않았다. 실제로 다른 나라들에 대해 이야기할 때면 북한 사람들은 대개 민주주의가 전시용일 뿐이며 실제로는 서구 정부들도 자기네 정부 못지않게 권위주의적일 거라고 가정했다. 언젠가 나는 북한에도 선거가 있다는 말을 들었다. 내가 후보자가 한 명뿐인 것과 여럿인 것은 다르다고 지적했지만, 그들은 이것이 절차상의 사소한 문제일 뿐이라고 여기는 듯했다.

북한 사람들은 서구의 자유를 그다지 갈망하지도 않았다. 서구의 매력은 북한보다 생활수준이 높다는 것이지 국민들이 자유롭게 말하거나 투표할 수 있는 권리에 있지 않았다.[22] 내가 보기에 지인들이 원하는 진짜 자유는 여행할 자유, 즉 관료제의 번거로운 여행 허가 절차를 거치지 않고도 친척을 방문하고 (형편이 괜찮은 사람들의 경우) 외국을 여행할 수 있는 자유뿐이었다. 남한의 제주도(남한에서 해외 신혼여행이 유행하기 전에 신혼부부들이 열망하던 곳)는 특히 관심을 끌었다. 제주도는 대단히 아름다운 곳으로 북한 젊은이들의 마음을 사로잡은 듯했으며, 나는 제주도에 가보지 않았다는 이유로 잔소리를 들어야 했다. 지인 일부는 책을 더 많이 읽거나 영화를 더 많이 보고 싶어했지만, 책과 영화가 부족한 이유가 정치적 통제가 아닌 경제적 문제라고 여겼다.

이 모든 상황에도 불구하고 그들 일부는 불가피한 변화까지는 아니더라도 적어도 지금과 같은 현실이 무한정 지속되지 않을 수 있음을 서서히 인식

22　이 말이 사실임을 Haggard와 Noland가 증언한다. 그들이 인터뷰한 사람들은 대부분 정치적 이유보다 경제적 이유 때문에 북한을 떠났다고 말했다(*Witness to Transformation*, 30~31).

했을 것이다. 그들은 나에게 외교 소식을 끊임없이 물었고, 그들 정권과 관련된 소식일 때면 생각에 잠긴 표정으로 경청했다. 지인들 가운데 변화에 열광하는 기색을 조금이라도 드러낸 사람은 딱 한 명이었다. 엘리트 비핵심층인 지인들 대다수는 정권이 무너지면 대중이 들고일어나 자신들을 가로등에 목매달 것이라며 걱정했다.[23] 인민들의 분노는 언제나 근심거리였다. 지인들은 자기네가 특권층이고 그 특권이 분노를 산다는 것을 알고 있었다. 북부의 어느 도시에 갔다가 돌아온 친구는 자신의 세련된 억양을 듣자마자 그곳 사람들이 자신을 노려보았고, 들으라는 듯 버르장머리 없는 평양 애새끼라고 말했다는 이야기를 나에게 들려주었다. 나는 지인들과 정권의 경제적 문제나 정치적 문제에 대해 이야기할 때면 다른 누군가에게 이런 문제에 대해 말했냐는 질문을 자주 받았다. 지인들은 그런 정보가 퍼져나가 사회적 안정을 해칠까 봐 두려워했다.

1980년대에는 신문에 실린 것이건 지폐에 도안된 것이건 김일성 이미지는 조심조심 다루었다고 한다(모든 신문과 지폐에 김일성 얼굴이 있었다). 김일성 얼굴이 찢어진 지폐는 엄숙하게 회수되었다. 그러나 2008년에 나는 (아마도 뜻하지 않게) 찢어진 김일성 얼굴을 엉성하게 이어붙여 다시 유통한 지폐를 자주 보았다. 정권의 우상들은 예전만큼 경외받지 못하고 있었다.

1972년 김일성의 60세 생일부터 모든 사람들은 김일성 배지를, 김정일이 권력을 잡고 나서는 김정일 배지와 김일성 배지 가운데 하나를 옷깃에 영원히 달고 다녀야 했다. 그러나 2008년 무렵 평양 중심부 밖에서 본 사람들 가운데 약 20퍼센트는 배지를 달고 있지 않았다. 그리고 김정일 배지보다 김

---

23   1996년에 김정일은 "체제가 붕괴되면 너희들 간부부터 백성들에게 교수형을 당할 것이고, 백성들이 아니더라도 남한 사람들에 의해 교수형을 당할 것이다"라고 말했다(Becker, *Rogue Regime*, 206).

일성 배지를 단 사람이 더 많았다(둘 다 가진 친구에게 매일 어떤 배지를 달지 어떻게 정하느냐고 물어보자, 그녀는 배지를 달았다 뺐다 하면 옷이 상하기 때문에 그저 스웨터 두 개에 하나씩 달아놓고 그대로 둔다고 했다. 그런 결정에 이데올로기적 요소는 전혀 없다고 했다).

· 관료제 ·

북한 중앙정부의 관료제는 하나의 통일된 전체가 아니라, 한 국가 내에서 서로 끊임없이 견제하는 일련의 영지(領地)들로 기능하는 것처럼 보인다. 설령 두 부서의 건물이 지척에 있더라도, 한 부서의 관리들은 대부분 다른 성의 관리들이 무슨 업무를 하는지 까맣게 몰랐다. 부서들 간에는 시샘이 심했다. 언젠가 나는 어느 고위 관료의 장광설을 30분 동안 들어야 했는데, 그는 대사관의 특정한 계획을 이미 협의된 부서가 아니라 자기네 부서가 수행해야 한다고 주장했다. 이와 비슷하게, 북한과 사업을 하려는 외국 기업들은 평양에 처음 왔을 때와 두 번째 왔을 때 자기네를 맞이한 부서가 이따금 달랐다고 말해주었다(처음 접촉한 부서가 도중에 밀려났을 것이다). 행정조직과 군조직은 유독 의사소통이 되지 않았으며, 행정관들은 이따금 나에게 군부가 무엇을 하고 있는지 절대 알려주지 않는다며 한탄했다.

북한의 극심한 문제들은 관료제 내부의 알력과 바보짓 때문에 더욱 악화된다. 예를 들어 유럽의 여러 나라에서는 과수원에 가축을 풀어 나무 주변의 풀을 뜯게 하는 것이 흔한 일이자 토지를 효율적으로 사용하는 방법이다. 그러나 북한에서는 이런 일이 불가능하다. 농업성에서 과수와 가축을 관리하는 조직이 각기 다르고 두 조직 다 '자기네' 토지에 대한 유일한 통제권을 주장하기 때문이다. 관료제 내부의 알력은 다른 많은 영역에도 영향을 미친다. 예를 들어 시장은 지역 당국이 감독하는 반면에 백화점은 상업성이 경영하기 때문에 경쟁과 마찰이 끝없이 생겨난다. 평양에 있는 부서의 직원은 다른 부서의 동료와 직접 의사소통하지 못한다. 모든 의사소통은 간부 수준에서 이루어진다. 북한에서 폐쇄성이 얼마나 고질적인가 하면, 평양의 외교구역에 있는 클럽 두 곳 가운데 한 곳의 직원들이 나에게 다른 부서가 관할하는 다른 클럽의 내부가 어떠냐고 물어볼 정도였다. 그들은 다른 클럽에 발을 들인 적이 없었다.

내가 아는 북한 관리들 중에 바빠 보이는 사람은 거의 없었고, 대부분 근무시간을 지겨워한다는 인상을 받았다. 그들은 때때로 상관의 지시를 받고 행동에 나섰지만, 업무를 마치고 나면 영락없이 평소의 무기력한 상태로 돌아갔다.

관리들은 다른 무엇보다 실수를 두려워했는데, 이런 태도는 외국인이 그들에게 접근하는 것을 막곤 했다(외국인과 접촉한 관리는 정치적 비판을 받고 나아가 공안기관의 달갑지 않은 주목을 받을 수도 있다). 평소에 외국인을 상대하지 않는 관리들을 만날 때, 나는 그들이 줄곧 초조해한다는 인상을 받았다. 심지어 이런 일도 있었다. 어느 부서의 관리는 수차례 요청을 받은 끝에 나와 만나기로 했지만, 꼭 내 집에서 만나겠다고 고집했다. 그는 수행원 둘을 양옆에 끼고 오더니, 미리 준비한 원고를 꺼내 줄곧 손을 떨면서 크고 빠른 목소리로 읽은 다음, 나에게 질문할 틈도 주지 않고 부리나케 나가버렸다. 독재정을 위해 일하는 가련한 사람들을 보여주는 슬픈 사례였다.

• 원로정치와 변화에 대한 원로들의 태도 •

내가 북한에 머무는 동안 이 나라는 노인 남성들에 의해 운영되었다. 정권에 각료급 여성들이 있긴 했지만, 그보다 고위급인 여성은 상징적 존재로도 없었고, 당의 핵심 위원회는 남성 위원들 일색이었다[24] (내가 북한을 떠나고 한참 후인 2010년 9월 28일 조선노동당 대표자회에서 김정일의 여동생 김경희가 중앙정치국 위원과 조선인민군 대장으로 임명되었다. 김정일 사후에 김경희와 그녀의 남편[25]이 김정은의 후견인으로 활동한다고 보도되었다. 그러나 나는 북한에서 여성들이 실권을 휘두르는 다른 사례를 알지 못한다). 2008년 조선노동당 중앙위원회 정치국 상무위원 6인 중에 80세 이하는 단 한 명, 아직 70세가 안 된 김정일 본인이었다. 나와 같은 제국주의자 대사들은 북한 최고위층을 만나는 일이 드물었지만, 공식 행사에서 때때로 그들을 보았다. 그들은 가끔 국영 텔레비전에도 출연했는데, 그것은 마음을 울적하게 하는 장면이었다. 원로들 일부는 정정했지만, 다른 일부는 노쇠한 티가 역력했다. 원로들이 연단에 오르다가 비틀대거나 자동차까지 부축을 받으며 걷는 모습을 드물지 않게 볼 수 있었다.

김영남 최고인민회의 상임위원회 위원장은 명목상 북한의 최고위직이다(국가주석은 영원히 '위대한 영도자' 김일성이지만, 1994년 김일성이 사망한 이후 김영남이 국가원수 역할을 대행하고 있다). 외교부장을 역임한 김영남은 외국 대사들이 가장 많이 교섭해야 하는 고위급 인사다. 대사들의 신임장을 김영남에게 보내기 때문이다. 김영남은 기탄없이 말하는 매력적이고 박식한 인물이다.

다른 인물들은 김영남만 못하다. 가끔 텔레비전에 출연하는 고위 장성

---

24   2005년 7월 18일, 유엔 여성차별철폐위원회의 699회와 700회 회의에서 북한의 판사들 가운데 여성이 10퍼센트 미만, 외교관 가운데 여성이 4.7퍼센트에 불과하다는 점이 지적되었다. "Expert Members Urge Government to Help Increase Political Participation by Women", ReliefWeb, http://reliefweb.int/node/179275 참조.
25   장성택, 김정일의 매제이자 김정은의 고모부로 2013년 12월 12일 반당과 반혁명 등의 죄목으로 처형되었다ー옮긴이.

들을 보노라면 깜짝 놀랄 정도다. 주로 불운한 인터뷰어가 무해한 질문을 하고 몇 분 동안 외국인을 혐오하는 반미주의자의 고함을 듣는 형식이다. 어떤 인터뷰에서는 고위 장성이 B급 공포영화에 나오는 살인자처럼 두 눈을 부라렸던 모습이 기억난다. 나는 이런 일장연설을 들으면서도 이 노인들이 한국전쟁 이래로 무언가를 배우거나 잊었다는 인상을 전혀 받지 못했다.

이 노인들은 가끔 외국 대사들과 함께 저녁식사 자리에 참석했다. 한국어를 유창하게 구사하는 외교관 동료는 그런 자리에서 그들을 실질적인 대화에 끌어들이려 시도했지만, 그들은 알아듣지 못한다는 표정으로 빤히 쳐다보다가 동료의 젓가락질 솜씨와 같은 안전한 주제로 대화의 방향을 돌리려 했다고 한다.

이 노인들과 제대로 대화해보지 않은 상황에서 그들이 변화에 어떻게 대응할지 확신할 수는 없지만, 그들이 거의 언제나 거의 모든 변화에 반대한다는 것은 분명하다. 변화는 거의 틀림없이, 그들 권력의 절대적인 축소까지는 아니더라도 상대적인 축소를 의미할 것이다. 나는 적어도 어느 정도는 이 노인들이 자기네가 좀처럼 통제하기 어렵고 자신의 사회적, 정치적 지위를 위협할지 모르는 부유한 무역업자 계급의 부상을 우려한 까닭에 (엉망이 된) 2009년 통화개혁이 시행된 것이라고 믿는다. 그들이 제한된 수의 시장에도 이런 식으로 대응한다면, 철저한 개혁을 지지할 가망은 별로 없어 보인다. 1990년 동유럽 사회주의 진영에서 격변이 일어난 이후, 북한 정권은 고위 간부들에게 권력에서 밀려난 동독 관료들이 거리에서 연필을 파는 모습을 담은 비디오를 보여주었고, 정권이 개방되기 시작하면 그들도 같은 운명을 맞을 것이라고 말했다. 어쨌거나 그들은 다른 사람들이 감내하는 불편을 여간해서는 겪지 않는다. 그들은 좋은 음식과 안락한 주거, 고급 위스키를 즐긴다. 어째서 호시절을 망치겠는가?

나는 그들이 북한의 실상을 과연 알고 있는지도 의문이다. 그들은 안락한 거주 구역에서 벗어나는 경우가 좀처럼 없을 것이다(나는 기근기에 가장 열악한 지역들을 방문한 고위 인사들이 참상을 보고 엉엉 울었다는 글을 읽었다. 그들은 무슨 일이 일어나고 있는지를 전혀 몰랐던 것이다). 그들 다수는 어떤 경우에도 멀리까지 여행하기를 주저할 텐데, 평양에서만 병원 치료를 받을 수 있기 때문이다. 고위 엘리트들은 평양 밖에서는 찾아볼 수 없는 장비와 약품을 잘 갖추고 있다고 알려진 특별한 병원을 이용한다. 나는 그들 다수가 여행 중에 암살을 당할까 봐 두려워한다는 말도 들었다(그런 이유로 특별한 보안제도를 마련해야 했다).

한때 이 노인들이 죽고 나면 북한이 변하리라는 희망이 있었다. 새롭고 (바라건대) 더 개방적인 지도자 세대가 승진하고 있었다. 예컨대 2004년에 각료급 인사 몇 명은 고무적일 만큼 젊었다. 더욱이 원로들은 대개 김일성과 함께 일본과 싸우고 뒤이어 남한과 싸운 경험이 있었고 그의 왕조에 철저히 충성했던 반면에, 아랫세대는 그런 경험이 없었고 원로들만큼 충성하지 않을 터였다. 정권도 이와 동일한 결론에 이르렀을 것이다. 여하튼 정권은 2005년부터 이 젊은이들이 정치적으로 믿을 만하지 않다고 판단한 듯하며, 흐름을 뒤집어 젊은 각료들을 파면하고 노인들로 대체하기 시작했다. 당시 재임자들을 이미 퇴직한 노인들로 대체하는 경우도 있었다. 그 결과 오늘날 각료급은 고령의 고위 지도자들로 채워졌고, 그 아래 급과는 엄청난 격차가 있다. 저승사자가 바빠지는 때가 오면 단기간에 고위 지도자들을 줄줄이 데려갈 위험이 있으며, 그럴 경우 일련의 사태가 질서정연하게 일어날 가능성은 거의 없다.[26]

북한의 수수께끼 가운데 하나는 더 젊은 사람들이 이 노인들을 어떻게 생각하느냐는 것이다. 유교 전통은 노인을 공경할 것을 요구하며, 늙은 간부들과 젊은 간부들이 어울리고 대규모 모임에서 젊은 사람들은 대개 윗세대에게 존경심을 드러냈다. 그러나 제복을 갖추어 입고 가슴팍에 무거운 훈장들을 단 고령의 장교가 이런저런 정치적 성취에 관해 나지막한 목소리로 웅얼대고 웅얼대고 또 웅얼댈 때면, 카메라가 비추는 와중에도 더 젊고 더 건강한 간부들마저 눈을 게슴츠레 감고 고개를 떨구었다. 지인들의 반응은 제각각이었다. 일부는 이 노인들을 공공연히 비난하진 않으면서도, 내가 정부에서 그들이 가장 유능한 부류가 아닐지도 모른다고 암시하자 그들을 옹호하는 일을 티나게 삼갔다. 다른 일부는 경외에 가까울 정도로 원로들을 대단히 존경했다.

· 한국전쟁의 상처 ·

한국전쟁은 정권의 선전에서 빠짐없이 언급된다. 때로는 전쟁이 끝난 지 반세기도 더 되었다는 사실을 믿기 어려울 정도다.

정권은 한국전쟁에 대한 고유한 해석에서 정통성의 근거를 일부 이끌어낸다. 군 지휘부는 북한을 일본의 지배와 뒤이어 양키의 지배라는 공포에서 해방시킨 영웅들로 묘사된다(예상대로 남한 정부는 제국주의자들에게 알랑거리는 패거리로 묘사된다). 정권의 역사관에 따르면, 미국의 지시를 받은 남한 꼭두각시들이 전쟁을 일으켜 평화를 사랑하는 북한을 침입했고, 이에 김일성이 인민들을 규합하여 이런 노골적인 침략을 격퇴했다. 맥아더 장군이 인천에

---

26   김정일 사후에 이런 상황이 변했을지 모른다. 북한의 정부 요직에서 수많은 사람들이 사라지고 (때때로 더 젊은 남자들이) 임명되었다. 그러나 이것이 지도층 연령의 실질적인 변화를 나타낸다고 보기에는 아직 이르다.

상륙해 조선인민군을 좌절시킨 사건은 눈부신 전략적 후퇴이며, 종국의 압도적인 승리가 이것을 입증한다고 말한다. 정권은 휴전협정 장소에 있었던 유엔 대표단의 차량에서 흰색 깃발이 나부꼈는데, 이는 유엔이 항복했다는 증거라고 지적한다(나는 북한 안내원에게 그건 말도 안 된다고 말했다. 그 깃발은 그런 경우에 흔히 나부끼는 휴전 깃발이었다. 정통 해석에서 벗어난 나의 설명을 듣고 안내원은 정말로 당황했다고 생각한다). 전쟁 내내 조선인민군은 민간인을 상대할 때나 적군을 격파할 때나 지조를 지키며 공정하게 행동했지만, 미군은 일상적으로 강간과 살인을 저질렀다고 묘사된다. 이런 식의 설명은 역사적 기록은 물론 참전자들의 기억과도 일치하지 않는다. 정권은 자기네가 한국전쟁에 관해 시종일관 거짓말을 해왔다는 사실을 드러낼 만한 정보가 자국으로 들어오는 일에 민감하게 반응한다.

꽤 최근까지도 중국은 대체로 북한의 한국전쟁 해석을 지지했다. 그러나 2006년 핵실험 실시를 만류하려는 중국의 노력을 북한이 무시한 뒤로 상황이 바뀌었다. 베이징 군사박물관의 한국전쟁관은 '재단장을 위해' 문을 닫았다가, 누가 전쟁을 시작했고 누가 이겼는지에 대해 일절 언급하지 않고 막대한 전쟁 사상자 수치만 적어놓은 간단한 합판 두 개로 쪼그라든 채로 (내생각에) 2008년 말에 다시 문을 열었다. 두 나라의 국경을 이루는 강 인근에 자리 잡은 중국의 큰 도시인 단둥의 항미원조기념관에는 마오쩌둥에게 남한 침공을 지원해달라고 비굴하게 부탁하는 김일성의 편지 사본이 전시되어 있다. 오늘날 북한의 한국전쟁 해석을 믿는 나라는 오직 북한뿐이다.[27]

거리 선전 외에 시설을 잘 갖춘 기념관들도 정권의 전쟁 해석을 지탱한

---

27   이런 상황이 바뀌었을지도 모르겠다. 중국인민지원군의 한국전쟁 참전 60주년인 2010년에 중국 지도자들은 북한의 견해를 지지하는 연설을 했다. 중국 기념관의 전시도 바뀌었을 것이다.

다. 내가 좋아한 기념관은 한국전쟁 시기 폐물이 가득 들어찬 조국해방전쟁 승리기념관이었다(지하층에 전시 중이던 미군 정찰기 잔해와 같은 전후 폐물도 있었다). 이곳에는 기계로 작동하는 커다란 입체모형이 있어서, 미군의 폭탄들이 주변에서 폭발하는 가운데(폭발하는 폭탄은 염색한 탈지면처럼 미심쩍게 보였다) 북한군의 영웅적인 화물차들이 덜커덕거리며 비탈을 지나갔다. 입체모형이 작동하는 내내 심하게 긁힌 레코드판에서 흘러나오는 듯한 군악이 들렸다. 지인들 중에 한국전쟁에 관한 공인된 해석을 물어보는 사람은 거의 없었다. 그러나 전시에 유엔군이 평양을 쑥대밭으로 만들었다고 말해주자 한 지인은 진심으로 놀랐다. 북한이 그 사실을 조심스레 감추어왔던 것이다.

물론 한국전쟁은 끔찍한 정치적 상처도 남겼다. 공식적으로 한국전쟁은 결코 끝나지 않았다. 평화조약이 체결된 적이 없기 때문이다. 이런 현실 때문에(또는 덕분에) 북한 정권은 인구 대비 병력이 세계에서 가장 많은 엄청난 규모의 상비군을 유지해야 했고, 이 상비군은 안 그래도 부족한 국가의 자원에 엄청난 부담을 주었다. 한국전쟁은 미국과의 관계에도 심대한 영향을 미쳤다. (미국의 의중을 파악한) 유엔이 개입하지 않았다면 북한이 승전했으리라는 교훈을 얻은 것으로 보이기 때문이다. 그러므로 북한 정권은 미국과 그 가까운 동맹국들을 위협할 방도를 찾아야 훗날 갈등이 발생해도 미국이 개입하지 않을 거라고 추론하는 듯하다. 이것은 북한이 핵 프로그램과 두 차례 핵장치 실험을 밀어붙인 이유 가운데 하나일 것이다.

북한 정권은 한국전쟁에 대해 몇 가지 새빨간 거짓말을 했다. 남한이 전쟁을 시작했고 북한이 이겼다는 것이다. 둘 다 사실이 아니다. 북한이 남침을 했고, 군사 정복을 통해 자기네 체제를 강요한다는 목표도 이루지 못했다. 정보 흐름이 정권의 손아귀에서 빠져나감에 따라, 그리고 북한의 해석과는 다른 전쟁사가 유포되기 시작하면서, 정권은 자기네 전쟁 해석이 의문시되어 정통성의 중요한 부분을 상실할 위험에 직면하고 있다. 특히 남한의 한국전쟁 해석이 북한의 해석을 좀먹고 있다. 내가 친구에게 서울에 있는 전쟁기념관에 몇 번 가봤다고 말하자 그녀는 그곳 내부가 어떤지 자세히 말해달라고 했고, 내 말을 듣는 동안 생각에 잠겼다.

3

북한 경제

결핍 • 시행 중인 공공배급제 • 공식 시장과 비공식 시장 • 무역과 무역박람회 • 서비스
상점 • 식당, 바, 카페 • 공업 • 경제개혁 전망

• 결핍 •

북한은 온갖 종류의 결핍을 겪고 있다. 특히 연료유가 문제다. 1980년대 말까지 북한에 '우호' 가격으로 석유를 제공했던 소련과 중국이 일반적인 국제 석유 가격을 청구하기 시작하면서 북한은 연료유 수요를 충족할 수 없게 되었다. 이 문제는 (함흥의 거대한 공장 단지에서 생산한) 석유를 기반으로 만든 비료를 넉넉하게 사용해온 농업에서 특히 심각하지만, 발전(發電)과 운송에도 영향을 미친다. 북한에서는 증기보일러처럼 보이는 장치를 차체 뒤에 달고 다니는 화물차가 자주 눈에 띈다. 이것은 연료가 태부족했던 2차 세계대전 직후에 독일에서 고안한 기술을 적용한 장치로, 화물차 뒤에 있는 난로를 이용해 나무를 태워 탄소를 포함하는 증기를 발생시켜 일반 엔진의 실린더에 공급하는 원리로 작동한다(이 방식으로도 화물차가 움직이긴 하지만 연료를 주입하는 일반적인 차보다 훨씬 느리고 짙은 매연을 내뿜는다). 단전도 잦아서 전차와

기차가 가다가 멈춰 서곤 한다. 때때로 정권은 연안에 매장된 원유를 개발하겠다고 말하지만, 원유가 실제로 존재하는지도 불분명하거니와 설령 존재하더라도 경제적으로 개발할 가치가 있는지도 확실하지 않다. 1994년 미국과 북한은 제네바 합의를 맺었고, 북한은 에너지 부족을 완화할 경수로 두 개를 받을 예정이었다. 이 협약에 따라 경수로 건설이 시작되었지만, 경수로를 가동하기 한참 전인 조지 W. 부시 대통령 재임 초기에 협약이 깨지고 말았다.[1]

식량 부족 역시 고질적인 문제였다. 관찰자들은 이 문제가 얼마나 심각한지를 두고 논쟁을 벌였다. 하지만 국제 기구들이 식량 부족이 가장 극심하다고 생각하는 지역들에 접근하는 것을 북한 정권이 막았기 때문에 정확한 자료를 구하기가 어렵다. 그럼에도 북한 사람이 매일 충분히 먹지 못한다는 것은 분명했다. 많은 사람들이 탄수화물과 채소를 주식으로 먹고 쌀(구할 수 있으면)과 콩(역시 언제나 먹을 수는 없었지만)으로 단백질을 보충해야 하는 상황이었다. 내가 북한 사람들에게 듣기로는, 2008년에 중요한 영양원이자 북한 요리에 꼭 들어가는 식물성 기름조차 부족했고 설령 구할 수 있더라도 아주 비싼 값을 치러야 했다고 한다. 연료 부족과 음식 부족은 관련이 있었다. 화학비료의 원료로 쓰이는 석유를 공급받지 못했기 때문에 비료를 쓰지 못하면서 곡물 수확량이 감소했던 것이다(그렇지만 북한의 농지는 지력이 워낙 약해서 설령 비료가 있었더라도 수확량이 감소했을 거라고 한다. 그러므로 비료의 결핍이 문제의 핵심은 아니었겠지만, 문제를 한층 악화시킨 것은 분명하다).

건축용 자재 역시 부족했다. 나는 적십자 포장지에 담긴 시멘트를 보았

---

1   이에 앞서 북한은 경수로를 지원받기 위해 소련과 협정을 체결했다. Jonathan Pollack은 No Exit에서 이 협정을 체결하기 전에 북한이 핵확산금지조약(NPT)에 가입할 것을 고르바초프가 역설했고, 그 결과 북한이 1985년에 가입했다고 주장한다(93~94). 1992년에 소련과 북한은 경수로 지원에 관해 다시 협정을 맺었지만, 북한이 이 계획과 관련된 채무를 이행하지 못해 동결되었고, 1993년 북한이 핵확산금지조약에서 탈퇴한 이후 중단되었다(101~102). Pollack, No Exit 참조.

는데, 도로 건설에 쓰이고 있던 그 시멘트는 적십자가 홍수 피해를 복원하라고 보냈을 것이다. 주택을 지을 벽돌도 구하기가 어려웠다. 나는 평양의 건축 현장에서 자재가 없어서 작업이 자주 중단된다는 이야기를 들었다.[2]

• 시행 중인 공공배급제 •

공공배급제는 국가가 모든 국민에게 기본적인 식료품을 주는 제도다. 1990년대 기근기 전까지는 이 제도가 꽤 원활하게 작동했던 것으로 보인다. 그러나 기근이 한창일 때는 북한 인구의 6퍼센트만이 배급으로 연명했다.[3] 정권은 공공배급제가 조선노동당 창당 60주년을 맞는 2005년 10월에 "완전히 복구"될 것이라고 공표했고, 그 후에도 여전히 공수표를 날리고 있다.[4] 배급제의 효과는 지역에 따라 천차만별이다. (놀랄 것도 없이) 지방, 특히 지방의 도시보다 평양에서 훨씬 효과가 있어 보인다.

내가 들은 바로는 한 가구(家口)의 대표가 가구별 배급장부를 지참한 채 일주일에 두 번씩 배급소에 간다고 했다. 나는 그런 장부를 직접 본 적이 없지만, 가구의 구성원과 배급량(가구별로 받는 쌀의 무게)이 적혀 있다고 들었다(각 구성원의 직종에 따라 배급량이 달랐다. 중노동에 종사하는 사람은 더 많이 받았다). 배급장부에는 북한 관료제가 유독 좋아하는 도장을 찍을 공간도 어김없이 있었다. 배급소에서 여자들(보통 여자가 왔다)은 장부를 확인받고 도장을 찍기 위해 줄을 섰다가 배급량을 받기 위해 다시 줄을 섰다. 이 절차는 한 시

---

2   이 문제는 현재진행형으로 보인다. 북한이 김일성 탄생 100주년을 기념해 새로운 주택 10만 호를 지으려던 계획을 75퍼센트 축소해야 했다는 언론 보도가 있다. "North Korea Dramatically Cuts Goal of Building 100,000 Houses", 연합뉴스, http://english.yonhapnews.co.kr/northkorea/2011/06/20/63/0401000000AEN20110620005100315F.HTML.
3   Woo-Cummings, *The Political Ecology of Famine*, 34.
4   Lankov, "Pyoungyang Strikes Back", 59.

간이 훨씬 넘게 걸리기 일쑤였다. 그런 뒤에야 여자들은 배급량을 들고 집으로 향했다. 사람들이 곡물 자루를 등에 짊어지거나 임시변통한 손수레에 싣고서 귀가하는 모습을 평양에서는 흔히 볼 수 있었다. 언젠가 나는 배급소에서 가구별 배급량을 확인하는 데 사용하는 장부를 구경했다. 커다란 연습장에 인쇄한 것처럼 반듯한 손글씨로 이름을 쓰고 배급량을 적어놓은 그 장부는 경이로울 만큼 깔끔했다(이런 자질구레한 업무를 처리할 컴퓨터는 없었다).

제도상으로는 이러했다. 그러나 지인들에게 지난번에 받은 배급량을 물어보면, 쌀을 적당량 받았다고 말한 적은 단 한 번도 없었다. 보통 배급량의 무게는 정확했으나 배급량 전체가 쌀인 적은 결코 없고, 언제나 영양분이 더 적은 곡물들이 섞여 있었다. 다른 곡물은 대개 밀(아마도 세계식량계획WFP으로부터 받은)이었고, 상황이 안 좋으면 감자였다(감자는 수분 함량이 높아서 곡물보다 영양분이 적다). 이런 결핍에도 불구하고 지인들은 공공배급제가 자기들에게 중요하고 이 체계가 무너지면 가족이 먹고살기 어려워질 거라고 이구동성으로 말했다.

전통 가옥과 흡사한 단층 주택들로 이루어진 평양의 여러 지역에 사는 사람들은 텃밭에서 곡물(가장 선호하는 것은 옥수수였다)을 길러 식단을 보충했다. 지붕 위를 타고 올라가는 호박도 요긴한 식량이었다(호박은 칙칙한 주택에 화사한 색채를 더해주기도 했다). 제멋대로 뻗어나간 평양 아파트 단지의 주민들은 곡물을 기를 땅이 없기에 식품을 구입해 식단을 보충할 수 있을 따름이었다(나는 기근이 한창이던 시절 일부 가정이 아파트 베란다에서 닭이며 심지어 돼지까지 길렀다는 글을 읽었지만, 이런 광경을 본 적은 없다). 누구나 시장의 쌀값을 알았지만 자기 수입에 비해 쌀값이 비싸다며 투덜대기 일쑤였다.

평양 외부의 상황에 관해 이야기할 수 있었던 자리에서 나는 지방이 훨씬 열악하다고 들었다. 2008년 북한 북동부에서 공공배급제의 배급량은 대체로 쌀이 아닌 곡물들로 채워졌고, 쌀이 절반 이상을 차지한 적은 좀처럼 없었으며, 쌀이 아예 없을 때도 있었다. 배급량 일부가 감자인 경우도 많았다.

• 공식 시장과 비공식 시장 •

정권은 시장을 정말로 좋아하지 않는다. 1996년 12월 7일, 김정일은 김일성 종합대학에서 이렇게 연설했다.

> 사회주의 사회에서 식량 문제는 사회주의적 방식으로 해결해야 합니다. 인민들이 제멋대로 식량 문제를 해결하도록 당이 내버려둔다면, 농민들과 상인들만 번영하고 이기주의로 인해 계급 없는 사회의 사회질서가 무너질 것입니다. 그렇게 되면 당은 인민적 기반을 잃고 폴란드와 체코슬로바키아의 사례처럼 붕괴될 것입니다.[5]

2007년, 다른 연설에서는 이렇게 말했다.

> 시장은 우리식 사회주의를 좀먹는 장소이자 (……) 온갖 형태의 비사회주의적 악습의 진원지로 전락했습니다.[6]

2008년, 또 다른 연설에서도 시장에 관해 말했다.

> 우리가 경제 관리에서 시장을 일정하게 이용하도록 하였더니 한때 일부 사람들

---

5   《월간조선》, 1997년 4월호에 처음 게재.
6   Hassig and Oh, *Hidden People*, 76 (《임진강》, 2008년 3월 17일자, 82~96 인용).

은 사회주의 원칙에서 벗어나 나라의 경제를 '개혁' '개방'하여 시장경제로 넘어가는 것처럼 이해한 것 같은데 이것은 아주 잘못된 생각입니다. 경제 지도 일꾼들이 시장과 시장경제에 대한 그릇된 인식을 가지게 되는 것은 사상의 빈곤, 지식의 빈곤에 빠져 있다는 것을 말해줍니다. 누구나 할 것 없이 경제 사업과 관련한 당의 사상과 방침을 정확히, 깊이 있게 인식하지 못하면 사회주의 경제의 우월성에 대한 신념이 흔들리게 되어 제국주의자들이 떠벌리는 '개혁' '개방'에 현혹될수 있고 자본주의 시장경제에 대한 환상에 사로잡힐 수 있습니다.

이에 대하여 일꾼들이 각성을 높여야 합니다. (……) 시장은 경제 분야에서 나타나는 비사회주의적 현상, 자본주의적 요소의 본거지이며 온상입니다.[7]

국가가 시장과 같은 자본주의적 미봉책에 의지하지 않고 국민을 먹여살려야 한다는 것은 북한 이데올로기에서 중요한 부분이다. 그런 미봉책의 존재야말로 북한 이데올로기의 실패를 입증하는 증거다.[8]

평양에서 가장 유명한 시장은 1990년대에 경제개혁의 첫 물결을 타고 출현한 통일시장이다. 외국인 방문객들은 통일시장으로 안내받곤 했고, 외국인 거주자들은 내가 북한에서 생활한 시점까지도 통일시장을 자주 이용했다. 선명한 파란색 지붕을 얹은 통일시장과 중구역시장은 쉽게 눈에 띄었다. 그러나 이 두 시장을 뺀(이들이 예외인 이유는 불명확했다) 다른 시장들은 표지판도 없이 높다란 건물들 뒤편에 수줍게 숨어 있었다. 그래서 여기를 찾아가

7   이 인용문을 포함하는 더 긴 글의 원문을 보려면 다음을 참조하라. Stephan Haggard and Jaesung Ryu, "Kim Jong Il on the Market", *North Korea: Witness to Transformation* blog, Peterson Institute for International Economics, 10 August 2011, http://www.piie.com/blogs/nk/?p=2495.
8   Demick은 굶주리는 여성들이 정권의 선전을 잊고 시장에서 장사하는 법을 배우는 과정을 보여준다. *Nothing to Envy*, chapter 10 참조.

려면 시장의 위치를 알고 있어야 했다. 자기네 경제에 시장이 필요하다는 사실을 달갑게 여기지 않은 정권이 눈에 잘 안 띄는 곳에 시장을 짓게 했다고 믿는 사람들이 있었는데, 실제로 정권은 그리 머지않은 과거에 화폐를 폐지하려 시도한 적이 있었다. 이 설명이 사실일지도 모르지만, 경찰이 차를 타고 지나갈 때 잘 안 보이는 곳에 생겨난 시장들이 정권의 용인을 받고 나서도 같은 자리에 머물렀을 수도 있다.

통상 외국인의 방문을 허용하는 시장은 통일시장과 중구역시장, 그리고 5·1경기장 인근의 이름 없는 시장뿐이다. 다른 시장에서는 직원들(대개 완장을 찬, 사나워 보이는 여성들)이 외국인의 출입을 막았고, 출입에 성공한 외국인을 시장 밖으로 내쫓았다. 그러나 나는 이 규칙이 두루 적용되지 않는 것을 확인했다. 직원들은 외국인이 나타나도 눈감아주곤 했다. 그리고 회색지대도 있었다. 어떤 시장에서 직원들은 나를 내보내려 하다가 내가 사과를 사러 왔다고 말하자 태도를 바꾸었다. 그들 중 두 명이 나를 사과 점포로 데려가서 어떤 사과를 골라야 하는지 알려주고(무른 사과를 사지 않도록 조언하고 내가 바가지를 쓰지 않게 해주었다), 나와 수다를 떨면서 시장 입구까지 동행해주었다. 내가 그들에게 아이스크림을 하나씩 사주겠다고 말하자 그들은 주저하다가 결국 거절했다. 한번은 어느 시장 깊숙이 들어갔을 때 한 남자가 다가와 나가라고 지시했다. 그가 완장을 차고 있지 않았으므로 나는 그가 걱정 많은 일반인인지 아니면 비밀경찰(이쪽일 거라고 짐작한다)인지 확신하지 못했다. 어느 쪽이든 그는 취해서 몸을 이리저리 흔들었다. 내가 가만히 서서 그를 응시하는 동안 몇몇 사람들이 주위에 몰려들자 그는 어설픈 몸짓으로 나에게 출구를 가리켰다. 5분 동안 군중이 그에게 말없이 눈총을 보낸 뒤, 나는 그가 망신을 당하도록 남겨둔 채 천천히 걸어나갔다.

이처럼 나는 평양에서 이런저런 방식으로 시장을 꽤나 자주 방문할 수 있었다. 그렇지만 시장 안에서는 절대 사진을 찍을 수 없었고, 평양 밖에서는 시장에 들어갈 수도 없었다.

북한에는 시장에서 여자들에게만 장사를 허용한다는 규정이 있다(남자들은 생산활동에 전념해야 하며, 따라서 시장 장사 같은 좀스러운 일을 못하도록 금지해야 한다는 생각이 이 규정의 바탕에 깔려 있다는 글을 읽은 적이 있다). 나는 이 규정을 어기는 사례를 한두 번밖에 보지 못했다. 고령 남자들이 점포에서 일손을 거들고 있었는데, 그들은 이 규정을 적용받지 않는 연금수급자였을 것이다. 2007년에 일정한 연령 이상인 여자들만 시장에서 일하도록 허용한다는 또 다른 규정이 한동안 발효되었으나 그 연령을 두고 혼선이 빚어졌고(누구는 40세라 했고 누구는 50세라 했다), 결국 2주일 만에 모든 연령대의 여자들이 다시 시장에서 일하기 시작했다.

거의 모든 시장의 입구에는 시장 안에서 장사하기를 원하지 않거나 장사하지 못하는 아낙들의 비공식 노점들이 어지럽게 늘어져 있다. 이 노점들은 아주 단출하다. 대개 맨바닥에 돗자리를 깔아놓거나 운반용 나무상자를 하나 놓고 그 위에 물건들을 늘어놓는 식이다. 이런 노점에서는 조리를 하거나 하지 않은 식품, 약초, 간혹 조그마한 장식품을 팔곤 했다. 시장에는 따뜻한 식사를 제공하는 곳이 있었다. 죽 한 그릇에 100원이나 200원, 제대로 된 식사는 500원이었다. 어떤 아낙은 시장 입구 밖에서 따뜻한 음식과 맥주를 팔았는데, 처음 봤을 때는 병에 담긴 맥주를 플라스틱 잔에 부었지만 시장을 떠나면서 봤을 때는 맥주를 커다란 통에서 잔으로 곧장 붓고 있었다. 그녀는 소규모 양조장을 가지고 있었는데, 이는 성공적인 소규모 창업 사례였다. 평양의 시장에서 여인네들이 파는 음식은 대체로 무척 훌륭했다. 전부 신선한

재료(구할 수 있는 재료로 국한되긴 했지만)로 만들어졌고, 손님을 끌려는 경쟁
이 치열해 줄곧 맛도 좋았다.

쌀 상인들은 이처럼 음식을 파는 공간에서 장사를 했다. 엄밀히 말해 쌀
판매는 1957년에 불법으로 규정되었지만, 1990년대 기근기에 당국은 쌀 판
매를 눈감아주었다. 그렇지만 2005년 가을, 대다수 가구가 생존을 위해 쌀
을 사야 하는 상황인데도 당국은 다시 한 번 쌀 판매를 금지하기 시작했다.[9]
보통 쌀 상인들은 줄지어 앉아 있었고, 그들 옆에는 입구를 열어놓은 커다
란 쌀자루와 되, 저울 한 쌍, 판매한 쌀을 담을 작은 자루 묶음이 있었다. 그
들은 이따금 며칠 동안 자취를 감추었는데, 당국의 단속 때문이거나 쌀이 동
났기 때문일 것이다. 때때로 나는 그저 쌀의 품질을 살펴보고 그들이 부르는
가격이 실제 가격인지 확인하기 위해 그들로부터 쌀을 구입했다(그들이 귀중
한 쌀을 스스로 매겨놓은 가격으로 팔 의향이 있다면, 그 가격은 그들이 지시받은 가격
이 아니라 실제 가격일 거라고 추론했다). 북한 친구들은 내가 사온 쌀을 보고서
한 자루는 품질이 나쁘다고 말했는데, 아마 불순물을 섞었을 것이다. 쌀을
파는 여자들의 자루에는 대개 WFP(세계식량계획) 로고나 '대한민국'이라는 글
자가 찍혀 있었으므로 구매자들은 쌀이 어디서 왔는지 의심할 필요가 없었
다.[10] (언젠가 나는 이런 자루들을 잘라 이어붙여서 베란다 위를 덮는 차양으로 사용하
는 모습을 보았다. 차양에 찍힌 '대한민국'이 여전히 또렷하게 보였으나 이를 문제 삼는

---

9   Lankov, "Pyongyang Strikes Back", 58.
10   이런 자루에 담긴 쌀이 대외 원조가 아닌 다른 경로로 들어올 수도 있으며, 자루가 재사용되는 것일 뿐이라고 주장
하는 사람들도 간혹 있다. 이 주장을 완벽하게 논박하기는 어렵지만, 내가 보기엔 사실일 가망이 거의 없다. 나는 북한에 자
루가 부족했다고 생각하지 않는다. 예를 들어 공공배급제를 통해 쌀을 배급할 때면 주민들이 무늬가 없는 흰색 자루에 쌀을
담아 집으로 가져갔으며, 대다수 가구가 이런 자루를 구할 수 있었을 것이다. 그러므로 대외 원조로 받은 자루가 재사용된다
고 주장하는 사람들은 시장 상인들이 무늬 없는 흰색 자루가 아니라 도발적인 무늬가 찍힌 자루를 선택하는 이유를 설명해
야 한다.

사람은 없는 듯했다.) 외국에서 굶주리는 사람들에게 무료로 배급하라는 의도로 지원한 쌀이 비교적 부유한 평양 시민들에게 시장에서 팔린다는 사실은, 부패한 관리들이 인도주의적 식량 공급을 전용한다는 뜻으로 해석할 수밖에 없다.

거의 모든 시장 입구에는 환전상들이 있었다. 이 여자들은 불룩한 가방을 단단히 움켜쥔 채로 옹기종기 모여 손님을 기다렸다. 손님이 다가오면 이따금 한적한 곳까지 걸어가서 거래를 마치기도 했지만, 보통은 동료 및 경쟁자들이 있는 자리에서 거래하는 편을 선호했다. 그들은 대다수 시장 밖에서는 외국인과 환전하지 않으려 했지만, 2008년 무렵부터 통일시장 밖에서 환전상에 대한 규제가 느슨해지고 있다는 얘기가 들렸다(언제 문을 열고 닫는지 종잡을 수 없는 환전소가 통일시장 2층에서 때때로 영업을 했다. 내가 듣기로는 북한 공인 은행들이 운영하는 환전소였다. 환전소 직원은 때로는 외국인의 환전을 허용했고, 때로는 허용하지 않았으며, 때로는 어지간히 머뭇거린 뒤에야 돈을 바꿔주었다).

시장 입구 밖에는 공정가격을 적은 게시판도 있었다. 이 커다란 흰색 게시판에는 식품 이름이 검은색으로 칠해져 있었고, 그 옆에 공정가격이 적혀 있었다. 공정가격은 부정기적으로 조정되는 듯했다. 내 경험에 따르면 시장 안에서는 공정가격이 존중되었다. 식품이 아닌 품목들에 적힌 공정가격은 보지 못했는데, 내가 평양에 머무는 동안 시장에서 이런 품목들의 비중이 갈수록 커졌다.

시장 안에서 가판대들은 판매하는 상품에 따라 위치를 배정받았다. 일부 시장에서는 점포 주인들이 자기가 무엇을 판매하는지 알리기 위해 품목마다 색깔이 다른 조끼를 입었다. 과일 구획, 채소 구획, 고기 구획과 생선 구획(둘 다 대개 파리가 들끓었으므로 유럽의 위생 규정을 통과하기 어려웠을 것이다), 주류 구획과 담배 구획이 있었다. 2008년, 유엔의 제재에도 불구하고 평양의 어느 시장에서 스카치위스키 한 병의 가격이 영국 가격의 절반 이하였다(나는 그게 진품인지 맛보기 위해 한 병을 구입하지 않은 것을 결코 후회하지 않는다. 언젠가 통일시장에서 북한산 레드와인을 두 병 구입해 영국에서 온 손님들에게 자랑스럽게 대접했는데, 희석한 블랙커런트 주스로 판명이 났으므로, 위스키 역시 가짜가 아니라고 확신하기 어렵다). 북한의 화주(火酒)인 소주는 한 병에 500원이었다(평양 시내 지하도의 좌판에서 쉽게 구할 수 있었다).

내가 제일 좋아한 것은 담배 노점이었다. 잎을 바스러뜨려 판매하는 담배는 모두 현지에서 기른 것이었다. 담배는 초록색부터 검은색까지 색이 다양했고, 100그램에 500원 정도였다(따라서 북한은 세계에서 흡연으로 사망하는 데 비용이 가장 적게 드는 나라다). 그런 담배는 직접 말아서 피웠으며(파이프로도 피웠으리라), 노점 주인은 네모나게 자른 신문지 조각을 구비해두고서 잠재 고객에게 구매에 앞서 담배를 작게 말아 피워볼 것을 권했다.

북한에는 담배를 가리키는 낱말이 두 개 있다. 하나는 일반 담배를 뜻하고, 다른 하나는 진짜 독한 담배, 문자 그대로 '독담배'다. 나는 담배를 피우는 외국인 친구를 위해 독담배를 100그램 산 적이 있다. 그 친구는 한 모금 빨더니 "조금 쎄네"라고 말했고, 더는 피울 마음이 없어 보였다.

식품 외에 주류와 담배, 변질되지 않는 각종 품목도 판매되었다. 내가 머무는 동안 평양 시장들에서 이 구획이 점점 커지는 듯했다. 이미 2006년에 시장에서 갖가지 그릇(플라스틱과 고령토로 만든), 간단한 날붙이류, 의복, 법랑을 입힌 양푼, 간단한 가재도구를 팔았다. 이런 상품들은 거의 전부 중국산이었다. 품목은 갈수록 다양해져서 내가 북한을 떠난 2008년 7월 무렵에는 욕실복 일습(세면대, 욕조와 짝을 이루는), 각종 전자악기(초보 록 기타리스트의 욕구를 충족시켜주었다. 나는 전자오르간도 보았다), 갖가지 단순한 전자완구를 구입할 수 있었다. 북한 친구는 평양 시장에 가면 뭐든지 살 수 있다고 했는데, 정권이 면밀히 통제하는 상품들을 빼면 친구의 말이 옳을 것이다(트랜지스터 라디오와 자전거 둘 다 중국에서 쉽고 값싸게 구할 수 있었지만, 나는 거기서 이들 제품을 보지 못했다). 언젠가 나는 친구의 말을 시험해볼 요량으로, 내 팜톱컴퓨터의 배터리를 교체하기 위해 길을 나섰다. 과일 점포 주인에게 배터리를 사려면 어디로 가야 하느냐고 묻자 그녀는 시장 한구석을 가리켰는데, 거기에는 각종 배터리를 파는 점포 뒤에 나이 많은 아주머니가 앉아 있었다. 그 아주머니는 수명이 다한 작은 배터리를 건네받아 눈을 가늘게 뜨고 보더니 금세 규격이 맞는 배터리를 꺼냈다(컴퓨터에 장착하니 실제로 작동이 되었다). 친구의 말이 입증된 셈이다.

또 다른 친구는 이런 상품이 중국에서 북한으로 들어오는 절차를 알려주었다. 상품은 대부분 밴에 실려 온다고 했다. 밴이 국경을 통과할 때 북한 세관원이 차 뒷문을 열고 중국 지폐 한 다발을 집어든 다음 문을 닫으면 그것으로 세관 절차는 끝이었다.

언젠가 나는 폐장 시간에 철물류 구획에 있었다. 직원들은 시장 안을 분주히 돌아다니며 상인들에게 짐을 꾸리라고 말했고, 상인들은 팔리지 않은 물품을 날랜 동작으로 깔끔하게 묶은 뒤 시장 벽 근처에 있는 널찍한 판 앞에 일렬로 늘어놓았다. 나는 이 판들이 열리는 모습을 처음 보았는데, 그 뒤에 숨겨진 저장 공간이 있었다. 상인들은 자기 꾸러미를 깔끔하게 쌓은 다음 시장을 나갔다. 시장 직원들은 성큼성큼 걸어다니면서 소리를 지르며 사람들을 독촉했으나 일일이 개입할 필요는 없었다. 모두가 조용한 효율성의 본보기처럼 움직였기 때문이다.

공식 시장과 시장 밖에 어지럽게 늘어선 노점 외에도 정권의 허가를 받지 않은 듯한 수많은 비공식 시장이 있었다. 경찰이 다가오면 장사하던 여자들이 마치 놀란 개구리처럼 물건을 챙겨서 폴짝폴짝 달아났기 때문에 '개구리 장마당'[11]이라 불린 이런 시장은 평양 곳곳에 있었다. 일부 장마당은 저마다 상품을 펼쳐놓고 쪼그려 앉은 여자 대여섯 명이 옹기종기 모여 있는 정도였다. 다른 장마당은 수십 명, 때로는 100명에 이르는 사람들이 도로변이나 불모지에 임시 노점을 벌여 시끌벅적했다. 개구리 장마당에서는 주로 식품을 팔았지만, 경찰이 불시에 들이닥칠 경우 즉각 움직여야 하기 때문에 음식을 조리하는 상인은 드물었다(전혀 없진 않았다). 그 대신 그들은 대개 (중국에서 수입한) 커다란 플라스틱 아이스박스를 이용해 겨울에는 따뜻한 남새빵을 팔고 여름에는 아이스크림(집에서 만든 것도 있었는데 제법 맛이 좋았다)을 팔았다. 영업시간을 엄격히 지키는 공식 시장과 달리, 개구리 장마당은 밤낮을 가리고 않고 장사하는 듯했다. 밤이면 평양 교외의 어둠 속에서 "사시라우!"라는 가냘픈 외침이 흡사 주문처럼 기이하게 들려왔고, 그들이 상품을 비추고 돈을 세기 위해 사용하는 가스토치의 부드럽고 푸르스름한 불빛이 마법을 거는 듯했다.

어리석게도 나는 언젠가 개구리 장마당의 사진을 찍으려 했다. 내가 주머니에서 카메라를 꺼내 찍으려고 들어올리는 사이에 장마당은 눈앞에서 사라졌다. 나는 장사를 망쳤다는 죄책감을 느끼며 그 자리를 벗어났고, 몇 분 뒤에 제복을 입은 경찰관이 나타나 카메라를 보자고 했다. 그는 놀란 기색이 역력했고―그의 관할 구역에서 외국인이 개구리 장마당 사진을 찍을 경우

---

11   Hassig and Oh는 '메뚜기 장마당'이라는 표현을 쓰는데, 나는 평양에서 이 말을 들어보지 못했다. 지역마다 표현이 달라서일 것이다.

곤욕을 치를 수 있었다—카메라 디스크에 담긴 사진을 두 번씩 훑어본 뒤에야 안심하고 나를 보내주었다.

　어느 겨울밤에 나는 경찰이 개구리 장마당을 단속하는 모습을 지켜보았다. 경찰관 대여섯 명이 줄지어 앉은 여자들에게 다가가 성난 목소리로 꺼지라고 소리쳤다. 여자들은 대부분 조용히 짐을 싸서 떠났지만, 소수는 경찰을 무시했다. 그러자 경찰관은 그들 중 나이 많은 여자를 사정없이 걷어차며 내쫓았다. 앞서 자리를 뜬 여자들은 그저 도로를 건너가 반대편에서 다시 좌판을 벌이면서 각자 자리를 결정하느라 시끄러웠다. 화가 치밀어 오른 경찰관들은 여자들을 쫓아 도로를 건너가 더 크게 고함을 질렀다. 여자들은 다시 한 번 도로에서 조금 떨어진 곳으로 움직였다. 이 시점에 경찰관들은 외국인이 지켜보고 있음을 깨달았고, 나는 그 자리에서 떠나는 것이 최선이라고 생각했다. 잠시 뒤에 돌아가보니 여자들은 도로에서 약간 벗어난 곳에 노점을 벌여놓고 있었다. 나는 어쨌거나 경찰이 무엇을 할 수 있었을지 궁금했다. 그들이 차를 타고 왔는지 기억나진 않지만, 설령 차를 타고 왔더라도 여자들을 전부 차에 밀어넣을 수는 없었다. 장마당의 여자들을 몽땅 체포해 경찰서까지 끌고 가려 했다면, 이목을 끄는 데 그치지 않고 여자들이 수동적 불복종으로 일관하거나 꽁무니를 빼고 달아나는 당혹스러운 일이 벌어졌을 것이다. 현장에서 욕설하고 구타하는 것이 경찰이 할 수 있는 유일한 일이었을 것이다.

　시장 안에서나 시장 밖 노점에서나 모든 거래는 원화로 이루어지는 듯했다. 시장 안 점포 주인들은 외국인이 지불하는 유로화를 어떻게든 받으려 했지만, 분명 이런 경우는 흔치 않으므로 그들은 대개 어떻게 해야 할지 몰라 잠시 이야기를 주고받았다. 보통은 점포 주인들 중 한 명이 유로화를 받아서 환전상에게 가져가서 원화로 바꾼 다음 내가 구입한 물건의 시장 시세를 뺀 거스름돈을 주었다. 그렇지만 이런 일을 내키지 않아 하는 점포 주인들은 유로화를 원화로 바꿔오라고 요구했다.

그러나 시장의 공급망이 어떻게 작동하는지 말해줄 수 있는(또는 말해줄 용의가 있는) 사람은 아무도 없었다. 나는 시장 밖과 개구리 장마당에서 물건을 파는 여자들은 자영업일 가능성이 크다고 생각한다. 그렇지만 시장 안 상인들은 어떨까? 그들 역시 독립적으로 장사하는 걸까, 아니면 다른 생산자나 집단을 위해 장사하는 걸까? 시장의 어느 담배 상인은 자기 가족이 담배를 직접 기른다고 말했으므로 일부 상인은 자력으로 장사할 테지만, 다른 일부는 더 큰 조직을 위해 일했을 것이다. 이것은 민감한 주제인 듯했다.

점포 주인들이 공식 시장 안에서 물건을 파는 특권을 얻기 위해 지불하는 비용이 얼마인지를 나는 알아내지 못했다. 최근 연구는 점포 주인들이 장사를 계속하기 위해 돈을 내고 자주 뇌물을 주어야 한다는 것을 보여준다.[12] (더 최근에는 악질 경찰이 뜯어내는 상납금이 더 많아진 듯하다.[13])

평양의 시장들은 경제적으로도 중요하지만 정보 교환의 중심이 되기도 한다(정권이 시장을 그토록 적대하는 이유 중 하나일 것이다). 최소한의 감시만 받는 한 장소에서 매일 얼굴을 마주하는 사람들(점포 주인이든 손님이든)은 시간만 나면 수다를 떨었다. 시골에서는 시장의 발전과 자전거의 이용이 정보 흐름을 통제하려는 정권에게 진짜 골칫거리일 것이다.[14] 자전거는 먼 거리까지

---

12   Andrei Lankov and Kim Seok-hyang, "North Korean Market Vendors: The Rise of Grassroots Capitalists in a Post-Stalinist Society", *Pacific Affairs* 81, no. 1 (2008) : 53~72.

13   Haggard and Noland, *Witness to Transformation*, chapter 4.

14   Haggard와 Noland는 *Witness to Transformation*에서 이렇게 말한다. "그들과의 인터뷰는 국가가 시장을 적대할 이유가 충분히 있음을 시사한다. 시장 활동에 참여하는 사람들은 일반 서민들보다 정권에 대한 태도가 더 부정적일 뿐 아니라, 정권에 반대하는 자신의 견해를 다른 이들과 더 기꺼이 이야기한다."(xiii)

농산물을 운반해줄 뿐만 아니라 농장원들이 보고 들은 새로운 소식까지 실어 나르기 때문이다.

공식 시장과 비공식 시장이라는 테두리 밖에서도 구매와 판매가 어느 정도 이루어진다. 2008년에 나는 농민들이 별다른 이유 없이 도시와 도시를 잇는 도로변에 앉아 있음을 알아채기 시작했다. 언젠가 그들 중 한 명 앞에 멈춰서 거기 왜 있느냐고 물어보았더니, 그녀는 제방 뒤로 사라졌다가 커다란 약초 자루를 들고 나타나서는 나에게 1만 원에 팔려고 했다("아주 맛있습니다!").

1980년대 말에 소련이 변하기 시작했을 때, 그리고 중국이 경제개혁을 시행하기 시작했을 때, 시장과 작은 상점에서 골동품을 파는 모습을 흔하게 볼 수 있었다. 나는 북한에서 이런 모습을 본 적이 없다. 각 가정은 1990년대 기근기에 얼마 안 되는 가보를 이미 팔았거나 그보다 앞서 국가에 압수당했을 것이다.

· 무역과 무역박람회 ·

내가 머무는 동안 북한의 무역은 보잘것없었다. 북한의 산업은 누군가 구입하고 싶어할 무언가를 아주 소량 생산했고, 북한의 주요한 공식 수출품은 대부분 중국과의 국경 근처에 있는 비효율적인 광산들에서 캐는 광물이었다[15](거의 전부 중국에 팔렸다). 북한은 이런저런 방식으로 엄청난 양의 중국산 소비재를 용케 수입해 시장에 판매용으로 내놓았다.

이와 동시에 북한 정권은 특히 중국 외에 다른 나라들과의 무역 규모를

---

15 북한이 비밀리에 무기와 위조지폐, 가짜 담배를 수출한다는 증거가 엄청나게 많지만, 그런 활동은 외국인 대사의 시야가 닿지 않는 곳에서 이루어졌다.

키우려고 꾸준히 시도했다. 다양한 서구인들이 무역을 위해 북한을 연이어 방문하기도 했다(한번은 이런 무역대표단의 '사업가' 한 명이 신분을 위장한 기자였던 것으로 밝혀졌다. 그 기자는 고국으로 돌아가 북한을 폄하하는 일련의 기사를 썼다. 그 무역대표단을 조직한 사람은 내가 평양에 머무는 동안 북한으로 돌아올 수 없었다). 이렇게 북한을 방문한 사람들은 대부분 재방문을 하지 않았지만, 일부는 북한에 전망이 있다고 보고 사업 기회를 만들려고 끈덕지게 시도했다. 나는 다양한 중국 기업들이 북한의 광물을 수입해 수익을 얻고 있으나, 그 밖에 북한에서 사업하여 수익을 쉽게 얻는 사람은 거의 없다고 들었다.[16]

자국의 사업을 홍보하고 북돋기 위한 북한 정권의 주요 수단 가운데 하나는 평양 무역박람회로, 매년 봄과 가을에 평양 교외에 자리 잡은 3대 혁명 전시관에서 열린다. 이곳은 묘한 구석이 있지만 그 자체로 매력적인 장소다. 3대 혁명인 사상혁명, 기술혁명, 문화혁명은 거대한 붉은 깃발 세 개로 표현된다. 전자공업관 근처에 있는, 토성처럼 고리를 두른 금속 구체 형태의 인공지구위성관은 평양에서 가장 독특한 구경거리 중 하나다.

그러나 내가 보기에 무역박람회는 외려 기를 꺾는 행사였다. 무역박람회는 북한 경제가 더 널리 개방되기를 부질없이 희망하는 다양한 고위 인사들의 엄숙한 연설과 함께 막을 올리곤 했다. 무역박람회 준비위원들은 전시관을 가득 채우기 위해 애를 썼는데, 진열대를 지키는 사람들은 대부분 (북한과의 무역이 중요한 중국 북동부의 기업들에서 나온) 중국인이었다. 으레 유럽 기업 한두 개도 참가했다. 평양에 있는 일종의 상공회의소인 유럽기업협회(European Business Association)도 보통 진열대를 하나 마련했고, 러시아 기업

---

16   중국 기업이라고 해서 사업에 어려움을 겪지 않는 것은 아니었다. Drew Thompson, "Silent Partners: Chinese Joint Venture in North Korea" (U.S.-Korea Institute Report, February 2011 참조.

들의 진열관도 드문드문 눈에 띄었으며, 간혹 그 밖의 진열관도 한두 개 있었다. 어느 해에는 남포 인근에서 자동차를 생산하기 위해 악전고투 중인 합작투자 기업들이 세단형 승용차 한 대를 경쟁력 있는 가격으로 전시했다. 모두가 이 경이로운 생산품을 눈여겨보았지만, 주문이 들어왔다는 말은 듣지 못했다. 대부분 평양 외부에서 온 북한 관리들은 줄곧 진열대들을 돌아다니며 경탄하고 공짜라면 무엇이든 최대한 많이 챙기곤 했다.

박람회 참가 기업들은 참가를 기념하는 파티를 열곤 했다. 중국인들의 파티는 언제나 가장 호화로웠고 북한 고위 관료들이 대부분 참석했다.

• 서비스 •

1980년대에 중국이 계획경제에서 자유경제로 전환하는 동안 전국 도처에서 자전거 수리소가 등장했다. 똑같은 일이 북한에서도 일어났다. 다리 아래, 시장 밖, 때로는 그냥 도로 옆에서 남자들(여자는 본 적이 없다)이 북한의 수두룩한 자전거를 간단히 수리했다(북한의 자전거는 대부분 만경봉 92호가 운항하던 시절에 가져온 일본산 중고 자전거이거나 그 이후에 만들어진 중국산 자전거였다. 평양 근처에 자전거를 생산해 외국인에게 판매하는 합작투자 기업이 있었지만, 나는 이 기업 자전거를 타는 북한 사람을 본 적이 없다). 나는 자전거 수리공들의 서비스를 자주 받았다. 그들은 솜씨가 좋고 창의적이었지만 (놀랄 것도 없이) 서양의 일부 정교한 자전거를 고칠 때면 난감한 표정이 역력했다. 서비스 비용은 200원에서 500원 사이로 비싸지 않았고, 수리 난이도에 따라 가격이 달랐다. 날렵하고 능숙하게 내 자전거의 구멍을 수리한 어떤 노인은 튜브를 더 소중히 다루어야 한다며 따끔한 훈계를 했다.

내가 떠날 무렵 시계 수리소도 등장하기 시작했다(그러나 다수의 국영 상점들이 시계를 수리했기 때문에 자전거의 경우보다 자영업 수리공에겐 제약이 더 많았다). 구두를 수선하거나 광을 내는 사람들도 한두 차례 보았지만, 변화를 시작한 무렵의 중국에서만큼 도처에서 나타나진 않았다.

· 상점 ·

평양의 상점은 크게 두 부류였다. 한 부류는 1990년대 경제 붕괴가 경제적 변화를 촉발하기 이전에 개업한 상점들이고, 다른 부류는 그 이후에 등장한 상점들이다.

오래전부터 명맥을 이어온 첫 번째 부류 상점은 보통 지역 당국이나 상업성(이 둘은 서로 경쟁한다)이 운영했고, 대부분 저가 제조품과 옷으로 상당히 한정된 상품들을 판매했다. 이들 상점의 선반에 언제나 물건이 있는 것은 아니었고, 설령 있더라도 진열 중인 상품을 언제나 판매하는 것도 아니었다. 특히 평양 중심부에 위치한 평양 제1백화점에서 상품을 구입하려는 경우 성공할 때도 있고 실패할 때도 있었다. 때로는 손님의 상품 구입을 종업원이 허용했다(이 과정은 철저한 공산주의 전통을 따라야 했다. 구매자는 예비표[17]를 가지고 매장에 가서 사려는 물건을 말하고, 그러면 종업원이 전표에 가격을 적어준다. 이제 구매자는 출납원에게 가서 물건 값을 치르고 전표에 도장을 받고 나서, 다시 매장으로 돌아가 도장이 찍힌 전표를 내고 물건을 받는다). 그러나 때로는 손님이 포기하고 떠날 때까지 종업원이 진열 중인 물건을 팔지 않으려 했다. 선반에 놓인 물건이 매장의 유일한 물건이라서 진열용으로 남겨두려 했기 때문일 것이다.

설령 평양의 상점에서 상품을 구입할 수 있다 하더라도 품질은 대개 형

17 　평양의 백화점에서 물건을 구입하려면 세대별로 구입 가능한 수량을 할당한 예비표가 있어야 한다 – 옮긴이.

5·1 경기장 근처 자전거 수리공들.

편없었다. 언젠가 나는 국영 상점에서 치약을 샀다(나를 상대한 점원은 꽤나 당황했다). 그 치약은 고무 맛이 나는 데다가 내가 느끼기에 세정력이 전혀 없었다. 비누는 색이 어둡고 (내가 들은 바로는) 아주 무르다. 북한산 의류가 편한 경우는 거의 없다. 언젠가 나는 평양 제1백화점에서 화장품 세트를 구입했다(내가 방문했던 신의주 화장품 공장에서 생산한 제품이었다). 아내는 크림은 그리 나쁘지 않지만 립스틱은 피처럼 빨갛다고 했다(나는 다른 화장품 세트를 구입해 외국인 여성 친구에게 선물했다. 그녀는 그 화장품을 바른 적이 없는 것 같다).

두 번째 부류 상점은 근래에 들어서야 등장했다. 그중 일부는 내가 평양에 도착한 2006년 2월에 이미 영업 중이었다. 특히 '아르헨티나 상점'이 두드러졌는데, 아르헨티나 기업가가 평양 중심부에서 조금 떨어진 곳에 세운 이 상점은 아르헨티나산 와인과 여타 식료품의 주요 공급원이었다. 다른 상점들은 내가 평양에 머무는 동안 생겨났다. 외화로 거래하는 이 상점들은 유로화나 달러를 선호했지만 중국 위안화와 일본 엔화도 기꺼이 받았다(러시아인 친구들 말로는 루블화는 꺼린다고 했다). 이들 상점은 엄청나게 다양한 사치품, 이를테면 내가 머무는 동안 성능이 좋아지고 기능이 다양해진 텔레비전을 제공했고, 내가 떠날 무렵에는 최고급 의복과 핸드백, 향수까지 판매했다. 구매에 도움이 되기보다 오히려 방해가 되곤 했던 국영 상점의 점원들과 달리, 신생 상점의 판매원들—보통 빳빳한 유니폼을 입은 매력적인 젊은 여성들—은 모든 잠재 고객에게 웃으며 다가가 물건을 팔기 위해 진짜 열성적으로 일했다(내 생각엔 실적에 따라 급료를 받았을 것이다). 국영 상점들의 투박한 판매 체계와 달리, 이런 호화로운 상점들에서는 점원이 생글거리며 손님을 맞고 판매도 빠르고 쉽게 이루어졌다.

나는 이런 상점을 누가 소유하고 운영하는지 알아내지 못했다. 상점 소유자를 알지도 모르는 사람들은 이에 관해 이야기하기를 꺼리는 눈치였다. 그러나 평범한 북한 사람들보다 수입이 터무니없이 많고, 자신의 부를 과시하고 싶어하고 또 과시할 수 있는, 현금이 남아도는 사람들로 이루어진 평양의 계급이 점점 커지고 있다는 것은 분명했다. 평양의 새로운 중심지들에는 대개 카페가 있었다. 세련된 외국산 에스프레소 기계를 들여놓은 이런 카페는 (그저 그런) 커피 한 잔에 최대 1유로를 받았다(일부 북한 사람들에겐 거의 2주일치 급여다). 이런 카페에서는 좋은 옷을 입은 멋쟁이 손님들이 앉아서 이야기를 나누고 있었다. 그들은 품질 좋은 셔츠와 블라우스 차림에 가죽 신발을 신고 있었다. 그러나 그들 중에 새로운 호화 상점들에서 파는 고급 옷을 입은 사람은 없는 것 같았다.

나는 이 모든 상황에 내가 경험한 어떤 패턴이 있음을 알아차렸다. 소련이 붕괴한 직후 나는 벨라루스에서 값비싼 상점들을 뻔질나게 드나들고 서구의 최고급품을 원하는 부유한 신흥 계급이 다수의 궁핍한 사람들 사이에 등장하는 과정을 지켜보았다. 1993년 벨라루스에서 신흥 부자들은 자기네 부의 원천에 관해 공공연히 말하곤 했지만, 2008년 북한에서는 그렇지 않았다. 나는 각기 다른 시기에 공산주의에서 벗어난 나라들에서 등장했던 도둑 정치(kleptocracy)가 북한에서도 출현하는 과정을 지켜보고 있다는 생각이 들었다.

이 모든 소비에도 불구하고 거리에서 부를 드러내는 경우는 드물었다. 2008년 중반까지도 평양 중심부를 걸어다니는 사람들 대다수는 옷차림이 칙칙했다. 시샘하는 서민들의 눈에 띄지 않는 지도층의 거주 구역 안에서 값비싼 옷을 입고 과시했을 거라고 생각한다. 그렇지만 청소년들은 다른 듯했다. 조선노동당 중앙위원회의 거주 구역인 '금지된 도시' 입구에서는 색이 선명한 티셔츠를 입은 10대 아이들을 흔히 볼 수 있었고, 때때로 미국 농구팀의 이름이 새겨진 티셔츠를 걸친 아이들도 있었다. 나는 그들이 자기가 입은 옷이 뭔지 과연 알고 있을지 궁금했다.

• 식당, 바, 카페 •

평양에는 작은 식당들이 점점이 흩어져 있었다. 이 식당들은 대다수 북한 사람들에겐 비쌀 테지만 태환 통화를 버는 이들에겐 아주 알맞은 가격에 상당히 괜찮은 식사를 제공했다. 국과 주요리, 김치, 음료가 나오는 2품 식사의 가격이 1000원에서 2000원 사이였다. 이들 식당 어디에서나 공산주의 방식이 적용되어, 손님이 입구에서 선불을 내고 전표를 받아 자리에 가서 앉아 있으면 여종업원이 음식을 내오면서 전표를 받아갔다(보통 외국인은 이런 절차에서 면제되었다). 대체로 요리 종류가 한정되었고―메뉴판에서 주문할 수 있는 것은 대여섯 가지뿐이다―음식이 플라스틱 그릇에 담겨 나왔으며, 숟가락과 젓가락이 싸구려였고, 식탁에 싸구려 플라스틱 직물이 덮여 있기까지 했지만, 음식 자체는 훌륭했다. 이런 식당들은 거의 전부 외국인 손님을 받았다(물론 외국인이 들어가서 먹으려면 메뉴판의 한글을 읽고 한국말로 주문할 수 있어야 한다. 따라서 평양의 외국인들은 대부분 들어가지 못했다).

그러나 애석한 일도 있었다. 세 번이나 갔던 식당에서 여종업원이 다가오더니, 내가 가게에 처음 왔을 때는 기뻤고 또 영광으로 생각했지만 이렇게 계속 오니 자기네가 어떻게 해야 할지 모르겠다고 말했다. 나는 무슨 말인지 알아듣고 더는 찾아가지 않았다. 다른 식당에서는 종업원이 창가에서 떨어진 자리에 앉을 것을 권했는데, 혹여 당국에 속한 누군가가 나를 보고 문제를 일으킬까 염려해서였을 것이다. 그러나 대다수 식당은 외국인의 방문을 우려하지 않았고, 대체로 반갑게 맞아주었다. 물론 어려운 시절에(북한은 거의 언제나 어렵다) 손님은 늘 환대받기 마련이지만, 나는 그 외에 외국인이 다녀갔다는 사실이 식당에 명성을 더해주었을 거라고 생각한다. 단 한 식당만이 나에게 바가지를 씌우려 했는데, 메뉴판에 적힌 냉면 가격은 나에게 적용되지 않으니 그 가격의 절반 정도를 더 내라고 요구했다.

어느 나라에서나 으레 그렇듯이 북한의 이 식당들도 만원일 때도 있고 텅텅 빌 때도 있었다. 간혹 나는 혼자 먹는 영광을 누렸다. 나 말고 다른 손님들은 평범해 보였으며, 어쩌면 특별한 식사를 하려고 평양 밖에서 찾아온 건지도 몰랐다. 이따금 다른 손님들이 나와 잡담을 나눌 만큼 식당 분위기는 대개 편안했다.

한결 말끔한 다른 식당들은 경화만 받았다(외교관 거주 구역 안에 있어서 대다수 북한인은 접근하지 못하는 경화 식당들—외교관 클럽과 프렌드십 클럽—이 아니라, 평양 시내에 있으며 돈만 있으면 누구나 출입할 수 있는 경화 식당을 말한다).

역시 이 식당들 중 일부는 내가 평양에 도착하기 전부터 영업하고 있었고(대동강에서 멀지 않은 아리랑 식당이 인기 단골집 가운데 하나였다), 다른 일부는 내가 머무는 동안 생긴 듯하다. "생긴 듯하다"라고 말한 이유는, 식당들 일부가 그 전부터 있었으나 평양의 전반적인 모호함으로 인해 외국인 공동체에 알려지지 않았을 수도 있기 때문이다. 일반적으로 이 식당들은 평범한 원화 식당들보다 더 다양한 요리를 제공했으며, 더 깨끗했다. 또한 알맞은 식탁보와 더 좋은 숟가락, 젓가락이 있었다. 이들 식당은 북한 사람 대다수가 엄두도 못 낼 만큼 비싼 가격을 시장의 환율에 따라 원화로 표시해 청구했지만, 그럼에도 붐볐다. 부유한 신흥 계급의 등장을 알리는 또 다른 신호였다. 이 식당들 중 적어도 두 곳(한 식당은 낙원백화점 꼭대기층에 있었고, 이름 없는 다른 식당은 대학거리와 탑제거리 교차로 근처에 있었다)은 소규모 양조장을 직접 운영했고, 거품 맥주 한 잔을 유로 50센트에 제공했다. 옥류교에서 지척인 옥류관은 김정일의 단골 식당으로 알려져 있었고, 보도에 따르면 김정일의 지시를 받아 전면 개보수를 했다(옥류관은 영업을 재개하자마자 추가 개보수를 위해 다시 문을 닫았다. 개건 결과를 보려고 방문한 김정일이 불만 가득한 심기를 드러내며 전부 뜯어 고칠 것을 명령했다고 어느 북한인이 말해주었다).

평양 햄버거 가게는 독특했다. 내부 장식은 서양의 햄버거 매장과 흡사해 보였고, 전 세계 패스트푸드 산업의 공통점인 유니폼 입은 직원들이 있었다. (외화로만 구입할 수 있는) 햄버거는 제법 괜찮았다. 정권은 서양 낱말인 '햄버거'를 사용하지 않으려고 '다진 쇠고기와 빵'을 대안으로 선택했지만, 세계 어디서나 그렇듯이 북한 사람들도 이 번거로운 공식 단어를 무시하고 햄버거라고 불렀다(이와 마찬가지로 아이스크림을 가리키는 정권의 공식 낱말인 '얼음보숭이'도 거의 쓰이지 않았다. 모두가 영어 낱말 그대로 '아이스크림'이라 불렀다).

(대개 외국인이 운영하는) 외국인 전용 바를 제외한 평양의 바들은 간소하지만 사교적인 장소였다. 이들 바에는 좌석이 없어서 모두가 금속 테이블 주위에 서 있었다. 손님들이 맥주 값을 선불로 치르고(거의 언제나 맥주만 시켰다. 다른 주류를 팔기나 했는지 모르겠다) 전표를 받아 자기 테이블에 가서 기다리면 여종업원이 맥주를 가져다주면서 전표를 치웠다. 평양의 바들은 언제나 담배 연기가 자욱하고 시끌벅적하게 수다를 떠는 남성적인 공간이었다. 나는 술 마시는 여자를 본 적이 없다.

감정가들은 몇몇 식당에서 소규모로 양조하는 맥주가 평양에서 최고라고 말해주었다(낙원백화점에서 파는 초록색 맥주를 좋아하는 열렬한 팬도 있었다). 병맥주 중에 최고는 대동강맥주라고 한다. 이 맥주는 영국의 양조공장을 해체한 뒤 북한에 들여와 평양 외곽에서 기록적인 시간 내에 재조립한 양조장에서 생산한다.

카페는 평양에서 비교적 새로운 현상이다. 내가 알기로 평양의 첫 카페는 스위스 NGO인 ADRA가 평양 중심부의 주요 거리에서 조금 벗어난 위치에 세운 ADRA 카페였다(외국인들은 보통 '스위스 카페'라고 불렀다). 북한의 우유 생산량을 늘리기 위해 노력한 ADRA는 이 카페를 유제품 판로로 이용했다. ADRA 자체는 다른 많은 NGO들과 함께 2006년 초에 추방되었지만, 이 카페는 내가 2008년에 떠날 때까지도 영업을 하고 있었다. 여기서는 고려항공 승무원을 지낸 여직원이 커피와 번빵, 그리고 평양의 외국인들에게 소중한 질 좋은 치즈를 팔았다. 내가 평양에서 지내는 동안 문을 여는 클럽과 쇼핑센터 안에도 새로운 카페들이 들어섰다. 이 카페들은 커피 값이 비쌌지만 멋쟁이들이 자주 찾았다. 그러나 북한이 남한의 커피 문화를 따라잡으려면 아직 갈 길이 까마득하게 멀다. 남한에는 길모퉁이마다 커피 집이 있고 다양한 커피를 판다. 내가 아는 북한 사람들은 대부분 전통 차를 선호했다.

· 공업 ·

1990년대의 심각한 경제적 타격으로 북한의 많은 공장들은 조업을 중단한 뒤 다시는 재개하지 못했다. 그러나 일부 공장은 살아남았고, 새로 문을 연 공장도 있었다. 몇몇 경제학자들은 국가가 통제하는 북한의 경제체제가 생산비 초과 지출을 적절히 통제하지 못하고, 생산하는 제품을 감안할 때 기준 미달이거나 지나치게 비싼 원료를 사용할 것을 공장장들에게 강요한다고 지적한다. 이 때문에 북한 공업 생산이 대체로 부를 창출하기보다 오히려 가치를 파괴하고 있으므로, 다시 말해 최종 생산품이 투입한 원료보다 가치가 적으므로, 차라리 공장 가동을 멈추는 편이 더 낫다고 그들은 믿는다.[18]

나는 신의주 화장품 공장, 낙원 철강 공장, 나진 경제특구의 직물 공장[19] 같은 시설들을 다양한 기회에 방문할 수 있었다. 세 곳의 공장장들은 과거에 어려움을 겪었지만 지금은 회복하고 있다고 말했다. 화장품 공장은 치약을 연간 5000만 통 생산해 몇몇 나라에 수출한다고 했다(이곳 생산품—간단한 립스틱과 크림 여러 종—은 평양 제1백화점에서 팔린다). 직물 공장은 청바지를 한 벌당 1달러에 만들어 중국의 중간상인들에게 팔았고, 그들을 거친 청바지는 십중팔구 서구와 남한에서 팔렸다.

중국에서 치솟는 생산비와 위안화의 환율 상승 압박을 우려한 많은 직

---

18   예를 들어 William J. Newcomb, "Continuity and Change: Assessing North Korea's Economic Performance and Prospects", in *Troubled Transition: North Korea's Politics, Economy and External Relations*, ed. Sang-Hun Choe at al. (Stanford, CA: Shorenstein Asia-Pacific Research Center)
19   나는 이 공장을 2008년에 방문했는데, 2010년에 방문한 다른 사람은 이곳을 신발 공장으로 묘사했다. 기묘한 일이지만, 공장 전체의 설비를 바꾸었다고는 믿기 어렵다.

물 기업들이 북한에 공장을 지었다고 들었다(간혹 공장이 가장 없을 법한 위치에 공장이 있었다. 평양 시립 수영장 위쪽에 분명 그런 공장이 있었다). 평양의 중국 사업가들은 북한 노동자들이 중국 노동자보다 급여를 훨씬 적게 받으면서도 불만이 더 적다고 말해주었다. 그럼에도 이런 공장에서 생산한 옷에는 '메이드 인 차이나' 라벨이 붙었다.

다른 신설 공장들은 북한 생활에 큰 영향을 미쳤다. 남포로 가는 길에 있는 대안 유리 공장(중국의 도움을 받아 건설해 2006년에 가동을 시작했다) 덕분에 창문 대용으로 쓰던 얇은 폴리에틸렌을 단열성이 훨씬 좋은 유리로 교체할 수 있었으며, 저전력 전구를 생산하는 합작투자 공장(네덜란드의 필립스 사와의 합작이라고 들었다) 덕분에 북한의 부실한 전기 체계로도 더 많은 주택이 불을 밝힐 수 있었다(평양의 주택에서는 25와트 전구만 사용할 수 있으므로 구식 전구는 빛이 어둑했지만 저전력 전구는 상당히 밝았다). 내 생각엔 평양 인근 어딘가에 적당한 가격에 품질이 괜찮은 자전거를 생산하지만 외국인에게만 판매하는 합작투자 자전거 공장이 있었다. 그럼에도 북한 당국은 이런 발전이 외국의 조력 덕분에 가능했음을 인민들에게 알리지 않는다.

내가 머무는 동안 평양 인근에서 소파 제작업이 시작되었다. 이렇게 만든 소파는 서구의 내화성 기준을 준수하지 않았을 화려한 색의 합성재료를 나무틀에 씌운 단순한 상품이었다. 나는 이런 소파 안에 어떤 재료가 들었는지 알아내지 못했다(모르는 편이 나을 것이다). 소파 부인들은 평양의 구경거리 가운데 하나였다. 그들은 금속 손수레에 소파를 싣고 도시를 돌아다니다가 특정한 교차로에서 대놓고 소파를 팔았다. 언젠가 나는 당시 환율로 40유로보다 적은 액수인 15만 원에 소파를 사라는 제안을 받았다(소파를 놓을 장소가 없었고 내가 집에 가져가도 어쨌거나 아내가 들여놓지 않을 게 뻔해 애석하게도 그 제안을 거절했다). 나는 이것이 독립적인 가내공업 사례였다고 생각하지만(외국이 관여한 흔적이 전혀 없었다), 소파 부인과 이야기를 해본 적이 없으므로 확실하진 않다. 소파 부인은 평양에만 있지 않았다. 언젠가 함흥에서도 한 명을 보았다.

• 경제개혁 전망 •

"개혁과 개방은 붕괴의 지름길이다. 우리는 개혁과 개방을 위한 어떤 노력이나 시도도 결코 용납하지 않을 것이다." 풍문에 따르면 김정일은 2000년 남북 정상회담 직후 이렇게 말했다고 한다. 당시 김정일이 개혁과 개방을 꺼린데에는 그만한 이유가 있었고, 그런 사정은 지금도 마찬가지다. 예전 사회주의 국가들에서는 경제개혁이 대체로 구원이었지만, 북한에서는 경제개혁 도입이 정권을 무너뜨릴 가능성이 있다. 첫 번째 문제는 경제적 다원주의를 어느 정도 허용하지 않고는 경제개혁을 추구하기 어렵고, 경제적 다원주의가 정권의 경제력 독점을 침해하리라는 것이다.

더 위험한 두 번째 문제는 정권의 정통성이 남한과 다른 노선을 제시하는 데 어느 정도 달려 있다는 것이다. 외부 세계와 그 세계가 북한보다 얼마나 잘 굴러가는지를 빠르게 알아가고 있는 서민들에게 남한과의 통일을 받아들이고 주류가 아닌 남한의 이류(경제개혁이 불러올 법한 결과)로 살아야 하는 이유를 설명하기란 어려울 것이다. 이런 이유로 북한 정권은 유일무이하게 비효율적인 계획경제를 악착같이 고수하고 있다.

북한에서 소규모 경제개혁은 대부분 정권의 정책에 따라 진행되기는커녕 개혁을 저지하려는 정권의 시도에도 불구하고 진행되었다. 결국 정권이 경제개혁을 막을 수 없다는 것이 드러났다. 오늘날 북한 생활에서 중요한 부분인 시장이 이를 보여주는 좋은 실례다. 북한에서 시장은 중국의 압력을 받아 1984년에 처음 개장했으나 개혁론자 후야오방(胡耀邦)이 베이징에서 퇴진한 1987년에 폐장했다.[20] 그러다가 1990년대 기근기 동안 재개장하고 널리 퍼져 머지않아 북한인 다수의 생존에 없어서는 안 될 부분이 되었다. 정권은 시장의 출현을 마지못해 묵인하고 시장 경영에 대한 지령을 내리기까지 했다.[21] 그러나 정권은 언제나 근본적으로 시장에 적대적이었다. 앞에서 나는 김정일의 시장 비판 발언을 언급했다.

때때로 정권은 시장을 제약하거나 시장에서 장사하는 사람들이 수익을 얻지 못하게 막으려 했다. 정권은 2007년에 일정한 연령 이하인 여자들이 시장에서 장사하는 것을 금지하려 했고, 2009년 11월 30일에는 이날 도입한 재앙적인 경제 조치[22]의 일환으로 시장을 폐쇄했다. 그러나 2010년 3월 공식 시장이 재등장했고, 그해 5월에 이르러 정권은 간부들에게 식량 문제를 해소할 방도가 없음을 인정하고 공식 시장의 재개장을 명령할 수밖에 없었다[23] (사건들의 순서는 불분명하지만, 고위 지도자들이 재개장을 명령하기도 전에 일부 지역에서 적어도 공식 시장은 영업을 재개한 것으로 보인다. 이게 사실이라면 지역 관리들이 장사 재개를 허용하라는 압박을 느꼈음을 강하게 암시한다). 그러므로 시장의 도입이 정권의 경제정책 변화를 예고했다고 믿는 것은 잘못이다. 오히려 시장은 정권이 마지못해 받아들인 임시방편이었다. 이와 마찬가지로 지난 10년간 생긴 무역 기업들은 대부분 원로 지도층에 종속되어 있는 듯하며, 이들이

---

20   Becker, *Rogue Regime*, 121~122.
21   2003년 5월 3일 북한 내각의 24개 지령. 일본 NGO인 RENK의 웹사이트에서 텍스트를 구할 수 있었지만 지금은 웹사이트가 사라진 듯하다.
22   화폐개혁을 말한다－옮긴이.
23   Noland and Haggard, *Witness to Transformation*, 10.

여기서 막대한 수익을 얻는 것이 틀림없다. 요컨대 그 기업들은 새로운 자유주의 경제의 전조가 아니다(원로들의 충성이 필요한 중앙지도부는 이들의 기업에 간섭하거나 금지 명령을 내릴 수 없다고 느꼈을 것이다). 더욱이 거리 수준에서 마지못해 제한적으로 허용한 경제 자유화는 경제 구조 전반의 변화를 반영하는 것이 결코 아니다. 이건 개혁이 아니라 정실 자본주의[24]다.

또한 정권은 북한 외부에서 흔히 생각하는 것보다 이데올로기를 중시한다. 개혁을 하려면 '영원한 수령'의 주요한 정치적 유산인 주체사상을 상당 부분 포기해야 할 것이다. 북한에서 이런 생각은 이단이며, 고위 지도부, 특히 위계질서의 최상위에 있으며 고인이 된 '김일성 수령'에게 아직도 열렬히 충성하는 고령 원로들의 진노를 자아낼 것이다.

그러므로 전반적으로 보면 서구와 중국이 제아무리 바라더라도 현재 북한 정권이 경제개혁에 나설 가능성은 거의 없다. 나는 김정일 사후에 이런 상황이 과연 바뀌었는지 의문이다. 정권이 대안적인 경제 모델을 찾는다는 보도가 있었지만, 정권은 이미 과거에도 그런 시도를 했으나 필요한 변화를 결코 실행에 옮기지 못했다. 정권은 오늘날과 같은 민감한 정치적 과도기에 광범한 변화를 허용하는 일을 극도로 경계할 것이다. 나는 정권이 시대에 뒤떨어진 경제 모델의 순수성을 최후까지 지키려 시도할 공산이 더 크다고 본다.

---

24   밀실 거래와 정경유착을 통해 권력의 핵심에 가까운 사람들이 손쉽게 부를 축적하는 경제체제-옮긴이.

4

두 개의 한국

남한에 대한 태도 · 개성공단 · 금강산 · 판문점

나는 북한 사람들이 남한을 어떻게 보는지 이야기할 기회가 자주 있었는데, 여기서 그들의 견해를 일부 전하고자 한다. 북한과 남한이 만나고 어우러지다시피 하는 장소가 두 곳 있다. 개성공단과 금강산이다. 나는 두 곳 모두 가보았다. 남북이 만나기보다 서로를 응시할 뿐 결코 어우러지지 않는 판문점의 공동경비구역(JSA: Joint Security Area)에도 가보았다.

· 남한에 대한 태도 ·

내가 아는 북한 사람들은 매료, 시기, 분노, 선망이 뒤섞인 태도로 남한을 바라보았다. 지인들이 나에게 한민족의 통일을 열망한다고 말할 때―정권이 허용했으므로 지극히 안전한 발언이다―그 말이 실제로는 남한이 자기들을 구해주기를 열망한다는 뜻임을 나는 금세 알아차렸다. 그들은 일부 이단 종파에서 천년왕국에 관해 말하는 식으로 자주 통일에 관해 말했다. 통일이 되면 모두가 형제가 되고, 쌀을 넉넉히 배급받고, 아플 때 약을 구할 수 있다는 식이었다. 과거 정권의 정반대 선전에도 불구하고 남한이 북한보다 훨씬 부유하고 더 앞서 있음을 모두가 알았다. 나는 한 지인에게 통일이 어떻게 이루어지리라 생각하느냐고 물었다. 그녀는 통일이 어떤 방식으로 이루어지든 개의치 않는 눈치였으며, 실은 누가 어떤 제안을 했는지 잘 모르는 듯했다(정치 학습 시간에 졸았을 것이다). 평양과 서울 중에 어느 도시가 새로운 통일한국의 수도가 될 것 같냐고 묻자 그녀는 시선을 떨군 채 모르겠다고 답했다.[1] 남한의 여론조사를 보면 남한 사람들이 다 통일을 바라는 것 같지는 않다는 나의 말에 지인들은 충격을 받았다. 북한에는 여론조사가 없지만, 탈북자들의 의견에 관한 최근 연구는 절대다수, 즉 85퍼센트에서 95퍼센트가 남한의 조건에 따라 통일하는 방안에 찬성한다는 것을 보여준다.[2]

그러나 지인들은 남한에 미군이 계속 주둔하는 상황을 경계했다. 나는 서울 거리에서 미군 병사를 많이 보았냐는 질문을 자주 받았고, 내가 군복 입은 미군 장병을 거의 못 봤다고 확언해도 지인들은 약간 미심쩍어했다. 미군 차량이 남한 소녀 두 명을 치어 죽인 사건[3]과 같은 이야기는 북한에서 대서특필되고, 미군이 한국 여성을 강간하는 사건이 자주 발생한다는 인상을 준다. 1991년에 미국이 남한에서 핵무기를 전부 거두어들였다는 사실은 잘 알려져 있지 않아서 내가 말해주면 깜짝 놀랐다. 그들의 정부는 북한이 남한에 주둔하는 핵무장한 미군과 대치 중이라는 인상을 부추긴다.

---

1   북한은 1972년까지 공식적으로 서울을 통일한국의 수도로 생각했다. Lankov, *From Stalin to Kim Il Sung*, 45.
2   Haggard and Noland, *Witness to Transformation*, 109~110.
3   2002년 6월 13일, 당시 중학교 2학년이던 신효순, 심미선 양이 미군 장갑차에 깔려 숨진 사건−옮긴이.

• 개성공단 •

개성공단은 역사적으로 중요한 도시인 개성에서 조금 떨어진 평평한 지역에 있으며, 검문소를 여럿 통과해야 들어갈 수 있다. 내가 처음 방문한 2008년에 개성공단은 당초 목표만큼 성장하지 못한 상태였지만 어쨌거나 계속 성장하고 있었고, 공장을 추가로 신설한다는 보도도 있었다. 보통 외국인의 방문을 허용하는 공장은 신원 사의 의류공장을 포함해 몇 군데밖에 없다. 당시 개성공단에는 북한 사람이 거의 4만 명 고용되어 있었고, 그중 86퍼센트가 여성이었다(그 후 5만 명까지 늘었지만 이마저 당초 바람이었던 30만 일자리를 크게 밑도는 수치다). 남한에서 온 관리자는 약 800명 있었다. 북한 사람들은 거의 전부 개성시와 그 인근 지역에서 충원했지만, 공단이 성장함에 따라 다른 지역에서도 노동자를 데려와야 할지 모른다는 우려가 있었다. 공단 노동자들은 저녁에 일이 끝나면 개성시에 있는 집으로 자유롭게 돌아간다고 했다. 그들은 특별한 구역에서 살지 않았고 그들을 서민 일반과 격리하려는 시도도 없었다(어느 관리는 그들의 거주 구역을 건설하는 것은 개성시의 재정으로 감당 못할 일이라고 말했다. 나는 북한이 남한에게 공단 내 기숙사 건설을 요청했으나 남한이 응하지 않았다고 들었고, 북한이 직접 기숙사 건설에 나설지 모른다는 보도를 접했다).[4] 공단 일을 그만두는 노동자가 아예 없진 않지만(이를테면 가정사 때문에) 드물다고 들었다. 대체로 개성공단에 취직한 사람들은 일자리에 죽어라고 매달렸다. 공단에서 일하려는 사람을 찾느라 애를 먹지 않느냐는 나의 질문에 북측은 놀라며 오히려 구직자 줄이 아주, 아주 길다는 취지로 답변했다.

---

4   일례로 다음을 참조하라. "N. Korea Considers Dormitory at Inter-Korean Industrial Park", *Balita*, 19 September 2010, http://balita.ph/2010/09/19/n-korea-considers-dormitory-at-inter-korean-industrial-park.

개성공단 내부의 공장. 이 공단의 북
한 노동자들은 대다수 북한 공장에서
일하는 노동자보다 훨씬 나은 근로조
건을 누린다.

공장들은 남한 기준에 따라 운영되었다. 조명이 밝고 청결했으며, 소음
이 심하지 않았다. 나는 노동자들이 음악을 골라 틀 수 있다고 들었다. 물론
그들은 북한 음악을 선택했지만(그렇지 않으면 문제가 생길 테니까), 그 음악은
언제나 무난하고 서민적인 곡조였지 정권이 무척 좋아하는 시끌시끌한 행진
곡이나 집단농장에서 들었던 귀에 거슬리는 노래가 아니었다. 따라서 노동
자들은 진짜 선택권을 누리는 셈이었다. 공단에는 훌륭한 구내식당이 있었
고, 당시 나온 음식들을 보고 판단하건대 노동자들은 여기서 평상시보다 훨
씬 나은 식사를 즐길 수 있었다.

노동자가 급료 중에 얼마만큼을 가져갈 수 있는지에 대해 공단 방문객
들은 서로 엇갈리는 설명을 들었다. 한 설명에 따르면, 각종 편의와 건강관
리 같은 항목에 들어가는 비용을 뺀 총액(달러)을 공식 환율에 따라 북한 원
화로 바꾸어 노동자들에게 지급함으로써 사실상 그들 급료의 90퍼센트를
정부가 강탈하고 있었다. 그러나 다른 설명에 따르면 정부가 가져가는 몫은

노동자 급료의 약 20퍼센트에 지나지 않았다. 공제액을 뺀 나머지 임금은 물품교환권으로 지급하며 이것으로 물품공급소에서 수입품을 구입할 수 있다고 했다(나는 이 물품공급소에 가보고 싶다고 말했지만 안 된다는 답변을 들었다). 둘 중에 무엇이 정확한 설명인지, 또는 하나라도 정확한 설명인지는 불확실했다.

남한 관리자들과 북한 노동자들의 소통은 제한되는 듯했다. 첫째, 전 세계 공장 노동자들처럼 공단 노동자들은 낮 동안 대부분 기계에 매여 있었다. 관리자와 잡담할 기회는 드물었다. 둘째, 남한 관리자들은 노동자들을 대화에 끌어들여서 공연히 문제를 일으키고 싶지 않다는 암시를 주었다. 하루 일이 끝나면 북한 노동자들은 버스를 타고 공단을 벗어나 개성시로 들어갔지만 남한 관리자들은 공단 안에서 지냈으므로(어쩌다 한 번씩 가족이 있는 집으로 갔다) 두 집단이 사교적으로 어울릴 기회가 없었다. 그럼에도 내가 방문한 공장에서 남한 관리자들이 노동자들에게 말할 때—작업에 관해 말하거나 지시를 하는 듯했다—그들은 거의 친구 사이처럼 편안해 보였다. 나는 그들의 관계에서 어떤 긴장감도 감지하지 못했다.

· 금강산 ·

비무장지대 동쪽 끝 동해 근처에 있는 금강산은 산수가 무척 아름다운 산악 휴양지다. 1998년, 남한 기업인 현대아산이 북한과 계약을 체결하고 금강산 관광 사업을 시작했다. 그때 이후로 북한 사람들에게는 금강산 접근이 금지되었다. 내가 금강산에 갔다가 돌아오자 북한 친구들은 어땠냐고 수차례 물어보았고, 젊은 시절 금강산에 갔던 일을 추억했다. 나는 그들의 말에서 자기네 나라의 명소를 이제 가볼 수 없다는 일종의 분노를 느꼈다.

금강산 관광 지역 안에 호텔이 두 곳[5] 있는데 이 가운데 한 곳에서 외국인들과 북한 안내원과 경호원들이 숙박하며, 관광 지역에서 일하는 북한 사람들을 위한 숙박시설이 따로 있다(나는 외국인들이 묵는 호텔에서 남한인 관리자들과 직원들이 아주 편하게 대화하는 모습을 보았지만, 한국어를 말할 줄 아는 중국인 다수가 연길시 일대에서 금강산 관광 지역으로 일하러 온다는 사실을 나중에 알았다. 그러므로 남한 관리자들과 이야기하던 사람들은 아마 중국인이었을 것이다). 외국인과 남한 사람을 포함한 관광객들은 매력적이지만 경계를 늦추지 않는 북한 안내원들과 함께 아름답지만 미리 정해진 산길을 따라 걸었다(경로를 벗어나 돌아다니는 행동은 금지되었다). 이 안내원들을 빼면 남한 관광객들과 북한 사람의 접촉은 거의 불가능할 것이다.

나는 우리에게 금강산을 구경시켜준 안내원과 길게 대화했는데, 그녀는 유머감각이 좋았지만 북한의 공식 노선에서 한 치도 벗어나지 않으려고 무척이나 조심했다. 북한 안내원들이 남한 관광객들과 동행하며 더 사교적으로 대화할 것 같지는 않다. 금강산에서 나는 이산가족의 만남을 위한 회관이 건설 중인 현장도 보았다. 남한의 요청으로 시작된 이산가족 상봉이 앞으로 더 자주 이루어질지도 모를 일이다(2008년 7월 북한 군인이 남한 관광객을 총격한 비극적인 사건이 일어난 이후 남한의 금강산 관광이 중단되었다. 이 지역의 미래는 아직 불투명하다).

5 금강산호텔과 외금강호텔—옮긴이.

• 판문점 •

남북이 만나지만 결코 어우러지지 않는 다른 장소는 비무장지대 안에 있는 공동경비구역이다. 회담장들이 실제 휴전선에 걸쳐 있는 이곳에서는 이따금 남북회담이 열린다. 남한 쪽에서 판문점을 방문하는 것은 서울을 찾는 외국인 관광객들을 위한 오래된 관광상품이며, 수많은 외국인들이 휴전선 반대편에 있는 조선인민군 군인들과 시선을 맞추거나 그들에게 손을 흔들지 말라는 유엔군사령부 소속 군인의 주의를 받는 절차를 거쳤다. 남한 헌병들은 태권도 자세를 변형한 '대한민국 준비 자세'를 취한 채로 회담장 뒤에 몸을 반쯤 가리고 서 있다.

놀랄지 모르겠지만 북한 쪽에서 판문점을 방문할 때 긴장감이 훨씬 덜하다. 방문객들은 우선 공동경비구역 모형이 전시된 방에 들어가서 공동경비구역이 어떻게 생겨났는지에 대한 (북한 관점에 따른) 설명을 듣는다. 그런다음 공동경비구역에 직접 가서 조선인민군 경비병이 가리키는 남한 건물들과, 특히 눈에 띄면 어김없이 가리키는 미군 대원을 본다(공동경비구역 내 미군의 존재는 미국이 대한민국을 점령하고 있다는 북측 주장을 뒷받침하는 사례로 이용될 것이다). 상대측 무리가 회담장 안에 있지 않다면 남쪽에서든 북쪽에서든 회담장 안으로 걸어 들어갈 수 있으며, 조선인민군 경비병들은 대한민국 준비 자세처럼 경직된 자세를 취하는 일 없이 회담장 주위를 거닌다. 공동경비구역 방문은 보통 북한 건물 안에 있는, 판문점이 내다보이는 다소 음울한 방에서 차를 마신 뒤(내가 마지막으로 방문했을 때 그 방의 커튼은 세탁이 절실히 필요해 보였다) 휴전협정이 체결된(북한 경비병의 주장대로라면 미국 제국주의자들이 항복한) 회담장에 가보는 것으로 마무리된다. 단순한 탁자 하나만 달랑 있어서 이것마저 없으면 더 황량했을 회담장 안에는 휴전협정 조인문 원본의 겉장이 전시되어 있다.

그 후 방문객들은 북한의 관점에서 공동경비구역을 해석하는 작은 박물관에 간다. 여기에는 사진과 기타 전시품이 다수 전시되어 있으며, 그중에는 1976년 나무를 자르는 노무자들을 감독하던 아서 보니파스(Arthur Bonifas) 대위를 살해한 도끼가 있다.

판문점 인근에는 거대한 북한 국기가 휘날리는 마을이 있다(북한과 남한은 수년간 누가 더 깃대를 높이 세울 수 있는지를 두고 경쟁을 벌였다고 한다). 몇몇 사람들은 그 마을이 가짜이고 집들이 전시용일 뿐이라고 믿었다. 나는 그 마을에 들어가본 적이 없으므로 정말 그런지는 모르겠다.

공동경비구역을 방문할 때의 분위기는 금강산이나 개성공단을 방문할 때의 분위기와는 사뭇 다르다. 금강산과 개성공단에서 북한은 분명 부유한 이웃나라와 합의에 도달해야 하는 가난한 나라이지만, 공동경비구역에서 조선인민군은 남한과 수십 년간 대치하는 상황을 편안하게 여긴다. 여기서 한반도의 정치는 휴전협정이 체결된 1953년 그때 그대로 동결되어 있다.

금방이라도 무너질 듯한 평양의 전형적인 아파트. 이 사진을 찍은 2006년에는 창문에 유리 대신 폴리에틸렌을 붙인 집이 많았다.

평양 시내. 차가 없다는 점에 주목하라.

평양 만수대의 김일성 동상과 그 측면의 깃발.

만경대, 김일성 생가이자 북한에서 가장 신성시되는 장소의 하나.

평양 김일성 광장에서의 집단 춤.

김일성화 전시의 일부, 김일성 생가인 만경대 모형으로 장식했다.

남측에서 바라본 판문점.

북측에서 바라본 판문점.

평양 만수대 김일성 동상 앞의 계단을 청소할 충직한 사람들을 위한 빗자루.

평양 통일시장 뒤편의 장난감총 사격장. 표적이 무엇인지는 명백하다.

트랙터를 이용한 모내기. 등골 빠지는 이 논일은 손으로 할 때가 더 많다.

산비탈 개간. 이처럼 가파른 비탈에서 채소를 재배하느라 광범한 토양 침식이 발생한다.

남포 해변의 해수욕객들.

외국인 방문객들에게 노래를 불러주는, 화장을 진하게 한 어린이들.

외교 구역 코앞에 있는 이 밭처럼 평양 중심부에서도 경작 가능한 땅뙈기는 전부 일구어 농작물을 심는다.

북한 북부에 있는 칠보산. 북한의 영토는 대부분 무척 아름답지만 상당수 인민들은 접근하지 못한다.

2부

평양의 외국인들

사람들은 평양 생활이 이루 말할 수 없이 끔찍하리라고 상상한다. 분명 문제로 가득한 생활이지만, 우리 외국인들은 모두 그럭저럭 지낸 듯하다. 동료 서구인들이 이따금 평양에 있는 외교기관 직원들의 복지를 걱정하는 것과 꼭 마찬가지로, 북한 사람들은 악의 온상인 미국을 방문하는 것을 걱정한다. 한번은 내가 워싱턴으로 출장을 떠나기 전에 북한 직원 두 명이 부디 무사히 다녀오라고 근심 섞인 목소리로 말했다.

$$5$$

북한과 외국인

북한 당국과 상주 외국인의 소통 · 제한과 허가 · 여행 · 대인관계에 대한 제약
국제기구와 NGO에 대한 태도 · 북한에 대한 외국인의 태도 · 외국인의 평양 생활
민간인과 외국인의 소통

북한 정권과 외국인의 관계는 복잡하다. 역사적 이유와 정치적 이유로 북한 정권은 나치 독일이나 일본 제국의 광기가 극에 달했을 때의 민족주의에 필적할 정도로(더 심할지도 모른다) 유달리 맹렬한 외국인 혐오증적 민족주의를 고취해왔다. 오랜 세월 정권은 한민족의 우수성을 추어올리는 한편 외국인을 암묵적, 명시적으로 조롱해왔다. 1990년대 기근기 이전까지 대다수 북한 사람들은 정권의 말을 믿었던 듯하다. 어쨌거나 자신이 다른 사람보다 낫다고 생각하는 편이 마음이 편한 법이니까.

그러나 기근이 닥치자 NGO 활동가와 유엔 직원을 포함해 외국인이 북한에 대거 들어왔다.[1] 이들이 북한의 어떤 관료도 구하지 못한 세련된 자동차를 타고 돌아다니며 식량을 나누어주는 모습을 수많은 사람들이 지켜보았

---

1   1989년에도 수많은 외국인이 세계청년학생축전에 참가하기 위해 짧게나마 평양으로 몰려온 적이 있었다.

다. 이런 모습은 그들이 배운 것과 상반되었다. 외국인들은 '위대한 영도자'의 지도라는 혜택을 누리지 못한 채 억압당하며 아등바등 살아가는 비참하고 못 믿을 족속으로 추정되었다. 그러나 눈앞의 외국인들은 식량을 원조받는 북한 사람들보다 훨씬 부유한 것이 분명했다. 또한 기근기에는 서구 외국인들만이 아니라 다른 아시아인들도 북한보다 형편이 월등히 낫다는 소식이 특히 중국에서 흘러들어옴에 따라 정권이 오랫동안 지켜온 정보 장벽이 허물어지기 시작했다. 중국의 상대적인 부유함과 남한의 믿기지 않는 부유함에 관한 이야기가 퍼지기 시작했다.

이런 혼란은 내가 평양에서 머무는 동안 외국인과 정권의 관계에 영향을 미쳤다. 한편에는 외국인을 대할 때의 완고한 민족주의적 자긍심이 있었고, 다른 한편에는 북한이 자급하지 못하는 좋은 것들을 외국인이 가져왔다는 괴로운 인식이 있었다. 제2부에서 나는 이 관계가 실제로 어떻게 작동하는지 보여주고자 한다.

• 북한 당국과 상주 외국인의 소통 •

북한은 평양에 상주하는 외교관을 조심스럽게 상대한다. 대사관이 당국에 요청할 게 있으면 구술서[2]를 제출해야 하는데, 이것이 가장 공식적인 의사소통 방식이다. 그러나 당국의 답변은 결코 서면으로 전달되지 않고 대사관 통역관을 통해 전화로 전달된다(간혹 답변을 서면으로 달라고 요청하면 묵묵부답으로 일관한다). 대사관의 사교 행사에 북한 관료를 초청하려면 외무성의 의전 담당 부서에 공식적으로 신청해야 한다. 북한이 그런 초청에 언제나 응하는

---

2   질의, 의뢰, 통고 등에 사용되는 일반적인 외교문서-옮긴이.

것은 아니다. 물론 해당 관료가 진짜로 참석하기 어려운 경우도 있었지만, 그런 만남이 위험하다고 판단한 경우가 더 많았을 것이다. 유럽연합 대사관들이 관례에 따라 자기네 국경일 파티에 참석해주길 바라는 관료 명단을 제출하고 나면(이런 파티는 거의 모든 나라에서 행하는 외교적 전통이다) 역시 관례에 따라 명단과 전혀 또는 거의 관련이 없는 사람들이 참석하곤 했다. 때로는 군 부대 전체가 머릿수를 채우기 위해 차출되는 듯했다(그 병사들이 얼마나 야위었는지를 가까이서 보는 것은 의미 있는 경험이었다). 긴장이 고조될 때면 아예 한 명도 참석하지 않았다. 북한 사람들은 연회장을 떠나면서 자신의 권리라도 되는 양 값비싼 양주를 한두 병 챙겼기 때문에 대사관 직원들이 이를 막느라 꽤나 애를 먹곤 했다.

북한은 자국 관료와 외국인이 만날 때의 의전에도 강박적으로 주의한다(사회주의 진영이 붕괴하기 전에 동유럽 정권들이 그랬던 것처럼). 정권은 북한 관료의 지위와 외국 외교관의 지위를 맞추는 데 대단히 신경을 쓴다. 그러나 북한은 다른 나라들보다 외국 외교관의 지위를 낮게 간주하곤 한다. 불행히도 이는 대사들이 다른 나라에서라면 만날 수 있는 고위층 인사들을 북한 사회에서는 좀처럼 만나기 어렵다는 것을 의미한다. 특히 북한 군부는 중간급 장교(대령, 때로는 준장) 이상 인사를 만나는 것을 여간해서는 허용하지 않았다. 비용을 들여 타국에 대사관 군사 담당관을 파견하는 나라들은 전통적으로 타국의 군조직에 더 깊이 접근할 수 있기를 기대하지만, 북한에는 이 관행이 없는 듯했다. 북한이 어떤 나라와의 관계에 부여한 중요성에 따라 허용되는 접근 수준도 달랐다.

내가 평양에 머무는 동안 어떤 유럽 대사도 김정일을 만난 적이 없지만 중국 대사와 러시아 대사는 때때로 김정일을 만났고, 전통에 따라 김정일이 이따금 양국 대사관의 연회에 참석하기도 했다. 사실 나는 평양에서 지내는 동안 김정일을 딱 한 번 봤다. 5·1경기장의 공연에 김정일이 참석한 날이 있었는데, 그와 나는 10여 미터 떨어져 있었다. 어둑한 곳에서 본 김정일은 안색이 조금 창백했고 걸음걸이가 불안정했다. 이때는 2008년 8월에 김정일이 뇌졸중으로 쓰러지기 전이었다.

평양에서 외국 외교관과 북한 관료의 공식 회의는 의례적으로 진행된다. 외국인은 북한 사무실에 결코 들어가지 못하며 언제나 접견실로 안내받는다. 접견실에는 의자(외무성 접견실의 의자는 등받이가 높고 가죽이 덮여 있었다)와 대화를 나누는 탁자, 그리고 당연히 김일성과 김정일 초상화가 있었다. 북한 사람은 시간을 엄수하므로 일찍 도착한 외국인은 보통 회의 시작 2분 전까지 건물 밖에서 기다려야 한다. 건물 밖에는 거의 언제나 외국인을 맞이하는 누군가가 있으며, 그가 외국인을 건물 안으로 안내하고 회의 상대가 기다리는 접견실까지 데려다준다. 나는 한때 북한 사람들이 집권 중인 김정일을 몇 분간 찬양하며 회의를 시작했다고 들었지만, 내가 머물던 때에는 그런 일이 없었다. 그렇지만 그들은 토의를 시작하기에 앞서 포괄적인 이야기로 말문을 열고 외국인 방문객에게도 똑같이 하기를 권했다. 대화는 언제나 통역관을 통해 이루어졌다. 나와 유럽연합 동료들 모두 다른 방법으로 업무를 수행할 만큼 한국어 구사력이 좋진 않았지만, 한국어를 곧잘 구사하는 동료들은 북한이 여하튼 통역관을 고집할 거라고 귀띔해주었다. 보통 북한 쪽에서는 상급자 한 명만 말하고 수행원들(때로는 한 명, 대개 두세 명)이 기록을 한다. 이 하급자들은 상급자가 (드물게) 말을 걸지 않는 한 회의 내내 조용히 앉아 있다. 회의를 시작하고 조금 지나면 언제나 젊은 여성이 따뜻한 음료—가끔 커피도 주지만 대개 엽차다—를 들고 나타난다. 적어도 외교 회의는 아주 길게 이어지진 않는다. 이것 역시 기근기에 달라진 점인데, 과거에는 회의가 몇 시간씩 계속되었다고 한다.

평양 외무성에서 외국 대사들을 맞는 주요 회의실—특히 유럽연합 대사들이 으레 그렇듯이 단체로 방문할 때—에는 언제나 커튼이 드리워져 있다. 보통 회의실 한가운데 색이 짙은 기다란 나무탁자가 있고 그 주위에 중세풍 연회장에 있을 법한 등받이 높은 의자들이 놓여 있다. 북측은 언제나 창문을 등지고 앉고 방문한 대사들은 반대편에 일렬로 앉는다. 이런 좌석 배치는 다분히 형식적이다. 예를 들어 중국 외교부의 배치보다 훨씬 형식적인데, 거기서 방문객들은 보통 탁자 없이 반원형으로 놓인 안락의자에 앉는다.

평양 밖에서는 대체로 의전에 덜 구애받았고, 관리와 집단농장 관리자, 이와 비슷한 부류를 그들의 사무실에서 만날 수 있었다. 이런 사무실들은 대개 난잡하기 짝이 없었다. 소련의 전통적인 T자형 배치대로 상급자의 책상과 회의 때 하급자들이 앉는 긴 책상이 직각을 이루었고, 이 낡은 나무책상 위에 전화기가 여러 대 있었다. 의무로 걸어야 하는 김씨 부자의 초상화 말고도 탁자 위에는 화려한 플라스틱 화분이, 벽에는 지도와 기타 장식물이 있었다. 나에게 이런 장소는 북한에서 조직을 관리하는 일이 다른 나라들의 경우와 크게 다르지 않으리라는 확신을 주는 증거였다.

보통 북한 관리들은 사무실의 제약을 벗어나면 긴장을 풀고 즐겁게 담소를 나누었다. 북한은 누군가 그저 먹거나 마시기 위해 관리를 초대할 수 있는 사회가 아니었지만, 대체로 동일한 관리들이 동일한 행사에 참석하고 사무실에서 동일한 사안을 처리했기 때문에 대사관 국경일 파티나 이따금 떠나는 당일여행 같은 덜 공식적인 자리에서 그들을 우연히 만날 수 있었다. 그렇지만 이때도 언어가 걸림돌이 되곤 했다. 이런 상황에서 한국어 회화 능력은 엄청난 이점으로 작용했는데, 통역관을 끼고 대화할 경우 관리들이 훨씬 더 조심스럽게 말했기 때문이다. 그러나 평양의 외교관들은 설령 한국어 실력을 갖추었더라도 대다수 나라들의 수도에서보다 관료층이나 사회에 접근하기가 훨씬 더 어려웠다. 내 동료들은 대부분 북한에서의 근무가 직업적으로 보나 개인적으로 보나 지극히 혼란스러운 경험이라고 생각했다.

이 혼란은 외교단 단장의 중재로도 완화되지 않았다. 어느 외교관 공동체에서건 단장은 그 지역 관습에 따라 선출된 대사로서(다양한 관습이 있다. 때로는 파견된 나라에서 가장 오래 근무한 대사가 단장을 맡는다), 주재국 정부에 대한 외교단의 이해관계를 대표한다. 대체로 단장들은 외교관에게 부과된 주차 벌금에 항의하고, 외교관이 주재국 관료에 더 접근할 수 있도록 압력을 넣는 등의 일을 한다. 그렇지만 최근까지 평양의 외교단 단장 사무실은 단장의 활동을 지원하기보다 속박했던 것으로 보인다. 그 사무실은 북한 여성 한 명으로 이루어진 1인 조직이었고, 그 여성은 외교단을 정권이 원하는 방식대로 국가적 행사에 참석시키는 책임을 떠맡고 있는 듯했다. 이것은 축일에 단장이 외교단을 대표해 김정일에게 꽃바구니를 선물하고(김정일이 직접 받는 법은 없었다. 언제나 중개자를 통해 전달되었다), 정권이 참석해주었으면 하는 모든 행사에 외교단이 참석한다는 뜻이었다. 단장이 그녀의 활동을 얼마나 통제할 수 있었는지 확실하지 않지만, 외교단의 기다란 불만 목록에도 불구하고 단장이 외무성에 항의 문서를 단 한 차례도 보내지 않았다는 것은 놀라운 일이다.

그렇지만 신임 단장이 선출되고 단장 사무실이 사라진 2008년에 접어들면서 상황이 바뀌었다. 이런 변화가 일어난 이유는 확실하지 않지만, 그때부터 북한 주재 외교단 단장들은 다른 나라들의 단장들과 훨씬 비슷하게 행동할 수 있게 되었다. 어느 단장은 정권의 특정한 의식에 외교단이 참석하지 않기로 결정했고, 한 공식 행사가 끝난 뒤 외교단 일부가 거칠게 떠밀린 일에 관해 신랄한 항의 문서를 보내기까지 했다고 한다.

외국인과 공식적으로 임명된 북한인 사이의 가장 흔한 소통은 평양의 대사관과 NGO, 유엔 사무소에 근무하는 외국인 직원들과 이들이 현지에서 고용한 북한 직원들 사이의 소통일 것이다. 대사관과 유엔 사무소, NGO에서 일할 북한 직원은 각기 다른 절차를 거쳐 선정되었지만, 실질적으로는 모두 북한 정부에서 파견되었다. 각 경우에 급여는 피고용자에게 직접 지급하지 않고 그들을 파견한 국가 조직에 지급했다. 이것이 뜻하는 바는, 외국 조직이 북한 직원들의 급여로 상당한 금액을 경화로 지급했지만 국가가 중간에서 대부분 착복하고 피고용자에게는 쥐꼬리만 한 급여를 원화로 지급했다는 것이다. 사정이 이러했으므로 평양에 대사관을 지을 경우 정권이 경화를 가로챌 것을 뻔히 알면서도 그 결과를 피하기가 사실상 불가능했다. 때때로 북한은 자국 직원들의 급여를 올리곤 했는데, 해마다 소폭 올리지 않고 몇 년에 한 번씩 대폭 올렸다. 이는 외국인 공동체의 공분을 샀다. (내 생각에) 2003년에 외교단은 이런 일을 막기 위해 당국과 합의에 도달했지만, 그럼에도 2007년에 다시 급여가 대폭 인상되는 사태를 막지 못했다. 정권이 합의를 잊었거나 무시하기로 결정했기 때문일 것이다. 보통 외국 조직은 파견된 직원에 대한 발언권이 거의 또는 전혀 없었다. 외국 조직은 이를테면 새로운 통역관을 요청할 뿐이었고, 그러면 며칠 안에 새 직원이 도착했다. 그러나 2008년 무렵부터 이런 상황이 조금 바뀌어 누군가를 고용하고 싶다는 외국인들의 비공식적인 암시를 정권이 참작하기 시작했다.

파견된 직원들의 자질과 인성은 당연히 제각각이다. 그러나 외국인과 북한 직원의 관계는 보통 화기애애했다. 양쪽 모두 북한 측 피고용자들이 자기네 정부에 충성한다는 점을 이해했지만, 그 점 때문에 그들이 대사관과 NGO 사무소를 위해 열심히 일하지 않는 경우는 드물었다. 어느 직원은 정부로부터 대사관을 위해 일하라는 지시를 받았으니 그대로 행하고자 한다고 간명하게 말했다.

마지막으로, 공식 회의와 대사관 밖에서 이른바 교통 여경들과의 소통이 있었다. 교통 여경들은 한 무리로 일을 했고 언제나 똑같은 교차로에 있었다. 그래서 나는 자주 건너는 교차로의 여경들과 안면을 익히게 되어 지나칠 때면 손을 흔들었다. 그러면 그들도 조심스럽게 손을 흔들곤 했으나 지나가는 외국인에게 보내는 친절한 손짓을 다른 차가 수신호로 착각할 위험을 무릅쓰지 않고는 하기가 어려운 행동이었다. 그들은 계절마다 각기 다른 제복을 입었다. 여름에는 가벼운 재킷과 짧은 치마를 입었고, 겨울에는 솜이 들어간 코트와 털모자 차림이었다. 밤에는 노르웨이 정부가 사려 깊게 기증한 형광 재킷을 입었고, 그 덕에 평양의 조명 없는 어둠 속에서 차에 치이는 위험을 면할 수 있었다. 그들은 모두 말총머리였다. 나는 평양에서 살면서도 1년이 지나서야 여경들의 말총머리가 실은 모자 뒤에 붙인 인조머리라는 사실을 알아챘다. 그들의 신호에 익숙해지는 데는 어느 정도 시간이 걸렸다. 내가 배운 신호의 핵심은 그들이 나를 정면으로 바라보거나 나에게 등을 돌리고 있으면 주행하지 않아야 하고 측면을 보이면 가도 좋다는 것이었다.

교차로에 이런 젊은 여경들이 있는 곳은 평양뿐이었다. 북한의 다른 도시에서 일하는 교통경찰은 전부 웃지 않는 중년 남자인 듯했다.

안타깝게도 교통 여경들은 2010년 8월에 소리를 내지 않지만 효율적인 자동 신호등으로 대체되었다.

교통 여경. 지금은 대부분 신호등으로 대체되었다.

• 제한과 허가 •

북한 전역을 자유롭게 여행해도 좋다는 허가를 받는 외국인은 거의 없다. 평양에 상주하는 (절대다수) 외국인들은 도시 중심에서 35킬로미터 거리 안에 있어야 하고, 이 원을 벗어나려면 여행 허가가 필요하다. 언젠가 한 관리가 나에게 여행 허가를 얻는 과정을 알려주었다. 평양 보안 당국이 여행에 동의하면 끝나는 것이 아니라, 외국인이 지나갈 모든 지역과 목적지의 경찰 당국과 군 당국 역시 동의해야 했다(순진하게도 나는 평양에서 각 지방 군부대에 요청하면 방문 허가를 받을 수 있으리라 생각했지만 그렇지 않은 듯했다). 그런 까닭에 장거리 여행일 경우 열 곳 또는 그 이상의 군부대에 동의를 구해야 할 때도 있었다. 그 관리의 말마따나 문제는 지방 군부대들이 방문을 거절하는 것이 아니라(간혹 그런 경우도 있었지만), 때로는 관료제의 비효율성 때문에, 때로는 부대 내에서 아무도 외국인의 방문을 허락하는 책임을 지고 싶지 않아서 허가 요청에 그저 묵묵부답이라는 것이었다. 이런 제도 탓에 군부대들은 대개 여행 허가 요청에 응답하지 않으며(대놓고 거부하는 경우는 드물다) 간혹 막판에야 허락해서 출발 준비를 서두르게 만든다.

평양 안에서 특정한 지역들은 출입이 금지되었다. 이런 지역들로는 '금지된 도시(조선노동당 중앙위원회의 거주 구역으로 도시 중심부의 상당 부분을 차지한다)'와 고위 지도층이 거주하는 것이 틀림없는 도시 외곽의 몇몇 구역이 있었다. 그러나 그 밖에 외국인이 분간하기 어려운 다른 금지 지역들도 있었다. 이따금 외국인들은 무심결에 정권이 그들에게 보여주지 않으려 하는 장소에 이르렀다. 내가 북한에 도착하기 직전에 어느 유엔 산하기구의 직원 두 명이 평양 바깥에서 구릉지를 한참 걷다가 군 관할 구역으로 들어가 안절부절못하는 군인들의 호위를 받은 일이 있었다. 그들은 나중에 외무성으로부터 장황한 질책을 들었다(외무성과 군부가 서로 책임 소재를 따지느라 한바탕 난리를 치렀다).

언젠가 나도 한참을 걷다 보니 어떤 구역의 출입문에 접근하고 있었다. 내가 출입문에 도착하기 직전에 군인이 달려와 나를 저지했다. 그는 화가 나기보다 놀란 것처럼 보였고, 그가 나를 붙잡고 있는 동안 그의 동료가 벨을 울려 장교를 불렀다. 내가 돌아다니다가 군사기지 안으로 들어왔고, 그런 줄도 모른 채 속 편하게 기지를 거닐었다는 것이 밝혀졌다(게다가 발각되지 않고 기지를 걸어서 빠져나갈 뻔했다. 출입문 경계를 빈틈없이 서다가 잘못된 방향에서 다가오는 외국인을 보고 화들짝 놀란 군인이 없었다면 나는 그냥 빠져나갔을 것이다). 불려온 장교는 아주 공손하게 신분증을 요구하고 기지에 들어온 이유를 물었다. 그는 무엇보다도 얼떨떨해 보였고 이 상황을 황당해하는 눈치였다. 그는 가까운 방에서 상관에게 전화를 건 다음 몇 분도 지나지 않아 군인 한 명에게 내가 걸어온 길을 나와 함께 되짚어가서 내가 기지에 어떻게 들어왔는지 확인할 것을 명령했다. 나는 장교와 악수를 하고 헤어졌다. 기지를 가로질러 되돌아가는 동안(이번에는 아무것도 모르고 기지 안을 걸었을 때보다 기지 일대를 훨씬 유심히 살펴보았다) 우리는 영국의 전원 공원에도 어울릴 법한, 키 작은 나무들이 그늘을 드리운 길을 따라 걸으며 막사로 쓰임직한 허름한 건물을 몇 채 지나쳤다. 군사 장비는 전혀 보이지 않았다. 나는 동행하는 군인에게 이 모든 상황에 놀랐다고 말했다. 사실 내가 한 일이라곤 시골을 한가로이 거닌 것이 전부였다. 그는 숙제가 뭐였는지 기억해내려는 학생과 같은 태도로 국가가 사악한 미국 제국주의자들과 끊임없이 대치하고 있으므로 군대는 언제나 경계를 늦추지 않는다고 불쑥 말했다. 나는 대화를 포기했다.

또 한번은 외국인들 사이에 인기 있는 나들이 장소인 '실버호수'(사실은 보통강)로 가는 길을 착각해 평양에서 조금 벗어난 엉뚱한 길에서 자전거를 타고 있었다. 10분쯤 지나 기름칠 상태가 좋지 않은 자전거의 삐걱거리는 소리가 들려서 뒤를 돌아보니 얼굴이 시뻘겋게 달아오른 젊은 군인이 페달을 맹렬하게 밟으며 나에게 멈추라는 신호를 보내고 있었다. 내가 멈추자 그는 가까이 다가와 숨을 헐떡이며 내가 진입해서는 안 되는 도로에 있다고 설명했다. 나는 미안하다고 말하고 근처 행상에게서 아이스크림을 사주겠다고 했다. 그는 몹시 허둥대며 거절하고는 자기와 함께 자전거를 타고 교차로까지 돌아가자고 말했다. 나는 그렇게 했고, 교차로에 이르러 거기 모여 있던 다른 군인 두 명에게 손을 흔들었다. 그들의 싱긋 웃는 얼굴을 보며 나는 계속 페달을 밟았다.

제한은 평양 밖에도 있다. 언젠가 나는 친구들과 함께 평양에서 약 50킬로미터 떨어진 남포까지 자전거를 타고 갔다. 우리는 유명한 서해갑문(남포

댐이라고도 한다. 정권이 아주 자랑스러워하는 갑문이지만 건설 당시 경제적 목표를 달성하는 데 참담하게 실패했다)을 지나 그 끝에 있는 작은 해변까지 갈 계획이었다. 우리는 댐 입구에 있는 경찰 검문소를 지나면서 손을 흔들었고, 근무 중인 경찰들도 미소를 지으며 손을 흔들었다.

그러나 검문소를 지나 댐을 절반쯤 건넜을 때 다른 경찰이 우리를 불러 멈춰 세운 뒤 오전에만 해변까지 갈 수 있다고 설명했다. 오후에는 다른 길을 통해서만 해변으로 들어갈 수 있다고 했다. 우리는 자전거를 타고 왔기 때문에 오전 안에 댐에 도저히 도착할 수 없었다고 설명했다. 그는 망설이다가 이 일을 보고해야 하니 신분증을 보여달라고 말했고, 우리는 신분증을 건네주었다. 그는 우리 이름을 적기 위해 주머니를 뒤적였으나 작은 하트 무늬가 새겨진 연보라색 메모장만 나왔다. 그는 당황한 기색이 역력했다. 더욱이 펜도 없어서 지나가는 사람에게 빌려야 했다(경찰은 북한 사람이 댐을 건너가도 저지하지 않았다). 다소 어렵사리 우리 이름을 적은 그는 우리에게 가도 좋다고 말한 뒤, 연보라색 하트 무늬 종이를 만회하려는 듯 한껏 위엄을 갖추며 자전거를 타고 가는 북한 사람에게 검문소까지 뒷자리에 태워달라고 말했다. 우리가 댐 끝까지 가자 마지막 검문소의 경찰들이 멈추라는 신호를 보냈다. 나는 화가 치밀어 싸울 준비를 하고 자전거에서 내려 그들을 향해 걸어 갔다. 그들은 "어디서 오셨습니까?"라고 묻고는 "평양 말입니까? 자전거로? 와, 굉장합니다! 잘하셨습니다!"라고 말했다. 그들은 활짝 웃으며 우리가 지나가는 내내 손을 흔들었다.

이런 경우 말고 당국과 사소한 언쟁을 벌일 경우에 나는 언제나 정중하게 대우받았다. 나를 상대한 관리들과 군인들은 해야 할 책무가 있는 사람들이었고, 보통 그 책무에는 일정량의 문서 업무와 상관에게 전화를 거는 업무가 포함되었다. 대개 그들은 눈에 띄게 초조해했지만—외국인과 관련된 일을 잘못 처리해 불이익을 당할 수 있기 때문에—서로 인생을 피곤하게 만들의도는 전혀 없었고, 보통 가급적 빨리 불편한 상황을 마무리하고 싶어했다. 이런 언쟁에 어떤 결과가 뒤따르는 경우는 드물었다. 나는 그들이 나에 관한 기록을 서류로 정리했다고 확신하지만(내 서류철은 틀림없이 꽤 두꺼울 것이다), 북한 당국은 수많은 규칙을 비교적 사소하게 위반한 사례를 대부분 처벌하지 않는 현실을 기꺼이 용인하는 듯했다.

이런 정교한 제한 제도 탓에 평양의 대다수 외국인들은 북한 엘리트층의 도를 넘은 사치도, 빈민층의 참상도 보이지 않는 기이한 거품 안에서 살았다. 외국인 일부가 이따금 '금지된 도시'에 들어갔지만(나는 두 번 들어갔다) 제멋대로 구는 엘리트층이 일하거나 빈둥대는 건물들을 구경한 외국인은 거의 없었다. 또 (내가 아는 한) 노동수용소에 들어가거나 공개처형을 목격한 외국인은 한 명도 없었다. 오히려 외국인들은 평양에서 보호받는 생활을 했다. 다소 불편을 겪긴 했지만(수도, 전기, 난방이 끊기곤 했다) 그들의 신변은 안전했다. 그들은 여간해선 굶주리지 않았다. 2006년에서 2008년 사이에 평양에서 경화를 넉넉히 가지고 있던 사람은 누구나 음식을 충분히 구할 수 있었다. 북한 사람들은 대체로 우리에게 친절했다. 애써 의식하지 않으면 정권이 인권을 소름 끼치게 유린하고 핵으로 협박을 일삼는 나라에 살고 있다는 생각이 별로 들지 않았다. 우리는 이런 일들을 북한 외부의 정보원을 통해 알았다. 그러나 평양에 살면서 국제 뉴스를 접하지 못하는 외국인이라면 북한이 본래 태평하고 온화한 나라라고 생각할 수 있었다.

모든 외국인이 이런 제약에 구속되는 것은 아니었다. 나는 북한 정부로부터 자동차 번호판을 받아 실질적으로 나라 전역을 마음대로 운전해 돌아다닐 수 있었던 사람 한 명과, 북한 외교관 여권을 받아 (한동안) 이 나라를 자유롭게 출입했을 법한 사람 두 명을 알고 있었다.[3] 정권은 친구를 후하게 대접할 줄 알았다.

평양의 외국인들은 여행 제한뿐 아니라, 북한 사람들의 경우와 다르긴 하지만 정치적 통제를 받았다. 우리는 때때로 미행을 당했다(항상은 아니었을 것이다). 나는 북한 지인에게서 내가 평양에 오고 처음 몇 주간 시내 주변에서 미행을 당했다고 들었다. 어디든 자전거를 타고 가는 나의 습관은 공안기관에게 골치 아픈 문제였을 것이다. 자전거 주행자를 도보로 미행하기란 불가능하며, 자동차로 미행하면 너무 눈에 띈다(게다가 자전거는 차가 쫓아오지 못하는 좁은 골목길로 사라질 수도 있다). 평양에는 오토바이가 드물기 때문에 오토바이를 이용하는 감시반은 대번에 정체가 탄로날 것이다. 유일하게 효과적인 미행 방법은 똑같이 자전거를 타는 것이었다.

언젠가 나는 부주의하게도 나를 찾아온 손님에게 이런 이유로 나를 미행하기 어려울 거라고 말했다. 그 후 내가 평양 교외에서 자전거를 타고 돌아갈 때 검은 셔츠를 입고 검은 안경을 쓴 젊은 남자가 자전거를 타고 빠르게 다가와 나와 나란히 달렸다. 그는 아무 말 없이 눈도 마주치지 않고 그저 한동안 나란히 달리다가 뒤로 처졌다. 잠시 후에 똑같은 차림의 젊은 남자가 이번에는 반대쪽에서 다가와 역시 한동안 묵묵히 달리다가 뒤처졌고, 세 번째 남자가 그 자리를 대신했다. 그 남자 역시 뒤처졌을 때 나는 뒤를 돌아보았지만 아무도 보이지 않았다. 나를 맡은 감시반은 마음만 먹으면 나를 미행

---

3 NGO 캅 아나무르(Cap Anamur)와 함께 북한에 온 노르베르트 폴러첸(Norbert Vollertsen) 역시 북한 당국에 아주 깊은 인상을 심어주어 이 나라를 자유롭게 여행해도 좋다는 허가를 받았다(그러나 나중에 정권과 사이가 틀어져 2000년 12월에 추방당했고, 지금은 정권을 가장 단호하게 비판하는 사람이 되었다).

할 수 있다는 점을 똑똑히 알려주고 싶었을 뿐이었다.

　사실 공안기관은 우리를 어디서나 미행할 필요가 없었다. 평양의 외국인은 유독 눈에 띄었다. 우리 대다수가 북한 사람들보다 키가 커서 군중 속에서 두드러졌고, 당연히 우리 얼굴도 즉각 알아볼 수 있었다. 외국인이 시내를 걸어갈 때면 그저 호기심에 바라보는 사람들이 언제나 있었다. 외국인이 무언가 소란이라도 일으키면 곧바로 군중이 몰려들고 보안요원이 재빨리 나타났다. 이런 상황을 촉발하는 가장 흔한 행위는 사회 통념에 어긋나는 사진 찍기였다. 북한 사람들은 자국의 이미지를 강하게 의식했고, 실제보다 좋아 보이지 않게 찍으려는 어떤 시도에도 분노했다. 자기 영어 실력을 자랑스러워하던 조선인민군 장교는 사진 찍기 규칙을 이렇게 설명했다. "아름다운 것만, 부디 아름다운 것만 찍으십시오." 빈곤하거나 불결하거나 황폐한 대상(북한 어디에나, 하물며 평양에도 수두룩한 피사체)을 찍다가 발각된 외국인은 카메라에서 눈에 거슬리는 이미지들을 지울 때까지 군중에 에워싸여 있었다.

　실제로 사진을 찍지 않은 외국인일지라도 부적절하게 처신할 경우 문제에 휘말릴 수 있었다. 외국인 친구는 부적절한 장소에서 부적절한 시간에 카메라를 꺼내기만 했는데도 성난 군중에 둘러싸였다. 결국 그녀는 사진들을 보여주었고, 그중에 북한 사람들의 감정을 상하게 할 만한 사진은 전혀 없었지만, 군중 가운데 젊은 남자는 그녀가 바꿔치기를 했다고 비난했다. 그녀는 머지않아 현장에 도착한 군인들에 의해 구조되었다. 그들은 카메라에 문제가 될 만한 사진이 없음을 확인한 뒤 안전한 곳까지 그녀를 데려다주었다.

　평양의 외국인들은 곤경에 빠지면 군인을 찾으라는 조언을 자주 듣는다. 이것은 놀랍게 들리지만 따지고 보면 분별 있는 조언이었다. 보통 군인은 상황을 통제하고 외국인을 보호했으며, 발생한 모든 문제에 대처할 수 있는 장교를 찾았다. 북한 군부는 무자비하기로 유명하지만, 적어도 외국인을 둘러싼 문제에 대처하는 일련의 명확한 절차를 갖추고 있다. 이 절차는 거의 언제나 결국에는 외국인을 풀어주고, 경우에 따라 외국인이 저질렀다고 간주되는 비행에 대해 나중에 대사관이나 NGO에 항의하는 정도였다. 이런 절차는 시간을 잡아먹기도 했지만—관리들이 업무를 언제나 신속하게 처리하는 것은 아니었다—적어도 외국인의 안전을 보장해주었다.

· 여행 ·

북한에서 외국인의 여행은 대개 불편하고 제아무리 빈틈없이 준비해도 막판에 계획이 틀어질 여지가 있지만, 거의 모든 외국인이 평양을 벗어나는 여행을 손꼽아 기다렸다. 가장 흔한 여행은 평양에서 간선도로를 따라 북상해 국경에서 지척에 있는 중국 도시 단둥에서 쇼핑을 하고, 차량을 수리하고 점검하는 것이었다(베이징에 공무를 위해 자주 다녀올 일이 없는 대사관에게 단둥은 없어서는 안 될 생명선이다). 차량들은 이른 아침에 무리를 지어 출발했고, 점심식사 등등을 위해 수차례 서거나 가거나 하며 북상해 대략 6시간이 걸려 단둥 반대편에 있는 신의주에 도착했다. 때맞춰 신의주에 도착해야 하는 두 가지 이유가 있는데, 그래야 북한을 문제없이 떠날 수 있었고(국경 당국이 유럽연합 대사관 차량들의 여권에 도장 찍기를 막무가내로 거부하는 바람에 차를 돌려 평양으로 돌아와야 했던 악명 높은 사건이 있었다), 중국으로 들어가는 1차선 다리의 운행 방향이 남행으로 바뀌기 전에 다리를 건널 수 있었다. 여름에는 차를 타고 북한 시골을 지나는 이런 여행이 즐겁기까지 했다. 겨울에는 도로에 서리가 끼어 위험하니 여행을 피하는 것이 상책이었고, 가을과 봄에는 도로가 진창이 되었다.

가끔 북한 안에서 다른 곳을 공식 방문하기도 했다. 어떤 계획사업을 참관하거나 외교단을 위해 외무성이 계획한 여행에 동행하는 경우였다. 내가 평양에 머물던 때에 외무성은 백두산 자락에 있는 성지, 즉 김정일이 태어났다고 하는 성지에 다녀오는 여행을 계획했다. 우리는 백두산 인근까지 비행기를 타고 가서(내가 고려항공을 이용한 것은 이때가 유일했다) 다시 백두산 기슭에 있는 여행자 숙소 단지—멋진 목조주택들—까지 버스를 타고 갔다. 백두산 정상에 있는 유명한 호수까지 가기에는 날씨가 험악해 우리는 김정일이 세상 빛을 처음 봤다는 귀틀집이 있는 사적지를 방문했다. 외교단 단장이 그곳을 지키는 김일성 동상의 발치에 화환을 바칠 예정이었다. 그런데 장시간 울퉁불퉁한 도로를 덜컹거리며 달려온 차에서 내린 외교단은 김정일 생가 바로 앞에 서 있던 꽤나 매력적인 젊은 여군과 함께 사진을 찍는 데 정신이 팔려 우리를 맞이한 사적지 관리자를 낭패감에 빠뜨렸다. 그 관리자는 의전을 깡그리 무시하는 우리를 보고 실쭉거렸지만, 이 성지 중의 성지에서 일어난 일에 크게 신경 쓰는 사람은 거의 없어 보였다. 사적지로 가는 길에 우리는 김정일의 출생을 소개하는 박물관에 들렀는데, 거기서 사람들로 붐비는 스키장이 눈에 들어왔다. 어떤 사람들이 그 스키장을 이용할 수 있는지는 알아내지 못했다.

외무성은 대략 1년에 한 번씩 일부 대사관들을 위해 수렵 여행을 계획했다. 나는 참가한 적이 없지만 갔다 온 동료들의 말에 따르면 낮에는 황량한 지역을 돌아다녔고 밤에는 외무성 동료들과 함께 여러 단계의 권태를 참아가며 사슴이 나타나길 기다렸다고 한다. 실제로 사슴을 몇 마리나 맞혔는지를 두고는 사람마다 이야기가 달랐지만, 여행하는 동안 술을 꽤 많이 마셨다는 데에는 모두 의견을 같이했다(사냥꾼 가운데 과연 몇 명이나 총을 똑바로 겨누었을지 의문이다. 모르긴 몰라도 겨누지 못했을 것이다).

외무성의 승인을 받았다고 해도 평양을 벗어나는 여행은 대사관의 북한 직원이 준비할 때가 더 많았다. 외국인 외교관이 평양 외부의 어딘가를 방문하는 동안 적어도 북한 직원 한 명과 운전수 한 명이 동행해야 한다는 규정이 있었다. 가장 기억에 남는 평양 외부 여행은 2008년 6월 말에 떠난 북한에서의 마지막 여행으로, 이때 나는 이 나라의 동북단을 방문할 수 있었다. 차를 타고 가는 것은 허락되지 않았다. 가는 길에 너무 많은 것을 볼까 우려했기 때문일 것이다.

그 대신 나는 국경에서 가까운 중국 도시이자 전통적으로 한국어를 쓰는 지역인 연길까지 비행기를 타고 갔다(그러나 내가 보기에 연길시는 대단히 중국화된 듯했다). 비행기가 많이 연착해 내리자마자 곧장 차를 타고 국경까지 갔다. 국경에는 두만강 위를 지나 북한 온성군까지 이어지는 다리가 있으며, 이 다리를 찾은 중국인 관광객들은 북한이 허용하는 한계선까지 최대한 가까이 가려고 한다. 당시 중국인들은 무더운 날씨에 아이스크림을 할짝거리며 수다를 떨고 있었다. 나는 조금 의아해하는 중국 국경 공무원들에게 도장을 받은 다음(그 다리는 통행이 많지 않았고 외국인이 드물었다) 다리를 건너기 시작했다. 다리 끝에는 중국인 관광객 무리가 있었고, 그들이 너무 멀리까지 가지 않도록 경계하는 중국 국경경비대원들의 온화한 눈길을 받으며 서로 사진을 찍어주고 있었다.

경비대원 한 명이 나를 멈춰 세웠다. 내가 여권을 건네주자 그는 살펴보고 나서 조금 놀란 표정으로 힘차게 거수경례를 붙인 뒤 여권을 돌려주었다. 나는 걸음을 옮겼다. 중국인 관광객들은 수다를 멈추고 나를 빤히 쳐다보았고, 내가 다리 중간선을 지나 북한으로 넘어가는 동안 침묵이 흘렀다. 기억에 남는 순간이었다. 냉전이 최고조에 달했을 때 베를린에 있던 체크포인트 찰리[4]를 통과했다면 이와 똑같은 감정을 느꼈을지 궁금했다. 나는 돌아서서 손을 흔든 다음 발길을 옮겨 내가 늦게 와서 걱정하고 있던 통역관과 운전수의 환영을 받았다.

며칠 동안 우리는 아직 단체관광의 폐해가 미치지 않은 명승지 칠보산을 구경하고 뒤이어 나진-선봉 경제특구를 방문했다. 이곳은 1991년에 경제특구로 지정되었고, 보도에 따르면 북한은 이곳에 최대 70억 달러의 대외투자가 이루어지기를 기대했다.[5] 실제 투자액은 기대치를 훨씬 밑돌았지만 경제특구는 계속 운용되었고, 내가 방문했을 때 외국인이 완전히 소유한 기업 50개(80퍼센트는 중국 기업)와 북한 기업 100여 개가 있다고 들었다. 경제특구 당국은 러시아까지 연결되는 철도 노선이 개통되기를 기대하고 있었다.[6] 정권은 북한의 반대쪽 끝에 있는 개성공단과 마찬가지로 이 경제특구 역시 입구마다 검문소를 설치해 나머지 지역과 주의 깊게 격리했다. 이곳은 항구가 세 개나 있는 넓은 지역이었다(469제곱킬로미터라고 들었다).

우리는 나진에 있는 엠퍼러호텔에 묵었다. 국경을 넘어온 중국인 도박꾼들을 수용하기 위해 카지노 주변에 위험을 무릅쓰고 지은 호텔이었다. 그러나 내가 방문하기 몇 년 전에 중국인 관리가 거액의 공금을 도박으로 탕진한 일이 있은 후, 2005년 중국 당국이 자국 국민의 나진 출입을 금지했다. 우리는 그 커다란 호텔의 유일한 투숙객이었고, 나와 동행한 통역관과 운전수는 거기서 묵은 첫 번째 북한 사람이라고 했다. 호텔 식당의 주방장은 드디

---

4   Checkpoint Charlie. 1989년까지 베를린 장벽에 있었던 국경 검문소—옮긴이.
5   예를 들어 다음을 참조하라. Jamie Miyazaki, "Where are North Korea's Shenzhens?" *Asia Times Online*. 2003년 10월 24일. http://www.atimes.com/atimes/Korea/EJ24Dg01.html.
6   그때 이후로 중국이 이 경제특구에 투자해 자국 국경까지 이어지는 도로를 재건 중이라는 보도가 있었다.

나진-선봉 경제특구에 있는 엠퍼러호
텔과 카지노. 중국 정부가 자국 국민
의 출입을 금지한 이후 이 호텔은 텅
비었다.

어 누군가를 위해 요리하게 되어 무척 기뻤했고, 우리는 맛있는 음식을 먹었
다. 나는 문을 닫은 카지노에서 천으로 덮인 룰렛 테이블을 둘러보았다. 지
배인은 우리 모두를 극진히 대접했고, 우리가 호텔을 떠날 때 카트를 탄 젊
은 여성 두 명을 보내 우리를 배웅하게 했다.

　장기 비자로 평양에 상주하는 외국인들이 북한 밖으로 여행을 떠나는
것은 비교적 간단한 일이다. 북한 항공사인 고려항공은 노후한 러시아산 투
폴레프 Tu-154 기종 몇 대로 매주 화요일과 토요일에 베이징까지 왕복 운
항을 했다. 오랫동안 이 항공편 일정은 짧게 평양을 방문하는 사람들의 체류
기간을 결정했다. 이를테면 방문객들은 화요일에 도착해 토요일에 떠나거나
(더 바쁜 사람들은) 토요일에 도착해 화요일에 떠났다. 대사관들은 항공편에
맞춰 방문 일정을 짜는 데 능숙했다.

　고려항공은 여러모로 독특했다. 베이징 공항에서 고려항공 탑승 수속
을 기다리는 줄은 언제나 들쑥날쑥했고, 평양으로 가져갈 중국산 물품(특히

텔레비전을 선호하는 듯했다)이 담긴 커다란 상자를 운반하는 북한 사람들로 가득했다. 외국인이 워낙 드물었기 때문에 줄을 선 사람들은 대부분 서로 아는 사이여서 금세 떠들썩하게 수다를 떨곤 했다.

　　빨간색 치마와 분홍색과 흰색 줄무늬가 들어간 블라우스를 입은 승무원들은 공손함 그 자체였고, 우아한 미소로 변변찮은 음식을 제공했다(보통 미지근한 미트볼이었다). 내가 북한에 처음 왔을 때만 해도 그들은 승객들에게 좌석벨트를 조이는 법과 탈출구 위치를 보여주는 일반적인 항공사 안전수칙을 구태여 수행하지 않았지만, 나의 체류 기간이 끝나갈 무렵에는 성실하게 수행했다. 여객기가 비행 중간 지점에 도달하면 승무원들은 여러 색이 들어간 이상한 민속 모자를 쓰고서 승객들에게 북한 기념품을 판매했다. 기억에 남는 것은 작은 천인형과 자수품이다. 내가 아는 한 기내품 가격을 흥정할 수 있는 항공사는 고려항공이 유일했다. 여객기가 북한 국경 위를 지나갈 때면 어김없이 지금 북한으로 들어가고 있다는 기내 방송이 나오면서 김일성과 김정일의 업적을 간략하게 알려주었다.

　　나는 투폴레프 사의 여객기들이 매년 운항에 쓰였지만 이제 너무 낡아 금속 파괴에 취약하다는 말을 들었다. 그중 한 대는 2007년 평양 공항에 불시착했다. 앞바퀴가 비즈니스 클래스 객실 바닥을 뚫고 올라왔으므로 이곳에 있던 승객들이 무언가 잘못되었음을 제일 먼저 알아챘다. 다행히 아무도 다치지 않았다. 소스라치게 놀란 정권은 재난 현장을 담은 사진이 유출되는 것을 막으려 했다(실패로 끝났다).

　　북한과 양자 간 항공운수 사업 협약을 맺고 항로를 운항할 권리를 얻은 중국 항공사들은 여러 공항에서 서비스를 시작했다. 그러나 이용하는 승객이 적어 이런 모험이 언제나 성공하진 못했다. 중국 남방항공은 1년간 운항한 뒤 2007년 서비스를 포기했다. 신식 보잉 737 기종을 다수 보유한 중국 국제항공공사는 2008년부터 일주일에 세 차례 북한을 오가는 운항을 시작했고 이 글을 쓰는 지금까지도 운항하고 있다. 한편 고려항공은 2008년에 자사의 첫 새 항공기인 Tu-204 한 대를 인수받았다.

모험심이 더 강한 사람은 평양에서 베이징까지 기차 여행을 하며 하루를 보낼 수도 있었다. 비좁은 객실에서 나누는 대화가 흥미로울 수도 있겠지만 아무 문제가 없더라도 여정에 약 24시간이 걸렸다(그리고 흔히 문제가 생겼다). 경험 삼아 그 기차를 한 번 타본 외국인이 많았지만 대부분 두 번은 타지 않았다.

· **대인관계에 대한 제약** ·

내가 평양에 오기 얼마 전만 해도 북한 사람들은 외국인과 함께 있는 모습을 행여 누가 볼세라 도로를 건너 도망치는 일이 흔했다. 내가 도착한 무렵에는 상황이 한결 나았지만, 외무성이 대사관에 파견한 통역관과 여타 직원을 포함해 북한 사람들과 우정을 쌓는 데는 여전히 실질적인 제약이 있었다. 물론 이 직원들은 정권이 언어 실력(대체로 좋았다)과 정치적 신뢰도를 고려해 신중하게 뽑은 사람들이었다. 우리는 그들이 상관에게 우리에 관해 보고한다는 것을 알았고, 그들은 우리가 안다는 것을 알았고, 다시 우리는 그들이 우리가 안다는 것을 안다는 것을 알았다. 그럼에도 대부분 비교적 젊고 외국인과 일한다는 기대에 들떠 있던 그들과 우리는 어렵지 않게 평범한 인간관계를 맺었다. 그들의 능력은 제각기 달랐지만 대체로 우리를 위해 열심히 일했다. 그들은 친절했으나 외국인과 친밀한 우정을 쌓는 것은 그들에게 위험했을 것이다.

북한은 대사관에서 일할 직원을 자기네가 선발하겠다고 고집했고, 이런 북한의 태도는 상황 개선에 도움이 되지 않았다(언젠가 한 친구는 오로지 정치적 통제만을 위해 인원 선발을 고집하는 것은 아니라고 설명했다. 평양의 외국 대사관 일자리는 선망의 대상이어서 이런 일자리에 누구를 배정할지 결정하는 사람들은 상당한 권력과 위신을 누린다고 했다). 대사관이야 당연히 실력도 좋고 같이 일하기에도 편한 직원을 원했지만 독립적인 채용은 불가능했다. 우리는 당국이 작성한 최종 후보자 명단에서라도 우리가 직원을 선발하겠다고 주장하며 당국과 오래도록 논쟁을 벌였다. 이런 상황 탓에 대사관의 북한 직원 중에는 업무에 가장 적합하고 외국인과 잘 지내서가 아니라 가족의 연줄 덕에 뽑힌 사람들이 일부 있었다. 담당하는 정부기관이 다르긴 했지만, 평양에 있는 NGO와 유엔 산하기구의 북한 직원도 본질적으로 같은 제도에 따라 선발되었다.

외국인과 함께 일하도록 허가받은 특권층을 뺀 일반인과의 대인관계는 훨씬 더 많은 제약을 받았다. 남한에서는 거리나 버스에서 외국인과 대화하는 사람이 많지만 북한에서는 훨씬 드문 일이다.

• 국제기구와 NGO에 대한 태도 •

북한 정권에게 평양의 외국 대사관은 정권이 갈망하는 국제적 명망을 나타내는 표지다. 그러나 유엔 산하기구와 NGO의 사무소들은 그런 위신을 주기는커녕 정권의 경제난과 외국인들의 아량에 의존하는 처지를 떠올리게 한다. 이는 김일성의 이상인 '주체'에 역행하는 수치스러운 상황이다. 그런 까닭에 정권은 이 조직들을 필요악으로 여겼고, 때때로 이들의 활동을 제한하거나 아예 쫓아내려 했다.

기근이 심각하던 시기에 북한에서는 유엔의 다수 산하기구들의 직원을 잘 갖춘 사무소들과 더불어 12개 이상의 인도주의적 NGO들이 활동했다. 그중에서도 가장 중요한 기구는 한때 북한 인구 가운데 상당수를 홀로 먹여 살린 세계식량계획과, 지금까지도 북한의 보건 기반시설을 대부분 떠받치고 있는 세계보건기구일 것이다. 한때 세계식량계획은 평양에 커다란 사무소를 두는 데 그치지 않고 몇몇 지방 도시에도 사무소를 두어 원조 식량의 전달을 감독하고 기록했다. 세계식량계획이 굶주리는 민간인들에게 주려던 식량을 군부가 빼돌린다는 보도가 자주 있었으므로 이는 꼭 필요한 업무였다. 이 사무소들에 근무하는 직원이 한두 명을 넘는 경우는 드물었다. 정권이 이들의 활동을 면밀히 감시했음에도(세계식량계획 직원들은 저녁에 방에서 나가기도 어려웠다) 이들은 평양 외부의 상황을 바라보는 핵심적인 관점을 국제 공동체에 제공했다. 북한 정권은 기근이 최악의 고비를 넘기자 이 사무소들을 폐쇄했다.

내가 도착한 2006년 2월에는 평양 외부에서 활동하는 사무소가 하나도 없었다. 세계식량계획은 얼마나 많은 곡물을 어떤 군(郡)에 인도할지를 두고 정권과 협상에 협상을 거듭했다. 북한의 일부 군들은 기근이 가장 심각하던 시기에도 세계식량계획에 개방되지 않았다. 다른 군들은 한동안 개방된 뒤에 차단되었고(정권의 보안 문제 때문인지, 이들 군의 빈곤을 정권이 창피하게 여겨서인지, 아니면 둘 다인지는 확실하지 않다), 그와 동시에 또 다른 군들이 개방되었다. 세계식량계획의 활동은 대체로 정권 내부에서 큰물피해대책위원회와 공안기관이 벌이는 투쟁의 결과에 따라 좌우되는 듯했는데, 대외원조에 대처하기 위해 설립된 큰물피해대책위원회는 보통 세계식량계획에 협력한 반면에 공안기관은 모든 외국인을 위협으로 간주하는 듯했다.

기근이 고비를 넘김에 따라 북한에서 활동하는 NGO들은 더욱 엄격한 통제를 받았다. 이런 통제는 때로 위기로 이어졌다. 존경받는 NGO인 국경 없는 의사회(MSF)는 1998년 자신들의 원칙을 지키려면 북한에서 계속 활동할 수 없다고 발표했고, 북한에 남기로 결정한 기구들이 정권을 위해 원칙을 버렸다는 취지의 비판문을 발표했다(국경 없는 의사회는 북한에서 철수한 뒤에도 수년간 이런 논점의 글을 계속 발표했다). 이 비판은 NGO 공동체 내에서 엄청난 논쟁을 불러일으켰다.

2005년 말에 정권은 남아 있는 NGO들을 전부 내쫓으려고 시도한 뒤, 유럽연합지원계획(EU Project Support)이라는 유럽연합 원조 체계에 흡수되는 조건으로 일부 기구들이 남는 것을 허용하기로 결정했고, 이들 기구의 직원 수를 제한했다.[7] 결국 여섯 개 NGO(트라이앵글, 프리미어 위장스, 세이브 더 칠드런, 저먼 애그로 액션, 컨선 월드와이드, 핸디캡 인터내셔널)만 추방에서 살아남았고, 자기네 로고 대신 유럽연합지원계획 로고를 달고 차량의 색을 유럽연합을 나타내는 흰색으로 바꾼 채 지금까지 북한에서 활동하고 있다.

2005년 마지막 몇 달 동안 외국인 공동체는 NGO 사무소들이 잇달아 폐쇄됨에 따라 송별회를 열고 또 열어야 했다. 한때 금요일 밤이면 손님들이 바를 이용하기 위해 줄을 섰던 랜덤 액세스 클럽(Random Access Club, 평양의 주요 외국인 클럽)은 이제 아주 조용한 곳이 되었다. 이처럼 NGO 수가 대폭 감소한 뒤에도 정체불명의 관료들이 아직도 너무 많은 흰색 차량이 이 나라 이곳저곳을 돌아다닌다고 걱정하며 추가 감소를 검토하고 있다는 소문이 이따금 들려왔다.

대체로 보아 유엔 산하기구들은 억압을 덜 받았다. 물론 운영상의 어려

---

7   추방당하기 전에 북한에서 장기간 활동한 NGO들 거의 전부와 그 이후까지 남은 여섯 개 NGO는 모두 유럽 NGO였다. 미국 NGO들도 북한에서 일부 활동했으나 미국과 북한 간의 정치적 긴장 때문에 유럽 NGO들처럼 오래 머물지 못했다.

움은 심각한 수준이었다. 예를 들어 한국어를 말하는 직원을 불러올 수 없었고 자금 이체에도 문제가 있었다. 그러나 NGO들이 흔히 직면하는 노골적인 적의에 시달리지는 않는 듯했다(그렇지만 다른 방면에서 난제에 직면했다. 조지 W. 부시 대통령 임기에 미국은 북한 정권이 현금을 착복하는 관행을 유엔개발계획 UNDP이 용인했다고 주장했고, 이 기구의 평양 사무소를 철수시키자는 운동을 벌여 성공을 거두었다. 2007년 유엔개발계획의 북한 상주 대표가 떠났지만, 2009년 가을 사무소가 다시 문을 열고 고용을 비롯한 관행을 두고 북한과 합의를 맺었다).

• 북한에 대한 외국인의 태도 •

외국인을 대하는 정권의 태도가 한탄스럽다고 말할 수 있다면, 북한을 대하는 일부 외국인들의 태도 역시 그 못지않다고 말할 수 있다. 외국인들 사이에는 북한 사람들을 마치 악마처럼 대하는 개탄스러운 경향, 특히 보수적인 서구 정부들의 직원들 사이에서 두드러지는 경향이 있다. 북한 사람들은 악마가 아니다. 정권은 혐오스러운 일을 많이 저지른다. 국민을 투옥해 고문하고, 그들을 지적 어둠 속에 묶어두며, 수십 년간 경제를 부적절하게 운영해 끔찍한 곤궁을 초래했다. 그러나 북한 국민은 다른 어느 나라 국민 못지않게 총명하고 인내심이 강하고 놀라울 정도로 쾌활한 사람들이다. 개인들이 국가에서 살아가긴 하지만 그들로서는 도무지 어찌해볼 도리가 없는 국가의 수두룩한 결함을 이유로 그들을 비난하는 것은 분명 잘못이다.

북한 사람들을 마치 어린애처럼 대하는 많은 NGO들의 태도 역시 한탄스럽기는 마찬가지다. 나는 어느 구호계획 현장을 방문했다가 NGO의 고참 활동가들이 성큼성큼 돌아다니며 제국주의 시대 백인 마님들의 전통을 철저히 따르는 사람마냥 북한 사람들에게 이래라저래라 지시하는 모습을 보고 경악했다. 보통 북한 사람들은 지나치게 공손한 탓에 언쟁을 벌이지 않지만, 그런 식으로 하대를 당하면 속으로 분노한다. 다행히 그런 외국인들은 소수였다. 나와 함께 일한 외국인들은 대부분 북한 사람들을 존중해야 한다는 점을 이해했고, 그런 이유로 북한에서 한층 높게 평가받았다.

또 다른 극단에는 북한 정권을 받아들여온 외국인 집단들, 사회주의 진영이 무너진 지 20년이나 지난 지금까지 북한의 경우처럼 폐쇄적인 경제체제들의 엄청난 비효율성을 보여주는 압도적인 증거를 마주하면서도 이 정권에 충성을 바치는 집단들이 있다. 북한의 재외 대사관들은 이런 집단들과 연락을 유지하고 이들을 지원하는 일을 게을리 하지 않으며, 평양에 이들의 활동을 조율하는 조직—북한친선협회—이 있다. 오늘날까지도 보통 주체연구회라 불리는 집단들이 이따금 평양을 방문해 김씨 왕조를 찬양하고 자기네 나라의 생활을 비난하는, 굴종을 유도하는 연설을 한다. 정권은 북한이 세계 각지로부터 존중받는다는 주장을 뒷받침하기 위해 평양을 찾는 그들을 텔레비전 방송으로 보여주며, 그들이 평양의 서구 대사관들과 접촉하지 못하도록 막는다(대사관 직원이 그들 면전에서 나쁜 말을 할까 우려해서일 것이다). 런던에서 우연히 만난 그들은 자기네의 믿음을 의문시하는 그 어떤 발언도 못마땅해하고 내가 대표하는 영국 정부를 공격적으로 비판하는, 기이하기 짝이 없는 이단 종파의 일원처럼 보였다.

이런 도취된 집단들 말고도 북한 정권을 비판하기 어려워하는 듯한 개인들이 있다. 그들은 대부분 무척 똑똑하고, 일부는 자기 분야에서 저명하기까지 하다. 그 대가로 그들은 북한을 자주 방문하고, 북한 정권의 견해를 자국 정부에 전달해 세상의 이목을 끈다(그들 정부가 그들의 이야기를 들을 때야 주목을 받겠지만 정부가 언제나 귀를 기울이는 것은 아니다). 북한은 그들을 이용하는 데, 특히 그들을 치켜세워 그들이 한반도의 긴장 해소에 기여하고 있다고 믿게 하는 데 도가 텄다. 나는 마오쩌둥의 잔혹성과 생명 경시에 대한 증거가 쌓여가는데도 마오쩌둥을 찬양했던 중국 혁명의 열렬한 지지자들, 또는 소비에트 제국에 협력함으로써 세계 평화에 이바지하고 있다는 KGB의 감언이설에 설득당했던 사람들이 떠오른다.

· 외국인의 평양 생활 ·

내가 머물던 시기에 평양의 외국인 공동체는 대략 일곱 집단으로 나뉘었다.

중국 대사관과 러시아 대사관 · 두 대사관 모두 규모가 아주 크다. 평양에 있는 다른 대사관들을 전부 합해도 이들 대사관 하나의 직원 수에도 미치지 못했다. 외교관의 가족을 포함해 러시아 대사관에서는 100명 넘게 근무하고, 중국 대사관에서는 거의 100명이 근무했다. 그들은 자기네 공동체를 형성하고 외부와의 교제를 피하곤 했다. 다만 러시아인들은 일주일에 한 번씩 다른 대사관의 직원들까지 초청해 축구 시합을 열었고, 동료들을 자기네 파티에 기꺼이 초대했다. 대다수 대사관의 직원들은 구입 가능한 식품을 각자 구입했지만, 러시아인들은 통일시장으로 단체 구입 원정을 가곤 했다.

다른 대사관들 · 이 대사관들은 대체로 규모가 작았다. 어느 시점에 이란 대사관에는 직원이 스무 명 있었고(나중에 줄었다), 독일 대사관에는 여덟 명 있었다. 보통의 경우라면 어울리지 않았을 외교관들은 평양의 낯선 분위기 속에서 서로 어울렸고, 사절단 대표들은 적어도 정권이 무척 좋아하는 공식 행사 자리에서는 그들이 대표하는 국가의 정치적 입장 차이에도 불구하고 서로 바짝 붙어 있어야 했다.

대사관 내부 생활은 제각기 달랐다. 유럽 대사관들은 대체로 분주했고 다른 대사관들은 덜 분주했다. 외교 사절단들과 북한 정권의 관계 역시 아주 다양했다. 스펙트럼의 한쪽 끝에 있는 유럽 사절단들은 정권을 자주 비판했다. 다른 대사관들은 노골적으로 비판하지는 않는 편이었다. 스펙트럼의 반대쪽 끝에 있는 팔레스타인 사절단의 경우, 북한 정권이 사실상 월급을 포함하여 모든 경비 지출을 지원했다. 자국 대사관과 느슨하게 연결되어 있지만 독립적으로 활동하는, 언어 전문 교사들로 이루어진 작은 집단도 있었다. 영국문화원은 평양의 고등교육 기관들에서 북한 영어 교사들의 실력 향상에 주력하는 영어 교육자를 세 명 두고 있었다(2008년에 조정자 한 명이 합류해 총 네 명이 되었다). 독일 괴테 인스티튜트는 김일성종합대학에 독일어 교사를 한 명 두었으며, 이 대학에는 프랑스어 교사도 한 명 있었다. [8] 이들은 모두 개성이 뚜렷했고 외국인 공동체의 중요한 일원이었다.

중국인 사업가들 · 이 집단은 서구인들과 다른 장소에 자주 출입했지만 일부 행사에 나타나곤 했다. 대체로 폭음을 하고 북한 사람에 대해 독설을 쏟아내던 그들은 연마하지 않은 다이아몬드 같았다. 그들은 자기네 관점에서 북한 기술진의 무능과 북한 관료들의 부정직과 탐욕에 대해 이야기할 때 특히 활기를 띠었다. 대부분의 시간을 멀리 떨어진 지방의 광산과 공장에서 보내는 그들 다수는 평양에서의 시간을 휴식과 여가를 위한 시간으로 여겼다. 북한 사람들은 중국인 사업가들을 몹시 싫어했다. 북한 사람들은 그들을 상

---

8   내가 평양을 떠난 이후 평양외국어대학에 이탈리아어 교사가 한 명 합류했다.

스럽고 약자를 괴롭히는 부류로 여겼다.[9]

김일성종합대학의 외국인 학생들 · 이들은 모두 한국어를 공부하고 있었다
(다른 과목도 수강할 수 있었는지는 모르겠다). 이들은 중국인, 카자흐스탄인, 베
트남인이 섞인 혼성 집단이었다(러시아 학생들도 있다고 들었지만 만난 적은 없
다). 중국인 학생들은 때때로 랜덤 액세스 클럽에 몰려와 탁구로 모두를 꺾곤
했다. 김일성종합대학에서 이들의 생활은 엄격히 통제되었다. 예를 들어 이
대학에서 외국인 학생들이 북한 학생들과 어울리는 것은 거의 불가능했다.
외국인 학생들은 금요일 밤에 랜덤 액세스 클럽에서 머리를 늘어뜨릴 수 있
어 기뻐하는 듯이 보였다.

유엔 산하기구의 직원들과 전문가들 · 세계식량계획은 현장에서 꼭 필요한
역할을 했다. 기근기 동안 북한인 상당수를 먹여살렸고, 최악의 굶주림이 지
나간 뒤에도 계속 중요한 활동을 했다. 한때 이 기구는 평양에 (크고 오래된 불
가리아 대사관 안에) 큰 사무소를 두었을 뿐 아니라 대부분 지방의 호텔방에 하
위 사무소들까지 두었지만, 내가 도착한 무렵에는 하위 사무소들이 이미 폐
쇄되고 없었다. 세계보건기구는 북한의 파탄난 보건체계를 지탱하는 필수적
인 역할을 했고, 유니세프 같은 기구들도 훌륭하게 활동했다.

비정부기구의 직원들과 전문가들 · 기근기 동안 다수의 다양한 NGO들이

---

9   이런 평가에는 역사적 선례가 있다. H. 굴드 애덤스(H. Goold – Adams)는 *Korean Repository* 1892년 9월호 기고
문에서 조선 국경지대에 사는 소수 중국인들이 "세상에 있을 법한 최악의 부류 (……) 싸우길 좋아하고 어깨가 떡 벌어진 지
저분한 악당들로, 어떤 점잖은 치안법정이라도 그들의 낯짝을 보면 6개월형을 선고할 것이다"(275)라고 썼다.

북한에서 활동하기 시작했다. 정확하지 않을지 모르지만 내가 세어본 바로는 1997년(활동이 처음 허용된 때) 이래 유럽 NGO 16개가 평양에서 상주 사무소를 운영했고, 대부분 상당히 많은 인원을 고용했다. 그중 일부는 활동이 제약받는 데 좌절해 사무소를 폐쇄했지만, 2003년까지도 유럽 NGO 11개로 구성된 단체가 평양에 있었다. 그러나 앞에서 서술했듯이 기근기 이후 공안기관이 NGO들을 내쫓아야 한다고 선동해 여섯 개로 줄이는 데 성공했다. 그 결과 평양의 NGO들이 고용하는 인원이 2005년에서 2006년 사이에 급격히 감소했다. 스위스 개발협력청은 정부기구여서(오래된 헝가리 대사관 안에 사무소가 있었다) 2005년 말에 추방되진 않았지만 사실상 NGO 단체에 속했다.

소수의 비중국인 사업가들과 전문가들 · 이들은 스위스인 제약 공장 관리자, IT 프로젝트에 관여하는 전직 동독 외교관, 북한 정부에 조언을 해주는 스코틀랜드인 변호사 등 신분이 다양했다. 우리는 외국어 출판물을 통해 북한에 조력하는 또 다른 전문가들이 있다는 사실을 알았지만,[10] 그들은 나머지 외국인 공동체와 결코 어울리지 않았다(그들이 스스로 선택한 것인지 아니면 강압 때문인지는 밝혀내지 못했다).

나는 우리가 사는 곳에서 그리 멀지 않은 어딘가에 정권에 의해 잔인하게 납치되어온 일본인들이 생존해 있을 거라고 추측했다. 내가 구할 수 있을 정도로 그들의 사진이 널리 유포되었지만(일본 정부가 나에게 사진이 담긴 팸플

---

10   1987~1994년에 평양에서 이런 역할을 한 Harrold는 *Comrades and Stranges*에서 자신의 경험을 기술한다. 그가 기술하는 훨씬 엄격하게 통제하는 사회는 내가 했던 경험과 대부분 상반된다.

릿을 주었다), 우리 가운데 그들을 본 사람은 없었다. 정권이 서구 외교관들의 눈에 띄지 않게 그들을 숨기는 것이 틀림없었다.

한편에 있는 외교관들과 다른 편에 있는 유엔과 NGO의 직원들은 개인적으로는 대체로 화기애애한 관계였다. 그러나 기관 차원에서 NGO들과 이보다 정도는 훨씬 덜하지만 유엔 역시 북한을 정치적 문제로 보기보다 인도주의적 재앙으로 보곤 했다. 그들의 활동이 자국민을 가혹하게 다루는 정권을 실제로 떠받치느냐는 쟁점을 두고 이따금 논쟁이 벌어졌으나 관련자들의 화만 돋우었을 뿐이다. NGO 공동체의 일부는 공공연히 정권에 공감하고 서구(특히 미국)의 정책에 반대했으며, 대북 원조의 제한 수위를 낮추라며 자국 정부에 압력을 넣었다. 평양의 외국인 사업가들 가운데 일부(결코 전부는 아니다)는 정권에 훨씬 더 공감했고, 서구 정부들이 정권에 제재를 가할 때면 소리 높여 분노했다(그들 중 한 명이 외국인 공동체 전체의 사교행사 자리에서 제재를 비난하는 팸플릿을 나누어준 일도 있었다).

대다수 외교관들은 평양에서 격식을 철저히 따라야 했다. 이 점은 새로 파견된 대사가 북한 정부에 신임장을 제출할 때 분명하게 드러났다. 신임장 제출은 새로 임명된 대사가 파견 정부의 정식 대변인임을 확정하기 위해 어느 나라에서나 거치는 전통적, 형식적 절차다. 그러나 북한의 격식에는 확실히 유별난 구석이 있었다. 평범한 의전은 현지국의 국가 원수에게 신임장을 제출하는 것이다. 북한의 국가 원수는 1994년에 사망했고 1998년에 '영원한 수령'으로 선포된 김일성이다. 망자에게 신임장을 제출하기는 어렵기 때문에 최고인민회의 상임위원회 위원장이 대신 신임장을 받곤 했다. 그런 고위 인사가 관여하는 자리였으므로 북한 관리들은 의전을 티끌만 한 문제도 없이 원활하게 진행할 책임이 있었다. 어느 나라에서나 의전을 담당하는 관리가 신임 대사에게 어디에 서고 언제 움직일지 알려주게 마련이지만, 신임장을 전달할 때 대사가 발을 딛을 위치까지 커다란 홀에 깔린 카펫 위에 금속재 발 모양으로 표시해둔 나라는 내가 아는 한 북한이 유일하다.

새로 온 대사가 신임장을 제출한 뒤 국가 원수와 몇 분 동안 담소를 나누는 것도 국제적 관행이다. 대다수 나라에서는 두 사람이 편안하게 앉을 수 있는 작은 방에서 대화를 한다. 그렇지만 북한에서는 대사와 수행원들이 커다란 방의 한쪽 벽을 따라 놓인 소파에 나란히 앉고 그 반대편 소파에 북한 측 인사들이 일렬로 앉아서, 카펫이 깔린 넓은 공간을 가로질러 마치 소리라도 지르듯이 대화를 나누었다. 고위층 수준의 친밀한 담소는 분명 북한의 방식이 아니었다.

신임 대사는 현지에 적응해가는 동안 다른 외교관들과의 회의, 그리고 관계가 괜찮다면 내가 아래에서 서술할 북한 당국(대부분 외무성)과의 회의가 정기적으로 열린다는 것을 알게 된다. 사절단 대표들은 다양한 국가 의식에 참석할 것으로 기대되었다(특히 방부 처리된 김일성의 시신에 경의를 표하기 위해 설날과 김일성 생일인 4월 15일에). 그들은 다른 대사관들이 준비하는 의전 행사에도 초대받았다. 예를 들어 러시아 대사관은 매년 유럽에서의 2차 세계대전 종전을 기념하기 위해 평양 중심부에 있는 소련군 기념비에 화환을 바치는 의식과 소련군 묘역(이곳의 무덤들은 대부분 2차 세계대전 직후 질병으로 사망한 사람들의 무덤인 듯했다)에 헌화하는 또 다른 의식에 사절단 대표 전원을 초대했다. 영국 대사관은 북한에서 접근 가능한 유일한 영국 군인의 무덤에 양귀비꽃 화환을 바치는 간단한 추도 행위로 전사자 추도일을 기념했다. 조종사였던 그 군인은 한국전쟁 때 격추되어 사망한 뒤 평양에서 멀지 않은 마을에 묻혔다.

평양의 적군(赤軍) 묘역에 바치는 화환. 정권은 북한을 해방시키는 과정에서 적군이 수행한 역할을 폄하하지만, 러시아 대사관은 그 기억을 계속 간직한다.

수도에서 으레 그렇듯이 각 대사관은 자국 국경일에 대규모 파티를 열어 기념했다. 평양에서 그런 파티는 대체로 보통강호텔에 있는 천장이 높고 벽이 하얀 넓직한 정사각형 만찬실에서 열렸다. 그런 파티는 격식을 중시하는 행사여서, 신임장을 제출한 순서가 반영된 외교관 목록의 등위에 따라 모든 외교관이 착석했다. 이 등위가 변할 리는 없었으므로 이런 의전은 외교관 모두가 매번 똑같은 사람 옆자리에 앉는다는 뜻이었다. 북한 당국은 대사관 행사에 참석하는 자국 관료들의 직위를 조절하는 방식으로 주최국에 대한 호의 정도를 나타내곤 했다. 유럽인들은 대부분 차관급으로 만족해야 했지만, 중국인들과 러시아인들은 이따금 정치국 고위 위원의 방문을 받는 영예를 누렸다. 북한 쪽 인사와 외국인들은 각기 다른 테이블에 앉았으므로 두 집단이 식사 중 담소를 나누기란 불가능했다. 그러나 대개의 경우 모두가 착석하기 직전에 북한 고위 인사들과 몇 마디 대화할 수 있는 소중한 순간이 있었다. 일부 대사관은 이런 패턴을 깨려 했다. 영국 대사관은 양각도호텔 앞에 있는 잔디밭에서 여왕 탄생일 파티를 주최해 기념 파티를 야외 행사로 바꾸었다. 리비아 사람들도 5·1경기장 뒤편에서 야외 파티를 열었고, 독일과 스웨덴 사람들도 자기네 정원을 이용했다.

평양에서 대사관을 유지하는 유럽연합 국가는 7개국이다(불가리아, 체코공화국, 독일, 폴란드, 루마니아, 스웨덴, 영국). 프랑스와 에스토니아는 북한과 국교를 맺고 있지 않다. 유럽연합의 나머지 국가들(그리고 많은 비유럽연합 국가들)은 2개국 이상에 신임장을 제출하지만 한 나라에만 상주하는 대사를 두고 있다. 그 대사들은 평양을 출입하기가 가장 쉽다는 이유로 베이징에 상주하거나 한국 통일을 지지한다는 의미로 점점 더 서울에 상주하고 있다.[11] 그 대사들이 평양을 방문하는 빈도는 제각각인데, 누군가는 1년에 한두 차례 방문하고 누군가는 임기 내내 딱 한 번 방문한다. 이것은 한 달에 한두 번쯤 현지 유럽연합 대사가 북한을 방문하는 동료 대사를 환영하기 위해 평양에 상주하는 유럽연합 대사들 전원을 만찬에 초대했다는 뜻이다. 나 역시 평양에 상주하는 유일한 영연방 대사였기 때문에 북한을 방문하는 영연방 사절단 대표들을 위해 만찬을 주최하곤 했다. 방문한 대사들을 대접하고 그들에게 북한이 어떻게 작동하는지 설명하려 애쓰는 것(그들 모두가 북한의 난관을 이해하는 것은 아니었다)은 이러니 저러니 해도 시간을 꽤나 잡아먹는 일이었다.

다른 한편 대다수 대사관들은 보통 평양에서 근거리에 있는 집단농장과 결연하고서 다양한 농사일을 '거들기' 위해 연중 두 차례 모내기철과 추수철에 농장을 방문했다. 대사관 직원들은 평양을 벗어나 시골을 가까이에서

---

11   2007년 리비아는 서울과 평양에서 대사관을 유지하지 않기로 결정했다. 짧은 기간 동안 리비아는 (서울보다 대사관 운영비가 **훨씬** 덜 드는) 평양에 대사관을 두고 여기서 대사가 서울에 다녀오는 방안을 고려했다고 한다. 그러나 실행했다면 유일무이한 결과였을 이 계획은 결국 서울에 대사관을 두고 평양에 무역 담당관을 한 명 두는 쪽으로 변경되었다.

살펴볼 기회를 주는 이런 나들이를 환영했다. 대체로 그런 날의 일정은 지역 당국자와 집단농장 관리자를 차례로 만난 뒤 논에서 한두 시간 일한 다음 평양으로 돌아가기 전에 술을 진탕 마시는 점심식사 순서로 진행되었다. 나와 대사관 직원들은 방문한 집단농장에서 모내기를 손으로 하지 않고 트랙터와 이앙기를 이용할 수 있었음에도 모춤을 가지런히 맞추는 데 무진 애를 먹었고, 농장원들은 이런 우리를 보며 우스워했다. 노동을 마치고 나면 농장원들이 때로는 현지 어린이들까지 동원해 공연을 열어주곤 했다. 보통 우리는 어떻게든 답가를 피하려 했다.

외교관 공동체는 규모가 작았으므로 모든 외교관들은 서로 알고 지냈으며, 유럽연합 7개국 사절단들은 특히 가까웠다. 외교관들은 흡사 한 마을 사람들 같았다. 그러나 2005년 말에 NGO들이 추방당하기 전까지만 해도 상황이 크게 달랐다고 한다. 외국인 공동체의 규모가 훨씬 크고, 온갖 종류의 적대적 파벌과 그들 간의 경쟁관계가 있었다고 한다.

평양에서 오랫동안 상주한 사절단들은 끔찍한 결핍에 대한 기억을 공유하고 있었다. 예를 들어 한때 동독 사람들은 기본적인 식료품을 구하기 위해 상당한 시간을 들여 현지 동독 대사관 직원들과 번거로운 물물교환을 했다고 한다. 그 음식물은 대사관 거주 구역 안에 있는 상점에서 대사관 직원들에게 판매하는 것이었다. 그러나 내가 평양에 머물던 무렵에는 누구든 돈만 있으면 음식을 꽤나 풍족하게 구할 수 있었다. 외교 구역 안에 있는 외교관 클럽에 (유로로 값을 매기는) 작은 슈퍼마켓이 있었고, 다른 곳에도 식료품 상점들이 있었으며(이를테면 아이스링크 옆에 있는 창광산호텔 안에), 통일시장에도 출입할 수 있었다.

이 글을 쓰는 지금도 경화로 음식을 제법 자유롭게 구할 수 있을 테지만, 2009년 11월의 경제 조치 실패로 인해 음식이 고갈되었던 기간에는 일부 대사관이 구입할 수 있었던 먹을거리는 초콜릿뿐이었다. 대사관 구역 내부와 근처에는 적당한 가격(유로)에 꽤 괜찮은 음식을 파는 식당이 세 곳 있었다(서양 요리법을 시도할 때보다 한국 음식을 요리할 때 솜씨가 한결 나았다). 평양 시내에도 외국인이 자유롭게 출입할 수 있고 대체로 요리 수준이 더 높은, 경화를 받는 식당들이 있었다.

건강 관리는 늘 걱정거리였다. 정권이 좋은 축에 드는 병원 몇 곳을 이용할 수 있게 해주었지만(가장 좋은 병원은 고위 지도자들 전용이었다) 대개 그 병원들에도 장비나 의약품이 부족했다. 2008년 외국인 공동체는 병원에 없는 핵심 장비를 확인하고 마련하기 위해 기금을 모금했다. 그러나 외국인들은 병세가 조금이라도 심각하면 베이징으로 대피했다(이따금 환자 수송기가 아주 늦게 도착할 때면 외국인 공동체는 불안감에 휩싸였다). 유엔은 상주 의사 한 명을 둔 작은 진료소를 두어 가벼운 질환에 대처할 수 있게 했다. 처음에 이 진료소는 독일, 영국, 스웨덴 대사관이 들어선 부지 안에 있었다(독일 대사관이 방을 기증했고, 영국 대사관과 스웨덴 대사관이 장비를 기증했다). 그러나 이 진료소는 나중에 세계보건기구 사무소들 안으로 이전했는데, 대사관 구역 출입문을 지키는 경비원이 유엔 직원의 진료소 이용을 막았기 때문이다. 이 모든 우려에도 불구하고 내가 평양에 있는 동안 외국인 사망 사고는 없었다.

평양에 거주하는 외국인들에게 건강 관리보다 직접적인 걱정거리는 일상적인 스트레스였다. 2006년의 평양은 그 이전 10년에 비하면 말할 수 없이 살기 편한 도시가 되었지만(과거에 외국인 공동체는 기본적인 식품을 확보하는 데에도 엄청난 에너지와 시간을 쏟아야 했던 듯하다) 고립, 외부 세계와 소통하기 어려운 상황, 전반적으로 낯선 환경 등은 모든 외국인들에게 고충으로 다가왔다. 외국인들은 값싼 술로 기분을 달래려다가 불행한 결과를 초래하곤 했다. 대개 결혼생활에도 애로가 있었고(동료 한 명은 배우자가 반대해 평양 파견을 단념해야 했다), 자녀를 둔 가정들은 교육 문제로 노심초사했다. 평양의 많은 독신 외국인들이 저녁 여가나 가족생활을 누리지 못하다 보니 다수 기관들이 장시간 업무에 매달리는 문화가 생겼고, 이런 문화가 다시 중압으로 작용했다. 내가 도착하기 전만 해도 꽤나 많았던 외국인들이(2005년 말 NGO들이 추방되기 전이었다) 끼리끼리 파벌을 이루고 서로를 배척했다고 들었지만, 내가 도착한 무렵에는 서구 외국인들이 워낙 적어서 그런 배척이 더는 실질적인 문제가 아니었다. 그리고 어느 러시아인이 말했듯이 어쨌거나 평양 생활은 북한 북동부 창진(외교관 파견지 가운데 가장 외지고 고립된 지역)에 있는 러시아 총영사관에서의 생활보다 한결 수월했다.

평양의 많은 대사관들은 할 일이 전혀 없었다. 이 대사관들은 그저 양국 관계의 상징으로서, 외국 대사관의 존재를 국제적 존중의 표지로 여기는 북한 정권을 기쁘게 하기 위해 평양에 있었다. 이들 대사관의 외교관들은 이따금 공식 행사에 참석하는 것 말고는 해야 할 업무가 없었다. 어느 외교관 동료는 남포 가는 길에 있는 훌륭한 골프장에서 일주일에 며칠을 보내고 드물게 손님을 맞을 때만 출근하는 방식으로 이 문제를 해결했다. 다른 외교관은 북한의 훌륭한 예술품들을 수집하며 시간을 보냈다. 또 다른 외교관은 평양 생활이 유급휴가라고 솔직하게 말했다. 애석하게도 평양의 유럽연합 대사관들은 이런 여가생활을 즐기지 못했다. 우리 모두는 두고 보기 어려운 북한 당국의 일부 활동을 만류하고, 북한에서 일어나는 일을 정확하게 기술해 정부에 보고하기 위해 장시간 근무했다.

평양의 외교단은 다른 나라에서는 오래전에 그만둔 몇 가지 외교상 예절을 지켰다. 예를 들어 수년 전만 해도 신임 대사가 동료들을 방문하고 나면 모든 동료가 다시 신임 대사를 방문해 차를 마시며 이야기하는 것이 관행이었다. 나는 다른 어떤 파견국에서도 '답례 방문' 관행을 본 적이 없지만 평양에서는 흔한 일이었다. 이와 유사하게 2006년 평양에서는 모든 대사가 새로운 동료를 맞이하거나 북한을 영영 떠나는 동료를 배웅하기 위해 공항에 가는 것이 관행이었다. 문제가 없더라도 시간을 잡아먹었고 항공기가 늦기라도 하면(흔한 일이었다) 시간을 더욱 잡아먹었던 이 관례는 다행히도 2008년 들어 중단되었다.

대다수 수도에서 그러는 것처럼 평양에도 떠나는 대사를 위해 송별 파티를 열어주는 전통이 있었다. 이런 파티는 소리가 울리고 조금 낡은 공간인 구 외교관 클럽, 일명 '올드 디플로(Old Diplo)'에서 열리곤 했다. 오늘날 외교 구역에서 약간 떨어진 곳에 있는 이 클럽은 더 현대식인 시설들이 건설되기 전만 해도 평양 외교관들이 모여 여가를 즐기던 유일한 건물이었다(과거에 이 클럽은 외국 대사관들에서 가까웠지만, 나중에 대사관들이 대부분 평양 동부에 있는 지금의 외교 구역으로 이전했다. 송별 파티가 대사관 구역에 있는 신식 외교관 클럽이 아니라 구식 클럽에서 계속 열린 이유는 그저 아무도 장소를 옮기는 일에 정력을 쏟지 않았기 때문일 것이다). 이런 파티의 진행 순서는 언제나 똑같았다. 외교단 단장이 떠나는 동료의 업적을 칭송하고 나면 출국을 앞둔 대사가 고별사를 했다. 그리고 나면 언제나 김치와 밥이 포함된 식사가 원탁에 차려지곤 했다(북한 직원들은 이 두 가지 기본 음식을 빼고 식사를 차려야 했다면 마음이 편치 않았으리라). 대다수 수도들에는 외교단이 떠나는 대사에게 선물을 주는 전통이 있지만, 구입할 만한 상품이 별로 없는 평양에서는 그 대신 금일봉을 주었다.

정권은 외교관과 평범한 북한인의 접촉을 주의 깊게 제한했다. 우리 대부분은 함께 일하는 북한 직원들과 관계가 좋았지만, 한국어를 말할 줄 아는 외교관이 거의 없었기 때문에 영어를 말하는 극소수 북한인이 아닌 평범한 일반인과 일상대화를 나누는 것은 불가능했다.[12]

여가 시설은 그 수가 한정되었다. 외교 구역에 있는 프렌드십 클럽과 평양 클럽은 둘 다 상당히 다양한 술을 파는 바를 운영했다(각기 다른 정부기관이 운영하는 두 클럽은 치열하게 경쟁하는 관계였다). 놀랄 만큼 다양한 서양 노래를 아는 젊은 여인들이 바 뒤편에서 외국인 손님들에 맞추어 노래를 부르는 프렌드십 클럽 위층의 가라오케 바는 특히 인기가 좋았다. 금요일 밤이면 여기서 술을 마시다가 랜덤 액세스 클럽에 가는 것이 보통이었다. 두 클럽 다 가끔 파티 장소로 쓰였다(프렌드십 클럽의 여성 운영자는 즐거운 행사가 되도록 풍부한 상상력을 발휘하곤 했다). 두 클럽이 합동으로 행사를 진행하는 경우도 많았다. 물론 금요일 밤마다 평양에 상주하는 외국인들에게만 문을 여는 랜덤 액세스 클럽(세계에서 가장 배타적인 클럽일 것이다)도 술을 팔았다. 이곳 판매원은 김일성종합대학에 다니는 생글거리는 베트남 학생이었는데, 카자흐스탄 학생과 한국어로 대화를 해서 손님들을 놀래키곤 했다. 때때로 이 클럽 뜰에서 바비큐를 구웠고, 한두 차례 특별한 행사(퀴즈 게임이나 탁구 대회)가 열리기도 했다.

내가 평양에 도착한 때는 상당수 NGO들이 추방된 직후여서, 북한에서 오래 지낸 동료들이 금요일 밤마다 클럽이 손님들로 북적인다고 말한 것이 무색하게 몇 주 만에 외국인 수가 급감했고, 바에 취객이 여남은 명밖에 없

---

12   한때는 영어보다 러시아어를 말하는 북한 사람이 틀림없이 더 많았을 것이다. 그러나 현지에서 충원한 외국 대사관 직원들 중에서 절반이 넘는 비교적 젊은 북한 사람들은 다른 어떤 외국어보다 영어를 훨씬 많이 배웠다는 인상을 주었다. 러시아어를 말하는 북한 직원은 본 적이 있지만 자주 보진 못했다.

평양의 랜덤 액세스 클럽. 2005년 말에 NGO들이 쫓겨나기 전에는 금요일 밤마다 붐볐지만 내가 도착한 무렵에는 텅 비는 날이 많았다.

는 날이 많아졌다. 장기간 상주하던 외국인들이 클럽에 빌려주어 바 주위에 매달려 있던 장식물들도 대부분 사라졌다. 휑뎅그렁해진 랜덤 액세스 클럽은 한때 존재했던 것의 그림자처럼 보였다. 다양한 구실을 들어 평양에서 며칠을 보내는 정치적 관광객들이 이 클럽을 발견하면서 상황은 더욱 악화되었다. 이제 금요일 밤에 이 클럽에 가는 것은 위험한 일이 되었다. 평양에 있다는 생각에 한껏 들뜬 생면부지 관광객이 다가와 북한의 은밀한 측면에 관해 캐물을 터이기 때문이다. 화요일 밤이면 북한에서 오랫동안 근무한 독일 대사관의 직원 부부가 축구 놀이대와 다트판을 갖춘 바를 운영했다. 이곳은 평양 외국인들의 사교 중심지가 되었지만 그들 부부가 북한을 떠나면서 문을 닫았다.

외무성 역시 상주 외교관들을 즐겁게 해주려 했다. 1년에 하루 외무성은 자기네가 운영하는 평양 지척에 있는 영빈관으로 모든 유럽 대사관과 NGO를 초대했다. 전통에 따라 모두가 무언가 공연을 선보여야 했다. 보통 외무성 공연에는 유럽을 위해 지휘자(이탈리아어를 유창하게 말하고 유명한 가수와 결혼한 사람이었다)가 편곡한 〈오 솔레 미오〉 클래식 연주와 단원들의 합창이 포함되었다. 외국 대사관 직원들은 모두가 노래나 춤 솜씨가 좋은 것은 아니어서 몇 주 전부터 걱정하며 공연을 연습하곤 했다. 그들의 공연은 수준이 제각각이었다.

다른 대사관들도 오락거리를 제공했다. 때때로 러시아 학생들이 공연을 했다. 캄보디아의 전 국왕 시아누크가 이따금 평양을 방문할 때면 상주 대사들 전원이 캄보디아 대사관의 초대를 받아 평양 외곽에 자리 잡은 커다란 빌라(김일성이 시아누크에게 선물한)에 가서 시아누크의 노래를 듣거나 그가 제작한 영화 한두 편에 찬사를 보냈다. 우리가 빌라 중앙에 있는 커다란 방의 가장자리에 둘러앉아 있는 동안 전임 군주는 캄보디아 민요 한 곡과 프랑스 팝송 몇 곡을 부르며 우리를 융숭하게 대접했다. 전임 국왕의 노래를 들을 기회가 자주 있는 것은 아니므로 기억에 남을 만한 일이었다.

평양 중심부에는 외국인에게 개방된 식당이 많이 있었다. 이 식당들은 모두 맛이 좋고 푸짐한, 비슷비슷한 음식을 제공했다. (경화로 받는) 음식 값은 외국인에겐 적절했으나 북한 사람 중에는 아주 부유한 이들만 감당할 수 있는 수준이었다. 외국인이 북한 사람과 같은 식탁에 앉았다면 이목을 끌었을 테지만, 외국인이 북한 가족 가까이에 앉는 것은 식당 직원들도 문제 삼지 않는 눈치였다. 주말 점심시간이면 이들 식당은 손님들로 가득 찼다. 예약할 필요까진 없었지만 나는 가끔 자리가 날 때까지 몇 분 기다려야 했다.

호텔들에도 식당이 있었다. 양각도호텔 지하에 있는 식당은 훌륭한 중국 남방부 요리를 제공했고(평양에서 유일하게 외국 요리를 파는 식당이었을 것이다) 바로 옆에 있는 카지노를 이용하는 중국인 도박꾼들을 상대로 장사한다고 했다. 고려호텔 한 건물의 최상층에는 다소 비싼 가격에 적당한 음식을 제공하는 회전식 전망대 식당이 있다. 이곳에서 흑맥주를 주문하면 지하층에 있는 바에서 가져와야 해서 맥주를 받기까지 시간이 약간 걸렸다. 회전 기계장치는 종잡기 어려웠다. 때로는 너무 느리게 돌아가서 전망의 변화를 감지하지 못할 정도였지만, 때로는 너무 빠르게 돌아가서 손님들이 어지러워할 지경이었다(나는 정권 지도층의 거주 구역이 훤히 내려다보인다는 이유로 고려호텔 다른 건물에 있는 비슷한 회전식 전망 식당이 폐쇄되었다는 얘기를 들었다. 그러나 두 건물의 전망이 과연 크게 다를지는 확실하지 않다). 고려호텔 지하에 있는 바는 훌륭한 흑맥주를 팔았는데, 낙원백화점 꼭대기층의 식당에서 파는 초록색 맥주와 마찬가지로 이 흑맥주가 궁금해서 찾아오는 손님들이 많았다.

이 밖에 외국인에게 공식적으로 열려 있진 않았겠지만 한국말로 주문할 줄 알고 원화로 내는 외국인이라면 기꺼이 환영하는 식당들도 많았다. 그중 최고의 식당은 대동강 강둑의 허름한 간이매점에서 장사를 하며 아주 훌륭한 케밥과 맥주를 각각 원화와 유로를 받고 팔았지만(한 식당이 두 가지 통화를 받은 특이한 사례) 2007년 늦여름에 돌연 없어졌다. 한국어를 거의 원어민 수준으로 구사하던 어느 외교관 동료는 가족이 잠시 평양을 떠난 틈을 타서 저녁마다 매번 다른 평범한 북한 식당에서 식사를 했다. 그는 음식의 질이 거의 언제나 좋고 일반적으로 가격이 적당하며, 가족이 돌아오고 나면 가보지 못할 식당들이 아직 많이 남았다고 말했다.

우리 대부분은 그저 평양을 이리저리 거닐면서 많은 시간을 보냈다. 평양은 매력이 없는 도시가 아니다. 어쨌거나 평양은 정권의 위업을 보여주기 위해 건설된 도시다. 대다수 대사관들은 대동강 동편의 작은 구역 안에 있고, 대학거리에서 멀지 않은 큰길 하나와 옆길 몇 개를 따라 무리를 이루고 있다. 중국 대사관과 러시아 대사관은 평양 중심부에 훨씬 더 가까운 위치에 있다(다른 대사관들도 평양 중심부에 있었지만 1960년대에 홍수로 인해 심하게 손상된 이후 이전했다고 한다). 외교 구역 지근거리에는 이렇다 할 명소가 없다. 그런 대로 괜찮은 식당 하나, 공원 하나, 평양 외부의 시골로 곧장 이어지는 도로 하나가 전부다. 2007년 10월 대한민국 노무현 대통령의 방북을 기념해 매력적으로 보이도록 대다수 건물들에 새로 페인트칠을 한 대학거리(그러나 노무현 대통령의 차량 행렬이 지나가면서 보이는 면만 칠하고 나머지 세 면은 허름한 상태 그대로 두었다)를 따라 걷다가 대동강을 가로지르는 옥류교까지 가는 데 대략 20분이 걸렸고, 거기서 양쪽 강둑을 따라 걸을 수 있었다. 동쪽 강둑에는 강을 따라 뻗은 잔디밭 옆에 널찍한 보도가 있었고, 서쪽 강둑에는 흥미로운 한자들이 새겨져 있고 전망이 좋은 옛날 정자(亭子)가 몇 개 있는 길고 구불구불한 길이 있었다. 옛 일본인 구역에는 (자세를 세심하게 지시해 훌륭한 인물사진을 찍고 적당한 요금을 받는 사진관을 비롯해) 흥미로운 가게와 식당이 몇 군데 있었다. 그러나 평양에서 산책하기 가장 좋은 곳은 버드나무가 일렬로 가지를 드리우고 널찍하고 탁 트인 수변공원이 있는 보통강 강둑길이다(외국인들은 보통강호텔 때문에 이 지역을 자주 찾았다. 통일교 총재 문선명이 소유한 이 호텔은 공식 연회장으로 애용되었다).

평양에는 이상한 측면도 있었다. 1988년 남한의 올림픽 개최 성공에 분노한 북한은 1989년 7월에 세계청년학생축전을 열었다. 이를 위해 북한은 평양의 완전히 새로운 거리 두 개에 호텔 네 개와 경기장 하나를 비롯해 시설 260개를 지었다. 이 계획에 투입된 거액이 1990년대 경제 붕괴의 한 원인이 되었을 것이다. 이 시설들은 대부분 텅 비고 쓰이지 않고 있었다. 태권도 전당에서 가끔 수업이 있었고 다른 시설들 일부가 이따금 사용될 뿐 단지 전체는 흡사 유령도시 같았다. 나는 텅 빈 건물들을 지나 불어오는 바람에 귀를 기울이며 이곳의 황량한 거리를 거닐곤 했다. 혹독하게 가난한 나라에서 실로 비극적인 돈 낭비였다.

외국인들의 평양 생활은 북한 사람들이 그렇듯이 날씨에 크게 좌우되었다. 겨울에 평양의 기온은 섭씨 영하 30도 아래로 떨어지기도 하고, 보통 몇 달 동안 영상으로 올라가지 않는다. 도로 위 얼음과 눈 때문에 차 운전은 위험하다. 거의 겨울 내내 외국인 공동체는 실내에 틀어박혀 지냈으며, 야외 활동이 줄어들어 외국인 거주 구역의 거리는 스산할 정도였다. 여름에는 대체로 기분 좋게 따뜻하고 가끔 더웠으며, 바비큐와 수영장을 중심으로 다시 야외 활동이 이루어졌다.

길고 더운 여름에는 평양에서 남포 해변으로 떠날 수 있었다. 남포 해변이 생트로페[13]와 똑같진 않다. 서해갑문(남포댐이라고도 불리며 화폐에도 실린 북한 최대 규모의 토목공사였다)을 지나 조금 더 가면 나오는 이 해변은 진흙이 살짝 섞인 삼각형 형태의 모래사장으로, 탈의실과 작은 식당을 갖추고 있었다. 외국인 입장료는 2유로였다. 이곳은 여름철 일요일이면 외국인과 내국인으로 꽤나 붐볐다. 북한 사람들이 석유에 적신 종이 위에 조개를 쌓아놓고 불을 붙여 조개가 입을 벌리면 살을 빼먹었는데, 그 바람에 사방이 석유 냄새로 진동했다(그렇게 하면 조개가 익겠지만 맛본 적은 없다). 해변을 순찰하는 관리의 주된 임무는 바비큐의 불이 다른 곳에 옮겨붙지 않게 단속하는 것으로 보였다. 그러나 북한 사람과 외국인이 너무 친밀하게 이야기했다면 그가 간섭했을 것이다.

---

13   프랑스 남동부의 휴양지―옮긴이.

여름에는 대동강에서 유람선을 빌려 선상 파티를 열 수도 있었다. 이것은 북한을 방문한 고관들과 북한 사람들 모두가 즐거워하는 일이었다(선상에 있었으므로 북한 사람들이 먼저 자리를 뜨는 일은 불가능했다). 한번은 유람선을 타고 있을 때, 대동강 다리 위에서 젊은이들이 외국인 대표와 환담 중이던 선상의 북한 인사들을 향해 소리를 질렀다. 외국인들이 통역관에게 저들이 뭐라고 소리치는 거냐고 묻자 통역관은 고위 관료들이 포식하는 동안 자기들은 굶주리고 있다는 의미라고 설명해주었다. 그 발언의 노골성과 그것을 그대로 통역했다는 사실 때문에 당시 꽤나 말이 많았다.

여름에는 야외 공간을 활용해 행사를 계획할 수도 있었다. 기억에 남는 어느 행사에서 프랑스 NGO들은 자루 달리기, 숟가락에 달걀 얹고 빨리 옮기기 같은 우스꽝스러운 경주를 준비했다. 북한 사람들 한 무리가 이 별난 놀이를 구경하려고 외교 구역 끄트머리가 내려다보이는 육교 위에 몰려들었다(오스트레일리아는 1975년 초 평양에 대사관을 개설했다가 그해 말에 철수했다. 정치적인 이유 때문이었지만 여름에 오스트레일리아인들이 주최한 유명한 토가 파티[14]가 문제였다는 얘기가 암암리에 나돌았다. 괴상한 차림으로 평양 거리를 돌아다니는 낯선 외국인들을 보고 오스트레일리아인들은 미쳤으니 수도에서 쫓아내는 게 상책이라 확신했다는 것이다).

일반적으로 외국인들은 정권이 가끔 평양에서 주최하는 공연을 쉽사리 관람할 수 있었다. 그중 가장 유명한 것은 외국인이 다수 참석하는 아리랑 공연으로, 엄격한 규율과 한 치의 오차도 없는 신호에 따라 집단 체조와 율동을 보여주는 대규모 구경거리였다. 상주 외국인들은 입장권을 꽤 쉽게 구

---

14   고대 그리스식 의복인 토가 차림으로 참석하는 파티 ─옮긴이.

할 수 있었다. 때때로 사절단 대표가 함께 가자며 공짜 표를 주었기 때문이다. 북한은 가끔 뛰어난 싱크로나이즈드 스위밍 공연도 보여주었다. 그리고 평양 중심부를 약간 벗어난 곳에는 외국인들이 사전에 표를 예약하는 간단한 방법으로 사실상 마음대로 관람할 수 있는, 뛰어난 곡예와 마술을 공연하는 서커스장이 있었다.

평양 시내에서 순안국제공항 가는 길에 있는 '실버호수' 주변 구릉 지대는 소풍 장소였다. 보통 이런 소풍은 협동 행사여서 모두가 먹을 것을 가져왔고 맥주를 거나하게 마시곤 했다.

스포츠도 있었다. 평양 중심부에 위치한 종합운동장 안에 있는 올림픽 규격 수영장은 토요일 오전에 외국인에게 개방되었다. (모든 운동시설, 동물원, 식물원을 비롯한) 평양의 거의 모든 시설과 마찬가지로 이 수영장도 외국인 요금과 내국인 요금이 달랐다. 내 기억에 외국인은 4유로를 냈고, 내국인(어디까지나 수영장 이용을 허가받았을 경우)은 몇 백 원을 냈다. 영국 공영 수영장의 소음과 혼잡에 익숙한 사람에게 이 거대한 수영장을 고작 두세 명과 함께 이용한다는 것은 대단한 사치였다. 이곳의 가장 높은 다이빙대에서 뛰어내리는 것은 용기를 시험하는 일이었다(나는 어떤 외국인도 감히 시도하지 못했을 거라고 생각한다). 공식적으로 허용된 시간 이후까지 수영장에 머무는 외국인들은 내쫓기진 않았지만 북한 사람들이 훈련할 때 수영장을 공유해야 했다. 어쨌거나 우리 대다수는 수영장 구간을 느릿느릿 왕복한 반면에 훨씬 젊은 북한 사람들은 겉보기에 힘도 들이지 않으면서 같은 거리를 총알처럼 왕복했으므로 우리는 굴욕감을 이기지 못하고 떠날 수밖에 없었다.

몇몇 대사관도 자기네 수영장을 가지고 있었다. 독일과 영국, 스웨덴 대사관이 자리 잡은 구역에 적당한 크기의 수영장이 있었다(동독 대사관이 통일

이전 몇 년 동안 공식 인가 없이 수영장을 짓고는 동베를린에 '저수 시설'로 보고했다고 들었다). 스위스 개발협력청은 1년에 한 번 자기네 수영장을 청소하는 일을 파티로 바꾸어놓았다. 수영장에 와서 벽과 바닥을 박박 문지르고 나서 모두 바비큐와 맥주를 즐겼다.

올림픽 규격 수영장 근처에는 아이스링크가 있었다. 외국인들은 특정한 시간에 입장료 몇 유로(스케이트를 대여하면 몇 유로 추가)를 내고 들어가서, 힘들이지 않고 쌩쌩 지나가는 북한 젊은이들에게 자기가 얼마나 형편없는 스케이터인지 보여줄 수 있었다. 이 링크는 밖에서 보면 제법 매력적인 유명한 건축물이다. 꼭대기 부분을 잘라낸 흰색 원뿔 형태이며 구조를 지탱하는 흰색 부벽(扶壁)들이 있었다. 링크 내부는 편안하고 효율적으로 보였다(그러나 열정적인 스케이터들은 자주 얼음이 녹아 있다고 말했다).

우리는 북한의 전통 안마사를 찾아가는 것으로 활기찬 운동을 기분 좋게 마무리했다. 외교 구역에서 지척인 외교관 클럽과 여기서 남쪽으로 조금 떨어진 구 외교관 클럽에는 훌륭한 안마 시설이 있었고, 이 두 곳(특히 후자)에서 다정하고 젊은 여성 안마사가 손님의 뭉친 근육을 두드려 말끔히 풀어주었다(남성과 여성 안마사들은 평양 시내의 호화로운 클럽을 비롯해 다른 장소에서도 일했지만 외국인들은 좀체 찾아가지 않았다).

평양 생활에서 얻는 기쁨 중 하나는 시골에 가기가 쉽다는 것이다. 외국인에게 허용된 35킬로미터 거리 안에는 시골이 많이 있다. 외교 구역에서 탁 트인 집단농장까지 가는 데 자전거로 몇 분밖에 걸리지 않는다. 나는 거의 주말마다 자전거를 타고 시골에 가서 벼가 몇 달 사이에 녹색으로 황금색으로 변해가는 과정을 기쁜 마음으로 지켜보았다. 자전거를 타고 조선중앙동물원 뒤편의 구릉 지대를 달려 광법사를 지난 다음 다른 길을 따라 시내로 돌아오는 것도 쉬웠다. 일부 자전거 도로는 언덕 위에 있는 대공포 코앞까지 이어졌지만 내가 지나갈 때 제지한 군인은 없었다.

　외교 구역에서 멀지 않은 곳에는 북한과 일본의 관계가 덜 얼어붙었던 시기에 일본인[15]이 지은 볼링장이 있다. 현대식 시설을 갖춘 이 볼링장은 북한 사람과 외국인 모두 즐겨 찾는 장소다. 우리 영국 대사관 관원들은 가끔 볼링장에서 저녁 시간을 보냈다(체구가 자그마한 여성 주부가 남성 관원들 전원을 볼링으로 꺾는 바람에 몇몇이 남자 자존심에 큰 타격을 입었다).

　이처럼 현대식 도시보다 덜 깔끔하고 수가 적긴 했지만 평양에도 시설이 있었다. 평양에서도 밤을 즐겁게 보내는 것이 가능했다. 그러나 이런 사실이 평양에 상주하는 외국인들의 근본적인 외로움을 가려주지는 못한다. 대개 가족과 떨어지고 친구들과도 떨어진 신세로 낯선 문화 속에서 어설픈 한국말을 써가며 일하는 외국인들은 고독으로 고통받았다. 금요일 한밤중이면 프렌드십 클럽 1층 당구대 곁에 서툰 실력으로 공을 대충 치는 독신 남자 두세 명이 항상 있었다. 그들은 아무도 없는 아파트로 돌아가기 싫어서 그렇게 우연히 만난 사람들과 시간을 보냈다. 이 클럽 1층 카페와 식당에도 어김없이 혼자서 음식을 느릿느릿 먹는 남자들이 있었다. 긴긴 겨울밤은 우리를 무겁게 짓눌렀다. 많은 사람들이 DVD를 보고 또 보다가 세계 영화 전문가가 되었다. 다른 이들은 소장한 음반들의 목록을 작성하며 시간을 보냈다. 평양의 다른 유럽 대사관 소속으로 몇 년을 지낸 젊은 부부는 일종의 대림절 달력을 만든 뒤 몇 달 동안 하루 한 장씩 찢으면서 출국날을 손꼽아 기다렸다.

15　또는 조총련이라 알려진 한국계 일본인

평양 외국인 공동체에는 입에서 입으로 전해지는 이야기들이 있었다. 내가 평양에 도착했을 때 이미 장기간 근무한 외교관 동료가 외교 구역의 큰 길로 나를 데려갔다. 그 길 옆에는 한때 대사관으로 쓰던 허름하고 각진 콘크리트 건물들이 있었다. 그중 일부는 다양한 조직들이 인수해 사용했지만 당시에는 대부분 유리창이 없고 지붕에서 잡초가 자라고 있었다. 동료는 애석해하며 사회주의 진영이 붕괴하기 이전 호시절에 어떤 건물이 어떤 대사관이었는지 가리키며 알려주었다.

그때는 예멘인민민주공화국과 중앙아프리카제국[16] 같은 무일푼 국가들이 평양에 사절단을 상주시키고 있었다(예멘 대사관은 나중에 유럽연합의 구호기관인 인도지원사무국이 인수했다). 1979년 장-베델 보카사 정권이 무너지고 새로 들어선 중앙아프리카공화국이 평양에 자국 대사관이 필요없다고 (타당하게) 결정하자 중앙아프리카제국 대사관이 얼마나 막막한 처지가 되었던가에 관한 이야기도 전해졌다. 수도 방기의 새 정부가 평양 외교관들에 대한 급여 지급을 중단해버린 탓에 그 외교관들은 고국으로 돌아갈 항공표는 물론 식품조차 구입할 수 없었다. 그들은 무턱대고 북한 상점들(당시에는 선반에 식품이 있었다)에 들어가서 돈도 안 내고 식품을 마음대로 집어 먹는 방법으로 식량 문제를 해결했다. 북한 직원들은 이 덩치 큰 흑인들에게 감히 대들 생각을 못했다. 보카사의 예전 외교관들은 돈을 더 마련하기 위해 구 외교관 클럽 2층에서 스누커대[17]를 이용하려는 외교관에게 불법으로 요금을 갈취하곤 했다. 이런 상황이 1년 넘게 계속되었고, 그사이 낙동강 오리알 신세인 외교관

---

16   오늘날의 예멘과 중앙아프리카공화국에 해당하는 두 국가의 존속 기간은 각각 1967~1990년과 1976~1979년이다-옮긴이.
17   스누커는 당구의 일종이다-옮긴이.

들의 가족 수가 더 늘어났다. 당연히 필요한 항공료도 덩달아 증가했다. 스누커를 치려는 대사 네 명이 비용 지불을 거절하자 한바탕 소동이 벌어졌다. 마침내 북한 당국은 업무가 중단된 대사관 직원 전원에게 평양을 떠날 항공권을 제공했고, 클럽의 스누커대 두 개에 사절단 대표들 전용임을 알리는 금속판을 붙였다(이로써 고립무원 외교관들이 더는 요금을 요구할 수 없게 되었다). 그 금속판은 내가 평양을 떠날 때까지도 붙어 있었다.

동독 사우나에 관한 이야기도 있다. 핀란드가 동독의 존재를 인정했을 때, 핀란드 대통령은 에리히 호네커에게 사우나를 선물했다. 그러나 사우나를 싫어하는 호네커는 베를린에서 최대한 멀리 떨어진 곳에 설치하라고 명령했다. 그 사우나는 결국 평양의 동독 대사관에 설치되었다(안타깝게도 그 이후 철거되었다).

사회주의적 형제애가 돈독했던 시절 평양의 외교관 공동체는 내가 머물던 때보다 훨씬 컸다. 동유럽 국가들은 대규모 사절단을 상주시켰다(빈곤한 나라 불가리아의 대사관—내가 머물던 때에는 세계식량계획이 일부를 임대해 사용했다—은 거대했고 값비싼 대리석으로 반짝였다. 불가리아인 방문객들은 가뜩이나 부족한 자원을 이처럼 비극적으로 낭비한 것을 보고 고개를 저었다). 또한 국가 간 무역 방식이 복잡해서 거의 대사관만큼이나 규모가 크고 직원을 잘 갖춘 무역사무소를 운영해야 했다. 사회주의 국가들은 합의에 따라 비교적 부유한 나라와 비교적 가난한 나라가 짝을 이루었는데, 동독이 북한과 짝이었던 까닭에 동독 대사관이 아주 컸다. 이제는 독일인 8가구와 영국인 4가구밖에 살지 않는 구역에 한때는 40가구가 살았을 정도다. 당시 외교관 공동체의 사교 일정표에서 중요한 행사 중 하나는 소련 대사관(취향이라곤 찾아볼 수 없는 옛 스탈린주의 건축 양식으로 지은 위엄 있는 건축물로서 대리석으로 덮인 커다란 로비와 넓은 부지, 훌륭한 운동시설을 갖추고 있었다)이 준비하고 주최하는 연례 운동회였다. 이 결전의 날에 다양한 종목의 승패를 결정하기 위해 꼼수와 전략이 난무했다. 소련이 지기만 한다면 아무도 누가 이기든 크게 신경 쓰지 않았다.

1990년, 독일민주공화국이 조만간 사라질 것이 확실해짐에 따라 평양의 사절단을 이끌기 위해 동베를린에서 신임 대사가 파견되었다. 두 독일의 통일과 동독의 소멸을 앞둔 저녁에 동독인들은 주류 저장고를 비우기 위해 외교관 공동체 전체(당시 스웨덴을 빼면 북한에 서구 국가의 대사관은 없었다)를 성대한 파티에 초대했다. 자정, 즉 통일 독일이 탄생한 바로 그 순간에 파티는 막을 내렸고 동독인들은 잠을 자러 갔다. 이튿날 아침 줄을 지어 건물에서 걸어나온 그들은 크게 달라진 독일로 향하는 비행기에 몸을 실었다. 그 건물은 수년 동안 비어 있다가 영국, 독일, 스웨덴 대사관이 들어섰다. 그 건물을 다시 찾은 독일인들—이제는 통일 독일을 대표하는—은 옛 동독 대사관의 온전한 도서관을 발견했다. 사서가 도서관 문을 잠근 뒤 그대로 방치한 듯했다. 그곳은 각종 이념 서적과 사회주의적 생활방식을 찬양하는 포스터로 채워져 있었고, 작은 카드 색인 서랍이 하나 있었다. 그 도서관은 사라진 나라의 사라진 생활방식이 담긴 타임캡슐이었다.

어느 유럽 대사관에 바퀴벌레가 들끓은 적이 있었다. 북한 직원들에게 어떻게 해야 하느냐고 묻자 그들은 두꺼비를 추천했다. 두꺼비가 갓 부화한 바퀴벌레를 먹어치운다는 것이었다. 그렇지만 두꺼비가 혼자 있으면 짝을 그리워할 것이므로 적어도 두 마리를 구입해야 했다. 그리하여 대사관은 직원을 시장에 보내 마리당 1유로를 주고 두꺼비를 두 마리 샀다. 그러자 한동안 아무 문제도 없었다. 대사관 안에 두꺼비를 위한 물그릇이 있었고, 두꺼비들은 뒤뚱뒤뚱 돌아다니다가 이따금 바퀴벌레를 잡아먹었다. 어느 날 한

마리가 돌연 사라졌고, 그와 동시에 사라진 두꺼비와 똑닮은 두꺼비가 다른 공관에서 나타났다. 우리는 두꺼비를 납치한 사례를 세계 최초로 목격한 것은 아닌지 궁금했다.

• 민간인과 외국인의 소통 •

한때 김정일의 개인 교사였으며 이제껏 남한으로 망명한 북한 관료 중 최고 위직이었던 황장엽의 증언에 따르면 김정일은 고분고분하지 않은 미국인들을 통제하기 어려울 거라는 이유로 미국이 평양에 연락사무소를 설치하는 것을 절대 허용하지 않았다. 그렇지만 김정일은 다른 대사관들을 통제하고 그 외교관들과 북한 민간인들의 접촉을 일체 차단하는 일에는 자신감을 보였다.[18] 흠.

북한 관리들과의 공식 회의라는 틀 밖에서도, 그리고 자주 만나는 북한 사람들(영국 대사관과 다른 대사관들의 북한 직원들)과의 관계(또는 관계 결핍)를 빼더라도, 나는 다양한 상황에서 평범한 북한 사람들과 자주 소통했다. 나의 경험은 편차가 아주 컸다. 한번은 적의를 맞닥뜨렸다. 언젠가 평양에서 지척인 시골에서 자전거를 타고 가는데 뒤에서 자전거 소리가 들렸다. 헐렁한 바지와 면 목도리 차림의 중년 남자가 나를 앞지르려고 페달을 미친 듯이 밟고 있었다. 그는 나를 추월하여 자기 자전거로 길을 막았다. 그러나 나는 민감한 곳에 가는 것도 아니었고, 그 도로가 외국인에게 금지된 것도 아니었다(그래서 나는 그가 공안기관 소속이 아니었을까 생각한다). 그는 그저 가만히 서서 나를 노려보았을 뿐 한마디도 하지 않았다. 결국 마음이 찜찜해진 나는 방향을

---

18   "A Rare Portrait of North Korea", *Time*, 7 September 1998. 황장엽은 2010년 10월에 사망했다.

틀어 집으로 돌아왔다.

　대체로 나는 그저 호기심의 대상이었다. 시장에서 과일을 파는 여자들은 무례하지 않은 선에서 나를 최대한 자세히 지켜보았다(1970년대 남한에서도 사람들이 외국인을 빤히 쳐다보곤 했다. 오늘날 남한 사람들은 이런 응시를 대단히 무례한 행동으로 여기며, 자기들 한가운데 있는 외국인이 아무리 궁금해도 뚫어지게 바라보지 않는다). 내가 그들 점포에서 과일을 사면 그들은 내게 어디서 왔느냐고 물었고, 이따금 더 나아가 한담을 나누기도 했다. 상황이 허락했다면 그런 한담이 대화로 이어졌을 테지만, 시장 같은 공공장소에서 대화를 나누었다면 나의 대화 상대가 위험에 처했을 것이다. 또 내가 자전거를 타고 가다가 멈추면 남자들이 다가와 자전거를 살펴보고 자전거에 달린 컴퓨터와 기어 장치에 매료되곤 했다. 나는 이런 상황에서 적의를 전혀 감지하지 못했지만, 한국어를 말하는 동료는 거리에서 사람들이 내뱉는 적대적인 발언에 경악해 평양 주변을 산책하는 것을 거의 포기했다고 말했다. 그러므로 부족한 한국어 실력 때문에 내가 적대적인 발언을 알아듣지 못했던 것일 수도 있다.

　나에게 소박한 호의를 베푸는 경우도 자주 있었다. 언젠가 나는 장거리 자전거 여행 중에 잠시 쉬려고 도로변에 멈추었다. 그 근처에는 행인에게 둥근 빵과 간식거리를 파는 나이 지긋한 여인들이 몇 명 있었다. 그들은 나를 진심으로 환영하는 따뜻한 미소를 지어 보였다. 나는 돌 위에 앉아 있다가 내 엉덩이 밑을 파고드는 무언가를 느꼈다. 깜짝 놀라 돌아보니 한 여인이 돌의 냉기를 막아줄 작은 돗자리를 엉덩이 아래로 밀어넣고 있었다. 그녀는 차를 마시겠냐고 물었고 나는 좋다고 했다. 그런데 당혹스럽게도 그들에겐 컵이 없었다. 그들은 한참 논의하더니 보자기를 뒤져 잼 병을 찾아냈고,

거기에 따뜻한 물을 붓고 찻잎을 띄워주었다. 나는 감사히 마셨다. 나는 그들과 장사가 어떤지에 관해 잠시 이야기한 뒤(썩 잘되진 않는다고 했다) 작별을 아쉬워하며 그 자리를 떠났다.

　나는 지하철 토큰을 구입해 지하철을 자주 이용했다. 외국인은 가장 좋은 역을 안내받을 때를 빼면 지하철을 이용해선 안 된다. 그럼에도 나는 지하철 입구에서 개찰구에 토큰을 넣고 지나가는 동안 제지받지 않았다. 보통 담당 직원들은 눈길을 돌렸다. 아마 그들은 상관을 부르느니 아무 일도 일어나지 않은 것처럼 행동하는 편이 더 쉬웠을 것이다. 승강장과 객차에서 평범한 북한 사람들은 나를 보고 틀림없이 화들짝 놀랐을 것이다. 일부는 당황하며 나에게 미소를 지었지만 대부분은 아무 일도 없다는 듯이 굴었다. 역 출구에서 한 여자가 공손하지만 불안해하는 태도로 나를 제지한 적이 딱 한 번 있다(내가 부주의하게도 승강장에서 직원에게 방향을 물어보는 바람에 외국인이 동행인 없이 돌아다닌다는 것이 탄로나서 제지당했을 것이다). 그녀는 지원을 요청하기 위해 전화를 걸었지만 아무도 오지 않자 내게 역에서 나가도 좋다고 했다. 내가 밖으로 나오자마자 북한 공안기관 특유의 검은색 옷을 입은 젊은 남자가 다가와서는 자기는 학생인데 나와 영어 연습을 하고 싶다고 말했다(북한에서 이런 일은 결코 일어나지 않는다). 그는 내게 어디서 왔느냐고 물었고, 내가 대답하자 그 순간 영어 연습을 잊어버린 듯 어둠 속으로 사라졌다.

　나는 정권이 죄수 노동을 이용한다는 글을 읽었지만 그런 노동을 우연히 딱 두 번 보았다. 첫 번째는 평양 교외를 아무 생각 없이 거닐 때였다. 나는 공사장 근처를 걷다가 공사장 입구에서 검은색과 흰색 줄무늬가 들어간 죄수복 차림의 초췌한 남자와 불쑥 마주쳤다. 우리는 둘 다 얼어붙었고 어떻게 해야 할지 몰랐다. 그 남자 너머로 똑같은 옷을 입은 남자 두 명이 건물 벽에서 작업하는 모습이 보였다. 그는 몸을 돌려 부리나케 공사장으로 돌아갔고, 나 역시 뒤돌아 걸어갔다. 교도관(내 눈엔 한 명도 안 보였다)이 우리를 보았다면 그 남자가 몹시 위험해졌을 것이다.

두 번째는 지방으로 여행을 갈 때였는데, 당시 도로가 물에 잠겼던 까닭에 나와 유럽연합 동료들은 길을 우회하다가 철조망과 감시탑이 있는 것으로 보아 감옥이 분명한 시설을 지나쳤다. 뒤에서 우리를 멈춰 세우려는 듯한 보안 차량들이 쫓아왔지만 우리는 무시하고 계속 차를 몰았다. 우리가 지나간 고속도로 옆에는 누더기 차림으로 노동하는 사람들이 있었다. 물론 차를 세우고 그들과 이야기하는 것은 불가능했다. 교도관이 즉각 저지하고 그들을 엄벌할 것이 뻔했다.

수십 년에 걸친 선전에도 불구하고 서구인들에 대한 대중의 속마음은 적대적이지 않았다. 그러나 몇몇 북한 사람은 중국인을 싫어한다고 말했고, 오늘날 북한에서 중국이 수행하는 유력한 역할에 불안감을 드러냈다. 북한에서 불량하게 처신하고 북한 노동자를 거칠게 다루기로 유명한 중국인 사업가들은 이런 적대적 태도를 완화하는 데 전혀 도움이 되지 않았다. 그렇지만 중국인 동료들은 북한 사람들이 자기들 개개인을 적대적으로 대하지는 않는다고 말했다. 그들은 나머지 외국인 공동체를 대할 때처럼 공손하다고 했다.

중국인에 대한 이런 반감은 어느 정도 공식 인가를 받을지도 모른다. 정권의 공식 성명은 중국에 대한 선의를 드러내지만, 북한 소설들─이미 주제가 결정되어 있고 주문받는 대로 쓰는─은 다른 이야기를 들려준다. 지난 수십 년 동안 쓰인 작품을 보면 러시아인을 호의적으로 묘사한 것이 많다. 미국인은 최근까지도 대체로 적대적 관점에서 묘사되었지만, 지난 5년여 동안 미국인을 북한에 호의적 태도를 보이는 매력적이고 '좋은' 인물로 묘사하는 작품이 많이 등장했다. '좋은' 유럽인도 드문드문 등장한다. 그러나 근래 북한 소설 중에 중국인을 호의적으로 묘사한 사례는 거의 없다.

3부

북한의 과거와 미래

북한은 우연이나 다름없이 건국되었고, 19세기 아시아에서 가장 보수적인 나라 중 하나였던 조선의 정치적, 사회적 전통을 거의 그대로 계승하고, 흐루시초프가 권력을 잡은 이래 거의 자취를 감춘 스탈린주의식 개인 숭배를 극단적으로 추구한 결과, 아주 기이하게 비뚤어진 나라가 되었다. 나는 북한 정권의 행위와 세계에 대한 이해를 분석한 뒤, 북한과 외부 세계의 상호작용과 다른 나라들에 대한 북한 정권의 이해를 제약하는 요소들을 논할 것이다.

들어가는 글

북한 정권은 유일무이하다. 북한 정부처럼 국민들을 기이한 신화 속에서 살게 하면서 그 신화를 끊임없는 선전으로 고취하고 전면적인 정보 장벽으로 방어하는 데 주력하는 나라는 지구상 어디에도 없다. 북한처럼 국민들이 지도자들의 무류성을 믿어야 하고 그렇지 않을 경우 무자비한 처벌을 받는 나라는 어디에도 없다. 이 점에서 북한 정권은 스탈린의 도를 지나친 행위마저 넘어선다. 또한 자국민 다수를 잔혹하게 다룬다는 점에서 북한을 능가하는 정권은 극소수다. 나는 이런 정치적 괴물이 어떻게 생겨났는지 오랫동안 궁금했고, 여기서 약간의 설명을 제공하고자 한다.

나는 북한의 이상한 면모가 다수의 역사적 사건과 재앙에 뿌리박고 있다고 믿는다. 북한은 역사적으로 고립된 사회에서 난산 끝에 수립되었고 그 사회의 태도를 물려받았다. 북한의 첫 통치자 김일성의 강한 성격은 신생국에 깊고 큰 흔적을 남겼으며 훗날 김정일의 성격도 마찬가지였다. 인생과 권력에 대한 김일성의 태도는 한국의 전통과 스탈린주의, 항일 투쟁 시기에 배운 쓰라린 교훈의 혼합체로서, 소련 점령군이 건설한 새롭고 따라서 허약한 정치 구조에 파고들어 북한의 성격을 형성하는 데 결정적인 영향을 미쳤다.

그 이후의 사건들, 특히 한국전쟁과 대한민국의 등장, 1990년대 기근은 북한의 왜곡 상태를 강화하고 새로운 왜곡 상태를 더했다.

나는 정권이 행동하고 권력을 행사하는 방식이 시간이 흐르면서 현저하게 변해왔다고 생각한다. 그 진화를 크게 세 시기로 나누어 추적했다.

첫 번째 시기는 1945년부터 스탈린이 사망하고 한국전쟁이 끝난 1953년에 이르는 북한의 초기다. 이 시기에 북한은 훗날보다 동유럽의 인민민주주의에 훨씬 가깝게 행동했다. 그러나 한국 전통의 무게와 김일성의 성격이 미치는 영향은 이미 이 시기부터 뚜렷하게 드러났다.

두 번째 시기는 한국전쟁부터 기근이 닥치고 김일성이 사망한 1990년대 중반까지다. 한국전쟁이 남긴 트라우마와 중국과 소련 간 불화의 여파 속에서 북한은 다른 어디에서도 찾아볼 수 없는 여러 단계의 정치적 통제술을 발달시켰다. 더욱이 초기에 정권은 정통 마르크스주의의 일부 측면(고압적인 개인 숭배 때문에 빛을 잃었다고는 해도)을 고수했지만, 그 이후 민족주의를 두둔하며 이런 측면을 거의 전부 포기했다. 그 결과 북한의 민족주의는 다른 어떤 사회주의 국가의 이념보다 히틀러의 국가사회주의와 비슷한 것이 되었다. 이 시기에 북한은 다른 사회주의 국가들과 통치 방식에서 뚜렷한 차이를 보였으며, 이 차이는 중국과 소련 어느 쪽과도 완전히 동조하지 않으려는 북한의 노력에 반영되었다.

세 번째 시기는 1990년대 중반부터 현재까지다. 1990년대 중반 김일성의 사망과 기근이라는 충격을 받은 이후 북한의 성격은 현저하게 변했다. 그 이전까지는 북한의 선전이 대체로 효과적이었고 나라 전체가 여러 면에서 거대한 종파처럼 움직였지만, 기근의 충격으로 말미암아 국민들은 자기네가 반신반인이 다스리는 낙원에서 산다는 것에 의구심을 품게 되었다. 비교적 외향적인 김일성에서 한결 내향적인 김정일에게 권력이 이전된 것도 정권의 정치적 방식에 큰 영향을 미쳤다.

　제3부는 이런 역사적 사실을 배경으로 내가 평양에 머문 시기에 북한이 어떻게 변했는지 개관하는 것으로 끝을 맺는다. 그러나 북한은 당연히 계속 변하고 있고, 내가 평양을 떠난 이래 정권은 또 다른 충격을 받았다. 2009년 경제 조치는 많은 이들을 분노하게 했으며 정권에 대한 믿음을 더욱 침식한 것으로 보인다. 예전 동료들은 한때 정권에 충성하던 국민들이 이제는 정부의 부적절한 정책에 관해 외국인에게까지 불평한다고 말해주었다. 아직까지 눈앞에 아른거리는 기근과 김정일 사망 이후 3대째의 권력 승계를 꾀하는 정권의 시도가 정권의 방식에 어떤 영향을 미칠지도 두고 볼 일이다.

　제3부를 쓰면서 나는 이 주제가 엄청나게 복잡하다는 것을 깨달았다. 나는 이 짧은 분석이 이 주제를 충분히 다룬다고 생각하지 않으며, 다만 북한이 어떻게 지금과 같은 국가가 되었는지를 독자들에게 약간이나마 알려줄 수 있기를 바란다.

<u>6</u>

정권의 탄생

소비에트군의 후견과 김일성의 선택 · 김일성의 성격 · 역사적 유산
스탈린주의의 유산 · 개인 숭배의 탄생

"공산주의 국가를 건설하려던 소비에트는 북한에서 꽤나 비옥한 토양을 발견했으나 소비에트가 뿌린 씨앗은 유별난 식물로 자랐다."[1]

북한은 세 가지 이유로 시작부터 난항을 겪었다. 첫 번째, 북한이 국가로서 탄생하고 김일성이 지도자로 임명된 상황이 아주 이상하다. 두 사건 모두 거의 우연이었고 민간 행정을 거의 배운 적이 없는 소비에트군 장교들에 의해 처리되었다. 두 번째, 발생기 북한에 깊은 흔적을 남긴 김일성의 특성 때문이다. 한국인의 전통적인 사고방식에 당시 한국 개신교의 억척스러운 기독교(안타깝게도 김일성은 들썩이는 다수의 교인들 속에서 음악과 예술의 힘은 배웠을지언정 연민이나 자선 같은 기독교의 미덕은 흡수하지 않은 듯하다), 항일 유격대 시기의 역경, 엄격한 소비에트군 진영에서 받아들인 견해와 실천이 접목

---

1   Lankov, *From Stalin to Kim Il Sung*, x.

되었다. 세 번째, 김일성과 그의 초기 동료들이 세계를 보는 창이었던 전통 한국의 사회적, 정치적 유산에 외부의 영향력을 거부하는 스탈린주의가 용접되어 외부 세계를 매우 미심쩍게 여기는 대단히 내부 지향적인 정권이 형성되었다. 이런 초기 요인들은 북한이 결코 탈피하지 못한 틀을 만들었다. 북한은 기형으로 태어났다.

• 소비에트군의 후견과 김일성의 선택 •

북한 정권은 스탈린의 당초 예상과 달리 한반도가 이른 시일 내에 재통일되지 않으리라는 점이 분명해지자 급하게 수립되었다. 김일성 역시 소련이 선호하던 지도자 후보가 고분고분하지 않다는 점이 드러나자 서둘러 지도자로 추대되었다. 이처럼 계획되지 않은 탄생은 정권에 두고두고 깊은 영향을 미쳤다.

1945년 8월 10일과 11일, 일본의 항복 요청을 받아들이기 위한 워싱턴의 밤샘 회의에서 미군 대령 데이비드 딘 러스크와 찰스 H. 본스틸은 30분 내에 한국에서 최대한 북쪽에 군사 분계선을 설정하라는 임무를 전달받고 한반도를 둘로 나누었다. 스탈린은 그 전날인 8월 9일에 일본에 선전포고를 했다. 소비에트 제25군²이 몇 시간이면 한반도에 진입할 위치에 있고 미국이 자국 군대를 한국으로 즉시 파견할 수 없는 상황에서, 소비에트군이 진군해 한반도를 완전히 점령해버리고 나면 스탈린이 어떤 분할안이든 받아들일 보장이 없다는 것을 양국 모두 알고 있었다. 《내셔널 지오그래픽》 과월호에서 한국 지도를 발견한 러스크와 본스틸은 미국의 "정치적 욕구"와 "미군이 그

---

2   적군이라 불리던 소련의 군대는 1946년 2월 26일 소비에트군으로 개명했다. 그러므로 대체로 나는 그 날짜 이전에는 적군이라고 쓰고 그 날짜부터는 소비에트군이라고 썼다.

지역에 당도하는 능력"을 "조화시키려" 했고, 수도 서울을 미국 세력권에 남겨둔 채 북위 38도선을 따라 분할하는 방안을 제시했다.[3]

미국에는 다소 놀랍게도 스탈린이 이 제안을 받아들인 것으로 보인다.[4] 그러나 스탈린은 한반도 전역을 통치할 임시정부의 수립에 대한 두 차례 회담이 결렬되어 분할이 당초 계획보다 길어질 것으로 예상되기 전까지만 해도, 소비에트 점령 지역에 별도의 국가를 건설할 생각이 없었던 듯하다.[5] 그 이후 소비에트는 새로운 국가를 임시변통으로 서둘러 건설하려 했으며, 현지의 소비에트 군부가 모스크바와 이렇다 할 논의도 하지 않고 건국 계획을 대부분 지시했다. 적군 요원들 중에 한국어를 구사하는 사람이 없던 탓에 군부는 도움을 받지 못했다. 적군이 신생국의 이름을 선택했고(한국인들은 '조선인민공화국'을 제안했던 듯하다),[6] 치스티아코프 사령관이 제25군의 본부로 함흥이 아닌 평양을 선택함으로써 사실상 신생국의 수도를 결정했다.[7]

이제 신생국의 지도자가 필요했다. 적군의 첫 번째 선택은 걸출한 민족주의자 조만식이었던 것으로 보이지만, 그는 소비에트의 의도대로 유순하

---

3   Jongsuk Chay, *Unequal Partners in Peace and War: The Republic of Korea and the United States, 1948-1953* (Westport, Conn.: Praeger, 2002), 32~33.
4   거의 우발적이나 마찬가지인 이 현안에 대한 러스크와 본스틸의 접근법과 스탈린이 미국 측 제안을 수용한 것 때문에 한국인 다수는 오늘날까지도 낙담하고 있다. 한국사의 미지수 중 하나는 러스크와 본스틸이 38도선이 아니라 39도선을 제안했다면 무슨 일이 일어났을까라는 물음이다. 39도선은 평양 바로 아래를 지나가므로 이에 따라 분할되었다면 이익 균형이 미국 점령 지역 쪽으로 확실히 기울었을 것이다. 우리는 과연 스탈린이 훨씬 북쪽에 있는 39도선을 따라 분할하는 데 반대했을지 결코 알 수 없다. 러스크와 본스틸이 38도선을 제안할 때, 1896년에 일본이 러시아에게 한국에서 두 나라의 영향권을 나누는 선으로 똑같은 선을 제안한 적이 있다는 사실을 알았다는 증거는 없다(그러나 일본과 러시아는 합의에 도달하지 못했고, 훗날 일본이 한국 전역을 합병했다).
5   결국 재통일 회담의 실패와 두 한국의 수립으로 귀결된 미국과 소련의 복잡한 책략을 요약한 글로는 다음을 참조하라. James Matray, "Korea's Partition: Soviet-American Pursuit of Reunification, 1945~1948" (1998), http://www.mtholyoke.edu/acad/intrel/korpart.htm.
6   Lankov, *From Stalin to Kim Il Sung*, 47.
7   Lankov, *From Stalin to Kim Il Sung*, 5. 이어지는 문단들에서 나는 이 흥미로운 저작에 크게 의존했다. 여기서 내가 기술하는 직접적인 영향은 북한이 공식적으로 독립한 뒤에도 오랫동안 여파를 미쳤다. 예를 들어 김일성 정권에서 내무상이었으며 따라서 1960년까지 국내 보안 문제를 책임진 방학세는 원래 우즈베키스탄 출신 내무인민위원회(NKVD, 스탈린 시대 소비에트 비밀경찰)의 간부였다.

게 움직일 사람이 아닌 것으로 판명되었다. 미국과 소련의 한반도 공동 신탁 통치에 조만식이 반대한 것이 특히 문제가 되었다.[8] 그런 이유로 군부는 최근 소련에서 귀국한 새로운 인물, 군중에게 내세우기 좋은 적군 소속 33세의 한국인 대위를 선택했다. 본명 김성주에서 개명한 김일성이었다.[9]

적군이 김일성을 선택한 이유는 기록되어 있지 않지만, 치스티아코프와 동료들은 김일성이 조만식과 달리 완고한 민족주의를 드러내지 않을 거라고 계산했을 것이다. 김일성은 러시아어(그리고 중국어)를 말했지만 오랫동안 중국에서 일본군과 싸우고 뒤이어 적군에서 복무한 까닭에 한국어 구사력이 형편없어서 한국어로 연설하기 위해 지도를 받아야 했다.[10] 김일성의 군사적 배경도 그를 추천한 적군 장교들에게 호소했을 것이다. 더욱이 조만식과 경쟁관계였던 한국인 혁명가들이 대부분 통일 한국의 정부 구성에 참여하길 기대하며 서울로 갔기 때문에 적군에겐 발탁할 후보자가 몇 명 없었다.

1945년 9월 19일[11] 적군 군복을 입고 한국에 도착한 김일성은 민간인 복장을 빌려 갈아입고 그를 위해 쓰인 연설문을 사흘 동안 암기했다. 당시 소비에트 비밀기관이었던 내무인민위원회 요원 레오니드 바신(Leonid Vassin)의 말마따나 "우리는 그를 무에서 창조했다. 우리는 그 일을 아주 투박하게 했다."[12]

---

8   소련과 조만식의 갈등에 대한 상세한 서술은 다음을 참조하라. Lankov, *From Stalin to Kim Il Sung*, 10~17. 훗날 조만식은 체포되어 투옥되었고, 1950년 말에 유엔군이 평양으로 진군할 때 처형된 것으로 전해진다.

9   Pollack에 따르면 김일성은 모스크바의 군사 개입 직후에 부하들을 이끌고 한국으로 돌아가려 했으나 압록강 다리가 파괴되어 일본이 항복하고 2주나 지난 뒤에야 소비에트 군함을 타고 원산에 도착할 수 있었다. *No Exit*, 43~44.

10   Becker, *Rogue Regime*, 45ff.

11   Lankov의 서술. Becker는 *Rogue Regime*에서 1945년 8월 22일을 제시한다.

12   Becker, *Rogue Regime*, 50.

• 김일성의 성격 •

1912년, 장차 김일성이 될 김성주는 2년 전 일본에 합병된 조선의 어느 가난한(그러나 찢어지게 궁핍하지는 않은) 가정에서 태어났다.[13] 김일성의 어머니는 개신교 장로의 딸이었다. 김일성이 받은 교육에 관해서는 알려진 바가 별로 없지만 보수적인 교육이었을 것이다. 김일성은 부모로부터 조선의 전통적인 관습을 배우고 아주 전통적인 태도를 흡수했을 것이다. 아버지 김형직은 반일 단체인 조선국민회 창립에 관여했다가 옥고를 치른 적이 있다. 김일성은 아버지로부터 "우리나라의 망국사를 들"었다[14]라고 말했다. 북한이 김일성의 초년에 관한 방대한 서술을 발표했지만 이런 서술은 극히 회의적으로 읽어야 한다. 학자들은 면밀한 조사를 통해 북한의 공식 자료 중 상당수가 전혀 사실이 아님을 보여주었다.[15]

김일성이 8세 무렵 그의 가족은 중국 지린성으로 이주했다. 일본 식민 정권에서 벗어나기 위해 이주했을 것이다. 할아버지를 만나기 위해 조선에 한 번 다녀온 것과 적어도 한 번 국경을 넘어 군사작전을 전개한 것을 빼면, 김일성은 이후 20년 동안 고국에 돌아가지 않은 듯하다. 김일성은 중국어를 유창하게 구사했지만(말년에 중국 고전소설을 즐겨 읽었다고 한다) 지식인은 아니었다. 김일성은 1929년 공산주의 단체[16]에 가담했다는 이유로 체포되는 바람에 갑작스레 학교를 그만두어야 했다(훗날 북한의 선전과 달리 김일성이 주동자는 아니었다).[17] 당시 17세였고, 결국 중학교를 마치지 못했다. 그때부터 김

---

13   Pollack은 내가 참조하지 못한 다른 문헌들에 의지해 내가 이 절에서 다루는 것과 동일한 주제를 다루며, 다행스럽게도 대체로 나와 동일한 결론에 도달하는 듯하다. *No Exit*, 26~42 참조.
14   김일성, 『세기와 더불어』 제1권, 11.
15   입수 가능한 최고의 김일성 전기—칭송 일색 전기가 아니라 학식에 토대를 둔 전기—는 여전히 서대숙의 *Kim Il Sung*이다.
16   공산주의청년동맹─옮긴이.

일성은 유격대에 합류해 투사 수백 명으로 이루어진 부대의 지도자로 부상했다. 김일성이 이끄는 부대는 만주에서 일본군을 치고 빠지는 공격을 했고 국경을 넘어 조선으로 들어가기도 했다. 그가 김일성이라는 이름을 채택한 것은 1935년경인 듯하다(과거에 일본에 맞서 싸웠다는 민간설화 속 인물의 이름일 가능성이 있다). 몇 차례 일본군에게 승리를 거두었음에도 결국 김일성은 1941년 3월 이후 어느 시점에 단 여섯 명과 함께 국경을 넘어 소련으로 후퇴할 수밖에 없었다.[18] 이제 적군 휘하에 편입된 김일성은 향후 5년간 하바롭스크 근교에서 제88독립보병여단 중 140~180명 규모였을 제1영(營)을 이끌었다.[19] 역시 북한의 선전과 달리 이 시기 김일성은 항일 전투에 참가하지 않은 듯하다(당시 소련은 일본과 전쟁 중이 아니었다).

김일성은 유격대로 활동하면서 모진 고난을 겪었다. 김일성의 유격대에 잠입한 첩자는 빨치산들이 일상적으로 겪는 추위와 배고픔에 대해 일본인 공작원에게 보고했다. 또한 그 첩자는 김일성이 유능한 지휘관이고 공산주의를 설교한다고 보고했다.[20] 이 시기 김일성은 젊은 남자들을 납치해 유격대에 가담하도록 강요하고, 인질을 잡아 부유한 조선인 가족에게서 보급품을 갈취하는 등 가혹한 전술을 배웠다. 북한이 김일성의 업적을 터무니없이 과장하고는 있지만 그중 상당수는 사실이다. 일본은 한때 김일성에게 현상금 20만 엔을 걸었을 만큼 정도였다. 또 김일성은 유격대가 궤멸되었을 때 자기 부대에서 소련으로 탈출한 유일한 장교였다. 나머지는 전부 항복하거나 살

17   Lankov, *From Stalin to Kim Il Sung*, 52.
18   서대숙, *Kim Il Sung*, 47.
19   Pollack은 Hans Maretzki를 인용하면서 말년에 김일성이 젊은 시절 소비에트 국가에 복무했던 사실을 완강히 부인했다는 점을 지적한다. *No Exit*, 28 참조.
20   서대숙, *Kim Il Sung*, 42~46.

해되었다. 일본이 지휘관을 배신하라며 빨치산들을 끊임없이 매수하거나 회유하는 가운데 김일성은 자기 부대에서 변절자를 경계하는 법을 배웠으며, 그 결과 절대적 충성을 고집하는 김일성의 태도는 북한 정권의 두드러진 특징이 되었다.[21] 실제로 김일성이 유격대를 지휘하듯이 북한을 지휘했다는 주장이 제기되었다.[22]

소련에서 김일성은 적군의 엄격한 훈련을 접했다. 김일성은 상관들에게 좋은 인상을 주었던 듯한데, 상관들은 그를 규율주의자로 여겼다(김일성이 부하들의 과음을 용납하지 않는다는 점이 주목을 받았다). 김일성은 스탈린 숭배와 훗날 북한의 역사에 중요하게 작용할 스탈린주의적 사회, 경제 모델도 접했을 것이다.

이런 이력을 감안할 때 1945년 새로운 나라를 지도하라는 부름을 받은 청년 김일성은 굴러 들어온 돌이었다. 8세 이후 조국에서 살지 않은 김일성은 33세에 귀국하면서 유년기 기억을 떠올렸을 것이다. 김일성은 아주 기본적인 교육밖에 받지 못했고 이를 보완하려는 의향을 거의 보이지 않았다. 공산주의를 설교하긴 했으나 적군으로 복무하는 동안 정치 학습 시간에 배운 내용 이상으로 마르크스-레닌주의 이론을 파악하고 있었는지는 불분명하다.[23] 이런 지적 엄격함의 결핍은 김일성 정권의 특징이었고, 김일성은 이 점을 예민하게 느꼈던 듯하다.[24] 어머니의 개신교 신앙과 11년에 걸친 유격대

---

21   일찍이 1948년에 김일성은 자신에 대한 절대적 충성을 맹세하지 않는 기술관료들을 내각에 재임명하지 않았다. 서대숙, *Kim Il Sung*, 99~100 참조.

22   Buzo, *The Guerilla Dynasty*.

23   Myers는 *The Cleanest Race*에서 김일성이 노년에 호네커를 만났을 때 통역을 했던 독일 여성의 발언을 인용한다. "그는 진지한 책을 읽은 적이 없는 것 같았다."(31)

24   Myers는 명목상 북한을 이끈 주체사상을 고안하도록 김일성을 이끈 것이 마오쩌둥이 누리던 사상가로서의 평판이었다고 주장한다. *The Cleanest Race*, 45.

전투의 잔혹성과 역경과 위험, "냉혹성과 범죄를 일상 현실로 받아들이도록 조장한 포식동물과 같은 부대의 정치적 하위문화"[25] 역시 김일성의 정신 세계에 영향을 미쳤다. 이처럼 모진 생활을 한 뒤에 김일성은 소비에트 군대에서 4년 반 동안 훈련을 받으며 스탈린주의를 접했다. 일단 권력을 장악하자 김일성은 스탈린주의적 규율과 적군에서 배운 관습, 항일 유격대로서의 생존에 도움이 되었던 관습을 혼합해 여러 측면에서 한국의 전통적인 왕처럼 군림했다.[26]

오랜 세월 일본군과 싸운 김일성은 일본인을 증오했다. 다섯 권으로 이루어진 김일성 회고록의 도입부는 일본인이 조선에 가한 해악을 곱씹는다("이 강토는 일본군 군화와 대포 바퀴 밑에서 짓이겨졌다. (……) 당시의 조선은 말 그대로 사람 못 살 생지옥이었다").[27] 북한의 선전과 1945년 이전 일제의 선전 사이에 유사한 요소들이 몇 가지 있긴 하지만[28] 김일성 본인이 이 요소들을 선전에 의식적으로 집어넣은 것 같지는 않다. 민족주의적 신화를 만들어내는 임무를 맡은 정권 내의 다른 사람들이 의식적으로든 아니든 일제강점기 동안 자기네가 이용했던 선전 노선을 그저 새로운 상황에 맞게 바꾸었을 공산이 더 크다.[29] 김일성 정권의 외국인 혐오증적 민족주의는 군국주의 일본의 민족

25 Buzo, *Guerilla Dynasty*, 10.
26 북한의 구조는 여전히 스탈린주의 모델에 크게 빚지고 있다. 더 상세한 분석은 Buzo, *Guerilla Dynasty*, 42~43 참조.
27 김일성, 『세기와 더불어』 제1권, 10~11. 이 회고록에는 비슷한 언급이 많이 나온다. "나는 (……) 일제야말로 우리 인민의 자유와 존엄에 대한 가장 흉악한 교살자이며 우리 인민에게 참을 수 없는 가난과 굶주림을 강요하는 악독한 착취자, 약탈자라는 것을 똑똑히 깨닫게 되었다."(71) 김일성 회고록은 상당 부분 그럴싸한 이야기라는 것이 밝혀졌지만, 이 회고록이 전달하는 김일성의 반일 감정의 강도를 의심할 이유는 없어 보인다.
28 Myers, *The Cleanest Race*에 기술되어 있다.
29 Myers, *The Cleanest Race*, 33~34. Myers는 백마에 올라탄 모습으로 자주 묘사된 김일성이 같은 모습으로 묘사된 히로히토 천황을 본뜬 것이라고 주장한다. 일본의 묘사가 영향을 미쳤을지 모르지만 유격대 시절 김일성의 지휘관이자 조언자였던 웨이정민(魏拯民)도 백마를 타곤 했다(서대숙, *Kim Il Sung*, 10). 나는 김일성이 웨이정민의 말 위에 자신을 놓았을 뿐이라고 생각한다.

주의와 비슷하지만, 일본에 합병되기 이전 조선의 마지막 왕조인 이씨 왕조 말기의 쇄국 전통과 스탈린주의에서 더 직접적으로 유래했을 것이다. 김일성 정권이 스탈린주의를 제외한 외세의 모델과 영향을 일체 거부한 것은 일본 전통보다 한국 전통에 훨씬 더 가깝다. 1930년대 군국주의 시절에도 일본에서는 할리우드 영화들이 인기였지만[30] 김일성의 북한에서 이런 일은 상상도 할 수 없었다.

• 역사적 유산 •

김일성이 오랫동안 극심한 고난을 겪으면서도 싸워 지키려 했던 조국은 역사가 유구한 문명국이었지만 일본의 합병과 점령 이후 장기간 고통스럽게 쇠락했다. 김일성은 어린 시절 조선의 "봉건 통치배들을 몹시 원망"했다고 주장했지만,[31] 김일성이 통치하던 북한과 옛 조선의 수많은 유사점들은 그의 정권이 혁명 이전 전통과 관습의 영향을 얼마나 깊게 받았는지 보여준다. 이런 영향이 어떻게 전해졌는지는 알 수 없다. 어쨌거나 김일성은 가족을 따라 중국으로 이주한 후 한국에서 보낸 시간이 많지 않았다. 그렇지만 아동기에 부모로부터 한국 문화를 흡수했을 것이고, 정권 초기에 그를 둘러싼 많은 사람들이 일제강점기에 한국에서 살았으므로 한국 문화에 더 깊이 몸을 담그고 있었을 것이다.

한국의 마지막 왕조인 이씨 왕조(1392년부터 조선이 일본에 합병된 1910년까지)는 외부의 모든 영향을 차단하려 했다. 적어도 조선 왕조 말기까지 외국

---

30   Myers, *The Cleanest Race*, 168.
31   김일성, 『세기와 더불어』 제1권, 11. 이어서 김일성은 이 통치자들이 "부패무능"했다고 말하고, 그들의 "사대주의"와 "당파싸움"에 대해 한탄했다. 이 통치자들이 '봉건적'이었다고 기술한 것은 정확하지 않다. 마르크스주의 이론에 봉건제에서 자본제로의 이행에 관한 서술이 있지만, 한국에는 봉건제 비슷한 체제가 존재한 적이 없다.

인은 멸시를 받았다. 1876년 이래 외국 열강들이 개항을 요구하며 통상 조약을 강요하기 전까지만 해도 조선은 티베트나 부탄과 비슷하게 쇄국 정책을 고수하는 '은자의 나라'였고, 조선 사람들은 어떤 외국인이든 보이는 대로 죽일 것을 요구받았다. 1890년대 들어 왕조가 힘을 잃으면서 외국 상인과 선교사가 조선에 더 많이 들어왔고 1910년 일본의 합병 이후 점령 당국이 외부와의 교류를 어느 정도 허용했지만, 대체로 보아 한국은 외부 세계와 차단되어 있었고 외부 세계에 무지했다. 조선 왕조의 유산인 고립주의는 북한 역사의 두드러진 특징이 되었다.

한반도 북부는 1920~1930년대에도 스탈린의 소련의 그림자 아래 들어감에 따라 계속 고립되었다. 이런 이유로 북한은 새로운 지배자의 정책 면에서나 지리 면에서나 고립되었으며, 동유럽 국가들과 달리 민주주의와 가깝다는 이점, 동유럽의 사회주의 질서가 무너지는 데 대단히 중요하게 작용한 것으로 판명난 이점을 전혀 누리지 못했다. 1945년 이후 한반도 북부와 남부의 교류가 한동안 지속되었지만—당시 군사 분계선은 빈틈없는 장벽과는 거리가 멀었다—이 교류마저 오래지 않아 끊겼고, 북한은 새로운 고립의 시대에 본격적으로 들어섰다.

조선의 왕은 백성들이 존함을 입에 올리지 못하는 반신반인이었고[32] 김일성(그리고 김정일)과 마찬가지로 어쩌다가 궁을 나설 때면 대규모 호위부대를 거느렸다. 백성들에게 왕은 잘못을 범하지 않는 존재였다.[33] 조선의 왕들은 신민들을 여러 신분으로 나누었을 뿐 아니라 남자들에게 신분을 나타내

---

32   Bishop, *Korea and Her Neighbours*, 50.
33   재스퍼 게일(Jasper Gale)은 *Korean Repository*, 1896년 10월호 기고문에서 왕을 향한 날품팔이의 열렬한 충성에 주목했다. "그에게 왕은 비길 데 없는 지혜와 자애의 극치로서 실제로 죄를 범하지 않으며 설령 네로만큼 사악하고 아합만큼 파렴치할지라도 신의 아들, 죄 없는 옥황상제로 불릴 존재였다."

는 호패를 차고 다닐 것을 요구했다. 호패는 평민의 나무 호패부터 최고위 관료의 상아 호패까지 다양했으며 이름과 나이, 거주지 등의 인적 사항이 담겨 있었다.[34] 이런 신분제는 김일성이 도입한 북한의 정교한 주민 분류 체계, 즉 주민들을 51개 부류로 세분하는 성분(계급 배경) 제도를 예고하는 것이었다. 옛 조선에서 1894년에야 폐지되었던 노비제는 북한에서 노동수용소 형태로 재등장했다. 높은 신분에게 군말 없이 복종했던 조선에서 지배층인 양반들은 하층민과 자기네를 구별하기 위해 뻐기듯이 활보하는 걸음걸이를 익혔다. 양반들은 어떤 수입원에서건 거리낌 없이 돈을 갈취하면서도 자기네 행동에 대한 소수의 법적 제약마저 별로 두려워하지 않았던 듯하다. 이것은 생산적인 모든 노력을 좌절시키는 상황이었다. 노고의 열매를 양반이 간단히 몰수한다면 누가 구태여 고생하려 들겠는가?[35] 오늘날 북한 노동수용소의 상황도 비슷해서, 탐욕스러운 관리들이 노동자들의 열매를 십중팔구 가로챘다. 조선 시대 여성들은 오늘날 북한에서처럼(남한은 훨씬 양호하다) 단연코 2등 백성이었다.[36] 김정일을 시중드는 기쁨조도 조선 시대 궁녀의 복사판이다.[37]

조선 시대의 사법과 형벌은 모질고 가혹했다. 오늘날 북한의 법 집행기관이 죄수를 구타하는 것과 마찬가지로 넓적한 나무 형구(刑具)인 '곤장'으로 죄수를 치는 일이 잦았다. 1894년까지 범죄자 본인만이 아니라 범죄자의 가

---

34   Becker, *Rogue Regime*, 75.

35   Bishop, *Korean and Her Neighbours*, 101~102.

36   Bishop, *Korean and Her Neighbours*, 340~343. 혼례날 신부의 눈을 가려 앞을 못 보게 하는 것을 포함해 결혼 전통에 관한 비숍의 묘사는 이 논점을 뒷받침한다. 혼사는 당사자인 신부나 신랑이 아닌 가문이 주선했으며, 오늘날까지도 북한에서는 흔히 이 관습에 따라 결혼이 성사되곤 한다.

37   Lankov, *From Stalin to Kim Il Sung*, 72. *The Korean Repository* 1896년 10월호(383~386)에 궁에서 춤추는 여자들에 대한 상세한 묘사가 실려 있다.

족까지 함께 처벌받는 경우가 흔했다. 이 관습은 조선 시대 막바지에 이르러 폐지되었지만 북한에서 부활했고, 이 때문에 많은 사람들이 잘못을 저지르지 않았음에도 가족 중 한 사람이 노동수용소에 갔다는 이유로 덩달아 끌려가고 있다.

정치적으로 볼 때 조선 왕조 역시 사대(강대국을 섬기는 것) 정책을 실천했다. 조선은 중국의 공식적인 조공국이었고, 조선 왕들은 중국 황제의 칙사를 극진히 영접했다. 실제로 이 전통을 쇄신한 김일성은 내심 숭국(또는 소련)에 기대지 않는 정책을 교묘하게 궁리하면서도 거의 해마다 비밀리에 베이징에 가서 큰형인 중국에 대한 공식적인 존중심을 적절히 표현했다.[38]

조선 왕조의 몰락은 오늘날 북한의 와해와 닮은 점이 많아 보인다. 당시 영국 여행자 겸 작가인 이사벨라 버드 비숍(Isabella Bird Bishop)은 이렇게 썼다.

> 명예와 정직의 전통은 설령 존재한 적이 있더라도 수 세기 동안 잊혀왔다. 관리의 청렴 기준이 알려져 있지 않았다. 조선에는 (……) 단 두 계급, 즉 강탈하는 이들과 강탈당하는 이들만이 있으며, 강탈하는 이들에는 관계(官界)를 구성하는 대규모 관군이 포함되었다. '쥐어짜기'와 횡령이 최고위직부터 최하위직까지 관리들의 통칙이었고, 모든 관직을 사고팔았다.[39]

훗날 북한에서 견고하게 확립된 민족주의 예찬 역시 그 뿌리가 조선 시대로 거슬러 올라간다. 조선 왕조 말기에 세계와 단절된 조선인들은 스스로

---

38   Becker, *Rogue Regime*, 47.
39   Bishop, *Korea and Her Neighbours*, 263.

를 외떨어진 민족으로 여기게 되었다. 이런 생각은 일본의 점령에 따른 참상과 조선의 언어와 문화를 말살하려는 일본인들의 시도에 대한 민족주의적 반발에 힘입어 더욱 굳건해졌다. 모스크바의 공식 노선이 민족주의가 아닌 계급 투쟁에 토대를 둔 세계 혁명이었음에도 '우리 민족끼리' 같은 표현이 일찍이 북한의 선전에 흔하게 쓰였다. 여기에 더해 김일성 자신이 젊은 시절부터 강한 민족주의적 색깔을 드러냈다. 적군이 조만식보다 민족주의적 성향이 덜하다는 이유로 발탁한 김일성이 세계에서 가장 민족주의적인 국가 가운데 하나를 만들어냈다는 것은 역설적인 결과다.

• 스탈린주의의 유산 •

그렇지만 김일성의 정치적 방식 중에는 조선 시대의 관습보다 스탈린주의에서 이끌어낸 듯한 측면이 많이 있다. 북한 정권의 스탈린주의적 구조는 1948년 북한이 공식적으로 독립하기 이전에 적군이 상당 부분 토대를 다져놓은 것이다(예를 들어 전권을 가진 통일된 당과 세심하게 관리하는 당대회는 둘 다 소련 군정기에 기틀이 마련되었다). 개인 숭배(조선의 왕들은 개인 숭배를 꾀하지 않았다) 역시 소비에트군 조언자들이 김일성을 위해 창안한 것이다(아래 참조). 북한의 다른 스탈린주의적 요소들, 이를테면 산업의 국유화와 철저한 토지개혁 등을 김일성이 소련 시절에 배웠는지 아니면 나중에 소비에트 고문들이 김일성에게 가르쳐주었는지는 불분명하다. 그러나 정권의 무용(武勇) 고취는 김일성이 유격대 시절과 적군 시절에 직접 배우고 경험한 바에 의거해 강조한 것일 공산이 크다. 북한을 돌아다니며 현장 교시를 내리는 김일성의 습관은 조선의 왕이나 스탈린의 관습과는 무관한 듯하다. 이 습관은 유격대 시절에 배운 예방책으로, 다른 사람들의 보고를 믿기보다 김일성 본인이 상황을

두 눈으로 확인하려는 마음에서 비롯되었을 것이다.[40]

• 개인 숭배의 탄생 •

소비에트 후견인들은 김일성을 지명했지만 곧 그가 북한 인민들 사이에서 충분히 존경받지 못하고 있음을 알아챘다.[41] 그도 그럴 것이 김일성이 전시에 쌓은 공적 덕에 상당한 존경을 받았다고는 해도 다른 혁명가들이 더 유명했기 때문이다. 그런 이유로 소련은 북한 인민들에게 김일성을 실제보다 부풀려 소개하기로 결정했다. 바신이 말했듯이 "우리는 한국 지도자로서 그의 역할을 지지하기 위해 그를 영웅의 지위로 격상시켰다. (……) 우리는 그가 조국을 해방시킨 능동적인 투사임을 입증해야 했다."[42] 그 결과 역사상 가장 유별난 개인 숭배가 탄생했다. 비교적 무명이었던 전직 적군 대위가 소비에트의 면밀한 지도 아래 아무도 생겨나리라 예상하지 못한 국가의 지도자가 되었고, 이와 동시에 세계에서 가장 강력한 선전 기구의 지원을 받아 초인으로 격상되었다. 당시 김일성은 틀림없이 위세가 당당했을 것이다.

김일성의 개인 숭배는 시작부터 마오쩌둥이나 스탈린의 개인 숭배와 달랐다. 마오쩌둥과 스탈린은 (적어도 이론상으로는) 지적 능력 때문에 존경받았지만, 김일성은 적어도 초기에는 지적 허세를 떨지 않았고 소비에트 조언자들도 김일성의 지적 능력을 과장할 필요를 느끼지 않았던 듯하다. 그 대신

---

40   Buzo는 *The Guerilla Dynasty*에서 무엇이 스탈린주의에서 유래했고 무엇이 조선의 전통에서 유래했는지 상세하게 논한다(46~56). 나는 스탈린주의의 유산이 김일성의 정치적 방식에 지배적 영향을 미쳤다는 그의 결론에 전적으로 동의하진 않는다. 북한의 관습 중에는 분명히 (일반적인 전 산업 사회가 아니라) 조선의 전통에서 유래했고 김일성의 행동을 결정한 인자로서 스탈린주의보다 중요했다고 평가할 수 있는 요소들이 충분히 있다고 생각한다.

41   1945년 10월 14일 평양에서 행한 김일성의 첫 연설은 특히 실망스러웠던 듯하다. 훗날 남한에서 저명한 극작가가 된 오영진은 김일성의 연설을 듣고 "어눌하고 오리 같은 목소리"라고 평했다. Robert A Scalapino and Chong-Sik Lee, *Communism in Korea* (Berkeley: University of California Press, 1972), 324~325.

42   Becker, *Rogue Regime*, 51.

김일성 개인 숭배는 그의 애국심과 항일 투쟁 경력에 토대를 두었다. 나중에 김일성은 파파 스탈린보다 훨씬 더한 정도로 인민들에게 부모 같은 통치자, 즉 '어버이 수령'이 되었다. 한때 조선 왕들이 그랬듯이 김일성은 한국다움을 체현한 존재가 되었다.[43] 김일성의 개인 숭배는 스탈린식 개인 숭배를 만들어 내려는 소비에트의 시도와 공산주의 이전 조선 시대 통치자의 전통이 결합한 결과물로 보이며, 이것이 조선 왕의 반신반인 존재로 김일성을 격상시키는 효과를 발휘했다. 김일성이 사망한 1994년 무렵 북한에서는 그가 언젠가 죽게 마련인 다른 인간들과 마찬가지로 걷고 먹고 숨 쉰다는 것을 도무지 믿기 어려울 정도였다.

---

43   이 점은 Myers의 *The Cleanest Race*에서 훨씬 깊게 탐구된다. Myers는 일본의 천황 숭배가 더 강한 영향을 미쳤다고 본다.

7
한국전쟁에서 기근까지

한국전쟁의 정치적 상처 • 개인 숭배의 성장 • 민족주의 예찬 • 북한의 독자 노선
원조 의존의 정치적 영향 • 남한의 도전 • 군국주의의 등장

일본의 항복 이후 소련의 군정기부터 1948년 공식적인 국가 지위 선언을 거쳐 1950년에 이르기까지, 북한은 외부 세계가 보기에 당시 성립 중이던 다른 인민민주주의 국가들과 별반 다르지 않았다. 1948년부터 1949년까지 소련의 지원을 받은 김일성이 새로운 조선노동자당의 회의를 통해 권력을 무자비하게 장악한 과정도 당시 동유럽에서 전개되던 과정과 별로 다르지 않을 것이다.[1] 그러나 1950년대 들어 두 가지 사태가 북한이 앞으로 다른 나라들과 얼마나 달라질지 보여주었다. 하나는 한반도를 골육상잔의 무익한 전쟁으로 몰아넣은 김일성의 대한민국 침공이었다. 다른 하나는 북한이 완강하게 고수한 김일성 숭배였다. 김일성 숭배는 1953년 스탈린 사망에도, 1956년 이래 동유럽 정권들이 시작한 제한적인 자유화와 개인 숭배 포기에도 흔들

---

1   서대숙, *Kim Il Sung*, 78~91.

리지 않았다.

• 한국전쟁의 정치적 상처 •

앞에서 한국전쟁에 대한 북한 정권의 태도를 논했다. 이 전쟁은 큰 상처를 남겼다. 물리적 상처(북한의 기반시설이 사실상 전부 파괴되었고, 인구의 8~16퍼센트가 사망했으며, 약 300만 명이 남한으로 피난을 갔다)는 끔찍했으나 재건이 이루어지고 시간이 지나면서 희미해졌다.[2] 그렇지만 심리적, 정치적 상처는 남아있다. 한국전쟁을 외적에 대항한 격렬하고 영웅적인 투쟁으로 보는 인식은 정권이 조선 왕조로부터 물려받은 전통적인 외국인 혐오증을 강화했다. 중국군 총사령관 펑더화이(彭德懷)가 (살아남은) 조선인민군을 아랫사람 대하듯이 박대한 것도 김일성에겐 가슴에 사무치는 굴욕이었다.[3]

한국전쟁은 그 누구에게도 의지할 수 없다는 점을 북한에게 가르쳐주었다. 스탈린의 지시에 따라 김일성이 마오쩌둥에게 접근해 자신이 계획하는 대남 전쟁을 지원해줄 것을 요청하자 마오쩌둥은 혹시 필요하다면 도울 것임을 시사했다.[4] 1950년 6월 25일, 김일성은 같은 해 8월 15일까지 남한을 점령하고 이날 서울에서 승전을 축하할 계획으로 공격을 개시했다. 전쟁 초기 조선인민군은 빠르게 남진했으나 전선을 지나치게 확장한 결과 맥아더

---

2   Kathryn Weathersby, "North Korean Foreign Relations: Historical Roots of Present Patterns", ICAS lecture, 22 February 2006, http://www.icasinc.org/2006/2006w/2006wkxw.html. 이 글은 B. C. Koh, "The War's Impact on the Korean Peninsula", *The Journal of American-East Asian Relations* 2, no. 1 (1993): 57~76을 인용한다.

3   Pollack은 Hans Maretzki의 책에서 "중국은 김일성을 벙커에 집어넣고 조용히 있으라고 말했다"라는 어느 북한 군 장군의 발언을 인용한다. *No Exit*, 29.

4   김일성이 스탈린에게 접근하고, 스탈린이 철수 명령을 내린 뒤 다시 명령의 일부를 철회한 일련의 사건에 관해서는 다음을 참조하라. Alexandre Mansourov, "Stalin, Mao, Kim, and China's Decision to Enter the Korean War, September 16-October 15, 1950 : New Evidence from the Russian Archives", *Cold War International History Project Bulletin* 6/7: 94~119, http://www.wilsoncenter.org/sites/default/files/CWIHPBulletin6-7_p2.pdf.

장군의 유명한 인천상륙작전 이후 보급선이 끊기고 말았다. 1950년 10월 들어 조선인민군이 패주하고 유엔군이 빠르게 북진하자 김일성은 스탈린에게 원조를 애원했다. 1950년 10월 13일, 김일성이 우상시했던 스탈린은 미국과 소련의 대결이라는 위험을 무릅쓰느니 북한을 포기하겠다는 뜻을 분명히 밝혔고, 조선인민군 잔군의 북한 철수를 명령했다. 스탈린 동지의 메시지를 전달한 소비에트 대사에 따르면 북한은 "전보의 내용에 몹시 놀랐"으며 "김일성은 자기들로선 그런 권고를 시행하기가 극히 어렵다"면서도 권고대로 하겠다고 말했다.[5] 도움이 필요한 순간에 자신이 경외했던 사람에게 버림을 받은 김일성은 이 기억을 영원히 잊지 않았던 것으로 보인다. 당시까지 김일성의 연설에서 심심치 않게 들리던 스탈린을 향한 아첨이 일순간 사라졌다.[6]

이와 비슷하게 중국이 북한을 지원할 병력 파병을 망설인 일도 틀림없이 김일성을 불안하게 했을 것이다(1950년 10월 초에 스탈린은 마오쩌둥이 전쟁 전에 어떤 말을 했든 간에 중국의 군사 원조는 없을 것이라는 암시를 번복하라며 중국을 강력하게 설득해야 했다). 김일성은 필요로 하던 형제의 지원을 받았다. 그러나 그뿐이었다. 전쟁에 개입해 유엔군이 북한을 점령하는 것을 막은 중국인민지원군의 총사령관 펑더화이는 중국군과 북한군이 유엔군을 38도선까지 밀어내자 계속 남진하기보다 전열을 가다듬어야 한다고 역설했고, 이로인해 동맹국들에 대한 김일성의 불신은 더욱 깊어졌다. 김일성은 펑더화이가 진군을 주저하는 바람에 중국군이 1951년 초에 도달한 위치에서 더 남쪽으로 가지 못했고 따라서 자기가 남한을 차지하지 못한 책임이 중국군에게

---

5   Mansourov, "Stalin, Mao, Kim, and China's Decision", 104.
6   Weathersby, "North Korean Foreign Relations."

있다고 믿었던 듯하다.[7] 1951년 말에 스탈린이 휴전에 동의함으로써 미국에게 한국전쟁에서 빠져나갈 길을 열어주느니 북한이 2년간 유엔군의 파멸적인 폭격에 시달리도록 내버려둘 의향이라는 것을 알았을 때, 김일성의 불신은 더욱 깊어졌다.[8] 결국 북한의 방위를 어느 국가에도 의존할 수 없다는 이런 확신은 정권에 깊게 각인되었다.

재앙으로 끝난 남한 정복 시도 역시 정권의 방식에 깊고도 지속적인 영향을 미쳤다. 김일성은 예전부터 줄곧 권위적이었으나 전쟁에서 패한 탓에 한층 더 권위적인 사람이 되었다. 1950년 9월 맥아더 장군의 인천상륙작전 이후 조선인민군은 사실상 와해되었다. 유엔군에 맞서 나머지 전쟁을 대부분 치른 주역은 북한군이 아닌 중국군이었다. 중국이 개입하지 않았다면 북한은 분명 정복되었을 것이다(중국이 아직 개입 의사를 분명히 밝히지 않은 1950년 10월 13일에 살아남은 조선인민군을 철수시키고 북한을 제국주의자들에게 넘겨주라고 명령한 것에서 드러나듯이, 스탈린은 당시 북한에 가망이 없다고 판단했던 듯하다).

전쟁 수행 결정이 재앙과도 같은 실수였음을 인정하는 것은 김일성에게 정치적 자살이었을 것이다.[9] 오히려 김일성은 책임을 덮어씌울 희생양을 찾았다. 휴전협정이 체결되자마자 공개재판이 열렸고, 북한 간부들 다수가 처

---

7   이것은 널리 공유되는 견해가 아니다. 대체로 군사사가들은 보급선이 지나치게 확장되어 위태롭고 북한군이 기진맥진한 상황임에도 김일성이 남진을 고집한 탓에 미래의 전투를 위해 남겨둘 수도 있었을 병력이 괴멸당했다고 지적한다. 일례로 Hastings, *The Korean War*를 참조하라. 당시 김일성이 중국군에게 자기와 똑같은 잘못을 저지를 것을 촉구했을 가능성도 있어 보인다.

8   Weathersby, "North Korean Foreign Relations."

9   Andrei Lankov는 당시 북한 주재 소련 대사였던 스티코프 장군이 김일성의 이런 잘못을 지지했을 가능성을 시사한다. 스티코프는 재앙적인 전쟁을 조장했다는 이유로 강등되었다. "Terenti Shtykov: The Other Ruler of Nascent N. Korea", *The Korea Times*, 25 January 2012, http://www.koreatimes.co.kr/www/news/nation/2012/01/363_103451.html.

형되었다.[10] 선전 기구는 전쟁이 실은 영웅적인 성공이었다고 선언했으며, 이 노선에서 벗어나는 사람은 누구나 무자비한 처분을 받았다(시인 임화는 대담하게도 전쟁의 참화를 묘사하는 시를 썼다가 숙청되었다). 한국전쟁에 대한 정권의 설명은 역사적 사실을 대체하기 위해 만들어낸 가장 허무맹랑한 정치적 신화 가운데 하나가 되었다.

김일성이 노동이든 의무적인 정치 학습이든 '자발적인' 활동이든 공식 활동으로 깨어 있는 거의 모든 순간을 채우는 사회를 만들어내기 시작한 것도 한국전쟁 이후인 것으로 보인다. 이로써 김일성은 가정생활을 압박해 모든 개인이 무엇보다 국가, 다시 말해 자신에게 충성을 바치는 사회를 만들고자 했다. 이것은 김일성 정권의 가장 두드러진 특징 가운데 하나가 되었다. 사태가 이렇게 전개된 이유는 불명확하지만, 나는 두 가지 요인이 작용했다고 본다. 하나는 김일성의 빨치산 경험의 소산인 충성에 대한 강박으로, 한국전쟁 시기에 동맹국들로부터 맛보았을 배신감이 이 강박을 부채질했을 것이다. 다른 하나는 사회적 공간을 모조리 탄압해서 김일성 자신이 나라를 극심한 재앙과 굴욕으로 이끌었다는 비난을 차단해야 한다는 인식이었다.

또한 한국전쟁은 정권의 실패를 얼마든지 정당화하거나 설명하기 위해 써먹을 수 있고 또 실제로 써먹어온 외부의 위협을 정권에 제공했다. 미국은 그전부터 냉전 선전의 일환으로 비방의 대상이었지만, 한국전쟁 이후 김일성 정권이 전쟁 책임을 미국에게 돌림으로써 침략에 대한 비난의 화살을 맞으며 더욱 강하게 비방을 당했다. 전후 정권의 선전에서 북한은 언제나 약자

---

10   이것이 북한에서 열린 처음이자 마지막 공개재판이다. 그 이후 김일성은 대부분 사법 절차라는 겉치레도 없이 숙청을 진행했다. 이로써 김일성의 정적들은 그냥 사라졌다. 이 공개재판을 통해 북한 정권 내에서 김일성에게 가장 위험한 다른 경쟁 파벌들의 지도자 몇 명이 제거되었다.

를 괴롭히는 미국에 감연히 대항하는 작은 나라로 묘사되었다. 북한의 문제가 급증함에 따라 미국이라는 요괴는 점점 더 문제를 일으키는 배후의 원인으로 지목되었다. 전기 부족부터 국제적 긴장에 이르기까지 거의 모든 문제의 책임을 미국에 뒤집어씌울 수 있었다(지금도 마찬가지다).

• 개인 숭배의 성장 •

1953년 3월 5일 스탈린이 사망하고 몇 달 내에 한국전쟁 휴전협정이 체결되었다. 스탈린 개인 숭배는 그의 사후에 오래 지속되지 않았고, 동유럽에서도 개인 숭배가 허물어졌다.

그러나 김일성은 다른 사회주의 국가들의 지도를 따르라는 엄청난 압박을 받으면서도 자신에 대한 개인 숭배를 고수했다. 1956년 8월, 조선노동자당 내부의 반대자들이 당중앙위원회 회의에서 김일성의 개인 숭배를 비판하려 했다. 김일성은 이 시도를 성공적으로 제압한 뒤 정적들을 숙청했다(같은 해 말에 소련과 중국이 함께 개입한 덕분에 그들 중 다수가 복권되었지만 김일성의 개인 숭배를 단념시키진 못했다). 동유럽에서 과거 스탈린과 그의 수하들이 저질렀던 도를 넘는 행위에 대한 기억이 희미해짐에 따라 북한의 개인 숭배는 다른 사회주의 국가들에게도 갈수록 기이하게 비쳤다.[11]

김일성 숭배는 1960년대에 성장한 듯하며, 이 시기에 김일성이 사실상 단독으로 일본군을 물리쳤다는 새로운 주장이 선전에 삽입되었다(물론 김일성의 영웅적 행위를 기억하는 사람이 아무도 없다는 곤란한 사실이 있긴 했다. 소련으로 넘어간 이후 김일성은 일본군과 싸우지 않고 적군 기지에서 시간을 보냈기 때문이

---

11   소련에서 북한의 선전 자료는 농담거리로 취급되었고 우습다는 이유로 학생들 사이에 유포되었다.

다. 이 난점을 해결하기 위해 김일성이 백두산의 비밀 기지에서 활동했다는 신화가 날조되었다. 중국과의 국경에 자리 잡은 백두산은 한국의 영산靈山이자 북한이 김정일의 출생지라고 주장하는 곳이다.[12] 이 거짓말을 뒷받침하기 위해 백두산에 귀틀집을 몇 채 지었다). 시간이 지나면서 북한의 거의 모든 도시에서는 자세가 조금씩 다른 김일성 동상들이 세워지기 시작했다(한 북한 사람은 동상을 세울 때마다 모자를 씌울 것인지를 두고 논의가 오래도록 이어졌다고 말해주었다). 2011년 남한 군부는 그런 동상이 3만 5000개 있다고 추산했다.[13] 1972년 김일성의 환갑을 계기로 정권은 개인 숭배에 더욱 박차를 가했다.[14] 그때 이래로 북한 사람들은 이를테면 김일성 얼굴이 새겨진 독특한 배지를 언제나 달아야 했다(언젠가 나는 북한 이미지들 중에 가장 친숙한 이 그림을 그린 예술가를 만났는데, 나의 북한 직원들은 거의 종교적 경외감을 가지고 그를 대했다). 빈곤한 정권은 이 8월 생일을 축하하기 위해 오늘날 평양 만수대에 있는 20미터 높이의 금을 입힌 김일성 동상을 세우는 데 거액(한 추산치는 8억 달러)을 지출했다.[15] 이 무리한 계획을 추진한 주요 건축가는 아버지에게 후계자로 확실하게 낙점받으려던 김정일이다(김정일이 처음부터 후계자로 정해져 있었던 것은 아니다). 김정일은 아버지의 신발을 신겨줄 정도로 아버지에게 굽실거렸다.[16] 이 점에서도 북한은 조선 군주제의 경험, 특히 조선 말기에 아첨을 떠는 조신들과 친척들에 휘둘려 마음

---

12 백두산은 오래전부터 한국인들에게 신성시되었다. H. Goold-Admas는 조선인 길잡이들이 백두산을 너무나 경외한 나머지 외국인을 산에 들여 산신령을 노하게 하지 않으려고 꾀병을 부리거나 길을 잃은 체한다고 말했다. *The Korean Repository*, 1892년 10월호, 300~307.

13 "Plan in Place to Dismantle Cult of N. Korean Leaders", 《조선일보》, 2011년 3월 28일, http://english.chosun.com/site/data/html_dir/2011/03/28/2011032800479.html.

14 Myers는 1972년까지는 소련에 경의를 표해야 한다는 생각 때문에 김일성 숭배가 도를 넘지 않았다고 주장한다. 그러나 북한에 대한 소련의 영향력은 1960년대부터 약해지기 시작했다. 나는 아버지를 계승하려는 야망을 품은 김정일이 개인 숭배를 더욱 조장했을 가능성이 크다고 생각한다. *The Cleanest Race*, 48 참조.

15 Becker, *Rogue Regime*, 69.

16 한동안 다방면에서, 특히 김일성의 동생인 김영주 측에서 김정일의 야망을 위협했던 듯하다.

이 편벽해진 왕들 때문에 백성들이 고통을 겪었던 경험을 되풀이했다. 그러나 조선 왕 가운데 그 누구도 김일성처럼 스스로에게 신과 같은 면모를 부여하려 애쓰진 않았다.

　(가장 단호한 이데올로기라도 때로는 정치적 바람에 휘어질 수밖에 없음을 보여주는 사례가 있다. 1978년 9월 평양을 방문해 금으로 도금한 김일성 입상을 본 덩샤오핑은 북한이 중국에 원조를 계속 청하면서도 부족한 자원을 이렇게 낭비하고 있다고 질책했다. 이 입상은 조용히 동상으로 원상 복귀되었다.[17] 벗겨낸 금을 어떻게 처리했는지는 알 수 없다.)

· 민족주의 예찬 ·

북한에서 마르크스-레닌주의 국가 이론―김일성이 제대로 이해한 적이 결코 없었을 이론―과 김일성의 항일 투쟁을 고무했을 민족주의는 줄곧 긴장 관계에 있었다. 북한에서 소련의 입김이 강하던 시절에는 정권의 선전에 마르크스-레닌주의 이론에 대한 입에 발린 찬사라도 포함되었으며, 동유럽의 다른 국가들과 마찬가지로 북한도 스탈린에게 복종했다. 1948년 남한에서 김일성이 계획한 집회에 참석한 공산주의자들은 행진하던 사람들이 커다란 스탈린 초상화를 운반하면서 "스탈린 원수 장수하소서", "소련 장수하소서"라는 구호를 외쳤다고 불평했다.[18] 그러나 한국전쟁 때 북한을 냉대한 스탈린에 대한 찬양은 전후에 사라졌고, 시간이 흐르면서 마르크스-레닌주의적 언급 역시 점점 더 정형화되고 민족주의적 요소들이 부각되었다. 그 이후 수십 년간 북한 정권은 겉으로는 여전히 사회주의 체제를 내세웠지만 다른 형제

17　Becker, *Rogue Regime*, 150.
18　서대숙, *Kim Il Sung*, 98.

정권들과 확연히 구별되는 특징을 드러냈다.[19]

　　머지않아 민족주의는 정권의 정치적 정당성을 지탱하는 뼈대 중 하나가 되었다. 정권이 실패할수록 민족주의는 더욱 부각되었다. 성립 초기만 해도 정권은 제법 훌륭한 경제적 성과를 정당성의 일부로 내세울 수 있었다(남한 경제는 1970년대 초에 이르러서야 북한 경제를 앞질렀다). 그러나 경제 성장은 1970년대에 느려지다가 1990년대에 경제가 곤두박질치기 전인 1980년대에 멈추었을 것이다.[20] 그러므로 정권은 대체로 집권기 동안 경제적 성공도, 민주적 절차에 따른 정당성도 주장할 수가 없었다. 그러나 북한 정권은 한민족의 정수를 구현하고 있는 김씨 일가와 더불어 한국다움을 진정으로 체현한 유일한 정권임을 주장했고 지금도 주장하고 있다.

　　정권의 다른 많은 업무에 접근할 때와 마찬가지로 김일성은 민족주의에 이론적으로 접근하지 않았다. 한국의 문화적 영광에 초점을 맞춘 경우는 거의 없으며, 지금도 마찬가지다. 옛 시를 알거나 혁명 이전에 창작된 그림과 도자기를 알아보는 북한 사람은 별로 없다(둘 다 공식적으로는 접할 수 없다). 오히려 김일성식 민족주의는 외국인이 한국인에게 저지른 악행에 대한 과격하고 성난 서술로 가득한, 복수심에 불타는 잔혹한 민족주의였다.

　　정권의 주체적 독립에 대한 주장에도 불구하고, 정권이 사용하는 민족주의적 상징 가운데 상당수는 외국에서 차용한 것이다. 횃불을 들고 정권에 충성한다는 구호를 외치는 행진은 나치 독일의 행진을 베낀 것이다. 군부의 제복과 무릎을 굽히지 않는 걸음걸이는 스탈린의 소련에서 차용한 것이다.

19　　정통 마르크스-레닌주의에서 벗어난 김일성의 여러 특징에 관한 상세한 분석은 다음을 참조하라. Maretzki, *Kimismus in Nordkorea*.

20　　Lankov, *From Stalin to Kim Il Sung*, 70 참조.

평양의 개선문은 파리의 개선문을 본뜬 것이다(그러나 평양 개선문이 9미터 더 높다). 그리고 가장 기이한 사례로서, 주체탑(대동강 동쪽 강둑에 있는 유명한 랜드마크로, 김정일이 보건 예산을 전용해 아버지의 70세 생일을 위해 지었다고 한다)도 꼭대기에 달린 불꽃 모형만 다를 뿐 워싱턴 기념탑의 복사판처럼 보인다(주체탑이 1미터 더 높다). 주체탑 코앞에 있는 동상은 붓을 든 지식인을 더한 점이 다를 뿐 모스크바에 있는 '노동자와 집단농장 여성' 동상의 복사판에 가깝다. 북한의 이 동상에서 지식인의 붓, 남성의 망치, 여성의 낫은 조선노동자당의 상징이다.

김일성은 민족주의 예찬을 배양하는 동시에 북한에 대한 외국의 영향력을 차단하려는 목적으로 고립주의 예찬을 조장했다. 이 목적과 관련해서도 김일성은 내가 앞에서 말한 조선 왕조의 전통과 스탈린 시대 소련의 전통을 둘 다 따랐다. 김일성은 이를 전통 기반으로 삼아 특히 1960년대 후반 이후에 세계 어디에도 없는 철저한 고립주의를 확립했다. 외국인과 몇 마디 대화만 해도 위험했고, 대화에 참여한 사람들은 어디에나 존재하는 비밀 경찰에게 심문을 당하거나 더 나쁜 상황에 처하기 십상이었다. 1960년대 초에 평양에서 근무한 외교관들은 비교적 쉽게 북한 사람들과 사회적 관계를 맺고 그들의 집을 방문했지만, 그 이후에 다시 파견되었을 때는 예전처럼 우정을 쌓고 집을 방문하는 것이 불가능하다는 사실을 알고 화들짝 놀랐다. 정권은 외국 신문을 금지했고, 라디오가 더 널리 보급되자 북한 방송만 수신할 수 있도록 라디오를 조정했다. 극소수 사람만이 외국 여행을 했고, 특히 사회주의 진영 밖에서는 극소수 외국인만이 북한을 방문했다.

• 북한의 독자 노선 •

소비에트의 후견을 받은 정권 초기에 김일성은 모스크바의 노선을 대부분 따랐던 것으로 보인다. 김일성은 스탈린을 우상화했던 듯하며, 김일성의 초기 연설에는 스탈린을 칭송하는 구절이 많이 들어 있었다(이런 칭송은 훗날 사라졌다). 오랫동안 김일성은 중국과 소련의 권력에 대항하기 어려워했다. 일례로 1956년 말, 김일성이 정권을 탈스탈린화하라는 지시를 거부하고 당 내에서 흐루시초프의 정책을 지지한 사람들을 숙청한 이후 중국과 소련의 합동 대표단(아나스타스 이바노비치 미코얀과 펑더화이)이 김일성에게 조치를 철회하고 숙청된 관료들을 복권시킬 것을 강요한 일이 있었다.[21]

그러나 1955년 12월 28일,[22] 김일성은 '주체'[23]라는 용어를 처음 사용함으로써 새로운 독자 노선을 걷겠다는 의중을 알렸다. 이것은 북한의 유일무이한 정치적 방식을 구체적으로 드러낸 자주의 철학이었다. 또한 김일성은 1960년대 후반 중국과 소련이 불화하는 가운데 두 나라를 이간질해서 어부지리로 자주성을 한층 강화하려 했다. 스탈린 이후 소련 정권에 친근감을 거의 느끼지 못한 김일성은 과거 소련과의 종속관계에서 더욱 벗어날 수 있다고 생각했을 것이다.[24] 1960년대에 김일성은 당 내에서 소련이나 중국에 동조하는 것으로 의심되는 사람들을 숙청했고, 한 나라로 기울었다가 다시 다른 나라로 기우는 식으로 절묘하게 균형을 잡았다. 예를 들어 중국이 한국

---

21   훗날 김일성은 이 방문이 조선노동당 지도력에 대한 모욕이었다고 말했다. Pollack, *No Exit*, 38 참조.
22   북한의 선전은 주체사상이 훨씬 이전부터 전개되었다고 주장하지만 증거가 전혀 없다.
23   본래 주체는 문장의 주어를 의미하는 문법 용어다. 김일성(또는 이 새로운 철학의 배후에서 움직인 듯한 지식인 황장엽)은 이 용어를 운명의 객체가 아니라 주체로서 행동하는 북한이라는 뜻으로 바꾸었다. 한국전쟁이 휴전되고 3년 뒤인 1955년 12월 28일 김일성이 당 노동자들에 대한 연설에서 주체사상을 처음으로 공표한 듯하다. 김일성, *Works* (Pyongyang: Foreign Languages Publishing House, 1982), vol. 9, 395~417.
24   예를 들어 1963년 북한이 소련의 새로운 체제를 공식적으로 신랄하게 비판하자 소련이 대북 원조를 삭감했다.

전쟁에 개입한 이후 중국의 대북 영향력이 크게 강화되었지만, 1965년 알렉세이 코시긴(Alexei Kosygin)이 평양을 방문하자 북한은 중국의 '교조주의(당시 중국은 문화대혁명을 시작하기 직전이었다)'를 비판하고 소련에 더 가까이 붙었다. 북한은 경제상호원조회의(COMECON)[25]에 가입하기를 거부하고(그러면서도 이 기구에 속한 나라들로부터 원조를 받았다) 비동맹운동(Non-Aligned Movement)[26]에 참여했다. 1961년 북한은 중국 및 소련 양국과 방위 조약을 체결하는 데 성공함으로써 군사 관계의 균형을 맞추는 한편 국가 안보에 대한 이중의 보증을 확보했다.

· 원조 의존의 정치적 영향 ·

일본에 합병되자(어쩌면 그 이전부터) 한국인들은 나라의 후진성과 빈곤을 굴욕적으로 자각하게 되었다. 일본은 점령 기간에 악랄하게 통치했지만 합병 이전에는 존재하지 않았던 철도와 항구, 공장 따위를 건설했다(함흥에 있는 화학공장—북한 농업이 의존하는 비료를 수십 년간 생산한 공장—마저도 일제강점기에 건설된 것이다. 북한은 이 사실을 절대 인정하지 않는다). 전시에 일본군이 퇴각하면서 공장들을 파괴했고 또 일본군이 남기고 간 공장들을 소련군이 대부분 없앴기 때문에 2차 세계대전 이후 북한은 산업 기반을 대부분 상실한 처지였다. 그런 이유로 사회주의 동맹국들에게 오랫동안 의존해야 했다. 1945년 이후 한동안 소련과 중국은 각각 북한 국가 예산의 약 3분의 1을 원조했다.

한국전쟁 이후에는 상황이 훨씬 더 나빴다. 북한의 도시들은 돌 천지였

25　소련을 중심으로 한 사회주의 국가들의 경제협력기구-옮긴이
26　냉전시대에 미국과 소련의 양 진영 어디에도 속하지 않는 비동맹주의를 외교의 기조로 삼은 국가들의 회의-옮긴이

고 농업은 엉망진창이었다. 북한은 우애적 원조에 크게 의존하게 되었다. 당시 북한은 경제가 마비되어 동냥으로 먹고사는 나라였다(전후에 국가를 자립적으로 재건했다는 북한의 열렬한 주장은 과거의 수치에 아직도 얼마나 민감하게 반응하는지를 보여줄 뿐이다). 소련과 그 위성국가들, 그리고 중국에서 막대한 규모의 원조가 북한으로 들어오기 시작했다. 이것은 역사상 한 나라가 받은 최대 규모의 구제금융일지도 모른다.[27]

이 모든 사태가 북한의 자존심에 깊은 상처를 입혔다. 북한은 전권을 가진 반신반인이 영도하는 국가라고 주장하면서도 실은 동맹국들의 원조에 의존하는 정치적, 심리적 모순에 직면했다. 친한 친구들만 서로를 동등하게 대하는 위계적인 문화 속에서 북한은 형과 동생 관계를 받아들이고 소련과 중국을 영원히 윗사람으로 대할지 아니면 두 나라를 아랫사람으로 대할지 선택해야 했다.

북한이 최종 결론에 도달한 과정은 여전히 불투명하다. 그러나 북한은 1950년대 말이나 1960년대 초에는 지금까지도 정권의 뚜렷한 특징으로 남아 있는 격렬하고 위협적인 어조를 드러낸 듯하다. 북한은 영원한 열세라는 전망을 견딜 수 없다고 판단하고, 동맹국들을 아랫사람이나 동생으로 대하기로 결심한 것으로 보인다. 당시 위태로운 처지였던 북한 같은 작은 나라가 중국과 소련을 이런 식으로 대하기 위해서는 분명히 정교한 합리화가 필요했다. 언제나 민족주의적인 북한 정권은 정치와 경제에 대한 자기네 접근법의 고유성을 되풀이해 말하기 시작했는데, 여기에는 자국의 모델이 다른 모

---

27   James Person, "Knowing the North: Intelligence and Intentions of the DPRK", Woodrow Wilson International Center for Scholars, 8 September 2010; http://www.wilsoncenter.org/event/knowing-the-north-intelligence-and-intentions-the-dprk.

델보다 우월하다는 뜻이 내포되어 있었다(평양에 상주하던 동유럽 원조 제공자들의 귀에는 틀림없이 거슬렸을 것이다). 그런 다음 정권은 혁명의 전위로서 자국은 원조를 받을 자격이 있으며 원조를 베풀어주십사 부탁할 필요가 없다고 주장하기 시작했다. 사회주의 진영이 붕괴하기 전까지 북한은 이런 입장을 줄곧 고수했다. 이는 북한이 막대한 원조를 받으면서도 감사를 표한 적이 거의 없다는 뜻이다(1970년부터 1997년까지 북한의 대외 무역 누적 적자—값을 치르지 않은 수입품의 총액—는 120억 5000만 달러로 추정된다).[28] 북한은 그저 원조를 받은 다음 추가 원조를 요구했다(과거 평양에 있었던 동독 대사관과 헝가리 대사관의 공문서를 보면 양국 외교관들이 이런 행태에 분통을 터뜨렸음을 알 수 있다. 1988년 서울 올림픽에서 헝가리가 남한과 외교 관계를 수립한다고 발표하자 북한이 격분해 헝가리 대사를 평양에서 내쫓았을 때, 헝가리 대사관 직원들은 떠나는 것을 전혀 아쉬워하지 않았다[29]). 이런 태도는 계속되었다.

1990년대 기근기에 북한 사람들의 목숨을 구하려던 NGO들은 북한을 돕는 영광을 간청하게 만드는 정권의 술책에 당황했다.[30] 북한의 정책 입안자들은 중국의 원조 역시 그들의 사리사욕에서 비롯된다고 생각한다.[31] 2006년 북한의 어느 관료는 남한 기업들이 개성공단에서 수익을 얻기 어려운 이유가 무엇이냐는 질문을 받자 이렇게 답했다. "어째서 돈이 우선입니까? 북남 합작 사업은 한낱 돈 계산 이상인 무언가여야 합니다."[32]

이런 고집불통 논리 때문에 북한이 체제의 약점을 인정하는 것은 불가

28   Nick Eberstadt, *The End of North Korea*, 99.
29   헝가리 외교관과의 사적인 대화.
30   Flake and Snyder, eds., *Paved with Good Intentions*, 36~39.
31   Snyder, *China's Rise and the Two Koreas*, 132.
32   Hassig and Oh, *Hidden People*, 33. 《중앙일보》, 2006년 6월 21일자 인용.

능한 일이다. 북한은 언제나 전권을 가지고 두려움 없이 영도하며 결코 실패하지 않는 강자 중의 강자로 비쳐야만 한다. 오래도록 소련에 의존하는 동안 이런 주문은 북한의 상처 입은 자존심 위에 앉은 딱지 같은 것이 되었다. 오래지 않아 그 딱지를 떼어내는 것은 너무나 고통스러운 일이 되었다. 그 결과 1960년대와 그 이후 평양에 있었던 동유럽 대사관들의 보고서에서 명확하게 드러나듯이, 북한은 엄포를 놓는 공격적인 나라가 되었다. 북한 지도부는 상대에게 사의를 표함으로써 자기네의 약점을 인정할 마음이 추호도 없었고, 사회주의 동맹국들을 끔찍이도 비효율적인 북한의 혁명을 먹여살리고 북한의 군대를 무장시키기 위해 태어난 아랫사람처럼 대했으며, 바라는 것을 얻지 못하면 성질을 부리곤 했다.

· 남한의 도전 ·

추정치에 따라 다르긴 하지만 1970년대 초에 이르러 대한민국의 경제가 북한의 경제를 앞지른 것으로 보인다. 양국의 경제 격차는 꾸준히 벌어졌고, 김일성이 사망한 무렵에는 기적이라도 일어나야 북한이 남한을 따라잡을 수 있다는 것이 분명해졌다(격차는 계속 벌어지고 있다. 이 책을 쓰는 지금 남한 경제가 북한 경제의 37배 규모인 것으로 추정된다). 그렇지만 북한 정권은 인민들에게 그들이 남한 동포들보다 형편이 낫다고 계속 거짓말했다.

그러다가 1980년대 말에 남한이 민주화되기 시작했다. 오랫동안 북한은 미국 제국주의자들의 지지를 받는 가혹한 독재정이 남한을 통치한다고 주장했다(어느 정도는 사실이다). 그러나 남한에서 일어나는 변화에 대한 소식이 북한에서 서서히 퍼져나가자 이 노선을 주장하기가 어려워졌다.

그 후 남한은 국제적 표창을 받기 시작했다. 1988년 서울의 올림픽 개최가 특히 북한의 심기를 언짢게 했다. 올림픽 주최는 평양이 도저히 얻지 못할 성공과 국제적 위신의 상징이었다. 울화가 치민 북한은 1987년 11월 올림픽에 참가하는 나라들에 겁을 주려고 남한 항공기를 폭파시켰다. 그런 다음 남한에 뒤지지 않으려고 시설에 거액을 투자해 1989년 7월 세계청년학생축전을 주최했다.

그 후 남한의 대중문화가 아시아 북동부 도처에서 유행하기 시작했다. 남한의 TV 드라마가 다양한 언어로 더빙되었고, 아시아 10대들이 남한 가요를 흥얼거렸다. 북한이 탄생한 무렵만 해도 남쪽의 경쟁자는 정치적 탄압을 일삼고 빈곤하고 문화적으로 대수롭지 않은 신생국이었지만, 1990년대 중반에는 부유하고 민주적이고 국제적 존경을 받고 인기 있는 대중문화까지 가진 나라였다.

대한민국의 성장은 북한에게 가장 심각한 정치적 도전이었을 것이다. 이런 불균형에 관한 정보를 차단해야 할 필요성은 점점 커졌다. 북한 정권은 어째서 남쪽의 상황이 훨씬 더 좋으냐는 질문에 대한 답변이 궁하기 때문에 그렇게 묻지 못하도록 막아야 했다. [33]

· 군국주의의 등장 ·

북한은 한국전쟁 이후 군대를 완전히 해산한 적이 없다. 오히려 막대한 비용을 들여 대규모 군대를 유지했다(이 책을 쓰는 지금 조선인민군은 세계에서 네 번째로 규모가 크다). [34] 군국주의에 대한 이런 강조는 의심할 나위 없이 김일성의

---

33   이런 정보 차단 탓에 터무니없는 사건이 일어나기도 했다. Harrold는 *Comrades and Strangers*에서 자신이 남한제 코트를 갖고 있다는 사실이 북한 동료들에게 알려지자 소동이 일어났고, 그들이 코트를 불태워버리라고 요구했다고 썼다.
34   Eberstadt는 조선인민군을 경제적으로 자립시키려는 시도가 있었지만 성공하지 못한 듯하다고 지적한다. *The End of North Korea*, 299 참조.

유격대 경험과 그가 흡수한 스탈린주의에 뿌리를 두고 있다. 그러나 군국주의는 한국전쟁을 치르며 받은 충격과 굴욕에 대한 반작용이기도 했을 것이다. 김일성은 비슷한 패배를 당하거나 산산조각 난 군대 때문에 중국에게 무시당하는 경험을 되풀이할 마음이 결코 없었을 것이다.

군국주의가 북한 사회에 미친 영향은 이미 논했다. 북한은 세계에서 가장 고도로 무장한 나라 중 하나다. 이런 현실이 북한에 미치는 심리적, 정치적, 경제적 영향은 과장하기 어려울 정도다.

8

기근과 그 이후

김일성의 죽음과 김정일의 승계 • 기근의 트라우마 • 선군: 군국주의 중시 • 핵과 미사일 프로그램

1994년에서 1995년 사이에 북한은 심대한 변화를 겪었다. 1994년 김일성이 사망했고, 수년간 인민들의 생활을 위협했던 기근이 극심해져 1995년 식량 원조를 요청해야 했다.

• 김일성의 죽음과 김정일의 승계 •

열린 사회에서 성장한 사람이 1994년 7월 8일 김일성이 마침내 숨졌을 때 북한에 퍼져나간 충격을 상상하기란 불가능에 가깝다. 김일성은 대다수 북한 사람들이 아는 유일한 지도자였을 뿐 아니라 그들이 옹호하는 모든 것을 체현한 인물이었다. 김일성의 죽음과 더불어 그들 정체성의 큰 부분도 함께 죽었다. 외부의 많은 관찰자들은 상징적 지도자가 죽은 마당에 북한이 과연 얼마나 더 오래 생존할 수 있을지 의심했다.

정치적 수완에 능란했던 김일성은 자신이 주도한 경제적 붕괴의 가장

해로운 영향이 감지되기 직전인 1994년에 숨졌다. 김일성이 지명한 후계자이자 아들인 김정일은 상속권을 차지하기 위해 분투했을 것이다. 결국 김정일의 승계는 김일성이 죽기 3년 전에야 공식화되었다. 김일성의 사망과 함께 정권은 숭배받는 명목상 우두머리를 잃어버렸다. 김정일은 아버지의 방식으로 인민들의 마음을 사로잡은 적이 없었던 듯하다(특히 김정일 집권기에 극심한 경제적 곤궁을 겪었기 때문일 것이다).

김정일의 통치 방식은 아버지의 방식과는 사뭇 달랐다. 김정일은 과거와 다른 이데올로기와 심리학을 정권에 도입했다.

첫째, 관찰자들은 대개 북한을 두고 은둔형 국가라고 말한다. 국제관계의 관점에서 보면 북한은 실제로 오랫동안 은둔했지만, 김일성 개인은 은둔자가 아니다. 김일성은 전국을 돌아다니며 유명한 '현장 교시'를 내리고 대규모 인파가 자신을 보고 듣도록 하는 등 인민들 앞에 곧잘 나섰다. 학교를 방문할 때면 김일성은 자신과 함께 사진을 찍은 모든 아이에게 사진을 한 장씩 주어 가보로 간직하게 했다. 김일성은 자주 외국 손님들을 맞았고, 그들은 대체로 김일성이 친절하고 총명한 사람이라고 생각했다. 서구에서 활동했다면 김일성은 유능한 정치인이 되었을 것이다. 그러나 김정일은 아버지의 이런 특성을 거의 보이지 않았다. 김정일은 손님을 좀처럼 맞지 않았고, 나라를 순방할 때도 대부분 군사시설을 방문했다. 김정일은 평범한 북한 사람과 섞인 적이 설령 있더라도 극히 드물다. 김정일의 방식은 아버지의 방식보다 훨씬 은둔적이었다(김정일의 아들이자 후계자인 김정은이 어떤 방식을 채택할지는 두고 볼 일이다).

둘째, 김일성은 대부분 조선노동당이라는 수단을 통해 통치했다. 김일성은 외국 외교관들을 당대회에 초대해 그들 앞에서 연설을 하곤 했다(당시 평양에서 근무하던 동유럽 외교관들은 김일성이 "어떤 단위의 아무개 동지를 뺀 모든 동지가 이 위대한 목표를 실현하기 위해 대단히 분투했습니다"라는 식으로 말해서 그 불운한 아무개를 앉은 채로 벌벌 떨게 했다는 이야기를 들려주었다). 그러나 김정일은 당을 공공연히 경멸하고 자신이 한결 편안하게 느꼈을 군부를 통해 통치하려 했다. 김정일 집권기에 북한은 (군을 우선하는) '선군(先軍)' 이념을 지지했다. 몇몇 사람들은 김정일이 군부로부터 자신의 승계에 대한 지지를 얻는 대가로 이 이념을 공표했다고 생각한다. 그러나 아버지와 달리 군사적 배경이 거의 없었던 김정일이 한국전쟁을 치른 쭈글쭈글한 원로 장군들의 존경을 얻었을지는 확실하지 않다. 김정일은 평양 중심부와 평양 공항 사이에 있는 부대에서 군사훈련을 받았는데, 그 부대는 아직도 그의 유물을 보관하고 있다. 보통 이 훈련은 1년 넘게 걸리지만 김정일은 북한 사람들의 말마따나 '천재이기 때문에' 단 3주 만에 훈련을 완수했다고 한다. 나는 직업군인들이 이 말을 듣고 뭐라고 생각할지 궁금했다.

셋째, 김정일은 아버지와 다른 인물들을 역할 모델로 삼았다. 김일성은 호찌민을 무척 존경한 듯한 반면에, 김정일의 조언자였으며 1997년에 남한으로 망명한 황장엽은 "어린 시절부터 김정일은 독일의 히틀러를 숭배하고 히틀러 같은 독재자가 되고 싶어했다"라고 말했다. 조선노동당의 새로운 당규는 나치당의 조직 매뉴얼과 묘하게 비슷하다.[1]

김정일의 유년기는 김일성의 유년기보다도 덜 알려져 있다. 김정일은 김일성이 복무하던 소비에트군 야영지에서 1941년 2월 16일에 태어났다(북한의 선전에 따라 1942년으로 바뀌었다). 김정일이 일곱 살 때 남동생과 함께 김

---

[1]   Becker, *Rogue Regime*, 73.

일성이 거주하던 대저택의 수영장 옆에서 놀다가 남동생이 익사하는 사건이 있었다. 1949년에는 김정일의 생모가 출산 중에 사망했는데, 이 비극은 틀림없이 그에게 깊은 영향을 미쳤을 것이다. 김정일의 유년기 교육은 적어도 어느 정도는 중국에서 이루어졌을 가능성이 크지만 확실하진 않다(김일성은 한국전쟁을 치르는 동안 가족을 안전한 중국으로 보냈다). 김정일은 1964년 김일성종합대학을 졸업했다. 김정일의 애정생활은 복잡했던 듯하며, 김일성에게 알리지 않은 여성과의 사이에서 장남을 얻었다.[2]

김정일의 만년은 대부분 그의 예전 스시 요리사,[3] 남한으로 망명한 예전 조언자 황장엽, 납치되어 평양에서 영화 제작을 도운 남한 영화감독 신상옥의 회고를 통해 알려졌다. 그들의 말에 따르면 김정일은 기분을 종잡을 수 없고, 세세한 부분을 놓치지 않는 눈을 가졌으며, 파티(한때는 매주 수요일과 토요일 밤 8시 정각에 열었던 듯하다)를 자주 열어 과음을 즐겼다. 김정일은 일찍이 영화에 대한 사랑을 드러냈고 엄청나게 많은 세계 영화를 소장했다고 한다.

· 기근의 트라우마 ·

북한 경제는 1980년대부터 난관에 봉착하기 시작했다. 1980년대 말에 풍전등화 같았던 북한 경제에 사회주의 진영의 붕괴─이는 '우호' 가격으로 구입하던 석유를 비롯한 상품들의 공급이 중단되었음을 뜻한다─는 안 그래도 취약한 체계에 불어닥친 강풍이었다.[4] 1990년대 초에 이르자 석유 기반

---

2   이 사건의 복잡한 내막(성혜림이 아들 김정남을 낳은 사건)은 성혜림의 언니 성혜랑의 자서전 《등나무집》에 기술되어 있다.
3   요리사 후지모토 겐지는 식재료를 구하러 일본에 갔다가 김정일의 저택으로 돌아가지 않았으며, 이 때문에 암살을 두려워했다고 한다.

비료를 제조하거나 사용하지 못하면서 곡물 수확량이 감소하는 가운데 식량이 부족해졌다. 1992년과 1993년에 북한에 곡물을 약 80만 톤씩 보낸 중국이 1994년에 약 28만 톤만 보낸 이후 식량 부족은 더욱 극심해졌다.[5] 1995년 9월 북한은 식량 원조를 호소하면서도 전국을 휩쓰는 굶주림의 심각성을 인정하지 않고 역경의 원인을 큰 홍수 탓으로 돌렸다. 기근기에 얼마나 많은 사람들이 굶주려 죽었는지는 아직까지 분명하지 않다. 추정치는 100만 명 이하에서 300만 명 이상이다.

읽고 쓸 줄 아는 도시화된 사회가 평화로운 시기에 겪은 역사상 유일한 기근 사례인 이 기근이 사람들에게 미친 영향에 관해 많은 글이 쓰였다.[6] 그러나 이 대재앙은 중요하고 지속적인 정치적 영향을 미치고 정권의 성격을 크게 바꿔놓기도 했다. 정권을 가장 열렬히 지지하는 사람들조차 공식 선전을 믿기가 어려워졌다. 친구와 가족이 기아와 질병으로 죽어가는 마당에 지상낙원에서 산다는 말을 누가 믿겠는가. 결국 그들은 기근 전까지만 해도 식량과 주거, 정보의 유일한 공급자였던 국가에 등을 돌리고 스스로 호구지책을 찾을 수밖에 없었다. 사람들이 먹거리를 찾고 무역을 하고 정보를 교환하기 시작하자 김일성이 수십 년간 근절하려 애썼던 개인주의적 습관이 몇 년 만에 되살아났다.

기근기 이전 북한을 아는 사람들은 그때만 해도 거의 모든 북한인이 정

4   Eberstadt는 소련의 공산주의가 위기에 빠지기 전부터 북한 경제가 극심한 압력을 받고 있었음을 보여준다. *The North Korean Economy*, 89 참조.

5   Eberstadt, *The End of North Korea*, chapter 4.

6   Nicholas Eberstadt, "The North Korean Economy in 2010", American Enterprise Institute, 1 January 2010, http://www.aei.org/article/101851. 북한이 전시 편제를 유지하고 있고(한국전쟁 이후 평화조약이 체결되지 않았다) 북한 지도자들 전원이 지금이 평화로운 시기라고 생각할지 의문이긴 하지만, 적어도 기근기 당시에 한반도는 전쟁 중이 아니었으므로 Eberstadt의 단언은 타당해 보인다.

권, 심지어 정권의 일부 황당한 선전까지도 믿었다고 내게 말해주었다. 탈북자는 거의 없었고, 북한 사람들은 진심으로 자랑스러워하며 정권의 성취를 외국인 손님들에게 보여주곤 했다. 북한 안내원들은 임무에 따라 자국이 세계에서 최고라고 말했고, 그 말을 진짜 믿는 듯했다. 그들은 방문객의 국가에 관해 묻고는 방문객이 어떤 문제를 인정하면 다 안다는 듯이 미소를 짓곤 했다. 그들은 더는 그렇게 하지 않는다. 그들이 다른 나라에 관해 물을 때는 진짜 궁금한 마음과 북한이 타국에 비해 뒤지지 않는지 염려하는 마음이 뒤섞인 채로 묻는 것이다.

더욱이 기근기 동안 부패까지 뿌리를 내린 듯하다. 오늘날 북한의 각계각층은 심각하게 부패해 있지만 언제나 이러했던 것은 아니다. 1990년대 기근기 이전 북한을 아는 예전 동료들은 그전만 해도 부패는 거의 찾아볼 수 없었다고 말했다. 실제로 당시 북한은 칠칠맞은 방문객이 호텔방에 깜박 잊고 돈을 놓고 가더라도 그 돈을 꼼꼼하게 세고 봉투에 넣어서 되돌려주는 사회였다. 그러나 기근기 동안 살아남으려면 부패해야 한다는 것을 배운 이래 그 교훈을 결코 잊지 않은 듯하다. 부패는 정권이 자기네가 부르짖는 도덕적 기준을 고수할 능력이 없음을 나타내는 징후로서, 정권에 대한 평범한 인민들의 믿음에 구멍을 내는 데 그치지 않는다. 부패는 의지를 관철하는 정권의 능력을 크게 약화시키기도 하는데, 법 집행기관을 포함하는 관리들이 돈이나 호의를 받는 대가로 정권의 지시를 이행하지 않기 때문이다.

기근기 이전 북한을 관찰한 몇몇 사람들은 수십 년간 맹렬하게 선전한 결과 북한이 엄격하게 통제받는 이단 종파—일종의 거대한 존스타운[7]—와

---

7 미국 목사 짐 존스가 신도들과 함께 가이아나 북서부에 건설한 공동체. 1978년 미국 정부가 진상 조사에 나서자 900명 이상이 집단으로 자살했다—옮긴이.

흡사한 무언가로 변한다는 데 주목했다.[8] 사상을 워낙 철저하게 통제했으므로 반체제는 문자 그대로 생각할 수도 없었고, 지도자에 대한 충성심은 깊고도 무조건적이었다. 이것은 예리한 통찰이었으나 그 함의는 거의 탐구되지 않았다. 종파는 그 핵심 이념이 신뢰를 잃을 경우 서서히 시들지 않고 순식간에 붕괴하며, 그때 신도들은 우왕좌왕 갈피를 잡지 못한다. 기근기 동안 북한에서 이와 비슷한 사태가 일어난 듯하다. 탈북자들이 충격의 순간—결국 김정일도 절대 틀리는 법이 없는 신적 존재가 아님을 깨달은 순간—을 묘사하며 사용한 표현은 이단 종파의 마수에서 빠져나온 사람들이 사용하는 표현과 비슷했다. 정권이 국가를 실제로 무너뜨릴 수도 있었을 심대한 충격을 견디고 살아남았을 뿐 아니라 적어도 믿고 싶어하는 사람들의 신뢰까지 회복한 것을 보면, 씁쓸하지만 그 정치적 수완은 칭찬할 만하다.

그러나 기근을 벗어난 북한은 크게 달라져 있었다. 이제 국민들이 무조건 충성을 바친다고 가정할 수 없게 된 정권은 1980년대 후반의 동유럽 정권들과 흡사하게 행동하기 시작했다. 북한은 정권의 의지를 관철하기 위해 언제나 억압뿐 아니라 선전까지 활용했지만, 국민의 마음과 정신이 정권의 손아귀에서 빠져나가기 시작함에 따라 과거에 비해 억압이 더 중요한 수단으로 부상한 것으로 보인다.

그러나 기근만이 정치적 트라우마를 초래했던 것은 아니다. 금세기 첫 10년 동안 기근이 감소했으나 이 시기에 많은 사람들은 자국이 선진국이 아닐뿐더러 몹시 가난하다는 사실, 정권이 오랫동안 감추어온 사실을 깨달았다. 오늘날 널리 퍼진 경제적 후진성에 대한 의식은 정권을 좀먹고 있다. 북

---

8   이 비유는 Hassig and Oh, *Hidden People*, 190~192에서도 고찰된다.

한 사람들은 자기네의 빈곤을 수치스럽게 여긴다. 그들은 이웃나라들, 더 나아가 선진 세계를 따라잡고 싶어한다. 경제 발전이 가져다줄 물질적 혜택만을 원해서가 아니라 국제 세계에서 고개를 꼿꼿이 들고 싶어하기 때문이다. 번영을 이룩하는 데 명백히 실패했다는 것은 정권의 치명적인 정치적 약점 가운데 하나다. 찬란하고 풍요로운 미래가 코앞에 있다는 정권의 끊임없는 선언(최근 선언은 2012년까지 북한을 강성대국으로 바꾸겠다는 공약이다)은 정권이 이 약점을 고통스럽게 의식하고 있음을 말해준다(언젠가 나는 북한 친구에게 2012년 목표를 믿느냐고 물었다. 그녀는 눈길을 떨구고 화제를 바꾸었다).

· 선군: 군국주의 중시 ·

권력을 승계한 김정일은 새로운 선군 정책을 주창했다.[9] 김정일은 당이 아닌 국방위원회를 통해 통치했고, 그때부터 북한 선전에서 군사적 주제들이 갈수록 전면에 부각되었다. 앞에서 나는 특히 한국전쟁 이후 군국주의의 등장에 주목했지만 김정일의 승계와 더불어 정권의 이 측면이 한층 더 중요해졌다. 민간 시 행정관이 갈수록 퇴역한 군부 인사로 채워졌으므로(2008년경 나는 시 행정관 대다수가 군부 출신이라고 들었다) 군부는 자기네 권력만 행사하는 데 그치지 않고 민간 행정을 통해서도 권력을 행사했다.

이것은 북한에서 언제나 높았던 군부의 위상이 한층 더 높아졌다는 것, 그리고 군부가 식량에 대한 우선권을 더욱 확실하게 확보했다는 것을 의미한다. 북한의 선전은 군부의 탁월함과 국민 생활에서 군부의 지도적 역할을

---

9   그렇다고 해서 군사를 우위에 두는 정책이 김정일의 승계 시점부터 시작된 것은 아니다. 적어도 이 정책은 4대 군사 노선(전군의 간부화, 전군의 현대화, 전 인민의 무장화, 전국의 요새화―옮긴이)을 공포한 1962년 12월 조선노동당 제4기 5차 전원회의까지 거슬러 올라갈 수 있다. Buzo, *The Guerilla Dynasty*, 68~71 참조. Pollack은 *No Exit*에서 선군 정책은 "북한 자체만큼 오래된 것이다"(61)라는 Maretzki의 주장을 인용한다.

찬양해왔다.

• 핵과 미사일 프로그램 •

북한이 언제 처음 군사적 핵 프로그램에 착수했는지는 분명하지 않다. 북한은 1960년대부터 영변 원자력 연구소를 운영했고 1965년부터 (소련에서 공급받은) 연구용 원자로를 가지고 있었지만, 1980년대까지는 핵을 군사적으로 전용했다는 뚜렷한 증거가 없다.[10] 북한이 핵무기를 개발하기 시작한 이유 역시 불분명하지만, 자국의 재래식 군사력이 남한의 군사력에 뒤진다는 사실을 깨닫고 외국의 군사 개입에 맞설 궁극적 억지력을 찾았을 공산이 크다.[11] 핵 프로그램은 틀림없이 북한의 부족한 자원을 엄청나게 흡수했을 것이고, 오늘날 경제난의 중요한 원인으로 작용했을 것이다. 이것은 군부의 우위를 여실히 보여주는 동시에 소련 경제에 심각한 타격을 입혔던 과도한 군사비 지출을 되풀이하는 사례다.

북한은 일찍이 제한적인 미사일 전력을 갖추고 있었지만 1990년대부터 사정거리가 훨씬 긴 미사일을 개발하기 시작했다. 1998년 북한은 일본 영공을 침범하는 미사일 실험을 했다. 장거리 미사일로 핵탄두를 운반하는 능력과 결합할 경우, 핵 프로그램은 분명 훨씬 더 위협적인 무기가 된다.

2006년 7월 4일 장거리 미사일을 실험하고, 10월 9일 핵장치를 실험하

---

10   Pollack은 1940년대에 일본이 영변에서 비밀 핵 프로그램을 추진했음을 시사한다. *No Exit*, 50 참조.
11   이것은 1990년 남한과 외교관계를 수립하기로 결정한 소련에 대한 반작용이었을 가능성도 있다. 북한은 당시 소련 외무장관에게 남한과의 국교 수립으로 "평양은 우리 자신의 수단으로 특정 유형의 무기를 만들 수밖에 없을" 것이라고 경고했다. Valery I. Denisov, "Viewpoint: The U.S. – DPRK Deal – a Russian Perspective", *Nonproliferation Review* 3, no. 3(Spring – Summer 1996) : 75를 인용한 Snyder, *China's Rise and the Two Koreas*, 33. Pollack은 *No Exit* (81ff)에서 김일성이 훨씬 전부터, 어쩌면 1970년대 초중반부터 핵 프로그램 추진을 결정했다고 주장하며, 나는 중국을 방문한 김일성이 중국의 핵 프로그램 일부를 보고 이 결정을 내렸다는 입증되지 않은 이야기를 들은 적이 있다.

자 북한의 미사일과 핵 프로그램은 엄청나게 부각되었다. 그때 이후 북한은 미사일을 추가로 실험하고 2009년 5월 25일 2차 핵실험을 실시했다. 핵무기와 미사일을 이용한 위협은 북한 정권의 가장 두드러지고 가장 주목을 받는 측면 중 하나가 되었다.

9

2008년과 그 이후의 정권

마르크스-레닌주의적 선전이 아닌 민족주의적 선전 • 정권의 성격의 다른 측면들
2009년 경제 조치 • 지도력 승계

• 마르크스-레닌주의적 선전이 아닌 민족주의적 선전 •

앞에서 말했듯이 2006년부터 2008년까지 내가 마주한 정권은 동료들이 20년 전에 내게 묘사해준 정권과 딴판이었다. 정권은 과거의 자신감을 상실한 상태였고, 선전에도 마르크스-레닌주의적 언급이 거의 전무했다. 내가 본 이 유산의 유일한 물리적 흔적은 평양 중심부 김일성 광장에 여전히 걸려 있던 마르크스와 레닌의 초상화였다(2009년 4월, 북한은 사회주의에 관한 언급은 많지만 마르크스-레닌주의 또는 공산주의는 일절 언급하지 않는 헌법 개정안을 통과시켰다.[1] 이로써 정권은 이데올로기적 과거와의 형식적 유대를 더욱 약화시켰다).

나는 북한 선전에서 마르크스주의적 주제는 좀처럼 접하지 못했지만 민족주의적 주제는 어디에서나 발견했다. 정권은 미국 제국주의자들을 쳐부수

---

1   상세한 영문 텍스트는 다음을 참조. "North Korea Constitution-April 2009". *Northeast Asia Matters*, 8 October 2009. http://asiamatters.blogspot.com/2009/10/north-korean-constitution-april-2009.htlm.

아직까지도 평양 중심부에 계류 중인
푸에블로호.

거나 쌀 풍작을 달성하기 위해 '민족 전체'에 단결을 요구하곤 했다. 미국은
계급의 적이 아니라 '조선 인민의 숙적'이었다. 공식 선언문에서는 '우리 민
족'이 빈번히 언급되었다. 공공 박물관은 외국 세력의 권모술수만 없었다면
계속 발전했을, 과거 한국인의 천재성과 놀라운 문화적 성취를 입증하는 전
시물로 가득했다. 대자보는 적과 대치하는 조선인민군의 영웅적 행위와 김
정일의 신적 성격('21세기의 태양')을 찬양했다. 독자적 발전에 관한 주체사상
은 인종적, 민족적 배타주의라는 저의를 담고 있다. 자기네 문화와 역사, 음
식을 자랑스럽게 여기는 평범한 사람들은 이 사상에 호응한다. 평양에 머무
는 동안 나는 북한 정권을 스탈린주의적 정권이라 표현하는 외국인 논평가
들의 글을 자주 읽었다. 나는 이런 표현이 그릇된 인상을 준다고 생각한다.
북한 정권은 스탈린 시대 소련에 이데올로기적 지지를 전혀 보내지 않았다.
정권의 대들보는 사회주의보다는 외세 혐오증적 민족주의였다. 서구 역사에
서 북한과 가장 흡사한 사례는 나치 독일일 것이다.

내가 평양에 머무는 동안에도 미국을 향한 북한의 공격은 여전히 신랄했다. 북한은 자국에 영향을 미치는 국제적 활동의 배후로 십중팔구 미국을 지목했고, 북한 관료들은 일본 같은 나라들이나 특히 남한이 독자적으로 정책을 입안할 기미만 보여도 항상 비판했다. 김정일을 몇 차례 만난 외교관 동료는 김정일이 북한의 어려움을 설명할 때면 언제나 미국을 비난했다고 말해주었다. 통상 미국인들은 '미국 제국주의자 놈들', 줄여서 '미제놈들'이라 불렸다. 그러나 이 낱말은 워낙 빈번하게 사용된 탓에 애초의 악의를 거의 상실했다. 제네바 합의 기간에 '미제놈'들과 일해본 북한 친구는 그들이 무척 친절하고 너그러운 사람들이었다고 말했다. 그녀는 그들이 다시 찾아오면 좋겠다고 말했다.

경제난에도 불구하고 북한은 선전 기구를 쉼 없이 가동했다. 나는 시멘트가 부족해 평양의 주택 건설 계획이 지연되는 마당에 구호를 칠할 용도로 콘크리트 블록들을 평양 교차로 주변에 잔뜩 쌓는 광경을 보고 경악했다. 평양이 단전되더라도 주체탑 꼭대기만큼은 칠흑 같은 밤에 거대한 코르네토[2]처럼 환하게 빛을 밝혔다.

대한민국이 북한에 심각한 위협이 되는 주된 이유 가운데 하나는 북한 정권이 민족주의에 의존하기 때문이다. 남한은 북한보다 경제적으로 잘살고 국제 사회에서 훨씬 더 존중받을 뿐 아니라, 평양이 제시하는 한국다움과 180도 다른 한국다움까지 제시한다. 북한 사회에 침투하는 남한의 매체와 남한 것이라면 무엇에든 열광하는 풍조가 정권에게서 정통성의 마지막 조각까지 빼앗아갈 위험이 있다. 한국인은 전자공학과 조선업에서 뛰어나고 외

---

2   중세와 르네상스 시대에 주로 쓰인 기다란 관악기−옮긴이.

국인 친구가 많다는 생각—임시변통인 핵장치로 이웃을 위협한다는 생각이 아니라—이 뿌리를 내린다면, 북한 정권의 소멸을 막아줄 것이라곤 공안기관의 충성밖에 없을 것이다.

· 정권의 성격의 다른 측면들 ·

정권의 일부 측면들은 내가 앞에서 제시한 역사적 관점에 딱 들어맞지 않는다. 이제 그 측면들에 관해 기술하겠다.

북한은 매우 폐쇄적이고 억압적인 나라일 뿐 아니라 작은 나라이기도 하다. 북한의 통치 엘리트층은 소수이고 비교적 단결되어 있으며 자기들끼리 대화하며 많은 시간을 보내는 듯하다. 집단 사고가 어떤 논쟁이든 금세 장악하며, 엘리트층 사이에 합의가 이루어지고 나면 그것을 깨뜨리기가 어렵다. 그런 이유로 내가 아는 북한 사람들 가운데 미국이 자국을 침공할 태세라고 믿는 이들은 소수인 반면 최상위의 늙은 장군들은 그것을 진심으로 믿는 일이 가능하다(공개 석상에서 이 주제에 관해 말할 때 장군들은 분명 확신하는 것처럼 보였다). 중국처럼 크고 권위주의적인 나라에서는 정권과 거리를 두고 활동하는 싱크탱크들이 정책 입안과 관련해 의견을 제시하고 갈수록 정권의 견해에 도전하고 있지만, 더 작은 나라인 (그리고 더 권위주의적인) 북한에는 그런 조직이 없어 보인다. 때때로 고위 학자들이 정부 업무에 협조하라는 요구를 받는다고 들었지만, 이것은 독자적인 견해와 생각을 제시하라는 요구와 거리가 멀다.

북한 엘리트층은 소수일 뿐 아니라 고령이기도 하다. 정권은 최상층에 신선한 피를 수혈해 스스로를 일신하는 데 실패했으며, 상당수가 80대인 간부들은 줄곧 고립 상태였던 유별난 나라에서 적의를 품은 채 수십 년을 살아온 사람들이다. 그들은 좀처럼 평양 밖으로 나가지 않고, 평양에서도 작은 지역 안에만 머물 것이다(나는 영화관 같은 공공장소나 시장에서 간부를 본 적이 없다). 자기네 집단 외부 사람을 거의 만나지 않는 그들이 새로운 생각을 접할 기회는 거의 없을 것이다. 이 노인들은 연장자를 무조건 존경하는 유교 사회에서 자랐고, 일제강점기의 극심한 억압과 민족적 치욕, 한국전쟁의 공포를 경험했다. 북한의 실권자들은 대부분 이의를 허용하지 않는 명령을 버럭 내지르는 데 익숙한 군인이다.

외부 세계에 관한 필수적인 지식에 국민들이 접근하는 것을 허락하지 않는 북한 교육의 끔찍한 현황 때문에, 그리고 수십 년 동안 능력보다 충성심을 중시해온 내부의 승진 제도 때문에 북한의 기술은 그 토대가 몹시 부실한 실정이다. 내가 만난 북한 관리들 중 일부는 무척 유능했지만 다수는 분명 직업을 유지하기 위해 기를 쓰고 있었다. 북한을 방문한 외국인 전문가들은 북한 사람들의 직업에 대한 헌신에 깊은 인상을 받았으나 다른 한편으로는 기술이 부족한 것을 보고 깜짝 놀랐다고 내게 자주 말했다. 이 말은 고등 과학만이 아니라 북한의 안녕에 필수적인 쟁점들에도 해당한다. 예를 들어 농업 기술이 낙후되어 있고 비효율적인데도 북한에는 이런 상황을 개선할 훈련받은 농학자들이 그야말로 부족하다. 그래서 집단농장들은 줄곧 해왔던 방식대로 계속 농사를 짓는다. 내게 북한은 이따금 〈노인 부대〉 출연진이 연기하는 카프카의 작품처럼 느껴졌다.[3]

앞에서 말했듯이 나는 노동수용소에 들어가본 적이 없지만 이곳이 특히 북한 정권의 끔찍한 측면임을 알고 있다. 노동수용소의 역사와 규모, 수감자

---

3   나는 현재 싱가포르의 라자라트남 국제학 학교에 재직하는 Euan Graham 박사에게 이 비유를 빚졌다.

현황은 극비의 국가 기밀이지만 탈북자들은 이곳의 역겨운 만행과 높은 사망률을 증언한다. 일부 수용소는 일본이 항복한 직후부터 운영되었으나(일부는 새로운 정권이 일제강점기의 기존 교도 시설을 그저 인수한 것인 듯하다) 현재 수감자가 약 20만 명이라는 미국 국무부의 추정치가 정확하다면 그때 이래로 수용소 제도가 대폭 확대된 것이 분명하다.[4] 수용소 제도는 정권이 완전한 복종과 완전한 충성을 고집하는 데 따르는 당연한 귀결이다. 지도자를 존경하지 않는 태도를 범죄 행위로 규정하고, 불복종 행위는 무조건 불충성으로 해석하고, 범죄자로 추정되는 사람의 가족까지 투옥하는 신념 체계는 숱한 수감자를 만들어내기 마련이다.

• 2009년 경제 조치 •

내가 북한을 떠난 뒤인 2009년 11월 30일, 정권은 (언제나 싫어해온) 시장을 폐쇄하고 화폐의 액면가를 일정한 비율로 낮추는 통화개혁을 단행했다. 그런데 사람들이 신권으로 교환할 수 있는 구권의 총액을 제한한 탓에 일정한 액수 이상의 돈은 가치를 잃게 되었다(이것은 소련에서 때때로 시행한 징발 방법이었다). 국가가 결국 자기네를 부양하지 않을 것을 깨닫고 노년에 대비해 알뜰하게 저축을 했던 사람들은 저축액의 가치가 갑자기 증발하는 사태에 직면했다. 나는 예전 동료들과 친구들로부터 주민들이 이 조치에 격분했고 정권에 충성하던 국민들이 외국인에게까지 정부의 부당 행위에 관해 불평했다고 들었다. 이 조치는 수십 년간 북한의 특징이었던 김씨 왕조에 대한 맹목

---

4   국제사면위원회도 이 추정치를 제시했다. "Images Reveal Scale of North Korean Political Prison Camps", Amnesty International, 3, May 2011, http://www.amnesty.org/en/news-and-updates/images-reveal-scale-north-korean-political-prison-camps-2011-05-03.

적 믿음의 소멸을 앞당긴 또 다른 원인이었을 것이다.

2010년 초 정권은 입장을 바꾸어 시장을 다시 개방했고, (놀랍게도) 전년도의 실수에 대해 사과했으며, (덜 놀랍게도) 그 조치에 가장 깊숙이 관여한 관료들 중 한 명을 총살한 듯하다. 그러나 이미 정치적 타격을 입은 뒤였고 이제는 그 타격에서 회복할 수 없다.

• 지도력 승계 •

내가 이 책을 쓰는 동안 북한은 2011년 12월 17일 사망한 김정일에서 그의 아들 김정은으로의 지도력 승계를 꾀하고 있다. 김정일의 통치 수단이었던 국방위원회가 조선노동당과 나란히 관료 집단으로 성장하고 있지만 군부의 역할이 축소되어 민간 권력에 유리하게 될지 모른다는 보도가 있다. 지도력 승계가 과연 성공할지, 그리고 성공한다면 이런 변화가 북한 정권의 성격에 어떤 영향을 미칠지 말하기에는 시기상조다. 세계식량계획과 몇몇 NGO들은 북한이 다시 기근으로 빠져들고 있다고 보도했지만[5] 이 보고에 의문이 제기되었다.[6] 두 번째 기근이 발생한다면, 그리고 첫 번째 기근 못지않게 정권에 영향을 미친다면, 북한은 설혹 기근에서 빠져나오더라도 예전과 매우 다른 모습일 것이다.

---

5   "Special Report: WFP/FAO/UNICEF Rapid Food Assessment Security Mission to the Democratic People's Republic of Korea", 유엔 세계식량계획 웹사이트, 2011년 3월 24일, http://documents.wfp.org./stellent/groups/public/documents/ena/wfp233442.pdf.

6   예를 들어 "Parsing the WFP/FAO Report", *North Korea: Witness to Transformation*, Peterson Institute for Internaitonal Economics, 2011년 4월 5일, http://www.piie.com/blogs/nk/?p=826.

나가는 글

앞에서 나는 북한이 이상한 면모를 보이는 이유들이 다수의 역사적 사건과 재앙에 뿌리박고 있음을 지적하고 그중 일부를 개관했다. 여기서는 그중 특히 중요한 이유들을 고찰하고자 한다.

북한이 유별나게 피해망상에 시달리고 고립을 고수하는 주된 이유는 그 탄생 환경에서 찾아야 할 것이다. 어떤 면에서 보면 북한은 적군에 의한 탈식민화가 비극적으로 실패한 사례.[1] 1945년부터 1948년까지 평양에서 국가 건설 과정의 난제에 관해 더 많이 아는 민간인들이 소련을 대표했다면, (교육을 많이 받지 못했고 유격대와 같은 충성에 집착하고 군율에 애착을 보이는) 김일성이 아닌 다른 인물이 지도자로 발탁되었을 것이다. 세련되고 고매한 조만식이 이끄는 북한은 전혀 다른 나라가 되었을 것이다. 또한 소련이 더 오랫동안 직접 통치를 했다면 신생국이 무력으로 한반도를 통일할 계획을 단념했을 것이고 따라서 한국전쟁도 발발하지 않았을 것이다.

---

1   다행히 세계에 북한을 빼닮은 다른 나라가 출현하진 않았지만, 식민권력이 국가를 제대로 건설하지 않은 채 느닷없이 떠나버린 이후 신생국의 초기 지도자의 (때로는 변덕스러운) 개성을 꼭 닮은 불안정하고 종잡을 수 없는 정권이 수립된 사례가 숱하게 많다(예를 들면 기니의 세쿠 투레와 차드의 톰발바예).

그러나 이 모든 일은 일어나지 않았다. 한국 전통과 스탈린주의 전통에 뿌리박고 있었고 근대 국가의 운용에 관해 아는 게 거의 없는 젊은 김일성이 권력을 잡고 나자 그의 정권은 곧 결코 헤어나오지 못할 거짓말의 소용돌이에 빠지고 말았다. 소련의 도움을 받은 김일성은 개인 숭배의 일환으로 자신을 전능하고 결코 오류를 범하지 않는 존재로 내세웠다. 1950년 남한을 정복하려는 시도가 실패로 돌아갔으나 김일성은 실패를 인정할 수 없었고 그에 따라 북한이 승리했다는 거대한 거짓말을 지어내야 했다. 이것은 김일성 자신의 전쟁 평가와 상반되는 정보가 북한에 유입되지 않도록 차단해야 한다는 뜻이었다. 그런 정보는 김일성의 입지를 위협할 수 있기 때문이다. 소련은 스탈린 사후 김일성에게 개인 숭배를 포기하라고 요구했지만 김일성은 설혹 마음이 있더라도 그럴 수 없는 처지였다(김일성이 소련의 요구에 응할 마음이 있었는지는 알 수 없다). 다른 사람들에게 하듯이 김일성 자신에게도 엄격한 잣대를 들이댄다면 파멸적인 전쟁과 관련해 비판을 받을 위험이 있었다. 김일성의 유일한 선택지는 실제 진행된 역사대로 개인 숭배를 고수하고 강화하는 것이었다. 노년에 김일성은 남한의 경제적 성공이라는 새로운 정치적 위협에 직면했고, 그 결과 외부 정보를 차단하는 일이 더욱 중요해졌다. 이제 김일성은 한국전쟁이라는 비극 때문만이 아니라 서울 정부가 이룩한 번영을 북한 사람들에게 제공하지 못한다는 이유로도 비판받을 위험이 있었다.

김일성이 사망할 무렵 정권의 선전과 현실 사이의 골은 이미 어마어마하게 깊었다. 김일성 사후에 정권이 인민들에게 한국전쟁에 대한 정권의 견해 못지않게 터무니없는 거짓말, 즉 남한이 더 심각한 기근으로 고통받는다는 거짓말을 하는 통에 이 골은 더욱 깊어졌다. 2008년경 정권은 생존을 위해 이런 거짓말 덩어리에 의존하는 처지여서 자국의 정교한 신화와 상충하는 외부의 사실에 몹시 취약했다. 그러나 이 모든 거짓말은 건국 초기에 시작된 것이다. 그 이후의 사태는 허위에 보호막을 씌울 필요성을 키우긴 했으나 허위를 야기하진 않았다.

내가 생각하는 두 번째 주된 이유는 비무장지대 이남에 존재하는 강력한 경쟁국 남한의 존재다. 특히 이 경쟁국은 점점 더 번창하고 국제적 위상이 더 높아지고 있다. 북한에게 대한민국의 존재는 경제개혁을 받아들일 수 없다는 뜻이었다. 기근기 이전에 김일성이 개혁이 수반할 자유시장에 경제력을 넘겨주는 데 동의한다는 것은 결코 실현될 리 없는 일이었다. 그러나 기근기 이후 북한이 경제적 재앙에 취약하다는 점이 명백해지고 나서도 정권은 계속 개혁을 꺼렸다. 한 가지 이유는 유일무이한 (그리고 유례없이 비효율적인) 경제체제를 포기할 경우 북한은 이류 남한이 될 것이고, 그렇게 되면 어째서 진짜 남한과 통일하는 대신 이류 남한에서 살아야 하느냐고 묻는 국민들에게 정권이 내놓을 답변이 궁색하기 때문이며, 다른 이유는 중앙의 경제 통제가 권력 장악에 필수적이라고 믿기 때문일 것이다.

21세기 첫 10년 동안 정권은 다른 경제 모델들을 연구했지만(그중에서 형가리와 싱가포르, 베트남을 견학 방문했다) 그중 어떤 모델도 채택하지 못했다.[2] 오히려 정권은 국가의 경제 통제를 재천명함으로써 나라가 편안하고 확실했던 1950년대와 1960년대로 시간을 되돌리려는 시도인 '신주체 복고주의'[3]를 선택한 것으로 보인다.

---

2   2011년 북한은 미국을 비롯한 나라들에 추가로 견학단을 보냈다. 견학단이 제시한 어떤 개혁안이 과거의 개혁안들보다 진지하게 수용될지 아니면 이번에도 엘리트 핵심층의 철통같은 저항에 부딪힐지는 두고 볼 일이다.

3   *North Korea's Sea of Fire: Bullying, Brinkmanship and Balckmail: Hearing Before the Committee on Foreign Affairs of the House of Representatives*, 제112회 의회, 제1회기, 2011년 3월 10일 (조지타운 대학의 Victor Cha의 발언)

세 번째 중요한 요인은 기근이다. 기근은 북한을 머리부터 발끝까지 뒤흔들었다. 기근으로 말미암아 체제에 대한 믿음이 산산조각 났고, 수십 년 동안 국민들을 정치적으로 주조해온 끈질긴 공작이 수포로 돌아갔다. 북한 정권은 몇 가지 우려되는 괴벽이 있긴 했지만 거의 전형적인 스탈린주의 국가로 출범했다. 그런 다음 외부 정보를 엄격히 통제함으로써 유지되는 별세계를 국민들 주위에 정교하게 구축해 거대한 이단 종파로 변모했다. 김일성이 사망하고 기근을 겪은 이후에는 오늘날의 신경질적이고 피해망상적인 정권으로 마지막 변모를 꾀했다. 정권은 자기네가 구축한 신화가 무너지는 사태를 피하기 위해 승산 없는 싸움을 하고 있다.

나는 2011년 12월 17일 김정일의 죽음이 정권의 성격에 다시 한 번 결정적인 영향을 미칠 거라고 생각한다. 그러나 이 책을 쓰는 지금 그 영향을 판단하기에는 아직 때가 이르다. 몇몇 매체 논평가들은 김정일의 사망이 북한의 개혁 시대를 예고하는 사건일지 모른다고 말했지만, 나는 북한이 정치적 안정에 신경을 곤두세우다가 김정일 집권기보다도 심각한 보수주의와 고립주의, 피해망상에 빠져들 확률도 개혁에 나설 확률 못지않게 높다고 본다.

오늘날 북한 정권은 옴짝달싹 못하고 있다. 정권은 너무나 오랫동안 장막 뒤에서 살아왔으므로 장막이 걷힌다면 국민들에게 수많은 진실이 드러나고 머지않아 정권의 정통성이 산산조각 날 것이다. 그러나 정권이 제아무리 막으려 애써도 진실은 북한에 서서히 스며들고 있다. 북한을 운영하는 노인들은 이 문제에 대처할 뾰족한 방안이 없는 듯하다. 아울러 정권이 직면한 난제에 대응하기 위해 자기네 체제를 바꿀 방안도 없어 보인다. 경제개혁은 의제에 들어 있지도 않으며 정치개혁도 분명 마찬가지다. 정권에게 열린 선택지는 단순하고 냉혹하다. 현재 체제를 유지하며 생존하거나 아니면 붕괴하는 것이다.

지금까지 살펴본 이유로 세계는 거짓말이라는 자충수에 빠져 개혁에 나서지 못하는 (또는 개혁의 필요성과 성격을 이해하지 못하는) 정권, 단호한 군국주의에 줄곧 전념하는 정권, 지속적인 식량 불안에 시달리는 정권을 마주하고 있다. 제4부에서 나는 이런 현실이 국제 공동체와 어떻게 연관되는지 논의하고자 한다.

4부

북한 상대하기

북한을 상대하는 최선의 방법이 무엇인지에 관한 글은 차고 넘친다. 많은 사람들과 정부들이 북한의 인권침해와 핵 프로그램, 남한에 대한 무력도발을 우려하고, 다른 정권에 팔아넘길지 모르는 대량 살상무기 역시 걱정한다. 김정일이 죽은 후 학자들과 정책 입안자들은 북한을 고립시킴으로써 이 쟁점들을 정면으로 다루는 방법과, 북한에 개입함으로써 이 나라의 행위를 바꾸고자 하는 방법 가운데 무엇이 최선인지를 두고 수년간 논쟁을 벌여왔다.

10

세계는 북한을 어떻게 상대해왔는가

목표들 · 행위자들 · 수단들

"북한 정책은 그야말로 얼토당토않은 선택지가 지천으로 널린 땅과 같다."[1]

"불편한 진실은 정권이 정치적 자살을 하도록 누군가 괴롭힐 수도 회유할 수도 없다—핵무기 사용은 꿈도 꿀 수 없다—는 것이다."[2]

"북한 내부에서 주요한 변화가 일어나지 않는 한 평양이 핵무기를 무기한 보유할 것은 거의 확실해 보이며, 북한은 농축 능력을 이용해 무기 선택지를 강화하고 다각화할 수 있을 것이다."[3]

이 책의 제1부와 제2부는 다른 저자들이 집필 자료로 사용할 수 없었던

---

[1] Victor Cha, 2011년 3월 10일 제112회 의회에서 증언.
[2] Myers, *The Cleanest Race*, 167.
[3] Pollack, *No Exit*, 186.

나의 개인 경험에 크게 의존했다. 나는 이 전반부의 새로운 자료가 이제 공유되기를 바란다. 제3부는 이용 가능한 자료에 크게 의존했지만, 북한의 성격과 북한이 오늘날의 상태에 이르게 된 과정은 이제껏 널리 연구되지 않았다.

그러나 제4부는 완전히 다르다. 북한을 어떻게 상대할 것이냐는 문제는 오랫동안 공적 영역에서 학자들에 의해, 그리고 비공개 영역에서 관료들과 정치인들에 의해 검토되었다. 나는 새로운 사실을 추가하지도, 새로운 통찰을 주장하지도 못한다. 이 부에서 내가 시도한 일이라곤 누가 어떤 시도를 해서 어느 정도 성공을 거두었는지, 미래를 위해 과거에서 어떤 교훈을 이끌어낼 수 있는지 요약하는 것뿐이다. 나는 4부를 쓰면서 다양한 행위자들과 북한의 제각기 다른 상호작용들을 분석하고, 그 상호작용들의 유효성을 평가하고, 제각기 다를 미래의 행위가 장차 미칠 법한 영향을 전망하는 일이 책 한 권 분량을 채우고도 남는 일임을 깨달았다. 실제로 이 일의 단 한 측면, 즉 한반도를 비핵화하려는 미국의 노력만을 다룬 책들이 이미 쓰였다.

매우 복잡한 (그리고 매우 음울한) 이 주제를 이처럼 적은 분량으로 다루려는 나의 시도는 피상적일 수밖에 없다. 내가 중요한 세부를 생략하고 여러 측면을 논하지 않았음을 잘 알고 있다. 그렇지만 누군가 이 불충분한 주마간산식 개관을 읽고 이 주제에 간절히 필요한 상세하고 포괄적인 연구에 나서기를 희망한다.

논의를 시작하기에 앞서 '북한 상대하기'의 의미가 사람에 따라 아주 다르다는 사실을 이해하는 것이 중요하다. 북한의 주의를 끌려 했던 수많은 행위자들은 서로 다르고 때로는 상충하는 목표를 추구했다(관련자 모두가 이 점을 이해한 것은 아니다. 일부 행위자들은 다른 행위자들이 자기와 동일한 목표를 추구한다고 가정하는 경향이 있었고, 그 결과 실제로 그렇지 않다는 것이 밝혀지면 좌절하곤 했다). 아래에서 나는 이제껏 추구되어온 목표들 중 일부를 기술하고, 어떤 행위자들이 어떤 목표를 추구했는지 개관하는 한편, 그 목표를 위해 그들이 사용한 수단을 기술하고자 한다.

원래 나는 김정일이 사망하고 김정은 치하의 새로운 정권이 외부 세계와 처음 교류하기 한참 전에 제4부를 써두었다.[4] 그때 이후 수정하긴 했지만 김정일의 죽음으로 나의 기본적인 결론이 바뀌진 않았다.

· 목표들 ·

아주 넓게 보면 행위자들은 동시에 또는 따로따로 여덟 가지 주요 목표를 추구해왔다. 이 목록은 완전하지 않다. 예를 들어 나는 더 넓은 지정학적 목표들이 한반도에 대한 태도에 어떻게 영향을 미치는지 고찰하지 않았다(행위자들의 행위는 다른 행위자들과 맺는 더 넓은 관계에 어느 정도 기인하는 경우가 많다). 나는 기업들의 상업적 목표도 고찰하지 않았다.

① 북한의 핵 프로그램을 중단시키고 폐기하기(보통 간단히 '비핵화'라 부른다). 내가 말하는 이 목표에는 북한이 다른 나라들에 핵무기 기술이나 장비를 전하는 것을 차단하는 관련 목표도 포함된다.

② 북한의 지속적인 군사 위협을 제거하기. 이 위협이 계속된다는 사실을 보여준 최근 사례는 2010년 대한민국의 천안함 침몰과 연평도 포격 사건이다.

③ 수감자를 노예처럼 부리는 노동수용소를 포함해 북한의 끔찍한 인

---

4   김정일은 마지막까지 양심을 품었는지 2011년 12월 17일에 사망해 서구 북한 전문가들의 크리스마스 계획을 망쳐놓았다.

권침해 행태를 종식하기.

④ 북한의 만성적인 식량 부족을 완화하고 기근 재발을 방지하기.

⑤ 북한이 무질서하게 붕괴해 지역 불안정을 초래하는 사태를 방지하기.

⑥ 북한과 대한민국이 마침내 한 국가를 이루는 결과를 의미할 한반도 통일을 달성하기.

⑦ 북한이 납치한 사람들의 석방. 이들은 대부분 대한민국 국민이고 소수는 일본 국민이며, 그 밖에 다른 국적을 가진 사람들도 있다. 북한은 첩보원들에게 외국어를 가르치고 외부 세계에 활용할 수단으로 이들을 이용해온 것으로 보인다.

⑧ 북한과의 교역 관계를 통해 경제적 이익을 추구하거나 적어도 북한에서 기인하는 경제적 문제를 방지하기.

이 목표들 간의 관계는 복잡하다. 몇 가지 목표들은 서로 연관되어 있다. 예를 들어 북한을 비핵화하려는 시도는 어느 정도 북한의 군사적 위협에 대처하는 노력의 연장선 위에 있으며, 북한의 경제적 문제를 방지하려는 노력은 북한의 무질서한 붕괴를 방지하는 노력을 함축한다. 이와 비슷하게 납치 문제는 북한의 인권침해의 한 측면으로 볼 수 있다.

그렇지만 동시에 추구하기 어려운 목표들도 있다. 예를 들어 북한에서 무질서한 붕괴가 일어나는 사태를 방지하는 일이 한반도 통일과 양립할 수 없는 것은 아니지만, 그런 붕괴는 통일로 귀결되는 한 가지 경로가 될지도 모른다. 더욱이 일부 행위자들은 몇 가지 목표들이 양립 불가능하다고 인식하지만 다른 행위자들은 그렇게 생각하지 않는 듯하다. 예를 들어 중국은 몇 가지 적극적인 비핵화 조치들이 북한의 안정을 위협하고, 따라서 무질서한 붕괴를 방지하려는 목표와 양립 불가능하다고 믿는 것처럼 행동한다. 다른 행위자들은 이 견해에 동조하지 않는다.

다른 측면에서 보면, 북한은 국제 공동체와 교류하면서 자기네 목표들 중 일부를 밝혔고, 다른 목표들은 북한의 행위와 다른 맥락에서 발표한 성명에서 추론해낼 수 있다. 북한은 자기네 정권, 특히 김씨 일족이 온존하는 선에서 국가의 생존이 유지되기를 원한다. 북한은 이상적으로는 김일성 탄생 100주년인 2012년까지 (제아무리 타당성이 없더라도) 강성대국이 되기를 원한다.[5] 북한은 이 목표를 위해 막대한 원조를 필요로 한다. 북한은 국제적 안보 역시 필요로 하며 이를 위해 한국전쟁을 공식적으로 종결할 강화조약, 자국에 대한 미국의 외교적 승인과 '적대적 정책'의 종결을 추구하고 있다(북한에게 이것은 미국이 설득을 통해 자국의 행위를 바꾸려는 시도를 단념시키는 것을 뜻하는 듯하다). 이런 필요성은 김정일 사후에 특히 절실해졌을 것이다. 북한은 분명 준비가 안 된 상태에서 정치적 과도기에 접어들었을 것이고, 또 당시 식량 불안이 다시 한 번 만연한 상태였기 때문이다.

북한은 핵무기를 계속 개발할 장소와 시간 역시 찾고 있는 것으로 보인다. 현재 이 핵무기는 초보적인 수준으로 추정되지만, 북한이 장차 핵무기를 개량하고 소형화하고[6] 미사일 프로그램과 결합할 방안을 강구해서 일본과 미국 본토, 중국 최서단까지 신빙성 있는 장거리 핵 위협을 가할 공산이 크다.

---

5   이 야심이 수그러들었음을 알려주는 몇 가지 조짐이 있었다. 북한은 2012년이 강성대국의 최종 상태가 아니라 강성대국으로 귀결될 과정의 시작점이 되어야 한다고 몇 차례 공표했다. 2012년 신년 사설에서 북한은 강성대국이란 표현을 사용하지 않았다("2012 Joint New Year's Editorial", *North Korea Leadership Watch*, http://nkleadershipwatch. wordpress.com/the-party/2012-joint-new-years-editorial). 그러나 이런 조짐들은 북한이 강성대국을 포기했다는 뜻이 아니라 예상보다 강성대국에 도달하기까지 오래 걸린다는 전망을 받아들였음을 뜻하는 듯하다.

6   Larry Niksch는 북한이 압둘 카디르 칸의 활동에 동참해 소형화 기술을 이미 획득했다고 주장한다. "When North Korea Mounts Nuclear Warheads on its Missiles", 특별 기고 논문, Institute for Corean-American Studies, Inc. (ICAS), 2011년 12월 30일, http://www.icasinc.org/2011/2011l/2011llan.html.

그렇게 되면 북한은 위력적인 위치에서 협상할 수 있을 것이다.

• 행위자들 •

미국 • 미국은 1990년대 들어서야 북한을 실질적으로 상대하기 시작했다. 미국이 가장 많은 자원을 투입해 달성하려 했던 목표는 북한의 핵 프로그램을 중단 또는 폐기시키는 것이었다. 다른 책들에 정리되어 있는 이 노력의 역사[7]를 간단히 서술하면 다음과 같다.

　　미국의 노력은 1994년 제네바 합의로 나타났고, 이 합의에 따라 영변의 핵 시설에 토대를 둔 북한의 플루토늄 기반 프로그램이 동결되었다. 2002년, 미국은 북한이 다른 프로그램에 따라 우라늄 농축을 시도하고 있다는 의혹을 제기하고 제네바 합의를 파기했다. 이에 대응해 북한은 플루토늄 프로그램을 재가동했으며, 미국은 북한의 핵 프로그램을 중단시키기 위한 새로운 노력의 일환으로 2003년부터 2008년까지 베이징에서 6자회담을 열었다. 6자회담은 몇 가지 성과—특히 실행만 되었다면 미국의 근심을 대부분 해소해주었을 2005년 9월 19일의 공동성명—를 맺었지만 결국 영속적인 성과 없이 흐지부지되고 말았다.[8]

　　이 노력과 병행해 미국은 북한의 인권침해에 관해 심각한 우려를 표명하고(미국은 이와 관련해 특사를 임명했다), 북한의 만성적인 식량 불안을 완화하기 위해 다방면으로 적극 지원해왔다. 미국은 북한의 재래식 군사력 사용을 억지하기 위해 대한민국에 미군 2만 8500여 명을 주둔시키고 있다. 미국

7　　예를 들면 Mike Chinoy의 *Meltdown: The Inside Story of the North Korean Nuclear Crisis* (N.Y.: St. Martin's Press, 2008)와 더 최근 저작인 Pollack의 *No Exit*가 있다.

8　　이 책을 쓰는 지금 6자회담 재개를 시도하고 있다. 그러나 재개에 성공할지는 불투명하다.

의 목표는 "자유민주주의와 시장경제 원칙에 입각해 평화 통일에 이르도록 (……) 한반도의 모든 사람을 위해 더 나은 미래를 건설하는 것"이다.[9]

중국 • 중국은 북한을 상대해온 오랜 역사가 있다. 소련과 더불어 중국은 수십 년 동안 북한의 주요 후원국이었다. 근래에 중국은 상충하는 목표들 사이에서 균형을 잡으려 애썼다. 중국은 북한의 핵 프로그램을 우려한 것처럼 보이며, 유엔 안전보장이사회가 북한의 핵실험에 대응해 제재를 가하자며 발의한 두 가지 결의안에 찬성표를 던졌다.

그러나 중국은 북한의 붕괴로 말미암아 자국의 중요한 목표, 즉 경제 성장을 지속하는 데 필요한 지역 안정을 유지한다는 목표가 위협받는 사태를 더욱 우려하고 있다.[10] 북한이 붕괴한다면 중국 국경 지대에서 난민 위기가 발생할 가능성이 있다(게다가 북한과의 국경 지대는 이미 사회적 문제가 복잡하고 실업률이 높으며 조선족이 상당수 거주하는, 중국에서 정치적으로 민감한 지역이다). 또한 민주주의 국가인 대한민국, 그리고 더 나쁜 경우 어쩌면 미군 부대가 중국과의 국경 코앞까지 다가올 가능성이 있으며, 베이징의 결정권자들은 이런 전망을 우려하는 것으로 보인다.[11]

---

9   "한미동맹을 위한 공동 비전", 백악관 웹사이트, 2009년 6월 16일, http://www.whitehouse.gov/the_press_office/Joint‑vision‑for‑the‑alliance‑of‑the‑United‑States‑of‑America‑and‑the‑Republic‑of‑Korea. 이 성명 발표 이후 한동안 한반도 통일에 관한 미국의 입장은 불분명했다. 미국의 입장 변화는 Scott Snyder, "U.S. Views of Korean Reunification", *Korea Review* 1, no. 1 (2011년 8월): 89∼94에 개관되어 있다. 나와 대화한 미국 관료들은 미국이 통일에 찬성하면서도 통일에 이르기까지의 과정을 염려한다고 넌지시 말했다. 미국은 통일에 관한 대한민국 내부의 견해를 신중하게 고려하고자 하는데, 남한 내부에서 의견이 분열되어 미국의 입장도 복잡해지고 있기 때문이다.

10   중국의 이런 입장을 스톡홀름 국제평화연구소의 Bates Gill이 훌륭하게 제시했다. "China's North Korea Policy: Assessing Interests and Influences", 미국 평화연구소, 특별 보고서 283, 2011년 7월, http://www.usip.org/publications/china‑s‑north‑korea‑policy. 중국의 목표는 점차 변해왔고 지역 안정은 근래 들어 강조된 듯하다.

11   사적인 대화에서 중국 관료들은 중국이 미국과 그 동맹국들에 둘러싸이는 상황을 두려워하고 있으며, 북한이 중국의 몇 안 되는 우방국 중 하나라고 지적한다.

중국은 북한의 인권 상황에 관해 언급하지 않았고, 북한의 재래식 군사 위협이 지역의 안정을 해치는 한에 있어서만 우려를 표명했다(북한이 천안함을 격침한 직후, 그리고 2012년 4월 위성을 발사하겠다고 발표한 이후 두 나라 사이에 언쟁이 오갔다).[12] 중국은 한국의 통일 문제에 관해 공식적으로는 침묵을 지켜온 듯하다. 중국 관료들이 한반도의 평화 통일을 지지한다고 넌지시 말했다는 최근 보도가 있지만,[13] 이것이 중국의 합의된 정책인지는 분명하지 않다.

중국은 북한 붕괴에 따른 경제적 악영향을 근심하는 데 그치지 않고 북한과의 관계에서 경제적 이익을 얻으려고 한다. 평양의 봄철과 가을철 무역박람회에 참여하는 기업들 대다수가 중국 북동 지방에 있는 기업이다. 최근에 중국은 나진-선봉 경제특구의 항구를 개보수하고 이곳과 중국을 직접 잇는 물류망을 건설하기 위해 야심찬 투자를 하기로 북한과 합의했다. 중국은 이 계획에 따라 침체된 북동 지방의 무역이 활성화될 것으로 전망하고 있다.

러시아 · 러시아는 오랫동안 (대개 어렵게) 북한을 상대해온 역사가 있다. 근래 들어 러시아는 북한의 핵 프로그램에 대한 광범한 우려를 공유하고 유엔 안전보장이사회의 대북 결의안에 찬성했다. 북한 미사일이 러시아 도시들에 도달할 수 있음에도 러시아는 북한의 재래식 군사 위협을 별로 걱정하지 않았던 것으로 보인다. 러시아는 북한의 인권 상황이나 붕괴의 함의에 관해 공식적으로 논평하지 않았고, 최근까지 식량을 상당량 지원한 적이 없다.[14] 한

---

12   이 입장은 대한민국을 겨냥했던 것과 같은 북한의 무력 도발이 중국을 겨냥하진 않으리라는 믿음을 함축한다. 나는 이 믿음의 근거가 얼마나 충분한지 의문이다.
13   Simon Tisdall, "WikiLeaks Row: China Wants Korean Reunification, Officials Confirm", *The Guardian*, 2010년 11월 30일, http://www.guardian.co.uk/world/2010/nov/30/china-wants-korean-reunification.
14   2011년 8월 러시아는 북한에 곡물 5만 톤을 제공한다고 발표했다. 그러나 러시아가 이 정도로 원조한 것은 수년 만에 처음이다. 이것이 러시아 정책의 장기적 변화를 알리는 신호인지는 더 두고 볼 일이다.

국 통일의 가능성에 관해 러시아가 어떻게 생각하는지는 분명하지 않다. 러시아는 북한과의 경제적 연계 강화를 꾀해왔고, 2011년 8월 김정일이 러시아를 방문한 기간에 북한을 통과해 남한까지 가스관을 연결하는 러시아의 염원이 논의되었다.

대한민국 · 대한민국은 오랫동안 민족 통일을 위해 헌신해왔다. 대한민국 헌법 제3조는 "대한민국의 영토는 한반도와 그 부속 도서로 한다"이므로 현재 북한이 점유하는 영토까지 포괄한다. 여론조사 결과는 남한인 다수가 통일 시 발생할 비용을 걱정한다는 것을 나타내지만(독일 사례가 자주 인용된다)[15] 대한민국 정부는 두 차례 정상회담(2000년과 2007년)을 통해 통일을 장기적 목표로 추구해왔고, 통일부를 유지하고 있다. 대한민국은 북한의 재래식 위협에 유일무이하게 노출되어 있다. 실제로 2010년에 두 차례 대한민국을 겨냥한 공격이 있었다.

북한의 인권침해에 대한 대한민국의 근심은 다른 어떤 나라보다 깊을 것이다. 북한의 수용소에 노예처럼 갇혀 있는 사람들도 같은 한국인이기 때문이다. 북한이 붕괴한다면 대한민국은 심각한 영향을 받겠지만, 그 붕괴가 민족 통일의 기회가 될지도 모른다. 모든 것을 감안할 때 북한의 무질서한 붕괴가 대한민국의 이해관계에 이로울지 아니면 해로울지에 관해서는 남한 내에서 의견이 분분한 듯하다. 대한민국은 북한의 식량 부족을 완화하기 위해 적극 노력해왔다. 이명박 대통령 이전의 두 대통령은 햇볕정책을 채택하고 쌀과 비료를 지원해 북한의 식량 부족분을 대부분 채워주었다. 북한은 다

---

15   흥미롭게도 근래에 통일한 다른 국가인 예멘의 사례는 별로 인용되지 않는다

른 어느 나라보다 대한민국에서 사람들을 많이 납치한 것으로 보이며, 그들의 송환을 위한 노력이 간헐적으로 이루어지곤 했다.[16] 이처럼 대한민국은 이제껏 앞에서 말한 여덟 가지 목표를 모두 추구해왔다.

그러나 이 목표들을 동시에 추구해온 것은 아니다. 대한민국의 우선순위는 변해왔다. 가장 큰 변화는 이명박 대통령이 2008년 2월에 집권했을 때 일어났다. 이명박은 북한의 비핵화 진전과 원조를 연계함으로써 햇볕정책을 거의 포기했다.

일본 · 일본은 북한의 핵 프로그램을 깊이 염려하고 있고, 북한의 재래식 군사 행동에 취약하다(1998년 북한은 일본 너머로 미사일을 보냈으므로 일본이 북한의 무기 사정거리 안에 있다는 것은 의심할 여지가 없다). 일본은 한국 통일에 관해 공식적으로 발언하지 않았다.[17] 일본 정부는 북한의 인권침해와 관련해 우려를 표명했고, 일본 NGO들과 저널리스트들은 이 문제를 적극적으로 언급했다.[18] 일본 정부는 북한의 무질서한 붕괴가 미칠 법한 충격에 관해 폭넓게 논평하지 않았다. 북한 정권이 무너질 경우 도쿄에 다소 영향을 미치겠지만(예를 들어 '보트 피플'이 일본으로 향할지도 모른다)[19] 이 사태는 일본의 정책 목록

---

16   한국전쟁 시기에 납치된 사람들에 더해(1953년 대한민국 통계연감에는 납북자 8만 4532명의 명단이 있다) 전후에 남한 국민 3824명이 납치되었다. 이 가운데 3310명은 (얼마간은 대한민국 정부가 항의한 결과) 송환되었지만 506명은 북한에 남아 있다. 박영호, 김수암, 이금순, 홍우택, 「북한인권백서」 (서울: 통일연구원, 2010년 11월), 460~479.

17   손기영은 "일본은 한국 통일과 관련한 장기적인 개념 계획과 작전 계획을 갖추지 못한 것으로 보인다"고 지적한다. "From Two Koreas to One Korea? Japanese Security Policies and the Outlook for Korean Unification", *Korea Review* 1, no. 1 (2011년 8월): 136.

18   예를 들어 일본 외무성은 2011년 11월 22일 "북한 인권 상황 결의안 유엔 총회 제3위원회에서 채택"이라는 제목의 발표문에서 이렇게 말했다. "일본 정부는 북한이 이 결의에 나타난 국제 사회의 목소리를 진지하게 받아들여 납치 문제의 조기 해결을 포함한 인권 상황 개선과 북한 인권 상황 특별보고관의 수용을 포함한 국제 사회와의 협력을 위해 구체적인 행동을 취하도록 계속 촉구할 생각이다." http://www.mofa.go.jp/announce/announce/2011/11/1122_01.html.

19   북한 망명자 아홉 명을 태운 보트가 2011년 9월 13일 일본에 도착했다. 이 추세가 확대될지는 두고 볼 일이다.

에서 상위에 있지 않은 듯하다.

그러나 특히 2002년 9월 평양을 방문한 고이즈미 총리에게 김정일이 북한이 실제로 일본 국민을 납치했음을 인정한 뒤 일본인 납치 문제가 북한에 대한 일본의 관심사 가운데 꼭대기를 차지하고 있다. 초등학생을 비롯한 일본 국민을 강제로 잡아간 일은 일본에서 대단히 민감한 사안이다.

NGO와 유엔 산하기구 · 마지막으로 여러 NGO와 유엔 산하기구가 북한에서 활동을 했거나 지금도 하고 있다. 그들은 거의 북한의 인도주의적 문제를 완화하는 데만 초점을 맞추어왔다. 다른 행위자들이 상이한 목표들을 달성하려는 시도에 대해 그들은 인간의 고통을 경감하는 일보다 중요할 수 있는 그 목표들에 분개하는 것부터 침묵하는 것까지 다양한 반응을 보인다.

중국의 목표들과 미국, 일본, 대한민국의 목표들이 약간 겹치긴 하지만 이 목표들 사이의 유사성보다 차이가 더 크다는 점에 주의해야 한다. 이 분열은 대북 개입과 관련된 핵심 쟁점 가운데 하나다.

한국 통일에 대한 다수 행위자들의 태도가 불분명하거나 양가적이라는 것, 그중 일부는 (공식 입장이야 어떻든) 통일 구상에 철저히 적대적일지 모른다는 것도 유념해야 한다.

· 수단들 ·

원조 · 오랫동안 중국과 러시아는 어느 정도는 대규모 원조를 제공함으로써 북한에서 자국의 목표를 달성하려 했다. 이 관행은 북한이 국가로서 탄생한 시기까지 거슬러 올라간다. 냉전기 동안 두 나라의 주된 목표는 서구와 대한민국의 정치적, 군사적 압력에 맞서 북한을 사회주의 국가로 유지하는 것이었다. 북한이 냉전을 견디고 살아남았으므로 두 나라는 목표를 달성한 셈이지만 이제 냉전은 끝이 났고,[20] 북한이 내부 문제(대부분 경제적 문제였지만 오늘날에는 김정일 사후의 정치적 취약성이 그 못지않게 심각한 문제가 된 것으로 보인다) 때문에 붕괴하지 않게 지탱하는 것으로 목표가 바뀌었다.[21] 북한이 여전히 존재하므로 이 목표 역시 성공을 거두고 있다.

다른 행위자들은 이와 다른 목표를 달성하기 위해 원조를 이용해왔다. 미국은 (우방국들로부터 다소 도움을 받아) 북한의 비핵화라는 목표를 위해 제네바 합의의 일부인 한반도에너지개발기구(KEDO)의 계획에 대규모 원조와 석유를 쏟아부었다. 또한 특히 클린턴 대통령 재임기에 기근 재발을 방지하기 위해 대북 식량 원조에 추가로 자원을 쏟아부었으며, 2007년 2월 13일 6자회담에서 북한에 중유를 추가로 제공하는 데 동참하기로 합의했다. 2011년 말에는 미국이 북한의 핵 프로그램과 어느 정도 연계해 식량을 상당량 원조하는 합의에 거의 도달했다는 보도가 들려왔다. 그러나 이는 모두 김정일이 죽기 전의 일이다. 통일을 위한 길을 닦으려는 의도로 추진한 2000년 남북 정상회담 이후 대한민국은 막대한 식량 원조와 비료를 제공했다. NGO들과 유엔 산하기구들(특히 세계식량계획)도 북한의 식량 부족을 완화하기 위해 대규모 원조를 제공했다.

관여 · 온갖 종류의 대담을 통해 북한이 제기하는 문제에 대한 해결책을 강구하려는 시도가 수없이 있었다. 이런 대담은 6자회담처럼 정해진 절차를 따

---

20   과연 그럴까?
21   최근에 중국과 러시아는 천안함 침몰과 연평도 포격에 대한 유엔의 대응 수위를 낮추고 추가 제재를 부과하지 못하도록 막는 등 북한을 외교적으로도 지원했다.

르는 공식 협상부터 외교 사절단들의 대화, 국제 행사의 여유 시간에 잠시 만나 대화하는 것에 이르기까지 다양하다. 그중에서도 중국과 러시아는 특히 김정일이 사망하기 전 몇 달 동안 북한 정권에 거의 끊임없이 관여했다.

고립 · 북한과 그 우방국뿐 아니라 대북 관여를 지지하는 국가들 또한 과거에 북한의 행위에 영향을 미치기 위한 전략적 접근법으로 고립을 이용했다고 말했다. 사실 나는 북한을 상대하기 위해 이 나라를 의식적으로 고립시키는 수단이 널리 이용되었다는 견해가 역사적 기록과 부합하지 않는다고 생각한다. 북한이 고립되어 있는 것은 사실이지만 이것은 다른 나라들의 정책의 결과라기보다 북한이 스스로를 고립시킨 결과에 더 가깝다.

수십 년 동안 북한은 사회주의 진영 외부 국가들과 관계를 맺기 위한 진지한 노력을 기울이지 않았으며, 사회주의 국가들과의 교류조차 의심 많은 평양 때문에 엄격히 제한되었다. 북한은 서구 세계와 거의 어떤 접촉도 하지 않았다. 서구는 북한에 대한 외교적 승인을 거부했는데, 냉전기 동안 북한에 대한 승인은 대다수 서구 국가들이 외교관계를 유지하고 있던 대한민국에 대한 승인과 양립할 수 없는 것으로 간주되었기 때문이다.

사회주의 블록이 무너지고 세계가 바뀐 뒤에도 서구 열강들이 북한을 서둘러 승인하는 일은 일어나지 않았다. 그러나 이것은 십중팔구 정책보다는 관성의 결과일 것이다. 당시 서구의 대다수 외교부처들은 동유럽과 중부 유럽에서 새로이 자유를 얻은 국가들과 관계를 맺느라 씨름하고 있었고, 대개 그 노력의 일환으로 쥐꼬리만큼 늘어난 예산에서 새로운 대사관에 투입할 돈을 마련하느라 분주했다. 대북 관여는 그들의 우선순위 목록에서 한참 아래쪽에 있었다.

그러나 지난 세기 마지막 몇 년 동안 대한민국이 서구 국가들에게 북한을 승인할 것을 촉구하자 대부분 그렇게 했다. 프랑스와 에스토니아를 뺀 유럽연합 회원국 전체가 오늘날 북한을 승인하고 있고, 평양에 유럽연합 상주 대사관이 일곱 개 있다.[22] 북한과 외교관계가 없었던 다른 많은 나라들, 이를테면 서구 진영의 충실한 일원인 오스트레일리아와 뉴질랜드, 캐나다도 북한과 국교를 수립했다. 이 나라들이 북한과 국교를 수립하기로 결정하기 전에 북한을 의식적으로 고립시키는 정책을 폈다는 증거를 나는 전혀 발견하지 못했다.

중요한 지역 열강인 미국과 일본 모두 북한과 외교관계가 없다. 미국은 정책의 일환으로 북한이 바라는 외교적 승인을 오랫동안 보류해왔다. 그러나 내가 보기에 승인 보류는 북한을 의도적으로 고립시키는 정책의 일환으로 사용되기보다 북한과의 협상에서 당근으로 사용되는 듯하다. 미국은 제네바 합의 기간에 평양에 이익대표부[23]를 설립하기 직전까지 갔다. 이 일은 조건만 적절하다면 미국이 북한에 외교관을 상주시킬 의향이 있었음을 보여준다.[24]

일본은 사정이 다르다. 일본과 남북한 양국의 관계는 일본의 한국 병합과 점령, 식민시기의 참혹한 경험 때문에 복잡했다. 그런 이유로 일본과 대한민국의 관계 정상화는 1965년까지 지체되었다. 일본인 납치 문제로 일본과 북한의 관계가 대단히 복잡해지기 이전인 1990년대에도 양국은 관계를

22   이 과정에 대한 기술로는 2011년 2월 23~24일에 스탠퍼드 대학 한국 연구 프로그램이 주최한 Koret Conference '북한 2012'에서 내가 발표한 논문 "Relations with Europe" 참조. 이 책을 쓰는 지금까지도 프랑스는 북한과 외교관계를 맺지 않았지만 2011년 말에 평양에 문화원을 설립했고 2012년 3월 북한 오케스트라를 자국에 초대했다.
23   외교관계가 없거나 단절된 국가에서 비자 발급 등 영사 업무를 처리하기 위해 설치하는 명목상 대표부—옮긴이.
24   미국의 이익대표부는 오늘날 평양의 영국 대사관 사무실에 들어설 예정이었다. 평양 외국인 공동체에는 과거 동독 대사관의 비밀경찰 슈타지가 이 사무실들을 사용했다는 설이 전해져 오지만, 북한 주재 동독 대사를 역임한 Hans Maretzki 는 사실 암호 및 통신 센터로 사용되었다고 내게 말해주었다. Maretzki는 평양에 슈타지가 딱 한 명 있었고, 동료들에게 밤에 창문을 닫으라고 채근하는 것이 주 업무였던 그를 자기가 놀리곤 했다고 말했다.

수립하기 위한 정상화 회담에서 역사적 불화를 충분히 해소하지 못했고, 유감스러운 과거에 대한 사실상의 보상으로서 일본이 북한을 얼마나 원조해야 하는지에 관해 합의하지도 못했다. 그러므로 북한과 일본 사이에 외교관계가 없다고 해서 일본이 북한을 의식적으로 고립시키는 정책을 추구한다고 주장하기는 어렵다.

그러나 일본과 미국은 유엔 안전보장이사회가 승인한 제재보다 훨씬 강한 일련의 양자 제재를 북한에 가했다.[25] 오늘날 일본의 제재에는 양자 간 무역 전면 금지가 포함되며, 모든 제재에는 북한 관료 상당수의 여행 금지가 포함된다. 이런 조치에 안달하는 북한은 제재 철회를 자주 요청하고 있다.[26] 그러나 이런 제재들이 고립 정책으로 귀결되려면 가혹한 대북 제재에 동참하도록 다른 나라들을 설득하는 노력이 수반되어야 할 것이다. 가까운 동맹국들(이 경우 미국과 일본의 동맹국들)을 포함하는 나머지 세계가 제재를 당하는 나라와 무역을 정상적으로 계속한다면, 한 나라가 다른 나라를 고립시킨다고 말하기 어렵다. 내가 보기에 제재에 동참하도록 다른 나라들을 설득하기 위해 일본은 어떤 노력도 하지 않았고, 미국은 어쩌다 한 번씩 노력하는 척했을 뿐이다.

제재 • 제재 적용과 고립 정책이 언제나 명확하게 구별되는 것은 아니다. 일부 제재, 특히 통상 금지나 마찬가지인 제재는 고립을 초래하곤 한다(몇몇

---

25   유럽연합 역시 북한에 별도의 제재를 가한다. 그러나 이 제재는 특히 유럽연합이 임명하는 인사 및 단체와 관련해 유엔의 제재보다는 강할지언정 미국이나 일본의 양자 제재보다는 약하다.

26   북한이 말하는 제재가 어떤 제재인지, 즉 유엔의 제재인지 아니면 양자 제재인지 언제나 분명한 것은 아니다. 그러나 북한은 제재가 자기네 인민들의 생계에 영향을 미친다고 거듭 주장해왔다. 이 주장에 실질적인 내용이 담겨 있다면, 핵 프로그램을 겨냥한 제재보다 무역 제재를 뜻할 가능성이 커 보인다.

나라는 그런 제재를 북한에 적용했다). 그러나 유엔 안전보장이사회에서 채택한 대북 제재 결의안인 1718호(2006년)와 1874호(2009년)는 전문(前文)에서 북한의 핵 프로그램을 겨냥하는 것이지 고립을 초래하려는 것이 아님을 분명히 밝히고 있다.

군사적 억지 • 한국전쟁 이래 대한민국에는 북한의 군사적 모험주의를 억지한다는 명시적 목적을 가진 미군이 규모를 바꿔가며 주둔해오고 있다. 대한민국 또한 같은 목적을 위해 대규모 상비군을 보유하고 있다[27](대한민국이 병력을 대폭 감축해 국방비를 크게 절약할 수 있으리라는 것이 통일이 가져올 혜택으로 자주 거론된다).

---

27   현역 군인 65만 3000명에 예비군 320만 명이 있다(《대한민국 국방백서 2010》).

<u>11</u>

그리고 어떻게 실패해왔는가

무엇을 달성했고 무엇을 달성하지 못했는가 • 예전 대북 접근법들의 문제점
이 접근법들은 왜 실패했는가 • 북한은 왜 국제 공동체가 원하는 것을 줄 수 없는가
미래에는 어떤 접근법이 유효할 것인가 • 결론

근 60년간 많은 행위자들이 자신의 목표에 대항하는 북한에 타격을 가하고
영향력을 행사하기 위해 앞 장에서 말한 수단들을 사용했지만, 이제 그러한
목표를 달성하는 데 조금이라도 근접한 행위자가 거의 없다는 것이 분명해
졌다.

• 무엇을 달성했고 무엇을 달성하지 못했는가 •

비핵화 • 북한의 핵 프로그램은 계속되고 있다. 제네바 합의로 플루토늄 프
로그램이 동결되었지만 이와 흡사한 고농축 우라늄 프로그램은 그렇지 않
았다. 2010년 11월 북한은 방북한 미국 과학자 지그프리드 헤커(Siegfried
Hecker)에게 우라늄 농축에 쓰이는 원심분리기들이 가득 들어찬 공간을 보여
주며 저것들이 작동 중이라고 주장했다. 이 사건은 북한이 우라늄 농축 프로
그램을 줄곧 추진해왔음을 입증했을 뿐 아니라(이 프로그램이 얼마나 진척되었

는지는 불분명하지만)[1] 제네바 합의 파기로 귀결된 이런 프로그램의 가능성에 대한 미국의 우려가 충분히 근거 있는 것이었음을 말해준다(미국이 그때 그런 식으로 북한에 대한 우려를 표명한 것이 과연 현명했느냐는 것은 오래도록 논쟁거리가 될 법한 별개의 문제다). 그때 이후 북한은 플루토늄 프로그램을 재개했고, 영변 원자로에서 얻은 플루토늄을 전량 무기화했다고 주장하고 있다.

군사적 위협 · 1950년 김일성이 대규모 군사력으로 대한민국을 장악하려 했던 시도가 되풀이되진 않았다. 북한에 대한 군사적 위협은 이 목표에 관한 한 (상당한) 성과를 거두었다. 그러나 2010년 3월 26일 천안함 침몰과, 같은 해 11월 23일에 일어난 연평도 포격 사건이 예증하듯이 북한의 군사적 위협은 계속되고 있다. 북한 군대는 장비가 열악하고 식량 부족으로 고통받는 듯하지만, 앞으로도 도발이 필요하다고 판단하면 도발을 감행한다는 입장을 고수할 공산이 크며, 여전히 수많은 포와 미사일이 서울을 겨냥하고 있다. 무력 분쟁 중에 서울을 비롯한 인구 밀집 지역들이 북한의 포격에 광범한 피해를 입을 사태를 대한민국은 몹시 우려한다. 앞으로 대한민국은 이런 공격에 맞서는 방어력을 강화할 가능성이 큰 반면에[2] 북한은 대한민국의 방어력 강화를 상쇄할 만큼 무기를 현대화할 자원이 없을 것이다. 그렇지만 북한의 위협이 완전히 무력화될 가망은 별로 없다.

인권 · 북한은 체계적으로, 대규모로 인권을 계속 침해하고 있다. 이 점에

---

1   특히 헤커는 원심분리기들이 작동 중이었는지 확신하지 못하겠다고 말했다.
2   예를 들어 대한민국은 북한의 포대와 미사일 발사대를 파괴할 미사일을 획득할 것이다. 2010년 두 사건 이후 대한민국은 추가 공격에 대응하는 능력을 강화하기 위해 국방예산을 늘렸다.

서 나는 국제적 노력이 북한의 행위에 어떤 유의미한 영향을 미쳤다는 증거를 전혀 발견할 수 없다.

식량 안정 · 북한은 여전히 식량 안정에 취약하다. 국제적 개입이 1990년대 기근을 종식시킨 중요한 요소였고, 그때 이후에도 식량 원조—특히 세계식량계획과 햇볕정책을 추진하던 대한민국의 원조—가 추가 기근을 막는 데 핵심적 역할을 했을 것이다. 그러나 해마다 대규모 식량 부족 사태를 겪는 북한 농업의 극심한 비효율성이라는 근원적인 문제는 여전히 해소되지 않았다. 2011년 중엽 세계식량계획과 유럽연합 모두 북한에 식량 불안정이 만연하다고 보고했다.[3]

붕괴 · 북한은 붕괴하지 않았다. 적어도 어느 정도는 붕괴를 막으려 분투해 온 외부 행위자들의 노력 덕분이다. 아직까지 이 목표는 달성되었다.

통일 · 한반도는 여전히 분단된 상태다.

납북자 · 2002년 고이즈미 일본 총리가 북한을 방문한 이후 일본인 납북자 다섯 명이 풀려났다.[4] 그러나 일본인 다수는 여전히 일본인 납북자들이 북한에 남아 있다고 생각한다. 대한민국은 휴전 이후 납북되어 북한에 있는 자국

---

[3]   다른 보고들(이를테면 대한민국의 보고와 미국의 보고)은 식량 부족이 애초 생각만큼 심각하지 않을지 모른다고 시사하며, 북한이 다시 기근으로 빠져들 가능성이 있다는 예전 예측들은 도전을 받았다. 그러나 북한의 식량 불안정의 근본적인 문제가 해소되었음을 시사하는 보고는 없다.

[4]   사실 이들은 한시적인 일본 방문을 허용받았지만 북한으로 돌아가지 않았다. 약 1년 6개월 후 이 납북자들의 자녀 다섯 명도 풀려났다.

민이 506명이라고 추산한다.[5]

경제 · 최근 조사에 따르면 적어도 일부 중국 기업들은 북한에서 약간이나마 수익을 얻고 있다.[6] 그러나 전반적으로 보아 중국 기업들은 북한의 비효율성과 부패에 불만을 품고 있는 듯하다. 현재 대북 관계에서 러시아가 얻는 상업적 이익은 미미하다. 들리는 바에 따르면 북한에서 수익을 얻으려는 다른 나라 기업들의 시도는 기껏해야 실패와 성공이 뒤섞인 결과를 낳고 있다.[7]

　　암울한 성적표다. 북한의 대한민국 침공 재발을 막으려 노력해온 행위자들과 북한의 무질서한 붕괴를 방지하려 애써온 행위자들은 성공을 주장할 수 있다. 그러나 나머지 모든 방면에서 국제 공동체는 수십 년간 막대한 비용을 투입하며 북한에 관여했음에도 목표 달성에 실패했다.[8] 일부 행위자들은 다른 행위자들만큼 성적이 나쁘지 않았다. 북한 붕괴 방지가 주요 목표이기 때문에 북한의 인권침해나 한반도 통일 달성, 또는 납북자 송환에 크게 신경 쓰지 않은 행위자들은 다른 행위자들보다 현재 상황에 덜 낙담할 것이다.

5　《북한인권백서》, 460. 북한에 자진해서 갔다가 오랫동안 돌아오지 못한 사람들은 집계에 포함하지 않았다. 일례로 미국 군인 찰스 로버트 젠킨스는 1965년 비무장지대를 가로질러 북쪽으로 갔다가 2004년까지 북한을 떠나지 못했다.

6　Stephan Haggard, Jennifer Lee, and Marcus Noland, "Integration in the Absence of Institutions: China - North Korea Cross - Border Exchange" (working paper, WP 11~13, Peterson Institute for International Economics, 2011년 8월), http://www.iie.com/publications/wp/wp11~13.pdf.

7　북한의 정치적 긴장 때문에 이 기업들의 상업적 전망은 밝지 않다. 평양의 유럽기업협회는 속내를 애써 억누르며 이렇게 말했다. "꽤 오랫동안 이 나라의 전반적인 상황을 특징지어온 것은 강제된 고립 및 자발적 고립과 결부된 팽팽한 정치적 긴장이다. 이런 조건은 적법한 사업 관계와 무역 관계의 성공적인 발전을 직간접적으로 아주 강하게 제약한다." ("Mission and Values", 유럽기업협회 평양 웹사이트, http://www.eba - pyongyang.org/aboutus/index.php?id=1.)

8　(국제 공동체가 북한을 위해 경수로 두 대를 건설하는 일—완결되지 않았다—을 포함하는) 한반도에너지개발기구의 계획에만 25억 달러가 넘는 비용이 든다. 한반도에너지개발기구, "Appendix 1: Financial Support", *2005 Annual Report*, http://www.kedo.org/pdfs/KEDO_AR_2005.pdf.

이제껏 살펴본 바에 따라 북한 관련 목표들을 추구하기 위해 사용해온 방법들 또한 실패했다는 결론이 나온다. 어째서 이런 일이 일어났을까?

• 예전 대북 접근법들의 문제점 •

원조 • 막대한 비용을 들여 막대한 양의 원조를 전달한 덕분에 북한에서 기근을 종식하고 한동안 기근 재발을 막을 수 있었다. 그러나 이 글을 쓰는 지금은 북한에 식량 불안정이 만연하다는 보고가 있음에도 대규모 인도주의적 개입이 필요하다고 주장하는 사람들이 과연 그 주장을 관철할 수 있을지 불투명한 실정이다. 기부자 피로증과 원조 전용에 대한 우려, 기금 부족, 식량 가격 상승, 명백히 긴급 원조가 필요한 다른 나라들(이를테면 소말리아와 수단) 같은 요인 때문에 정부들은 추가 대북 원조를 썩 내키지 않아 한다. 2011년 말 세계식량계획은 대북 계획에 필요한 기금의 40퍼센트밖에 마련하지 못했다고 발표했다. 그러므로 식량 원조가 북한의 기근을 완화하는 데 효과가 있음이 입증되었음에도 원조가 지속될지는 불분명하다.

원조를 통해 북한의 행위에 영향을 미치려는 시도는 냉전 시대에도 실패했다. 북한은 원조를 받으면서도 정책에 대한 기부자들의 충고에 아랑곳하지 않았다.[9] 그때 이래 원조는 정치적 지렛대로서 더 이상 효과가 없었다.

9   실제로 원조를 받은 북한의 반응은 흔히 추가 원조를 요구하는 것뿐이었다. 예를 들어 소련에게 대규모 원조를 요구한 북한에 대한 1976년 헝가리 보고서("Report, Embassy of Hungary in North Korea to the Hungarian Foreign Ministry", 1976년 12월 8일, North Korea in the Cold War, Cold War International History Project [CWIHP] Digital Archive, Woodrow Wilson International Center for Scholars), 북한이 1억 5000만 루블어치 군사 원조를 받고 나서 동일한 규모의 추가 원조를 요구했다고 기록한 1965년 소련 보고서("Record of Conversation between Soviet Deputy Foreign Minister Vasily Kuznetsov and the North Korean Ambassador to the Soviet Union Kim Pyeonchaek", 1965년 5월 21일, North Korea in the Cold War, CWIHP Digital Archive, Woodrow Wilson International Center for Scholars)를 참조하라. 북한이 중국이나 소련의 정책 충고에 주의를 기울인 사례는 찾기가 어렵다. 북한은 어쩔 수 없이 충고를 따르더라도(예를 들어 1965년 중국과 소련의 합동 대표단이 숙청된 간부들을 복권시킬 것을 강요했을 때, 또는 후야오방이 경제개혁에 나서라고 압박했을 때) 압박에서 벗어나자마자 원래 노선으로 돌아갔던 것으로 보인다.

6자회담 참가국들이 2007년 2월 13일자로 발표한 공동 성명에 따라 북한에 중유 5만 톤을 전달한 것은 합의의 일환이었다. 이 합의는 한동안 북한의 플루토늄 프로그램을 동결하는 데 성공했지만, 북한이 엇비슷한 프로그램으로 우라늄을 농축하는 것을 저지하진 못한 듯하다.

옛 사회주의 블록의 원조국들과 교류하던 시절 북한은 자국이 혁명의 전위이므로 원조를 받을 자격이 있다고 주장하곤 했다. 이와 흡사하게 남북 접촉 초기에도 북한은 자기네가 미국 제국주의에 맞서 대한민국을 보호하고 있으므로 자기네에게 원조할 도덕적 의무가 대한민국에 있다고 주장했다(대한민국 교섭자들은 이 발언을 듣고 분명 어안이 벙벙했을 것이다). 건국 이래 북한은 대체로 세계는 자국을 부양할 의무가 있는 반면에 자국은 차관을 상환할 의무가 없다거나 원조를 받는 대가에 따른 어떤 의무든 준수하지 않아도 된다고 생각해온 듯하다. 북한이 이런 태도를 고수하는 한, 원조는 북한을 상대하는 효과적인 지렛대가 되지 못할 것이다.

일각에서는 김정일의 죽음이 위기를 초래했고, 또 2012년 4월 15일 김일성 탄생 100주년에 걸맞은 성대한 축하 행사[10]를 준비하기 위해 원조가 절실히 필요한 상황인 만큼 북한이 입장을 바꾸어 원조를 받는 대가로 진지하게 양보에 나설 수도 있다고 생각했다. 2012년 2월 29일 미국과 북한의 합의 발표(북한이 핵실험을 중단하고 장거리 미사일 발사를 유예하는 대가로 미국이 대규모 식량 원조를 한다는 합의)가 바로 그런 변화를 보여주는 단초이기를 많은 이

---

10   외국인들은 좀처럼 이해하지 못하지만 북한에서 이런 행사는 중요한 의미가 있다. 인민들은 성대한 잔치를 고대했을 것이고 4월 13일 위성 발사—의심할 바 없이 김일성 탄생 100주년을 기념하는 핵심 행사로 계획되었다—의 실패를 받아들이기 어려웠을 것이다. 축하 행사를 기념해 정권이 인민들에게 후하게 베풀 거라는 기대감도 있었을 테지만, 인민들 일부에게 선물을 조금 준 것을 빼면 정권은 이런 행사를 치르면서도 곳간 문을 조금밖에 열지 않았다. 이 글을 쓰는 지금 이 모든 사태의 정치적 함의는 아직 불분명하다.

들이 바랐지만, 북한은 3월 16일 탄도 기술을 이용해 인공위성을 발사할 계획(유엔 안전보장이사회의 결의안 1874호를 명백히 위반하는 계획)을 발표하고 뒤이어 4월 13일 발사를 감행해 그런 바람에 찬물을 끼얹었다(발사는 실패로 끝났다).

관여 · 햇볕정책 초기와 미국과 북한의 접촉 초기에는 회담이 효과를 보았을 것이고 관여를 통해 북한을 냉담 상태에서 끌어내 정상 국가처럼 행위하도록 유도할 수 있을 것이라는 낙관론이 있었다. 그렇지만 이 낙관론은 차츰 자취를 감추었다. 2000년 정상회담 이후 남북 관계가 진전될 것으로 기대되었지만 시간이 흘러도 그런 일은 일어나지 않았다(남북이 약속했던 서울에서의 2차 정상회담도 성사되지 않았다). 미국의 대북 관여는 한동안 좀 더 성공적이었다. 어쨌거나 제네바 합의 덕분에 한동안 북한의 플루토늄 프로그램이 동결되었다. 그러나 2002년 북한이 적어도 제네바 합의의 정신을 저버리고 엇비슷한 우라늄 프로그램을 (아마도 오랫동안) 추진해왔음이 밝혀졌다.[11] 이 사건은 미국의 대북 경험에서 전환점이 되었다. 제네바 합의와 6자회담이 진행되는 와중에 우라늄 프로그램을 계속 추진한 사실은 북한에 대한 국제 공동체, 특히 미국의 신뢰를 크게 훼손했다. 수년 뒤, 2008년의 마지막 회차까지 6자회담 미국 대표를 맡았던 크리스토퍼 힐(Christopher Hill)은 이런 신뢰 약화를 언급하며 6자회담이 끝장났다고 언명했다.[12]

6자회담 과정은 문서로 상세히 기록되었다. 일부 관찰자들은 북한 외

---

11   제네바 합의문은 서두에서 "핵 없는 한반도"를 언급하긴 했지만 우라늄 농축을 꼬집어 거론하진 않았다. 그러나 미국 교섭자는 당시 의회를 상대로 미국 정부는 우라늄 농축 프로그램을 제네바 합의 위반으로 간주할 것이라고 말했다.

12   힐은 2007년 1월 27일 스탠퍼드 대학 국제안보협력센터에서 열린 언론에 공개된 회담에서 이같이 발언했다. 그 후 공개적인 성명에서 힐은 표현 수위를 낮추었지만, 6자회담 재개의 가치에는 계속 의문을 제기했다.

참가국들, 특히 미국이 그 과정에서 심각한 실수를 저질렀다고 생각한다. 다른 관찰자들은 회담을 다르게 진행했다면 북한을 설득해 핵 프로그램을 폐기하는 목표를 달성할 수 있었을지 모른다고 생각한다. 양쪽 모두 옳을 것이다. 그 과정에서 핵심 목표를 달성할 절호의 기회를 놓쳤을 것이다. 그러나 지금 우리가 서 있는 위치에서 시작해 잃어버린 신뢰를 다시 쌓아올리거나 교섭을 재개해 북한을 그들이 원하지 않는 길로 이끄는 것은 어려운 일로 보인다.

사적인 대화에서 미국의 몇몇 관료들은 6자회담을 통해 북한을 비핵화로 이끌 가능성이 희박하다고 생각하면서도 6자회담 재개가 해볼 만한 일이라고 말했다. 미국을 상대하는 동안 북한이 도발적 행위를 거의 시도하지 않는다는 것을 역사가 보여주기 때문이다. 이 논리가 옳다면, 6자회담은 북한이 관여에 대응해 행위를 바꾸는 드문 실례 중 하나가 될 것이다. 그러나 설령 그렇더라도 이 결과는 애초 회담의 목표였던 북한 입장의 근본적인 변화를 이끌어내는 데 한참 미치지 못할 것이다.

다른 형태의 관여도 시도되었다. 예를 들어 학회들은 북한 학회들을 끌어내려 했고[13] 국가들은 비용을 들여 북한 당국과 대화할 상주 사절단을 평양에 파견했다. 학문 교류를 통해 북한 학자들과 친교를 쌓고 북한 국민 다수에게 국외 생활의 실상을 전할 수 있었다. 그러나 정권의 결정권자들이 그런 행사에 참석하는 경우는 극히 드물기 때문에 학문 교류로는 오늘날의 정책 입안자 세대에 접근할 수 없었다. 중국과 러시아 대사관을 제외한 평양의 상

---

13   이런 노력의 일부는 다음 저작에 상술되어 있다. Gi - Wook Shin and Karin J. Lee, eds., *U.S. - DPRK Educational Exchanges: Assessment and Future Strategy* (Standford, CA: Shorenstein Asia - Pacific Research Center, 2011), http://aparc.stanford.edu/publications/usdprk_educational_exchanges_assessment_and_future_strategy/.

주 사절단들은 북한 정책의 유의미한 변화를 가져오는 데 필요한 결정권자들에게 거의 접근하지 못한다.[14] 정권은 이 사절단들이 국제적 입지의 상징으로서 평양에 상주하기를 바라면서도 적당히 거리를 두고서 최소한의 접근만을 허용한다.

중국과 (정도는 덜하지만) 러시아는 미국과는 전혀 다른 출발점에서 북한에 관여하려 노력해왔다. 대체로 두 나라는 서구 열강들보다 북한의 신뢰를 더 많이 받고 북한에 훨씬 더 많이 접근한다. 그러나 두 나라마저도 관여를 통해 목표를 달성하는 데 실패했다. 중국은 한편으로는 대화를 통해, 다른 한편으로는 경제개혁으로 어떤 성과를 거둘 수 있는지를 예증함으로써(특히 김정일이 중국을 방문할 때) 경제개혁을 시도하도록 북한을 거듭 설득하려 애썼다. 사적인 자리에서 중국 관료들은 이해하기 어렵고 교활한 북한인들에 관여하기가 어렵다고 토로한다.[15] 중국은 2010년 북한이 대한민국을 두 차례 공격한 이후 2011년에 여러 수준에서 북한에 강력하게 관여했다고 주장하지만, 2011년 8월 10일 연평도 인근 해상 포격과 금강산 관광단지 내 대한민국 자산 압류 같은 북한의 추가 도발 행위를 막는 데는 실패했다.

고립 · 앞에서 나는 대북 고립 정책이 실현된 적이 없음을 지적했다. 일본과 미국 둘 다 북한과 외교관계를 수립하고 평양에 대사관을 개설할 가능성을 교섭에서 미끼로 사용했을 뿐 고립 정책까지 나아가진 못했다. 오히려 북한 앞에서 외교적 승인이라는 당근을 흔드는 쪽에 가까웠다. 미국은 북한

---

14   러시아인들과 중국인들도 사적인 자리에서는 북한 정책 입안자들에 대한 영향력이 자기들에게 없다고 불평한다.
15   오래전에 어느 중국 관료는 이란 대표단에 관해 대화하다가 내게 "그들은 지독하고 교활하고 음흉하고, 그들은 (적당한 비유를 찾다가) '북한 사람들만큼 고약합니다!'라고 말했다. 그는 얼굴을 잔뜩 찌푸렸다.

과 접촉하다 말다를 반복했고, 일본 역시 납북자 문제로 국내 여론이 악화되어 대북 접촉이 어려워지기 전까지 미국처럼 했다. 어쨌거나 주변국들이 전부 동참하지 않는 한 고립 정책은 효과를 발휘할 수 없으며, (오늘날 대북 무역과 투자에서 큰 비중을 차지하는) 중국은 그런 정책에 참여할 의사를 전혀 보이지 않았다. 중국이 어째서 그래야 하는가? 중국에게 (또는 다른 어떤 나라에게든) 북한을 고립시키라고 요구할 만한 국제적 수단은 없다. 더욱이 중국이 공표한 목표는 안정이며, 이 목표를 위해 중국은 북한의 무질서한 붕괴를 방지하려 한다. 특히 김정일 사후 북한이 취약한 상황에서 고립은 중국의 목표에 역행하는 정책일 것이다. 그러므로 어떤 고립 정책이든 실패할 운명이다.

제재 ・ 유엔의 제재 중 일부는 목표 달성에 성공했다. 북한의 핵 프로그램이 계속 추진되고는 있지만, 제재가 없었다면 더 빠르게 진행되었을 것이다.[16] 그러나 제재만으로 북한의 추가 진행을 막을 수 있을지는 분명하지 않다.

억지 ・ 이제까지 군사적 억지는 제2의 한국전쟁을 막는 역할을 했다. 이것은 작은 성과가 아니다. 꾸준히 증강되어온 미국과 대한민국의 재래식 군대가 앞으로도 북한의 대규모 공격을 억지할 것이다. 그러나 이런 군비 강화도 북한의 도발을 막는 데는 실패했다. 앞으로도 북한이 목표 달성을 위해 군사력을 사용하는 데 따르는 대가를 군사적 억지를 통해 높일 수 있을 테지만,

---

16   적어도 유엔 자문단의 2011년 5월 보고서는 이렇게 주장한다. 이 자문단은 대북 제재의 실행에 관해 조언하기 위해 임명되었는데, 이들의 보고서는 발표되진 않았으나 널리 유출되었다. 유엔의 제재를 받은 정권 가운데 목표 달성에 완전히 성공한 정권은 거의 없다. 북한의 핵 프로그램을 중단시키진 못했지만 진행 속도를 늦춘 것은 분명 큰 성과다.

이것으로 충분하진 않을 것이다. 북한에는 도발을 계속할 강력한 유인이 있다. 도발은 다른 나라들이 북한을 무시하지 못하게 한다. 북한은 자국에 필요한 원조를 받을 기회를 앗아간다는 이유로 전략적 인내를 위험한 접근법으로 받아들이는 반면, 도발 행위로는 (바라건대) 다른 나라들을 교섭장으로 불러내 원조를 요구할 수 있다고 생각한다. 또한 (2010년 두 차례 대남 도발 사건처럼) 도발 행위가 김정은의 공적으로 돌아갈 경우 북한 군부에서 그의 입지를 강화하는 데 도움이 될 것이다. 김정은은 2010년 9월 장군으로 임명되기 이전에 이렇다 할 군사적 경험이 없었기 때문에 이런 공적은 그에게 중요하다. 일각에서는 북한이 더 적은 위험으로 추가 도발을 일으킬 수 있다고 생각할 만큼 핵 프로그램에 힘입어 대담해졌다고 지적한다. 북한이 실제로 핵무기가 강력한 재래식 대응을 억지한다고 믿는다면, 장차 재래식 군사적 억지로 북한의 도발을 막을 수 없을 것이다.

이 또한 애석한 성적표다. 원조와 외교적 지원은 기근과 붕괴 예방에 이바지하고, 군사적 억지는 대규모 추가 공격을 막는 데 기여한다. 그러나 나머지는 거의 효과가 없어 보인다. 대북 관여를 지지하는 사람들과 대북 압박을 지지하는 사람들이 두 접근법 모두 실패했음을 인정하고 새로운 접근법을 찾기보다 서로를 비난하는 데 그토록 열을 올린 것은 실망스러운 일이다.

• 이 접근법들은 왜 실패했는가 •

나는 이 접근법들이 실패한 이유가 여럿 있다고 생각한다.

첫째, 북한은 수십 년 동안 원조에 크게 의존했지만, 다른 측면에서 보면 세계와 고립된 채로 살아오면서 자기들만의 독특한 대응법을 익혔다. 예를 들어 교섭 자리에서 북한은 하나를 내주고 하나를 받거나 공통 기반을 찾느다든지 하는 게임의 규칙을 내면화하지 않았다. 오히려 북한은 때때로 교섭을 전쟁의 한 형태로 여기고 교섭 상대에게 충격을 주는 방식으로 행동했다(더 나쁜 점은 북한이 그런 전술이 원하는 것을 얻는 데 효과가 있음을 알아채고 거듭 사용한 것이다). 추가 군사적 모험을 억지하려는 노력에 대한 북한의 대응은 (이를테면 소련의 경우처럼) 교섭을 통해 양쪽의 군대를 감축할 방안을 찾는 것이 아니라 등골이 오싹해지는 협박을 연달아 해대는 것이었다.

둘째, 북한 정권은 엘리트층만 안락하게 살 수 있다면 국민 대다수가 제아무리 곤경을 겪더라도 아랑곳하지 않을 각오가 되어 있으므로 경제적 압력은 제한적인 효과밖에 없다. 북한의 경제는 쇠약하지만 정권의 경제적 필요는 한정되어 있다. 정권은 평양과 군대만 먹여살리면 생존할 수 있다고 믿는 듯하다. 이것이 원조나 원조 보류가 지렛대로서 효과가 없는 이유 중 하나다. 정권은 인민 대다수의 곤경이 사회적 불안을 촉발할 지경에 이르렀다고 생각할 경우에만 이런 견해를 바꿀 것이다. 그러나 정권은 적어도 당분간은 억압 기구로 그런 위협을 충분히 막을 수 있다고 자신하는 듯하다.

셋째, 중국과 소련이 수십 년 동안 북한을 상대하면서 알아냈듯이, 북한은 자기네 노선을 제외한 다른 모든 노선에 강한 민족주의적 거부감을 드러낸다. 보통 북한은 그저 외부에서 들어온 생각이라는 이유로 밖에서 유입된 그 어떤 생각도 극도로 미심쩍어한다. 이 때문에 경제개혁이든 인권 존중이든 새로운 생각을 북한에 불어넣기가 어렵다.

그러나 나는 이처럼 실패한 데는 더 근본적인 이유도 있다고 생각한다. 북한은 그저 변화하기를 꺼리는 것이 아니라, 국제 공동체에 대응해서든 내부의 광범한 문제 같은 압력에 대응해서든 변화하지 못하는 것이다. 여기에는 다시 몇 가지 이유가 있다.

그런 변화가 이루어지려면 무엇보다도 지금과 다른 미래의 국가상이 필요하다. 나는 정권이 그런 국가상을 갖고 있다는 증거를 찾지 못했다. (적어도 명목상) 새로운 국가 원수는 30세 이하이지만, 나머지 북한 지도부는 거의 전부 노인들로 이루어져 있다(김정일의 여동생 김경희를 빼고는 전원 남성이다). 이들 중에 외국에 다녀온 사람은 드물고, 그나마도 대부분 옛 사회주의 블록에 다녀왔을 뿐이다. 사회주의 블록이 개혁을 시작한 이후 이런 제한된 여행마저 급격히 줄었으므로 이 노인들 가운데 다른 사회주의 국가들에서 진행하는 개혁 과정을 직접 목격한 사람은 소수에 지나지 않는다. 이들은 북한 내에서 외국인과 접촉한 경험이 거의 전무하다. 이 모든 것은 정권의 국가상에서 벗어나 지금과 다른 북한을 그려보는 능력이 몹시 제한되어 있음을 뜻한다.[17] 설령 이들 중 한 명이나 그 이상이 지금과 다른 국가상을 떠올릴 수 있다고 해도, 설령 누군가 그런 생각을 제안할 만큼 용감하다고 해도 (북한 고위 지도층의 교류에 대한 우리의 정보[18]에 따르면, 승인된 강령 외에 다른 무언가에 관해 논의하는 것은 극도로 위험한 일이다), 나는 지도부 내부의 경직된 집단사고가 그런 생각이 퍼져나가는 것을 차단하고도 남을 만큼 강하다고 생각한다.

이것은 북한 지도부 내에서 북한이 어떻게 달라질 수 있을지 그려볼 수 있는 사람은 단 하나, 새로운 지도자 김정은임을 의미한다. 그러나 김정은이 젊은 까닭에 북한의 미래에 관해 자신을 둘러싼 노인들과 다른 견해를 가질 수 있다거나, 김정은이 처리한 인사 교체가 북한의 진로 변경을 나타낸다

---

17   이들이 변화를 아예 생각하지도 못한다는 뜻은 아니다. 정권의 미래 국가상은 변화를 포용하지만, 그 변화란 강성대국을 향해 전진하는 변화다. 그러나 오래전에 김일성이 정한 궤도를 따라 전진하는 것은 내가 이 절에서 논하는 의미의 변화가 아니다.

18   이를테면 황장엽의 글.

는 증거는 아직까지 없다.[19] 2010년 대남 공격의 뒤에 김정은이 있었다는 보도는 오히려 그 반대임을 말해준다. 김정은은 스위스에서 학교를 다녔지만 이 사실이 체제 내에서 그가 변화의 동인이 되리라는 결론을 반드시 내포하는 것은 아니다(김정은은 스위스에서 지내는 동안 전복적인 영향에서 철저히 차단되었던 듯하다. 더욱이 김정은이 다닌 학교에는 아랍 세계의 엘리트들도 많이 다녔는데, 그들은 2011~2012년 변화를 요구하는 민중의 엄청난 압력에 직면하기 전까지 자국의 권위주의 체제를 바꿀 의향을 거의 드러내지 않았다). 김정은은 스위스에서 복수의 외국어 지식을 약간 습득했다고 보도되므로 외국인과 소통하기가 수월할지도 모르겠다. 그러나 김정은이 아직까지 외국인 손님을 전혀 받지 않은 것으로 보이므로 외국어 지식이 얼마나 중요하게 쓰일지는 두고 볼 일이다. 김일성이 외국(중국)에서 (제한적인) 교육을 받았고 또 복수의 외국어를 능숙하게 구사했음에도 지구상에서 가장 억압적인 독재 정권 중 하나를 만들어냈다는 점도 유념해야 한다.

정권이 변화하지 못하는 두 번째 이유는 지금과 다르고 국가를 위해 더 나은 어떤 미래를 현재 엘리트층에 호소할 가망이 별로 없을 것이기 때문이다. 오늘날 엘리트층은 북한의 절대다수 국민들에 비하면 기가 막힐 만큼 사치스러운 생활을 누리고 있다.[20] 그들은 국가가 소멸한 이후 옛 동독의 고위 관료들의 운명을 보여주는 비디오를 시청했고, 북한에서 근본적인 변화가

---

19   김정은이 자신에게 개인적으로 충성하는 한결 젊은 관료들을 임명하기 시작했다는 의견이 제기되었다. 그러나 북한 고위층에 접근할 수 있는 정보원은 김일성과 김정일이 임명한 노인들이 여전히 실권을 쥐고 있다고 내게 말했다(또한 그녀는 김정일의 마지막 순간까지 김정일과 김정은 둘 다 참석한 회의에서 명령을 내린 사람은 아버지였다고 지적했다. 아들은 독자적인 결정을 내릴 기미를 전혀 보이지 않았다고 한다).

20   김정일의 예전 스시 요리사 후지모토 겐지의 글은 특히 북한 정권 최상층의 생활을 여실히 알려준다. 나는 겐지의 책 세 종의 영어 번역본을 찾지 못했지만 그의 글맛을 다음 출처에서 느낄 수 있었다. "I Was Kim Jong Il's Cook", *The Atlantic*, 2004년 1월/2월, http://www.theatlantic.com/magazine/archive/2004/01/i-was-kim-jong-ils-cook/8837.

일어날 경우 자기들도 똑같은 운명에 처할 것을 두려워할 충분한 이유를 갖고 있다.[21] 그들은 소련이 붕괴했을 때 고위 관료들이 국가 자산을 조작해 상당한 재산을 축적했음을 알고 있을 것이다. 그러나 북한 엘리트층은 순익이 발생하는 몇 안 되는 경제 영역들을 통제하는 방법으로 이미 그런 재산에 접근할 수 있다. 그 어떤 변화든 그들에게 이득이 되리라고 보기 어렵다.

마지막 이유는 설령 지금과 다른 북한의 모습을 구상할 수 있고 엘리트층을 설득해 그 구상을 추구할 수 있더라도, 현재 상황에서 새로운 상황으로 나아가는 길이 실로 위험천만할 것이기 때문이다. 북한이 경제개혁을 진행하려면 경제 구조를 자유화해야 하는데, 그럴 경우 엘리트층 외부의 사람들이 득세해 새로운 정치 권력의 중심이 될 위험이 있다. 이것은 언제든지 위험한 상황이며 민감한 정치적 이행기에는 더더욱 그렇다. 정권이 시장 활동을 끊임없이 제한하려 시도하는 것으로 보아 이런 상황이 불안을 유발하는 것이 분명하다.[22] 이와 유사하게 어떤 형태가 되든 새로운 북한에 틀림없이 필요할 투명성을 높이려는 움직임 역시 엘리트층을 심각한 위험에 노출시킬 것이다. 그들은 북한의 경제적 비효율성과 정권이 수십 년 동안 선전해온 거짓말에 민중이 분노하는 사태에 직면할 것이다.

이런 이유로 북한 정권은 건국의 아버지로부터 물려받은 국가상에 어긋나는 북한을 구상하지 못하고 있을 것이다. 설령 구상한다 하더라도, 그 어떤 대안적인 국가상도 엘리트층에게 호소하기 어려울 것이다. 더 나아가 설

---

21   북한이 변화를 고려하는 것을 꺼리는 다른 이유들도 있다. 다른 많은 이유들에 관해서는 Andrei Lankov의 유용한 글을 참조하라. "Pondering Change in North Korea", *DailyNK*, 2011년 8월 8일, http://www.dailynk.com/english/read.php?cataId=nk01100&num=8034.

22   이 불안은 공식 일간지인 《로동신문》 2011년 8월 8일자에 실린 긴 사설로 입증되었다. 이 사설은 그 어떤 경제개혁 전망도 전면 부정했다.

령 지금과 현저히 다른 국가상을 받아들이도록 엘리트층을 설득할 수 있다 하더라도, 그들이 그런 국가상을 향해 나아가는 도중에 엄청난 위험을 초래하지 않을 방법을 찾기가 어렵다. 그 결과 북한은 이러지도 저러지도 못하고 있다. 북한은 전진할 수 없으며, 북한을 전진시키려는 시도는 실패로 끝날 운명이다.[23]

이 일반적인 논점은 국제 공동체가 주목하지 않은 영역을 포함해 북한 생활의 대다수 영역들에 적용된다. 예를 들어 정권은 국민들을 향해 요란하게 퍼붓는 선전의 수위를 낮추거나 선전을 멈출 수 없다. 너무나 오랫동안 선전을 해왔기 때문에 선전이 조금만 달라져도 국민들이 곧바로 알아채고 정권이 약해졌다는 신호로 받아들일 위험이 있다. 정권은 정보가 지방에서 지방으로 더 빠르게 퍼져나갈 것을 두려워하기 때문에 자국 내 이주를 정교하게 통제하는 고삐 역시 늦추지 못한다. 그러나 정권의 행위 가운데 국제 공동체가 가장 개탄하는 측면이야말로 북한이 가장 바꿀 수 없는 측면이다.

• 북한은 왜 국제 공동체가 원하는 것을 줄 수 없는가 •

비핵화 • 북한 정권은 핵무기를 포기할 수 없다. 정권이 경제 원조와 핵무기를 거래할 수 있다는 암시를 이따금 흘리긴 했지만, 이런 일이 과연 실현될지 의문이다. 특히 핵 프로그램은 김정일 본인이 깊숙이 개입한 사안이므로 여기서 조금이라도 물러나는 것은 고인이 된 지도자의 바람을 거슬러 불효를 저지르는 꼴이 될 것이다.[24] 설령 정권이 핵 프로그램의 한 갈래를 검증

---

23 이유야 다르지만 비교적 안정을 누렸던 1980년대로 후진하려는 북한의 시도 역시 실패로 끝날 운명이다. Victor Cha는 다음 글에서 이런 시도에 '신주체 복고주의'라는 이름을 붙였다. "The End of History : 'Neojuche Revivalism' and Korean Unification", *Orbis* 55, no. 2 (2011년 봄) : 290~297.

가능한 방식으로 동결하는 데 동의한다 해도, 제네바 합의 기간에 그랬듯이 다른 갈래를 계속 추진할 것이다.[25] 북한은 핵 프로그램을 적대적인 세계에 대항할 유일한 방어책으로 여긴다(그리고 북한은 리비아의 카다피 정권이 서구와의 거래에서 핵 프로그램을 포기한 이후 어떻게 되었는가에 주목했다). 북한은 핵 프로그램 없이는 월등히 생산적인 경제의 뒷받침을 받는 월등히 강력한 재래식 군사력과 대치하는 상황에서 스스로를 방어할 수 없다고 믿고 있을 것이다. 핵 프로그램을 포기할 경우 김씨 일족의 위신이 손상될 뿐 아니라 북한이 적으로 간주하는 나라들에 항복하는 꼴이 될 것이다.

군사적 위협 · 정권은 이웃나라들, 특히 대한민국에 가하는 군사적 위협을 세 가지 이유로 단념할 수 없다. 첫째, 현실로 가정된 외부의 군사적 위협은 북한의 선전에서 핵심 부분이며, 이 위협이 실재하지 않는다고 인정할 경우 정권은 답할 수 없는 질문에 노출될 것이다. 정권은 한미 연합군은 고사하고 대한민국과의 재래식 전쟁에서도 십중팔구 패배할 것을 알고 있다 해도 천하무적이라는 신화를 고수해야만 한다. 둘째, 정권은 다른 나라들을 협상장으로 끌어내기 위한 수단으로서, 그리고 김정은 같은 젊은 지도자가 장군으로서 두각을 나타내기 위해 반드시 필요한 통과의례로서, 천안함 침몰이나 연평도 포격 같은 군사적 도발을 감행하는 능력을 보유할 필요가 있다. 셋째, 비대해진 군대는 입대하지 않으면 실업자가 될 엄청나게 많은 젊은 남성

---

24   이 논점은 다음에서 더 상세하게 제기된다. Larry A. Niksch, "Prospect for the North Korean Nuclear Issue" (2010년 12월 2~3일 일본 국립 방위연구소의 국제 심포지엄에서 발표한 논문), http://www.nids.go.jp/english/event/symposium/pdf/2010/e_02.pdf.

25   실제로 파키스탄 핵과학자 압둘 카디르 칸의 고백에 따르면 북한은 미국과 제네바 합의를 위해 교섭하던 바로 그 시각에 우라늄 농축 프로그램을 시작하는 데 필요한 기술 이전에 관해 협상하고 있었다.

들을 흡수해 군율 아래 묶어둔다. 정권이 동원을 해제한다면 이 젊은 남성들이 북한 민간 사회로 나가서 사회 질서에 심각한 위협을 가할 것이다. 정권은 이런 위험을 감수할 수 없다. 그러므로 정권은 군사적 위협을 계속할 것이고, 십중팔구 추가 도발을 감행할 것이다.

인권 · 북한 정권은 몰락할 위험을 감수하지 않고는 인권을 존중할 수 없다. 정권이 노동수용소의 많은 수감자들을 사회로 석방한다면 수용소 제도의 끔찍한 비밀이 퍼져나가는 것을 막기가 거의 불가능할 것이고, 그 비밀이 정권에 대한 무시 못할 분노를 자아낼 것이다. 정보의 자유(북한 국민들이 정권에 맞서 점점 더 강하게 요구하고 있는 권리)를 허용한다면 정권의 거짓말이 탄로날 것이고, 결사의 자유를 허용한다면 폭동이 일어날 위험이 있다. 북한의 어느 고위 관료가 말했듯이, 정권이 인민들에게 인권에 관해 말해준다면 인민들이 들고일어나 관료들을 살해할 것이다. 더욱이 정권은 오랫동안 인민들이 굳은 믿음을 보내준 덕에 진심에서 우러나오는 폭넓은 지지를 누렸을지 모르지만, 2009년 11월의 재앙적인 금융 조치 이후에도 그런 지지를 계속 받고 있는지는 의문이다. 오늘날 정권은 과거 어느 때보다도 스스로를 지키기 위해 공포를 심어줄 폭력 기구를 필요로 하는데, 인권을 존중하면서 폭력을 가하기는 어려운 법이다.

식량 안정 · 북한은 스스로 큰 약점이라고 인정하는 식량 불안정을 해소할 방도를 끊임없이 찾고 있다. 그러나 북한이 오랫동안 사용해온 방법은 감언이설이나 위협을 이용해 다른 나라들로부터 원조를 뜯어내는 것이었다. 북한이 장차 식량을 자급자족할 수 있을지 여부는 논쟁거리다. 북한의 농업 산출량은 지형이 비슷한 다른 나라들의 산출량에 비해 낮은 수준으로, 더 합리적인 농경 방식을 도입했다면 산출량이 증가했을 것이다.[26] 그러나 농업 경영을 개선하려면 자유화가 필요하고, 이것은 정권이 집단농장에 대한 정치 권력을 일부 포기해야 한다(또는 집단농장을 해체해야 한다)는 뜻이다. 중국을 포함해 다른 나라들이 한동안 농업개혁을 촉구했음에도 북한은 스스로 농업개혁에 나서지 못했다. 현재 북한은 민감한 정치적 이행기의 한가운데 있는 만큼 과거 어느 때보다도 농업개혁을 추진할 공산이 없어 보인다.

붕괴 · 북한은 일부 외국 행위자들보다도 무질서한 (또는 다른 어떤) 붕괴의 방지를 열망하기 때문에 국제 공동체의 다른 목표들과 달리 이 목표는 북한도 공유하는 셈이다. 그러나 미래의 붕괴를 방지하기 위해 북한 정권에게 행위를 바꿀 것—특히 경제개혁에 착수할 것—을 설득하는 노력 역시 실패했다. 내가 앞에서 주장했듯이, 그리고 정권 스스로 밝혔듯이, 경제개혁에 나설 경우 정권은 대처할 준비가 안 된 도전에 직면할 것이다.

통일 · 북한이 대한민국과 평화롭게 통일하려면 현재 정권 인사들이 북한 인민들의 분노로부터 안전하리라는 보장뿐만 아니라 계속해서 상당한 권력을 행사하고 적어도 현재 수준의 풍요를 향유하리라는 보장이 필요할 것이다. 그렇지 않다면 엘리트층이 왜 위험하기 짝이 없는 발걸음을 내딛으려 하겠는가? 그런 보장은 아주 탄탄해야 할 것이다. 북한 엘리트층은 다른 나라들에서 비슷한 보장이 훗날 부인된 사례를 알고 있을 것이기 때문이다. 나

---

26   예를 들어 세계은행 지표에 따르면 2008년 헥타르당 곡물 산출량이 북한은 3697.5킬로그램이었던 데 비해 일본은 6017킬로그램이었다.

는 이런 기준도 충족시키고 남한 여론도 받아들일 만한 통일안을 누군가 구체적으로 구상했음을 나타내는 징후를 찾지 못했다. 현재 북한을 운영하는 이들이 통일 국가에서 어떤 종류의 권력이라도 가진다는 전망을 달갑게 받아들일 남한 사람은 거의 없을 것이다. 내게는 협상을 통한 통일이 까마득히 먼 일로 보인다.

납북자 · 2002년 고이즈미 일본 총리가 평양을 방문한 이후 일본인 납북자 다섯 명이 석방되었다. 그러나 더 많은 사람들이 (북한은 죽었다고 주장하지만) 살아서 북한에 억류되어 있다는 믿음이 널리 퍼져 있다. 그들을 석방하려면 북한은 그들에 관해 오랫동안 거짓말을 했음을 인정해야 할 것이다. 더욱이 북한은 일본과의 관계 정상화를 꾀하고 그로부터 원조를 얻기 위한 포석으로 고이즈미 총리에게 납북자 억류를 인정했을 테지만, 그 인정은 양국 관계가 파탄이 나고 일본이 북한에 강력한 제재를 가하는 사태로 귀결되었다. 북한 정권은 그 실험을 반복하는 일에 대단히 조심스러울 것이다. 일본과의 관계 정상화 교섭의 일환으로 향후 일본인 납북자들을 추가로 돌려보내는 일이 불가능한 것은 아니지만 지금은 그런 징후가 보이지 않는다. 비일본인 납북자들을 석방하는 문제도 진전이 없는 것으로 보인다.

경제 · (확실하진 않지만) 북한과 거래하는 일부 (특히 중국) 무역업자들이 단기간에 상업적 이익을 얻는 것은 가능하다. 북한에서 중국은 희귀한 광물을 채굴하는 광산을 계속 운영하고 있다. 그러나 어려움(물에 잠기는 광산, 부적당한 갱구 기반시설)을 겪는다는 보고도 있다. 장기적으로 보면 어떤 상업적 이익이라도 오늘날 북한이 고려하고 있지 않은 경제개혁에 달려 있다. 대규모 사업을 통해 경제적 이익을 얻으려는 시도 역시 수많은 어려움을 안고 있다. 예를 들어 북한을 통과해 대한민국까지 가스관을 연결하려는 러시아의 사업 (북한도 수익을 얻을 것이다)은 심각한 난제에 직면한 상황이다. 이 사업은 대한민국 정부의 지지에 달려 있다[27](대한민국의 소비자들이 확보되지 않는다면 이 사업은 추진되지 않을 것이다). 또 러시아 일각에서는 북한이 가스를 훔칠 것을 우려하고 있다. 이 사업은 설령 추진되더라도 다시 5년이 지난 뒤에야 가스를 보내기 시작할 것으로 예측된다. 중국의 계획에도 비슷한 우려가 드리워져 있다. 나진-선봉 경제특구의 항구는 낡아서 대략 20억 달러의 투자가 필요하다. 이 사업도 순조롭게 진행될 것 같지는 않다.

• 미래에는 어떤 접근법이 유효할 것인가 •

이제까지 말한 분석의 함의는 암울하다. 국제 공동체는 오랫동안 다양한 방법으로 행동을 바꾸도록 북한을 설득하려 했다. 이 시도는 실패했다.

앞에서 나는 현재 접근법들이 실패하는 이유를 살펴보았다. 김정일 사후 상황이 바뀌긴 했지만, 이 접근법들을 계속 고수하면 미래에는 지금보다 성공을 거두리라고 생각할 근거를 나는 전혀 찾지 못하겠다. 또한 이제까지 다른 행위자들에 비해 목표 달성에 성공해온 행위자들이 이 격차를 계속 유지할 것 같지도 않다. 현재 한반도의 상황은 위태로우며 언제 경고도 없이 급변이 일어나 안정을 최우선 목표로 삼는 행위자들을 혼란에 빠뜨릴지 모른다. 오늘날 일부 행위자들이 잠시 동안 몇 가지 목표를 달성하고 있다 해

---

27   2008년 이명박 대통령은 모스크바를 방문해 양해 각서를 체결하고 2015년부터 매년 러시아에서 보내는 가스를 750만 톤씩 받기로 했다. 그러나 이 글을 쓰는 지금 대한민국은 가스관을 통한 가스 운반을 러시아가 책임져야 한다(즉 북한이 가스 공급을 방해하지 않으리라는 것을 러시아가 대한민국에 보장해야 한다)고 주장하고 있고, 러시아는 이 주장에 반대하고 있다. 이 사업의 진전 여부는 확실하지 않다.

도, 미래에는 모두가 어떤 목표도 달성할지 못할 위험이 실제로 있다.

어떤 대안이 유효할까? 대안이 많지도 않거니와 매력적이지도, 성공을
보증하지도 않는다.

정권을 무너뜨리거나 바꾸려는 시도들 · 많은 사람들은 북한이 특히 김정일
사후 위태로운 상태이며 붕괴할지 모른다고 생각한다. 정권이 너무나 오랫
동안 인민들에게 거짓을 말해왔음을 드러내는 외부 세계에 관한 정보의 확
산이 붕괴 가능성의 핵심 요소로 간주되곤 한다. 풍선을 이용해 남한에서 북
한으로 전단을 보내는 방식을 비롯해 그런 정보를 더욱 퍼뜨리려는 시도들
이 이미 있었다. 일각에서는 이것이 실행 가능한 유일한 방법이며 국제 공동
체는 북한을 근본적으로 바꾸기 위해 북한 국민들을 외부 세계에 최대한 많
이 노출시키는 데 노력을 집중해야 한다고 주장해왔다.[28]

앞에서 주장했듯이 나는 정권이 바뀔 수 있다고 생각하지 않는다. 정권
의 변화를 목표로 삼는 노력이 도리어 정권의 붕괴를 초래할 거라고 생각한
다. 그러나 북한이 현재 형태로 무한정 생존할 가망이 없어 보이긴 하지만,
외부에서 붕괴를 조장하더라도 북한은 한동안 붕괴하지 않을 것이다. 북한
은 과거에 놀랄 만한 회복력을 보여주어 북한이 1990년대에 붕괴하리라고
예측한 수많은 전문가들을 곤경에 빠뜨렸으며, 지금은 북한의 무질서한 붕
괴를 방지하려 안달인 중국으로부터 어느 정도 지원을 받고 있다(중국의 지원
이 붕괴 방지라는 목표를 계속 달성하기에 충분한지 여부는 아직까지 불분명하다). 나
는 북한이 핵무기를 완성하고 소형화하는 데 성공할 가능성이 아주 크다고

---

28   일례로 Andrei Lankov, "Changing North Korea". *Foreign Affairs* 88, no. 6 (2009년 11월/12월): 95~105
참조.

본다. 그러고 나면 북한은 붕괴하기에 앞서 원하는 것을 얻기 위해 핵무기로 세계를 협박할 것이다. 그러므로 두 사건의 시점이 어긋난다. 붕괴는 장기적 전망인 반면 핵 위협은 당면한 문제이며, 붕괴가 발생하기 전에 핵 위협이 위기를 불러올 가능성이 크다.

핵심 행위자들의 입장을 바꾸려는 시도들 · 성공 확률을 높이는 한 가지 방법은 핵심 행위자들이 목표를 수정하는 것이다. 이 접근법에도 이미 엄청난 노력이 투입되었다. 특히 중국과 미국은 서로의 입장을 바꾸기 위해 열심히 애썼으나 이제껏 별다른 성과를 거두지 못했다.[29] 이 접근법에는 곤경이 수두룩하며, 그중 일부에 관해 아래에서 간략하게 서술할 것이다. 그러나 이 접근법은 다른 대안들에 비하면 그나마 유망한 방법으로 보인다.

북한 정권의 생존이 장기적으로 보아 지역의 안정에 이롭지 않다는 점을 중국에 납득시킬 수 있다면, 그래서 중국이 북한 정권에 대한 지원을 철회한다면, 오늘날의 난국을 해소할 수 있을 것이다. 중국의 지원을 잃어버린 북한은 경제적 압력에 훨씬 취약해질 것이고, 핵 프로그램을 계속 추진하기가 훨씬 어려울 것이다. 그럴 경우 북한이 붕괴하는 것도 무리는 아니다. 그러나 베이징에서 대북 정책을 두고 논쟁이 벌어지긴 하지만 중국이 이런 입장에 조금이라도 접근했다는 기미는 아직까지 보이지 않는다.[30]

29　미국 학계는 중국이 북한에 영향을 미치기에 가장 좋은 위치에 있다는 의견을 자주 표명했다. 그러나 2012년 1월 중국의 북한 전문가 46명을 조사한 바에 따르면, 중국 전문가들은 가장 유효한 지렛대를 쥔 쪽은 미국이라고 생각하고 있다. Sunny Lee, "Chinese Perspectives on North Korea and Korean Unification" (논문, Korea Economic Institute, 2012년 1월 24일), http://blog.keia.org/wp‒content/uploads/2012/01/sunnylee_paper.pdf 참조.
30　예를 들어 다음을 참조하라. Bates Gill, "China's North Korea Policy" and You Ji, "Dealing with the 'North Korea Dilemma': China's Strategic Choices" (RSIS working paper no. 229, S Rajaratnam School of International Studies, Singapore, 2011년 6월 21일), http://www.rsis.edu.sg/publications/WorkingPapers/WP229.pdf.

미국이 현재 대북 입장에서 선회해 북한에 평화 조약과 외교적 승인을 제공하고 북한을 핵무기 보유국으로 받아들인다면(북한이 핵안전보장회의에 참여한다는 조건으로), 역시 난국을 해소할 수 있을 것이다. 과거에 북한은 특히 중국에 대한 의존도를 낮추기 위해 워싱턴과 전략적 관계를 맺으려 했다. 그러나 이 접근법이 미국에 조금이라도 호소하려면 북한이 오늘날의 못마땅한 행위를 끝낼 거라는 확실한 보장이 필요할 것이다. 평양에서 영향력이 강한 다른 나라들이 북한에게 변화하라고 설득해온 길고도 고통스러운 역사를 감안할 때, 나는 미국 입장에서 자국의 노력은 더 성공적일 거라고 생각할 근거가 있는지 의문이다. 또한 이 접근법을 따른다면 국제 공동체가 북한을 비핵화하려는 노력을 단념해야 할 것이고, 한국 통일이 요원해질 것이다. 더욱이 이 접근법은 미국의 긴밀한 동맹국인 대한민국 내에서 소란을 일으킬 것이고, 미국의 정치적 맥락에서 거의 불가능한 일일 것이다. 이런 식으로 북한을 포용하는 미국 대통령은 누구든 맹렬한 비난에 시달릴 것이다.

내가 앞에서 논의한 행위자들 이외에 다른 행위자들은 입장을 근본적으로 바꾼다 해도 상황을 개선하기 어려울 것이다. 대한민국이 입장을 바꾸어 더 많이 관여해야 한다는 주장이 오랫동안 제기되었고, 지금도 이명박 대통령 이전 정부의 햇볕정책으로 돌아가야 한다는 주장이 제기되고 있다. 그러나 내가 보기에 대한민국은 북한에 깊숙이 관여하려 시도했으나 한반도를 비핵화하거나 한국 통일을 앞당기는 데 실패했다. 같은 방식을 고집한다고 해서 효과가 더 좋을지 나는 확신하지 못하겠다.

(2012년 미국과 대한민국 양국에서 새로운 대통령을 선출하고, 중국에서 차세대 지도자들을 선출할 공산이 큰 주요 당대회가 열린다는 사실 때문에 주요 행위자들의 정책이 근본적으로 바뀔 가능성이 커지는 것은 아니다. 세 나라의 정치인들은 대담한

행보를 꺼릴 것이다.)

군사적 개입 · 이 선택지를 아무도 논의하고 싶어하지 않는 데에는 그럴 만
한 이유가 있다. 어떤 군사적 충돌이 일어나든 대한민국이 북한을 삽시간에
물리칠 공산이 커 보이긴 하지만, 전문가들은 대한민국, 특히 서울의 피해와
대한민국 민간인의 사상이 막대하리라는 데 대체로 동의한다.[31] 대부분의 피
해는 서울과 여타 대한민국 인구 밀집 지역들을 겨냥하고 있는 북한의 미사
일이 입힐 공산이 크다(그럼에도 제네바 합의 이전인 1994년, 클린턴 미국 대통령이
북한의 핵 프로그램을 중단시키기 위해 군사적으로 개입할 상황에 대비해 비상 계획을
명령한 시점이 있었다).

　　북한이 핵 프로그램을 추진할수록 어떤 충돌에서든 대한민국이 승리할
가능성은 작아진다. 북한은 아직까지 핵장치를 무기화하지 못했을 테지만,
만일 무기화에 성공한다면, 그리고 홧김에 핵무기를 사용할 각오가 되어 있
다면, 재래식 군사력이 더 강한 대한민국에 승리할 수 있을 것이다. 이것은
대한민국이 설령 한반도의 문제를 군사적 수단으로 해결하기를 원하더라도
그럴 수 있는 시간이 별로 남아 있지 않다는 뜻일지도 모른다. 더 나아가 이
가정은 전쟁이 발발할 거라면 늦게가 아니라 일찍 발발하는 편이 대한민국
에 유리하다는 난감한 결론으로 이어진다.

31　Gary E. Luck 장군에 따르면 충돌이 발생할 경우 미국 국민 8만 명을 포함해 한반도에서 100만 명이 사망하고 경
영 활동이 중단되어 경제적 손실액이 약 1조 달러에 이를 것으로 추정된다. Oberdorfer, *The Two Koreas*, 324에 인용되
어 있다.

· 결론 ·

마땅한 선택지가 없다.

지금이야말로 대북 접근법들이 파산했음을 국제 공동체가 인정해야 할 때다. 이 실패한 접근법들에 대한 무익한 논쟁을 되풀이하는 대신 새로운 접근법을 찾기 위해 노력해야 한다. 현재 접근법의 대안들도 쉬운 길은 아니겠지만 적어도 실패할 운명은 아닐 것이다.

북한 정권에 대한 공약을 가진 유일한 행위자는 대한민국이다(앞에서 인용한 대한민국 헌법 제3조는 실질적으로 북한 정권은 물론이고 국가로서의 북한 자체의 종식을 요구한다). 다른 행위자들은 현재 북한 정권이 집권하는 한 자신의 목표를 과연 달성할 수 있을까라는 의문을 직시할 필요가 있다.

국제 공동체는 한반도 상황에 계속 손을 쓰지 않으면서 위태위태하게 살아가고 있다. 북한이 무질서하게 붕괴해 지역 안정을 위협하거나, 북한이 추가 도발을 감행하고 대한민국이 대응하다가 사태가 광범한 분쟁으로 확대되거나, 북한이 핵 야망을 달성할 위험이 있다. 현재 상황의 상처가 곪아터질 때까지 놔두는 것은 안전한 처사가 아니다.

북한을 둘러싼 문제들, 억제되지도 다루어지지도 않는 그 문제들은 이라크와 아프가니스탄에서의 충돌보다 규모가 큰 폭력 사태로 이어질 가능성, 그리고 어쩌면 핵무기의 유효한 사용으로 이어질 가능성이 있다. 세계는 단호한 조치로 이 문제들에 대처하지 않고 손을 놓고 있을 여유가 없다.

후기

이 책의 인쇄를 앞둔 지금, 북한이 김정은 통치기에 접어들어 경로를 바꾸고 있다는 징후는 좀처럼 보이지 않는다. 외부에서 단호하게 만류를 경고했음에도 북한은 2012년 4월 13일 인공위성을 발사했고, 이제는 3차 핵실험을 준비하는 듯 보인다.[1] 북한은 4월 23일 이명박 대통령과 "보수 언론매체들을 포함한 쥐새끼 무리들"을 겨냥해 "3~4분, 아니 그보다 더 짧은 순간에 지금까지 있어본 적이 없는 특이한 수단과 우리식의 방법으로 모든 쥐새끼 무리와 도발 근원들을 불이 번쩍나게 초토화해버리게 될 것"이라고 경고하는 등 대한민국을 향해 등골이 오싹해지는 위협적인 언사를 연달아 쏟아냈다. 또한 북한은 GPS 신호를 교란해 대한민국 민간 항공기들의 운항을 방해하려 했다. 새로운 정권이 경제개혁을 심사숙고한다거나 국내 억압의 수위를 낮추고 있다는 징후는 아직까지 전혀 보이지 않는다. 오히려 억압을 강화할 조짐이 나타나고 있다.

그러나 북한은 약해졌다. 이제까지 김정일에게서 경험이 부족한 아들로

---

1   2013년 2월 12일 3차 핵실험을 실시했다 ─옮긴이.

의 정치적 승계가 (외견상) 순조롭게 진행되긴 했으나 북한의 상황은 여전히 위태롭다. 정권은 내키지 않는 경제개혁에 착수하지 않는 한 해결할 가망이 거의 없는 경제난에 시달리고 있으며, 북한 경제의 낭비벽과 후진성을 보완해주는 중국의 원조가 얼마나 될지도 분명하지 않다. 다른 한편 체제를 부식시키는 정보—특히 남한에 관한 정보—의 유입을 막으려는 정권의 노력도 갈수록 효과를 잃어가고 있다.[2]

또한 정권은 김일성 탄생 100주년 기념행사의 고갱이로 계획한 인공위성 발사가 실패했음을 국민들에게 인정해야 했다. 특히 정권이 외국 기자들을 발사장에 초청한 탓에 발사 실패를 숨길 수 없었으므로 이 사건은 몹시도 곤혹스러운 낭패였다. 100주년 기념행사 같은 정치적 의식이 대단히 중요한 북한에서 이 실패는 정치적 충격파를 일으켰을 것이다. 오랜 세월 경제적 무능에 익숙해진 북한에서 오랜 세월 고통받아온 국민들—특히 평양의 여론 형성층—은 정권이 신성한 의식마저 제대로 치르지 못하는 광경을 지켜보았을 것이다.

설상가상으로 북한은 정치와 경제 양면에서 크게 의존하는 핵심 맹방인 중국까지 곤경에 빠뜨렸다. 북한은 김일성 탄생 100주년에 중국 국영기업에서 생산한 것과 모양새가 흡사한 미사일 이동형 발사차량(TEL)을 군사 행진에 포함시켰을 뿐 아니라 중국 어민 28명을 인질로 잡고서 몸값을 요구했다. 북한에 TEL을 제공한 것은 중국이 찬성표를 던졌던 안전보장이사회의 결의안을 심각하게 위반한 행위가 될 것이다. 그 TEL이 실제로 중국이 제공한

---

2   2012년 5월 10일 한미경제연구소(Korea Economic Institute)에서 발표한 유용한 글에서 이 점을 지적한다. "A Quiet Opening: North Koreans in a Changing Media Environment", Intermedia, http://www.intermedia.org/press_releases/A_Quiet_Opening_FINAL.pdf.

것으로 밝혀진다면, 중국 고위 지도자들은 몹시 난처할 것이고, 세계가 지켜보는 가운데 북한이 TEL의 행진 장면을 텔레비전 화면에 버젓이 내보낸 사실을 고맙게 여길 리 만무하다. 이 사건으로 말미암아 중국이 북한을 지원하느라 치르는 정치적 대가가 현저히 커질지도 모른다.

2012년 5월 8일, 북한 해군 군복과 흡사한 차림을 한 남자들이 포함을 타고 다가와 중국 어민 28명을 태운 어선 3척을 나포한 것은 기이한 사건이다. 나포 13일 만에 어민들이 풀려나긴 했지만(몸값을 지불했는지는 알 수 없다), 이 사건은 정권이 군대의 일부 부대를 더는 완벽하게 통제하지 못한다는 것, 또는 중국에 대한 도발까지 승인할 각오가 되어 있다는 것을 보여준다. 중국 누리꾼들은 북한은 물론 이 문제에 유약하게 대처한 자국 정부까지 싸잡아 맹비난했다. 일부 관찰자들은 이것이 사소한 사건이며 곧 잠잠해질 거라고 주장했다. 그러나 이 사건은 중국에서 수십 년 만에 최대 정치 스캔들[3]이 터져 정국이 한창 시끄러운 데다 가을에 있을 차세대 당 지도자 선출을 고작 몇 달 앞둔 시점, 즉 중국 고위층이 신경을 곤두세우고 있고 유약하게 비치기를 원치 않는 시점에 발생했다. 나는 미래에 이 사건을 중국과 북한 관계의 전환점으로 되돌아볼지도 모른다고 생각한다.

적어도 현재 박근혜 정부가 집권하는 한 남북 관계가 개선될 가망은 별로 없어 보인다. 오늘날 남북 사이에는 공식 대화가 없다. 그러므로 오랜 세월 북한에 긴요한 원조를 제공했던 대한민국이 가까운 미래에 지원에 나설 가능성은 거의 없을 것이다.

이처럼 북한은 정치적 고립무원 신세일뿐더러 경제 역시 낙후되어 있으

---

3   영국인 닐 헤이우드의 사망을 계기로 보시라이 충칭시 당서기의 비리가 드러난 사건. 이 스캔들로 보시라이는 2013년 10월 25일 무기징역을 선고받았다 — 옮긴이.

며, 국민들은 바깥 세계에 비해 자국이 얼마나 빈곤한지를 점점 알아차리고 있다. 북한의 지도력 승계는 아직 진행 중이고 가장 중요한 동맹국과의 관계는 경직된 상태다. 북한이 핵실험을 재추진한다면, 유엔 안전보장이사회가 매섭게 대응해 대북 제재를 확대하고 심화할 것이다.

이 책의 끝부분에서 나는 현재 상황의 상처가 곪아터질 때까지 놔두는 것은 안전한 처사가 아니라고 지적했다. 북한이 식량 부족을 걱정하고 치욕스러운 인공위성 발사 실패로 괴로워하며 정치적 이행을 위해 분투하고 있는 상황에서 이 지적은 더더욱 유효하다. 나는 북한이 자국에 절실히 필요한 원조를 요구할 수 있는 협상장으로 다른 나라들을 끌어내기 위해 또다시 돌발 행동을 감행할 위험이 더 높아졌다고 생각한다. 돌발 행동은 3차 핵실험을 의미할 수도 있고, 대한민국(현재 이 나라를 향해 퍼붓는 독설은 북한의 기준으로 보더라도 과격하다)에 대한 공격이나 다른 무언가를 의미할 수도 있다. 북한이 이런 식으로 도발할 때마다 매서운 대응이 다시 북한의 대응을 촉발해 상황이 통제 불능의 소용돌이로 빠져들 위험이 있다. 우리 모두는 러시안룰렛 게임을 하고 있다.

옮긴이 후기

고작 900일 동안 북한에 체류한 서구인이, 1945년 이전까지만 해도 한 민족으로서 역사와 전통, 정체성을 공유해왔으나 지금은 폭이 4킬로미터에 불과한 비무장지대 건너편에 반세기 넘게 살고 있는 사람들과 세계에서 유일무이한 그들의 정권에 관해 우리에게 무언가를 알려줄 수 있을까? 거의 매일 북한 관련 뉴스를 접하고 탈북자들이 북한을 주제로 이야기하는 프로그램까지 시청하는 남한 사람들에게? 번역에 앞서 이런 의문이 들었다. 물론 평가는 독자의 몫이지만, 나는 번역하는 동안 이 의문이 기우였음을 확인했다.

무엇보다 저자의 독특한 직책과 경력 덕분이었다. 1956년생인 존 에버라드는 1993년 역대 최연소 영국 대사로 벨라루스에 파견되어 소비에트 연방 붕괴의 후폭풍을 겪고 있던 이 나라에 영국 대사관을 건설했고, 1998년부터 2000년까지 중국 베이징의 영국 대사관에서 정치부서를 이끌었으며, 2001년 경제위기를 겪고 있던 우루과이에 영국 대사로 파견되어 건국 이래 최초로 좌파 계열 타바레 바스케스 대통령이 당선된 2005년까지 양국의 관계를 능숙하게 조율했다. 그런 만큼 북한 주재 영국 대사로 임명되어 2006년

2월 찬바람 몰아치는 황량한 평양 공항에 내렸을 때, 에버라드는 산전수전 다 겪은 베테랑 외교관이었다.

서구 외교관의 눈을 통해 바라본 현대의 북한 사람들과 그 정권, 바로 이것이 이 책의 독특한 점이다. 북한 관련 저작은 숱하게 많지만, 외교관이 직접 경험한 것을 바탕으로 쓴 책은 내가 알기로는 없다. 어딘가에 한 권쯤 있을지도 모르겠으나 그 저자가 에버라드만큼 유별난 외교관은 아닐 것이다. 에버라드는 파견국의 외교관들 가운데 최고위직인 대사이면서도 북한 사람들과 스스럼없이 어울렸고, 틈만 나면 자전거를 타고 평양 일대를 두루 돌아다녔다. 그러다가 길을 잘못 들어 군부대에 진입했는가 하면 상주 외국인에게 허용된 영역을 벗어났다가 돌아오는 길에 검문소에서 제지를 받기도 했다. 심지어 3인조 북한 공안요원들에게 경고성 추격을 당하는 일까지 있었다. 다른 나라도 아닌 북한에서 이처럼 거침없이 행동한 대사 덕분에 우리는 이 책을 통해 북한의 정치적·군사적 측면뿐 아니라 인간적 측면까지 접할 수 있다.

에버라드의 말마따나 북한에서도 사람들의 삶은 "핵 정책이나 다른 어떤 중대한 국제적 쟁점이 아니라 그들의 가족과 동료, 그리고 세계 어디에서나 삶을 구성하는 일상의 온갖 관심사를 중심으로" 돌아간다. 에버라드는 남한의 일상과 많은 부분 같기도 하고 다르기도 한 북한의 삶, 정확히 말하면 주로 평양 사람들의 삶을 묘사한다. 그의 서술은 여느 서술과 사뭇 다르다. 상주 외국인이라는 특별한 위치에서 북한 사람들과 교류하며 보고 들은 것을 바탕으로 썼기 때문이다. 그런 까닭에 이 책은 별다른 해석을 덧붙이지 않고도 직접 경험한 사례들을 들어 북한의 삶이 어떠한지를 생생하게 전달한다. 이를테면 '일심'과 '단결' 아파트, 툭하면 멈춰 서는 평양의 대중교통,

남편의 외도를 걱정하는 아내, 수입이 좋은 무역업을 열망하는 청년층, 골절되면 마취제도 없이 팔다리를 절단해야 하는 열악한 의료 환경, 교통신호와 검문소를 무시하고 내달리는 '2 · 16 자동차' 등에 관해 서술하며 북한 삶의 여러 측면을 밝혀 보인다.

북한의 정치와 경제에 관한 서술도 흥미롭다. 한국전쟁 이후 북한 정권은 철저한 정보 차단과 요란한 선전, 정치적 교육과 의식, 이주 제한, 장기간의 병역, 반체제에 대한 강력한 탄압 등을 통해 거짓과 진실이 뒤섞인 대안 세계를 만들어내고 그 세계로 전 국민을 둘러싸려고 부단히 노력해왔다. 그러나 이 책에서 여실히 드러나듯이, 특히 김일성이 사망하고 1990년대 기근을 겪은 이후 정권의 통제력과 북한 사람들의 충성심은 갈수록 약해지고 있다. 에버라드는 자신이 교류한 평양 사람들과 정권의 복잡한 관계를 바탕으로 북한의 정치를 조명한다. 평양 주민들은, 정권의 존속에 반드시 필요한 역할을 수행하며 다른 지역 주민들에 비해 특혜를 누리면서도 정권의 핵심에는 속하지 못하는 미묘한 위치에 있는 까닭에 북한의 정치가 어떻게 작동하는지를 잘 보여준다.

에버라드의 눈에 비친 북한의 경제는 결핍투성이다. 농촌에서 농기계를 이용하지 못할 정도로 연료유가 없고, 평양 주민들조차 제대로 배급받지 못할 정도로 식량 사정이 열악하며, 유리가 없어서 창문에 폴리에틸렌을 붙인 채 난방 없이 겨울철을 지낼 정도로 각종 물자가 부족하다. 아울러 에버라드는 유별난 외국인답게 정권이 승인한 공식 시장과 개구리 장마당처럼 단속을 피해가며 장사하는 비공식 시장, 구입 절차가 까다로운 백화점과 사회 양극화의 징후를 드러내는 상점, 외국인을 환영하면서도 정권의 눈치를 살피는 식당 등을 두루 방문한 이야기도 들려준다.

북한에 상주하는 외국인들에 초점을 맞추는 제2부는 다른 책에서는 찾아보기 어려운 내용일 것이다. 북한은 다른 어떤 곳보다 닫힌 사회이지만 외교 관계와 원조, 선전 등을 위해 외국인을 필요로 한다. 에버라드는 경험을 토대로 북한 정권이 외교관을 어떻게 상대하는지, 대사관과 NGO, 유엔 사무소의 외국인과 이들 조직에 파견된 북한인 직원이 어떻게 소통하는지, 정권이 외국인의 어떤 행동은 허용하고 어떤 행동은 제한하는지, 의식주와 여가를 비롯한 외국인의 일상생활은 어떠한지를 자세히 알려준다.

제3부와 제4부에서는 각각 북한 정권의 역사와 성격, 현실 정치의 장에서 과거 대북 접근법들이 실패한 이유를 되짚어보는데, 새로운 해석을 내놓기보다 기존의 서술과 해석을 종합하여 서술했다. 다만 북한 정권이 그저 변화를 꺼리는 것이 아니라 정권의 역사와 성격으로 말미암아 변화하지 못하는 것이며 변화하기 위해서는 새로운 국가상이 필요하다는 분석은 주목할 가치가 있다.

이 책의 원제인 'Only Beautiful, Please'가 시사하듯이 북한은 자국의 아름다운 면모만을 내보이고 부끄러운 면모는 되도록 감추려 한다. 그러나 고위 간부부터 노점 상인에 이르기까지 북한 사람들을 두루 만나고 평양 일대를 구석구석 돌아다니며 좌충우돌한 에버라드의 서술은 북한의 맨얼굴을 드러내고, 그리하여 북한의 왜곡된 이미지를 바로잡아준다. 나 역시 번역하는 동안 북한을 예전과 다르게 바라보게 되었다. 독자들도 그런 경험을 했기를 바란다.

2014년 8월

이재만

참고문헌

이 책은 대부분 나의 경험을 바탕으로 썼으나 점점 늘어나는 북한 관련 문헌 중 일부도 참조했다. 특히 제3부에서 북한 탄생의 역사적 맥락을 구성할 때 많이 참조했다. 이 참고문헌이 나의 서술이 적절한지 검토하려는 이들뿐 아니라 한없이 매혹적이지만 위험하기도 한 북한에 관해 더 읽으려는 독자들에게도 유용하기를 바란다. 다양한 학술적인 글은 여기에 수록하지 않고 본문의 각주에서 출처를 밝혔다.

일반적인 개론과 탈북자의 증언

Becker, Jasper. *Rogue Regime: Kim Jong Il and Looming Threat of North Korea*.Oxford: Oxford University Press, 2005.

Demick, Barbara. *Nothing to Envy: Ordinary Lives in North Korea*. New York: Spiegel & Grau, 2009. 탈북자들을 폭넓게 인터뷰한 내용을 토대로 북한의 곤경에 관해 정신이 번쩍 들게 서술한 책.

Haggard, Stephan, and Marcus Noland. *Witness to Transformation: Refugee Insights into North Korea*. Washington, DC: Peterson Institute for International Economics, 2011. 탈북자들을 체계적으로 인터뷰해 북한의 변화를 흥미롭게 분석했다.

Harrold, Michael. *Comrades and Strangers*. Hoboken, N.J.: John Wiley & Sons, 2004. 1990년대 경제위기 이전 자신만만한 북한에 거주했던 외국인 전문가의 생활기.

Hassig, Ralph C., and Kong Dan Oh. *The Hidden People of North Korea: Everyday Life in the Hermit Kingdom*. Lanham, Md.: Rowman & Littlefield Publishers, 2009. 탈북자들의 증언을 토대로 북한의 일상생활을 묘사한, 독자의 마음을 무겁게 하는 책.

Hoare, James, and Susan Pares. *North Korea in the 21th Century: An Interpretive Guide*. Folkestone, Kent, UK: Global Oriental, 2005. 북한 주재 영국 대사관을 설립하던 시기에 저자들이 경험한 바에 일부 의존해 북한의 정치와 생활을 서술한 책.

Maretzki, Hans. *Kim-ismus in Nordkorea: Analyse des letzten DDR-Botschafters in Pjöngjang*. Böblingen: A. Tykve, 1991. 전직 평양 주재 동독 대사가 (독일어로) 쓴 책.

Martin, Bradley. *Under the Loving Care of the Fatherly Leader. North Korea and the Kim Dynasty*. New York: Thomas Dunne Books, 2004. 현재까지 북한에 관해 가장 상세하게 다룬 책 가운데 하나.

Myers, B. R. *The Cleanest Race: How North Koreans See Themselves and Why It Matters*. Brooklyn, N.Y.: Melville House, 2010. 북한의 정치사상과 선전에 속속들이 스며들어 있는 과격한 민족주의에 대한 분석.

역사

Bishop, Isabella L. *Korea and Her Neighbours: A Narrative of Travel, with an Account of the Recent Vicissitudes and Present Position of the Country.* London: John Murray, 1898. 한일병합 이전에 쓴 두 권짜리 한국 여행기. 1970년대에 재출간되었다.

Buzo, Adrian. *The Guerilla Dynasty: Politics and Leadership in North Korea.* Boulder, Colo.: Westview Press, 1999. 김일성의 유격대 경험이 북한 정치의 형성에 미친 영향을 분석한 책.

Flake, L. Gordon, and Scott Snyder, eds. *Paved with Good Intentions: The NGO Experience in North Korea.* Westport, Conn.: Praeger, 2003. 북한과 NGO의 소통에 대한 분석.

Hastings, Max. *The Korean War.* New York: Simon and Schuster, 1987. 이 혈전에 관한 읽기 쉬운 서술.

Lankov, Andreï Nikolaevich. *From Stalin to Kim Il Sung: The Formation of North Korea, 1945-1960.* London: Hurst & Co, 2002. 소련 문서고에 의지해 북한의 형성에 관해 학술적으로 서술.

Oberdorfer, Don. *The Two Koreas: A Contemporary History.* Reading, Mass.: Addison-Wesley, 1997. 한반도 두 나라의 발전에 관한 훌륭한 서술.

서대숙. *Kim Il Sung: The North Korean Leader.* New York: Columbia University Press, 1988. 김일성이 자기 주위에 만들어낸 신화와 대비되는 그의 실제 삶에 관한 탁월한 서술.

경제

Eberstadt, Nick. *The End of North Korea.* Washington, D.C.: AEI Press, 1999.

Eberstadt, Nick. *The North Korean Economy: Between Crisis & Catastrophe.* New Brunswick, N.J.: Transaction Publishers, 2007. 많은 사람들의 예측과 달리 북한은 1990년대 말에 붕괴하지 않았다. Eberstadt는 10년 가까이 지난 뒤 흔들리는 북한의 경제를 기술하고 북한이 어떻게 역경을 헤쳐왔는지 분석한다.

기타

김일성. *With the Century.* Pyongyang: Foreign Languages Publishing House, 1992. 여섯 권으로 이루어진 이 회고록은 김일성의 삶과, 김일성이 영위하기를 원했을 테지만 그러지 못한 삶에 관해 독자에게 제법 많이 알려준다. 무엇보다 이 회고록은 김일성이 어떻게 비치기를 원했는지, 그리고 북한 사람들이 스스로를 어떻게 보는지에 관해 말해준다. 이런 생생한 특징이 있음에도 《세기와 더불어》는 널리 읽히지 않는다. 내가 스탠퍼드 대학 도서관에서 이 회고록을 대출한 첫 번째 사람이었다.

Pollack, Jonathan D. *No Exit: North Korea, Nuclear Weapons, and International Security.* London: International Institute for Strategic Studies, 2011. 저자는 북한의 핵 프로그램을 흡인력 있게 논하는 와중에 이 책의 제3부, 제4부와 일부 겹치는 내용을 다루지만 나보다 한결 넓은 학식을 바탕으로 다룬다.

Snyder, Scott. *China's Rise and the Two Koreas: Politics, Economics, Security.* Boulder, Colo.: Lynne Rienner Publishers, 2009. 중국이 북한(그리고 남한)과의 관계에서 겪은 고난에 관한 읽기 쉽고 상세한 서술.

Woo-Cumings, Meredith. *The Political Ecology of Famine: The North Korean Catastrophe and Its Lessons.*

Tokyo: Asian Development Bank Institute, 2002. 북한의 경우에만 한정되지 않는, 기근을 이해하게 해주는 틀을 제시한다.

(특히 제3부에서) 나는 한국에서 활동한 외국인들이 1892년부터 1898년까지 서울의 삼문출판사 (The Trilingual Press)에서 발행한 매혹적인 잡지 *The Korean Repository*를 자주 참조했다. 이 잡지에는 여행기와 한국 풍습 분석, 그리고 (당시로는 불가피했던) 한국어 성경 분석이 뒤섞여 있다. 운 좋게도 나는 스탠퍼드 대학의 훌륭한 도서관에서 이 잡지 한 질을 볼 수 있었지만 이 잡지를 찾기가 쉽지는 않다.

영국 외교관, 평양에서 보낸 900일

1판 1쇄 2014년 8월 14일
1판 3쇄 2014년 11월 15일

지은이 | 존 에버라드
옮긴이 | 이재만

편집 | 천현주, 박진경
마케팅 | 김연일, 이혜지, 노효선
디자인 | 석운디자인
종이 | 세종페이퍼

펴낸곳 | (주)도서출판 **책과함께**
　　　　주소 (121-896) 서울시 마포구 월드컵로 50 덕화빌딩 5층
　　　　전화 (02) 335-1982~3
　　　　팩스 (02) 335-1316
　　　　전자우편 prpub@hanmail.net
　　　　블로그 blog.naver.com/prpub
　　　　등록 2003년 4월 3일 제25100-2003-392호

ISBN 978-89-97735-46-4 (03910)

이 도서의 국립중앙도서관 출판시도서목록(CIP)은
서지정보유통지원시스템 홈페이지(http://seoji.nl.go.kr)와
국가자료공동목록시스템(http://www.nl.go.kr/kolisnet)에서 이용하실 수 있습니다.
(CIP제어번호: CIP2014022450)